全球金融投资
佳 | 作 | 选

FIXED INCOME
RELATIVE VALUE
ANALYSIS

A PRACTITIONER'S GUIDE TO THE THEORY, TOOLS, AND TRADES

固定收益证券
相对价值分析

理论、工具和交易实践

[英] 道格·哈金斯　　[德] 克里斯蒂安·沙勒 ◎著
（Doug Huggins）　　（Christian Schaller）

高闻酉 赵隆生 马海涌 ◎译

清华大学出版社
北 京

北京市版权局著作权合同登记号　图字：01-2021-6535

图书在版编目（CIP）数据

固定收益证券相对价值分析：理论、工具和交易实践 / （英）道格·哈金斯（Doug Huggins），（德）克里斯蒂安·沙勒（Christian Schaller）著；高闻酉，赵隆生，马海涌译 . —北京：清华大学出版社，2022.12
（全球金融投资佳作选）
书名原文：Fixed Income Relative Value Analysis: A Practitioner's Guide to the Theory, Tools, and Trades
ISBN 978-7-302-60509-6

Ⅰ.①固…　Ⅱ.①道…②克…③高…④赵…⑤马…　Ⅲ.①固定收益证券—研究　Ⅳ.① F830.91

中国版本图书馆 CIP 数据核字 (2022) 第 055924 号

责任编辑：刘　洋
封面设计：李召霞
版式设计：方加青
责任校对：宋玉莲
责任印制：朱雨萌

出版发行：清华大学出版社
　　　　　网　　　址：http://www.tup.com.cn，http://www.wqbook.com
　　　　　地　　　址：北京清华大学学研大厦 A 座　　　　　邮　　编：100084
　　　　　社 总 机：010-83470000　　　　　　　　　　　　邮　　购：010-62786544
　　　　　投稿与读者服务：010-62776969，c-service@tup.tsinghua.edu.cn
　　　　　质 量 反 馈：010-62772015，zhiliang@tup.tsinghua.edu.cn
印 装 者：三河市东方印刷有限公司
经　　销：全国新华书店
开　　本：187mm×235mm　　　　　印　　张：21.25　　　字　　数：419 千字
版　　次：2022 年 12 月第 1 版　　　印　　次：2022 年 12 月第 1 次印刷
定　　价：168.00 元

产品编号：090542-01

内 容 简 介

　　本书是由道格·哈金斯与克里斯蒂安·沙勒两位资深的固定收益证券相对价值分析专家所撰写的一部非常有价值的著作。

　　本书以相对价值理念为核心，应用均值回归和主元分析等数理方法对以欧债/美债为基础资产的互换市场、期货市场、内嵌式的期权定价模型以及信用违约互换（CDS）等金融衍生工具进行了细致入微的解析——其中的很多知识是国内从事相关工作的人士所缺乏的。

　　本书适合于金融工程等相关专业的学子，可以作为他们的辅学工具；同时，国内债券市场上的交易者与投资者也可对本书进行品读——相信他们会大获裨益！

本书审校委员会

组　　长：刘　畅　李　力

成　　员（按姓氏笔画排序）：

丁云姝　马梓萌　王　逊　王　焘　王一雯　王珍珍　王瓅琛　白颢睿

刘彤彤　孙　悦　孙春华　李　敏　李　想　李志超　李春杨　杨文利

吴紫岚　张世璁　张亚非　张鹏志　周竞宇　郑棱杰　赵建楠　徐晓航

高　璐　郭义琳　唐伟菁　陶金铭　程　昊　潘乘化

序 言 一

十八大以来，中国经济已经进入新常态，经济发展由高速增长阶段向高质量发展阶段迈进，中国经济的韧性明显增强，发展质量明显改善，经济安全更加稳固，综合国力再上新台阶，中国多层次资本市场建设如火如荼，资本市场深化改革持续深入，全面注册制即将落地，国内国际双向开放成绩斐然，中国资本市场正在经历着深刻的变革，已经步入了重大战略机遇期。

最近十年，中国债券市场发展迅猛，基础设施得到加强，发行机制日趋完善，信用评级体系健全，市场品种不断丰富，债券市场规模稳步扩大，对国际投资者的吸引力不断提高，截至 2022 年 5 月末，我国债券市场总规模达 139 万亿元人民币，已经成为全球第二大债券市场。作为多层次资本市场体系的重要组成部分，中国债券市场的公司信用类债券规模高达 32 万亿元人民币，是仅次于信贷的实体经济融资第二大渠道，稳居全球第二，在助力"稳增长、调结构、防风险、补短板"中发挥了重要作用，为实体经济发展注入更多"活水"，在绿色转型、疫情防控、普惠金融等方面积极服从服务于国家战略部署，成效卓著。

当前，世界正在面临着百年未有之大变局，新冠肺炎疫情全球大流行，世界经济复苏之路坎坷，全球通货膨胀抬头，全球权益市场波动加剧，固定收益证券已经成为当前全球金融机构资产配置的重要选择之一。安信证券作为一家在行业排名靠前的综合性证券公司，紧紧抓住债券市场大发展的历史机遇，一直把债券市场作为公司深耕的重要领域，深度介入债券发行、承销、投资等各个环节，安信证券、安信资管在债券市场上也取得了不错的行业排名，已经成为中国债券市场上的重要力量之一。

在"资管新规"出台、"房住不炒"等宏观经济背景下，中国居民财富管理的需求日益多元化，不同资产配置的需求规模扩大，对固定收益类资产的配置需求大增。但是，在具体的金融实践中，我们深切地感觉到，传统的、旧有的理论与金融实践存在偏差，中国债券市场投资的理论、工具、交易与国际一流投行还存在一定的差距和不足，不仅需要对微观层面的知识与技术进行更新，更需要对具体理论和具体解决方案进行探讨。

　　他山之石，可以攻玉。以此为契机，安信证券希望将海外先进投资理念和中国金融市场实际结合，与社会各界分享全球金融投资佳作。为此，在清华大学出版社的大力支持下，我们和本书译者联合推出《固定收益证券相对价值分析：理论、工具和交易实践》中译本。这本书介绍了相对价值投资这一经典投资思想，我们希望能够帮助更多的投资者从书中汲取有益经验。

安信证券股份有限公司董事长

序 言 二

　　相对价值是一种经典的投资思想，其概念最早起源于肯尼斯•阿罗与约翰•希克斯的"一般均衡"理论，后由华尔街所罗门兄弟公司的交易明星约翰•梅里韦瑟（John Meriwether）在其公司利用固定收益价差进行套利并使其广泛被市场认知，凭借这种策略，约翰•梅里韦瑟于 1994 年联合默顿（Robert Merton) 和斯科尔斯（Myron Scholes）（1997 诺贝尔经济学奖得主）、前财政部副部长及联储副主席莫里斯（David Mullis) 等人组建了名噪一时的美国长期资本管理公司（Long-Term Capital Management，LTCM）。LTCM 集结着 20 世纪末资产管理行业的梦之队，它以"不同市场证券间不合理价差生灭自然性"为基础，促使"通过电脑精密计算，发现不正常市场价格差，并使用杠杆放大图利"的投资策略快速崛起，在 1994—1997 年一度取得了异常惊人的回报，但随着竞争者的涌入，低风险的套利机会逐渐消失，LTCM 只能转向风险更高，甚至更不熟悉的市场。极高的杠杆、盲目的自信、过分依赖模型和突如其来的 1998 年俄罗斯政府债务违约这个"黑天鹅事件"最终导致了 LTCM 的陨落。

　　历史不会简单地重复，但总是压着相同的韵脚。从 LTCM 的固定收益相对价值策略，到后来相对价值理念逐渐应用到股票领域，相对价值策略并没有因为 LTCM 的陨落而消逝，反而伴随着美国量化基金的发展而更加蓬勃发展，受到越来越多的关注。自 2016 年以来，中国相对价值策略也开始加速发展，以量化中性、统计套利为核心策略的私募基金产品如雨后春笋般涌现，也在极大程度上丰富了行业生态、促进了行业发展。当然，随着资本的涌入，基于相对价值的统计套利策略也容易被复制，竞争者的不断加入必然会导致利润空间的压缩和净值曲线的波动，很多传统的被认为是"无风险"的套利策略也终归会发展为具备风格特征的、"有风险"的策略，这也引发了国内投资人对该类策略的诸多争论，LTCM 当年面临的境遇如今中国市场的管理人也正在和即将遇到。但是我们始终坚信，不管是 24 年前美国 LTCM 的陨落，还是当前中国量化私募策略的挑战，都未磨灭相对价值理念的魅力，相对价值的生命力绝不仅仅局限于交易策略本身，这一理念从多维度为我们提供了投资思路延展的方向。

相对价值简而言之就是利用相关联资产之间的定价关系，建立多空头寸以套取资产定价的价差收益。在固定收益领域，相对价值不论在配置决策的决定上还是在交易机会的发掘上均有重要作用。例如，以单边持有为目标获取息差（Carry）或资本利得的投资，相对价值分析能够帮忙确定最优配置工具。又如，当单一资产没有足够的息差或者安全垫，或者单一资产没有明确的绝对方向判断时，相对价值组合策略可以扩展交易机会集。相对价值为我们提供了一种系统的方法来回答主动投资管理的基本问题：什么资产是贵的，什么资产是便宜的？读者可在此书中找到这一问题的答案。

安信证券作为一家全牌照综合类券商，多项业务排名进入全国前列，致力于"成为中国最具市场竞争力和品牌影响力的一流金融服务企业"。在投资业务领域，我们也在全方位为客户、为股东提供价值，自营业务和资管业务的投资业绩和影响力均在市场名列前茅。相对价值的思想贯穿于安信证券投资业务单元的投资实践之中，体现在我们投资的方方面面。目前，为应对复杂的市场环境，增强资产组合穿越市场周期的能力，开发非方向性投资机会已成为行业共识，而这其中相对价值投资策略的回报更为稳定、风险收益比更佳，无论是对于证券公司自营还是资管账户都是提升风险调整后收益的法门之一。

近年来，安信证券与投资相关的业务收入在公司总体收入中的比重稳步提升。2018年公司整合各类自营投资业务，成立了专门负责自营投资业务的投资业务委员会，下设固定收益部、股票投资部、新三板投资与交易部、基金投资部、量化投资部和投资交易管理部，对公司各类自营投资业务进行专业化、集约化、一体化管理，形成了以多资产、多策略为特征的投资体系。安信证券于2008年取得资管业务牌照。2020年1月，安信资管独立为安信证券全资子公司。安信资管既是久经沙场历练的资管老将，又是一直在资产管理领域前沿挺进的精兵，历史上累计获得过19座金牛奖的卓越战绩，目前资产管理规模已超千亿元。在证券公司自营投资与资产管理专业化、多元化管理的实践中，安信证券始终坚持以绝对收益为目标，以固定收益为基础，不断加大相对价值投资策略以平衡市场波动。

在知识经济时代，获取知识和应用知识的能力成为竞争能力高低的关键。一个企业只有通过不断学习，拓展与外界交流的深度与广度，才能基业长青，立于不败之地。因此，高素质的人才队伍及组织自身的学习力成为当代企业的核心竞争力，建立学习型组织成为诸多优秀企业的共同目标，我们也一直致力于此。

本次我们挑选并参与审校的《固定收益证券相对价值分析：理论、工具和交易实践》是相对价值分析领域的经典图书。我们也希望能够借由此书向金融同业和广大投资者展示相对价值投资的魅力。本书共分为三大主要部分，分别是相对价值的定义、相关统计工具以及实战策略。本书第一章介绍了套利机会的诸多来源，例如即时性的流动性需求、错误的定价模型、监管套利等。在相对价值策略的实现方法方面，第二章和第三章介绍了识别相对价值投资机会的统计工具。在第四章到第十七章，本书介绍了相对价值在债券、期货、货币、互换、期权等资产上的具体实践方法。第十八章站在更高的视角，从相对价值投资对宏观经济影响的角度进行了总结与展望。值得注意的是，正如名噪一时的 LTCM 最终跌落在俄债违约的尘埃中，与投资机会相伴而生的风险需要每一位投资者的重视，这在本书的各章节中均有体现。

　　本书中译本的顺利完成，得益于安信证券投资业务委员会和安信资管的通力合作，得益于我们拥有团结、高效、专业化的团队，也感谢清华大学出版社的大力支持和译者的辛勤工作，通过大家的不懈努力与紧密合作，终于将该书呈现在广大同业面前。我们也将持续学习并推荐海外金融与投资经典。

　　希望大家喜欢这本书！

安信证券投资业务委员会、安信证券资产管理有限公司

2022 年 11 月 9 日

推 荐 序

　　我始终忘不了 1995 年这个特殊的时刻——那一年德意志银行（Deutsche Bank）创立了"相对价值研究小组"，而我在其中负责研究和销售。自此，我们开始相信：将"相对价值"这个概念应用于固定收益证券的操作模式将会为金融交易带来重大的机遇，而这对老练的客户来说非常有趣；另外，通过对特定的固定收益产品的交易契机和相关风险进行单独分析，我们可以帮助客户降低其信用风险、市场风险和流动性风险，同时，实现他们的业绩目标。总之，我们的目标很简单，即尽可能地帮助我们的客户获取最佳的风险回报率。

　　随着工作的开展，我们很快地意识到：从事固定收益证券交易的客户群可以更加广泛地应用"相对价值"理论相关的交易原则，例如，我们的一些客户对市场上的证券价值有明确的信念，但其正在寻找能反映这些信念的新的投资方式。这些客户为其所经营的市场提供了重要的流动性，而这又为我们提供了另一个重要的启示，即随着相对价值理论解决了相关交易工具价格之间的非理性差异，我们会看到——市场行情变得更加透明，流动性显得更强，效率则变得更高。毫无疑问，相对价值的理念以及它为不同金融工具的价格体系所带来的透明度促进了金融衍生品的发展，同时也降低了市场风险。

　　近几年来，德意志银行建立了一个世界领先的市场平台。而作为一个在许多领域具有竞争性的"先行者"，我们需要通过创新来实现繁荣的目标。同时，相对价值理念构成了金融市场"智慧资本"的核心部分，并为我们提供了一种方法，即在不同资产和不同金融工具之间降低风险并发现交易契机，从而帮助我们的客户实现更好的投资目标。实际上，相对价值理念给了我们一个系统的方法来解决一个基本问题，即确定什么是"高档货"，什么是"便宜货"。当我们为客户的投资组合当中的资产配置提供建议时，前述问题的相关答案能够提供很大的帮助，并且，它可以为我们构建相应的投资组合提供有价值的见解；同时，相对价值的理念对于诸如资本、技术和人力资源的配置问题也具有独到见解。无论如何，德意志银行的相对价值理念目前已经远远超出了其最初作为一种识别固定收益证券定价效率之方法论的范畴——它完全可以为我们提供一个更加广泛的投资组合和交易决策的框架。

2008年和2009年初的金融危机是相对价值分析方法形成的决定性时期。在市场极度紧张和流动性严重短缺的情况下，我们看到相关证券价格之间的"传统"关系被打破，简而言之：正常的交易规则已不再适用——其间的突变使得主权债券的违约风险更加明显，从而深刻地影响了政府债券及相关衍生品的价格，这对我们的客户以及全球经济所依赖的金融市场的运行机制构成了重大的挑战。然而，正是这个极其困难的时期也给我们的知识结构带来了根本性的变化。长期资本管理公司LTCM（Long-Term Capital Management）管理以及俄罗斯和亚洲危机所带来的经验提醒我们：在市场面临重大压力时，资产管理所依据的传统"规则"就会失效——对我们来说，这是一个减少资产负债和风险敞口的明确信号。也许，其中最重要的是：随着市场状况的稳定和流动性的恢复，资金充足的投资者能够以非常优惠的价格投资于优质资产，而相对价值的分析方法则能够引导我们为客户找到创造价值的契机。

回顾过去，在2008年和2009年最困难的几个月里，相对价值的理念对我们来说是无价的，它帮助我们在危机期间可以更好地保护自己，并在局势恢复稳定时更快地对相应的交易契机加以利用。对于2009年的德意志银行来说，其识别"异常定价"的能力，使得我们能够为客户在固定收益证券的投资领域发现相应的契机，因为相对价值的理念使复杂的金融产品行情变得更加清晰，进而帮助我们了解相关的走势——而这些在当前看来是非常重要的。毫无疑问，如果我们能够对全球金融市场上的交易工具的相对价值规律进行更加深入的理解和运用，那么，其将有助于金融业在金融危机中前行，为稳定金融市场做出相应的贡献，同时，这也是全球经济复苏过程中的关键。

另外，在危机后的金融市场中，相对价值的理念变得越来越重要，它已经发展成为一种比较各种资产类别价格以及评估不同风险元素的方法，同时，它为市场参与者提供了一种方法——让他们在新的金融工具出现时能够更加深入地理解。而这种增值的可见性有助于提高市场的透明度，从而给投资者带来信心，进而提高广泛的金融市场的流动性，同时提高定价的效率——而这对证券的发行者和投资者都有利。在新兴市场或不成熟的市场中，相对价值理论的相关规则可以促进市场透明度、资金流动性和定价效率之间的"良性循环"，从而完善政府/大公司的资金与各种金融基础资产间的定价功能——这为各类金融市场的健康发展和可持续增长奠定了基础。换句话说，相对价值的理念使许多实际交易当中的决策变得更加清晰，也更加可行；而对实体经济来说，一个富有深度的、多样化的、运转良好的和值得信赖的金融市场已经变得前所未有地重要了。

相对价值的思维方法在我的职业生涯中起了重要的作用：一开始，相对价值理念只是服务于固定收益证券市场之中那些资深的客户，而相关的理念则使我掌握了一种识别各类金融资产投资契机的方法，并加深了我对市场行情走势的认识与理解。我们可以把这些知识转化为客户的优势，进而使金融市场能够更广泛地为整体经济结构服务。在德意志银行，相对价值的规则对相应市场平台的发展做出了重大的贡献——因为我们可以配置资源、降低风险，并为客户找到实现业绩目标的新方法。在我的职业生涯中，我见证了相对价值理念从一种专业分析方法演变为市场从业者所应必备的重要分析工具的整体过程。而本书作为一种指南性的资料，它的出版是相当及时且重要的。

希望你喜欢这本书！

德意志银行首席运营官和管理委员会成员
亨利·瑞查德

目　　录

第1章

相对价值理论概述

相对价值的概念

所谓"相对价值"指的是：针对金融市场且基于现代金融经济学的两个基本概念而形成的一种定量分析方法，其中的内涵意义包括——

命题 1：如果两个证券在未来世界发展的各个阶段所获得的回报相同，那么，它们今天的价格也应该是相同的。

如果违反了上述这一原则，将导致套利，这与金融市场的均衡理论相违背。

命题 1 现今看来比较简单，但过去并非如此。肯尼斯·阿罗（Kenneth Arrow）和杰拉德·德布鲁（Gerard Debreu）分别在 1972 年和 1983 年获得了诺贝尔经济学奖，部分原因是他们为建立这一结论而作出的努力。迈伦·斯科尔斯（Myron Scholes）和罗伯特·默顿（Robert Merton）后来将这一命题应用于期权估值，从而获得了 1997 年的诺贝尔经济学奖。这里需要特别提及的是：后两位经济学家和费舍·布莱克（Fischer Black）共同创建了一个"自我融资式"的投资组合模型——它可以动态地复制期权的收益，并且能够通过复制投资组合的定价方式来确定标的期权的价值。

本书中讨论的大多数金融模型都是基于命题 1 在各种情境下的应用方式。

命题 2：如果两种证券相对于投资者而言具有相同的风险，那么它们的预期收益也是相同的。

命题 2 的结论可能看起来很直观，但其实，它要比命题 1 的结果更难成立。相对于我

们的目的而言，这里存在着一个特别有趣的现象——命题 2 的推论可以通过套利定价模型来证明，并且，此理论的前提假设是：有一种"不可察"的线性因子可以生成相应的收益。

在命题 2 所设定的情境下，我们可以将各类证券构建成一个投资组合，从而使相关投资者面对一种风险因子，但不需"暴露"于组合内其他证券的风险因子之下；在极限的情况下，随着投资组合中证券数量的增加，证券特色风险则可以被分散掉。在这种情况下，任何可以提供非零预期收益的特定证券都可以为投资者带来套利的机会。至少在有限的范围内，投资者可以将其交易的证券构建成一个适当的组合，进而规避多余的风险因子。

就我们的目的而言，上述命题的理念导出了一个强大的结论——它能够使我们深入地分析历史数据，求证潜藏的线性因素并构建相关的投资组合，再根据我们自己的判断确定标的证券的特定风险，进而规避之。事实上，主元分析方法（也称为主成分分析法——principal component analysis，PCA）可以被直接地应用在前述的框架之中——我们会依靠主元分析方法，并将其设定为本书讨论的两个主要统计模型之一。

相对价值理论产生的背景

从上述两个命题的观点我们可以看出：相对价值分析方法所使用的许多模型的前提假设是"无套利原则"——而应用相对价值理念进行分析的意义就是寻找套利的机会。

但是对一些人来说，上述的情况有点矛盾：如果我们关于没有免费午餐的建模假设是正确的，那为什么分析师和交易员要如此努力地寻找这个"免费的午餐"呢？

关于这个明显的悖论，我们可以通过两个观察到的现象来解释。

首先，人们会有一种认识——套利的机会非常之罕见，需要辛勤工作的分析师们付出相当大的努力来寻找，而如果这些套利的机会永远都找不到，或者这些机会从来就没有为那些发现它们的人带来任何的利润，那么，分析师就会停止工作，但是在前述情况下，新的套利契机会再一次出现，于是分析人士又会重新地寻找，如此这般循环往复。

其次，即使看上去"无风险"的套利行为，在实践中也会有风险。例如：固定收益市场中较为简单的一种模式就是利用债券价格、回购利率和债券期货价格之间的相关性来进行套利，即如果债券期货合约价格过高，交易者可以卖出期货合约，买入债券，然后，在回购市场按买入价格借入债券，并以债券做抵押进行融资，在此笔交易的合约到期时，该债券将由其回购交易当中的对手方返还给交易者，然后该交易者可以在债券期货市场上进行交割。从理论上讲，前述的这种套利方法可以使相关交易者获得无风险的利润，但在实践中，此种策略是存在一定风险的。

例如，如果回购交易中的"对手方"在交易结束时未能及时将债券交付给相关交易者，在这种情况下，交易者可能难以将债券交付到到期期货合约中。在某些情况下，不履行交割会招致巨额罚款。因此，在对这些看似无风险的套利进行评估时，需要将产生这种处罚风险的情形考虑进去。

以上探讨的问题有助于我们在实践中将套利机会的存在与我们使用估值模型背后的理论假设进行调和。但是它们没有解释生成相应套利行为或应用相对价值理论创造交易契机的环境和背景。接下来，我们将讨论一些更重要的东西。

1. 即时性的需求

在许多情况下，当某些交易者的大规模交易需求特别迫切的时候，相对价值所创造的交易契机就会出现。这样的交易者将以反映市场典型流动性的价格进行初始交易。但是，如果交易者随后需要对同一种证券进行更多的交易，那他可能需要以一个更有吸引力的交易价格来吸引其他市场参与者，进而提供必要的流动性，例如：他可能不得不同意以较低的价格做空某证券，或在该证券的通常价格之上做多——如此，这个交易者就会发出即时性的交易信号，并向其他能够满足这一要求的交易者支付相应的溢价。

应用相对价值理论进行操作的交易者就是要寻找上述这样的机会，因为在这些交易机会之中，他们可以获得相应的"溢价"，从而满足其即时性的需求。这些交易者可以利用自己的资本建仓、买入相关的证券，直到其能够以更加优惠的价格平仓为止，同时，他们会谨慎地以符合"成本—效益"理念的方式来对冲相关交易的风险。

由于金融市场的竞争非常激烈，而即时性的溢价在整体持仓规模当中的占比往往较小，因此，典型的"相对价值基金"的杠杆率会高于诸如全球性的"宏观基金"的杠杆率，所以，我们要注意相关的细节，要谨慎地对冲风险。

2. 错定的模型

有时，市场参与者在依据证券价格建模时会忽略相关的问题，而被错定之模型的使用则会为那些较早发现错误的人带来诱人的相对价值理念项下的交易契机。

例如：直到 20 世纪 90 年代中期，多数分析师在评估欧洲美元期货合约[①]和远期利率协议的相对估值时都未能考虑凸性[②]偏差，而随着市场参与者逐渐认识到需要对此加以调整，前述的两种交易工具的相对估值方法则随着时间的推移而改变了，从而为那些较早发现这一问题的交易者带来了诱人的利润。

另一个例子是，直到 20 世纪 90 年代末，大多数学者和市场参与者都认为："普通利

---

①　译者注：期货合约指一种短期的利率期货合约。

②　译者注："凸性"是债券价格相对于其收益率的二阶导数。

率互换"[①]交易中的利率如果超过了无违约风险政府债券的收益率，那是因为这两个互换交易对手之间存在着信用风险。但是根据我们在这一领域的研究，前述这种范式已经被证明是有缺陷的。这里特别要指出的是：伦敦银行间同业拆借利率（LIBOR）和回购利率（repo）之间存在着长期的差异，而正是这种"差异"被认为是影响互换交易和政府债券相对估值的一个更为重要的因素。

近年来，随着许多国家的政府信用不断地下降，我们需要将"主权信用风险"这个要素作为互换利差估值模型当中一个明确的因子来进行研判——本书对此进行了相当详细的探讨。

3. 监管套利

固定收益证券市场由来自不同监管辖区的不同类型的市场参与者组成，而从相对价值的理念来看，其间的监管差异则可能会为一些人带来不错的交易契机。例如，当考虑回购市场上无抵押短期贷款和以政府债券作为抵押贷款的相对估值时，欧洲银行的交易员将考虑以下事实：一方面，根据《巴塞尔协议》，无抵押贷款将产生更高的监管费用；另一方面，在美国货币市场基金工作的交易者则不会受制于《巴塞尔协议》，并更专注于这两种短期存款的相对信用风险。如此，监管措施上的差异情境可能会导致相对估值模式出现不同的状况，而欧洲银行在这两种选择之间无动于衷，却为美国货币市场基金提供了相对价值理论相关的交易机会。

相对价值分析带来的启示

从某种意义上讲，相对价值分析可被定义为"洞察不同金融市场工具之间的关系及其外在的定价驱动要素的过程"，相应的理念促进了套利交易的发展；但是，它也让我们能够更加全面地理解和推动相关金融市场的估值机制，同时，也能够使我们分清看似不同的市场之间相互关联的方式。

当前，起源于套利交易的相对价值分析具有更广泛的应用：它可以揭示某些市场之间的相关性，探究某种证券的定价方式，同时导出这种定价方式相对于其他证券价格的相对价值。如果一种证券的价值被发现是错估的，那么相对价值分析会利用特定的交易头寸予以修正。简而言之，相对价值分析就像是一个棱镜，通过它我们可以在众多不断变化的价格行情中看到驱动市场的定价机制。

---

① 译者注：浮动利率与固定利率的互换。

例如：如果不考虑不同货币之间的基点互换（CCBS）、同种货币之间的基点互换（ICBS）和信用违约互换（CDS）的影响，那么，近几个季度以来德国国债和美国国债之间息差互换交易当中的"差异"问题[①]可能会不可避免地出现。

在上述情况下，由于欧洲银行在以美元资产筹集美元负债方面遇到了困难，所以CCBS 交易当中的点差就相应地扩大了。另外，德国国债之间的套利行为、欧元与美元之间的货币互换行为以及美国国债之间的套利行为都会防止德国国债相较于美元伦敦银行间同业拆借利率（OSD LiBor）过度贬值，其结果是，德国国债利率相对于欧元银行间同业拆借利率（EURIBOR）而言大幅地上涨（详见第 14 章）。

但是，鉴于欧洲银行与主权国家之间的关系，我们就可以看到欧洲银行的困境，其主要表现在：欧洲主权信用相关的 CDS 产品的利差水平在不断扩。因此，德国国债利率与EURIBOR 利率相比大幅地上升，德国发行的 CDS 利差水平扩大。

如果一位分析师没有考虑到上述这些相互关联的估值因素，那他可能会发现：德国国债价格的上涨与德国 CDS 产品交易增长之间的联系既不透明又令人费解。但是，一个能够良好地运用相对价值理论进行分析的专业人士就可以明确地厘清这些估值要素之间的相关性，找出相应的驱动因子——有了这些知识，分析师就可以把相应的理念应用到其他金融工具之上，进而发现额外潜在的交易契机。

相对价值分析的适用范围

相对价值理论适用于很多领域。

1. 交易

相对价值分析最重要的应用模式之一就是相对价值交易，在此类交易中，我们可以通过买卖各种证券的方式来提高风险调整后交易头寸的预期收益。对于应用相对价值理论进行操作的交易者来说，识别相对溢价和相对折价证券的方法是一项重要的技能，但对于成功的相对价值交易者而言，他们还需要其他技能。例如：溢价证券的价格可能会经常变得更高，折价证券的价格通常会很便宜，而一个成功的相对价值理论下的交易者需要识别出相关证券价格走高还是走低的原因，以便对相关证券的未来行情作出现实的预期——我们将在本书中讨论这一点，当然还要探索其他重要技能。

---

① 译者注：行情离散。

2. 对冲和规避相关风险

在以对冲或其他方式使相关头寸免受各种风险干扰时，相对价值分析的理念也是交易者需要考虑的一个重要因素。例如：如果一个代客交易员的持仓头寸是从某个客户手中买入了一份 10 年期的法国政府债券，那么这个交易者就会面临多种对冲方式的选择。

这个交易者可以尝试将法国债券卖给另一位客户或交易商的经纪人；他可以出售另一种期限相似的法国债券；他可以出售德国国债期货合约或期限相似的德国国债；他可以在普通利率互换或隔夜欧元平均指数（EONIA）互换当中支付固定利率[①]；他可以按照各种"执行价格"买入互换期权（支付期权费）或卖出互换期权（收取期权费）；他也可以出售由欧洲投资银行（European Investment Bank）等实体发行的流动性跨国债券或机构债券；根据此交易者的预期，他甚至可能会出售以其他货币计价的债券，比如美国国债或英国金边债券；或者，他可以根据对冲策略应用前述工具构建一个投资组合。

在设计对冲策略时，有经验的交易员会考虑各种可作为对冲工具之证券的相对估值情境——如果他预期德国国债的价格相对于其他证券会发生贬值，那他可能会选择做空德国国债来对冲相关风险；而如果他认为德国国债期货价格相对于现货可能会发生贬值，那他可能会选择期货合约而不是现货工具来实现相应的对冲。

在选择对冲工具的时候，通过考虑相对价值的影响因素，熟练的代客交易员可以根据相关的头寸调整风险，提高预期的收益率。如此，这一类交易员的头寸收益则不仅反映了客户流的特许经营价值，还反映出市场当中相对价值理念创造的交易契机和该交易员管理头寸的分析能力。

鉴于固定收益证券业务的竞争力在不断地增强，我们可以将相对价值分析的理念纳入公司的经营业务当中，从而提高其预期的边际收益，进而生成更高的利润，同时以更具竞争力的价格为客户提供流动性。

3. 证券的选择

在许多方面，做长期投资的投资经理所面临的问题与上一个案例当中的代客交易员是相同的。就像代客交易员可以期望以相对价值分析理念来选择对冲工具，进而调整风险、提高相关头寸的收益一样，以长期投资来构建组合的投资经理也可以应用相对价值的理念来选择仓内的证券，然后规避风险，进而提高其投资组合的绩效。

例如：如果一位投资经理想要提高"敞口风险"、增持 10 年期欧元债券，那他可以购买法国、德国、意大利、西班牙、荷兰或任何其他欧洲货币联盟成员国发行的政府

---

① 译者注：收取浮动利率。

债券；或者，他可以购买德国的国债期货；他还可以通过支付欧元银行间同业拆借利率（EURIBOR）或欧洲金融同业拆借利率（EONIA）的方式来互换相应的固定利率；或者，他可能会在购买美国国债的同时进行跨货币的基点互换（cross-currency basis swap，CCBS），从而"合成"出以欧元计价的美国国债。

一个应用相对价值分析理念的投资经理人倾向于增加相应的阿尔法值[①]，因此，随着时间的推移，此类人所掌控头寸的绩效会比其他那些依据相同贝塔值[②]但没有纳入相对价值分析理念的投资经理的要好一些。

相对价值分析的技巧

相对价值分析的理念既不是科学，也不属于艺术的范畴；相反，它是一种技能——兼具科学和艺术的元素。对于一个从业者来说，在其成长的过程中，他需要学会使用针对各种金融交易的分析工具，而本书正是在数理统计的基础上对各类相关的金融分析工具进行了解析。

在本书中，我们也探讨了相关工具在实践应用上的优势和潜在的缺陷。于相关理论不断完善发展的过程中，相对于一个技艺精湛的交易者而言，除了反复使用这些分析工具进行交易以外没有其他的路径可供选择。因此，我们会在本书中努力地总结相关的经验，尽量使读者达到"学以致用"的境界。

由于应用相对价值理念的分析师需要以金融和统计的模型作为交易的工具，所以，其间的"取舍"问题需要被谨慎地考量，具体地说，就是要分析相应工具的有效性、简约性及其所适用的范围。

1. 有效性

在我们看来，相关数理模型本身没有对错之分。其实，数学家存在的意义就是追求真理和美感；但是，具体应用者所关心的则是相关模型的效用。相对而言，各种模型在不同程度上都具有一定的功效，这主要取决于其所适用的情境。

1966 年米尔顿·弗里德曼在他《实证经济学之方法论》一文中曾说过：模型的适用性主要是根据其含义来判断的；一个特定模型的有效性不仅是指它的前提假设具有多么重要的现实意义，还指其具有高质量的预测功能。

对于应用相对价值理念的分析师来说，如果相关模型能够确定证券之间相对错误的估值情境，那它们就是有用的；而如果这些模型能够提高我们的预测质量，那我们就会判明

---

① 译者注：回归分析方程中的"截距项"。
② 译者注：回归分析方程中的"斜率项"。

此类证券未来增值和贬值的趋势。

例如：我们认同一些评论家的观点，即布莱克—斯科尔斯模型是错误的，也就是说，其所预测的期权价格在某种程度上与我们在不同市场反复观察到的实际情况是不一致的。然而，我们发现：布莱克—斯科尔斯模型在许多情况下仍然被大量的分析师和交易员所采用。因此，我们要十分了解此模型存在的问题及其引发的"误区"，如果使用不当，它可能会对相关交易造成危害。但是，在大多数情况下，布莱克模型仍然是非常有用的交易工具。

2. 分析范围（适用性）

就我们的目的而言，相关模型之适用范围的"广泛性"也是一个重要的方面，例如：主元分析法（PCA）已被证明是有效的，而它所涉及的范围也非常全面，其中包括利率产品交易、息差互换交易、隐含波动率的精算，以及股票、谷物、金属、能源和其他商品的定价等。但是，与其他任意一个强大的模型一样，应用主元分析方法是要付出一定代价的。然而，在实施的过程中我们发现：与主元分析法（PCA）的效用相比，所付出的代价是值得的。

另一种具有广泛适用性的统计模型则是描述各种金融资产的均值回归特性的分析工具。在相当长的一段时间内，通过持续地观察，我们发现：许多金融产品价格的变量因子具有"均值回归"的特性，其中包括利率、曲线斜率、蝶式价差、时间溢价和隐含波动率等；在商品交易方面，均值回归模型已经在很多市场当中被用于解析相应的"点差"效应，比如黄金 / 白银、玉米 / 小麦、能源及其裂解产品、大豆及其深加工产品之间的点差。

金融市场中普遍存在的均值回归模型意味着此类模型具有极大的适用性。因此我们认为：均值回归模型对一个合格的应用相对价值分析理念的分析师而言是有用的——我们在本书中会对相关的细节进行详细的探讨。

3. 简约性

从我们的角度来看，有效的模型应该符合"大道至简"的理念。正如 1933 年爱因斯坦在"理论物理学方法论"的讲座中所阐述的那样："我们不能否认的是，所有理论的最高目标都是将'不可约'的基本要素简单化，而且，这些要素越少越好；我们也不必放弃那些单一的经验数据，要给予其充分表现的机会。"

在所设定的情境当中，我们注意到：相对价值理念的实质是要"素材充足"。而大多数情况下，在相关模型的简约性和其经验性之间进行利弊权衡则是一个不可避免的过程。开发模型之人的目标就是在各种情境之下对相关模型进行权衡和改进。实际上，交易者群体所"乐于"选择的是那些能够在成本和收益两者之间作出最佳权衡的、适用于特定领域的模型。从这个意义上说，我们在这本书中依据相对价值分析理念而描述的模型是有效的。

结论

　　相对价值分析模型可分为两大类：统计模型和金融模型。统计建模的方式具有普遍适用的性质，它不需要相关工具提供特定的数据，例如：均值回归模型只需要知道时间序列即可，其间无须解析此类时间序列是否代表了相关收益、互换价差或波动率，同时，我们也不需探讨驱动相关时间序列的变量因子。

　　另外，金融模型则可以让我们洞察具体的特定的分析工具的驱动情境和相关因子（不同分析工具的情况各异）。例如：特定具体的互换点差就是 LIBOR 利率相关的同业银行的权益成本的函数——它可以解释为什么相应时间序列的走势可以显示出某种明确的统计学意义上的行情。

　　我们将相关的分析模型分为两个单独的类别，二者合称为“综合相对价值分析法”。之前我们提到的那些应用相对价值分析理念的成功的交易者在操作当中可能会首先使用“统计模型”，进而确定相应交易工具到底是处于相对优势，还是相对劣势，然后运用“金融模型”来探究其中的原因，在此基础上确定相关证券升值或贬值的或然率。如果某种点差头寸获利的可能性较高，那么，相关分析师会使用统计数据再次建模，进而计算适当的对冲比率，预期合理的持仓区间。

1. 统计模型

　　这里介绍的统计模型旨在捕获固定收益证券的两个最有用的属性：首先，相应利差的变化于较长的时间序列当中具有“回归均值”的趋势；其次，多重变量因子的升降走势具有“同步性”。本书的第 2 章和第 3 章在很大程度上是独立成篇的，因此无需顺序阅读。但是，第 3 章着重强调了均值回归模型之中“因子估值”和“特定残差”的应用模式，所以没有偏好的读者最好还是先阅读均值回归这一章。

（1）均值回归

　　许多金融利差表现出一种持续趋向于“均值回归”的特性，如此则可导出相应的预期收益率。在本章中，我们讨论了应用于均值回归模型之中的“随机过程”的相关理念，同时探讨了随机过程当中用以估计相应参数的数据问题。一旦估算出相关参数，我们就可以计算随机过程的半衰期，进而确定相关金融产品于未来呈现的各类价格“点数”所对应的“概率分布区间”。

　　除了以上论述，我们还提出了“首达时间”的概念以及“第一关概率”的计算方法。一旦确定了“第一关概率”分布的密度函数值，那么，我们就可以回答交易中常见的一些令人费解的问题：我们应该如何预期，某种金融交易在什么时间区间内完成？下个月合理的收益目标是什么？我们设置的止损点会被触碰吗？其实，如果计算出"第一关概率"分布的密度值，那我们就可以回答这些问题；同时，我们还要在一个实际的交易环境中探索相关理念的运行过程。

（2）主元分析方法（PCA）

金融领域许多大型的"数组"似乎是由较少的变量因子所驱动的。如果我们将这些数据映射到相应的变量因子之中，就会提高其"降维"的能力，同时也有助于我们分析和识别相对价值理念所创造的交易契机。在本章，我们将详细讨论主元分析方法——我们不仅要从数学的角度来解决相关的问题，还要在实践中探讨主元分析方法的实用性，其中包括：在交易特定证券时，探索其间潜在的因素以及如何对冲相关风险的方法。

2. 金融模型

本节的金融模型属于相对价值理念的范畴，是将一种证券与一种或多种其他证券进行比较。在某种程度上，各章之间是相互依存的，某一章的材料会接续到另一章中。例如：在"比较高风险债券"这一章，我们则以由多种货币计价的各类"合成证券"来研究相关的问题，其中包括——隔夜指数掉期利率（overnight index swap，OIS）和回购利率（repo rate，REPO）之间的点差、同种货币间的基点互换（intra-currency basis swap，ICBS）、跨货币间的基点互换（CCBS）、普通基点互换、互换点差以及信用违约互换（credit default swap，CDS）等。这里需要说明的是：不是每一章都需要按顺序阅读，但是，读者应该注意各章之间彼此依赖的关联性——接下来，我们会尽最大的努力对此加以论述。

（1）收益率 / 久期 / 凸性的相关概念

债券和利率相关的应用数学方面的知识是熟练掌握本书的先决条件。但是，我们相信向从业者传授的债券方面的某些数学知识是完全错误的，或者至少可以说是一种误导，例如：从根本上说，债券的基点值与互换的基点值在本质上是不同的概念，但许多从业者并不清楚其间的差异。另一个例子是：债券的麦考林久期通常是指债券的加权平均到期时间，但是，只有当所有的于到期日还本付息的零息债券具有相同的收益时，这才是正确的。然而，在实践中要满足这个条件几乎是不可能的。同时，我们还探讨了被频繁误用的"凸性"问题，并且提出了更加切合实际的解析方法。

（2）债券期货合约

简单的无套利理论一般适用于分析现货债券的相对价值、债券的回购利率以及债券的远期价格。但是，政府发行的债券期货合约通常包含内嵌期权式的交割选项，从而使相关分析复杂化。于是，我们提出了一个可以对内嵌交割期权进行估值的多因素模型，从而利用随机模拟在电子表格中操作。

（3）伦敦银行同业拆借利率（LIBOR）/隔夜指数掉期利率（OIS）/回购利率（Repo Rates）

隔夜指数掉期利率（OIS）是基于无抵押的隔夜贷款利率，而回购交易则有抵押品担保。除了信用风险的差异外，前述这两笔交易在资本监管方面所受的待遇不同。因此，我们针对 OIS 交易设计了一个简单的 OIS-repo 模型，其中包含了回购利率、违约概率、假定的贷款回收率、交易中的风险加权因子、相关交易所需的监管资本量以及监管成本。

（4）同种货币间的基点互换（ICBS）模型

在同种货币的互换交易当中，ICBS 方式主要是确定不同期限的浮动利率。例如：交易的一方可能会于五年内每三个月支付一笔 3 月期 EURIBOR 利息（欧元区同业银行拆放利率），从而于相同期限内每半年换取一笔 6 月期的 EURIBOR 利息—相应的点差。于是，我们则可以依据上一节中的 OIS-repo 模型给出一个简单的方法——为此类互换交易估值。

（5）决定互换息差的理论性因素

直到 20 世纪 90 年代中期，人们还普遍认为互换利率往往会大于政府债券的收益率，这主要是因为互换交易双方存在信用风险。而现在，于相关债券期限之内，互换利差则成了 LIBOR 利率和回购利率之间利差的函数。对此，我们可以将前述的 OIS-repo 模型和 ICBS 模型合并在一起，进而创建比较细致的分析方法。

（6）从实证的角度解析相应的互换息差

虽然我们需要考量决定货币互换息差的理论性因素，但同时我们也要从实证的角度出发来分析相关的问题。其中，我们特别研究了互换利差和 LIBOR 利率 / 回购利率息差之间的相关性，从而以相关的实证经验来支撑相应的理论框架。另外，我们还对"次贷危机"和近几年的"欧债危机"之后信用质量在主权资产评估和相关互换交易中所起的作用进行了相应的分析。

（7）相对价值指标项下政府债券相关的互换息差问题

互换息差通常被用来对同一发行人不同债券之间的收益率曲线进行相对估值——我们会以不同的方式对其进行探讨，同时也记录下各类方法所内生的诸多缺陷。我们得出的结论是：在对不同债券进行相对估值之时，没有哪些方法是特别适用的。因此，我们要使用拟合债券收益率曲线进行替代。

（8）拟合债券收益率曲线

有许多函数形式可以用来拟合收益率曲线、折现曲线以及远期价格曲线。根据我们的经验，选择特定的函数形式不如仔细地甄别各类债券，然后对相应的收益率曲线进行拟合，并以相关的权重进行校正。在本章中，我们使用了一个基本的但是被广泛应用的函数形式来拟合相应债券的收益率曲线。然后，我们就可以在特定的板块中探讨识别优化债券和相对劣势债券的方法。

（9）以"插值算法"解析互换息差的相关问题

在债券与互换的交易之中，"插值法"的结构形式是一种最受欢迎的分析方法[①]，其间互换交易的到期日与债券的到期日是相同的——尽管这种分析结构优于其他方法，它会使交易者根据相关曲线的陡峭和平坦程度做出相应的主观判断，对此，我们在文中会以例证的方法进行探讨。

（10）不同货币间的基点互换（CCBS）

就我们的目的而言，CCBS 是以不同货币计价的浮动利率之间的互换交易。例如：交易的一方可能会在 5 年内每三个月支付一笔 3 月期的 EURIBOR 利息，从而于相同期限内每三个月换取一笔 3 月期以美元计价的 LIBOR 利息 + 相应的点差。而如果此笔互换的期限少于一年，那我们通常称之为外汇掉期，其间不存在中介利息支付。因为此类互换的双方在交易之初和交易结束之时需要交换本金，所以近年来它的交易量变得很大。而在本章中，我们讨论了对其估值的问题。

（11）以不同货币标价之各类债券的相对价值分析

国际金融经济学的一个基本命题是：在开放和整合的资本市场之中，无论采用何种货币，在风险调整之后，各类证券都应具有同样的收益率。而这其中有一层含义是：两个以不同货币计价的同类债券之一如果与相关的利率互换和相关的基点互换构建投资组合，那么，这两个债券的收益率是相同的。我们则需要应用这个概念通过曲线拟合技术将 CCBS 产品"合成"在选择全球性资产的情境当中。

（12）信用违约互换（CDS）

很久以来，我们都假设存在无违约主权债券。因此，CDS 可以评估相关信贷的影响并对其加以调整。在本章当中，我们分析了此类工具的显著特点。

---

① 译者注：属于一种"离散函数逼近"的方法。

（13）美元资产相关的互换息差与信用违约互换（CDS）

在之前的章节中，我们所开发的互换点差模型的前提假设是主权债券不存在违约风险；但是，这个假设在目前的环境下越来越难以维继，因此，我们会探讨以 CDS 方式来反映特定发行人的违约风险。

（14）期权

在本书当中，我们以相对价值的理念来分析相关的期权产品交易，同时也探讨了期权交易当中存在的三个问题：首先，在没有动态交易基础资产的情况下，交易者买入 / 卖出一种期权的根本着眼点主要是看此期权是处于"实值状态"，还是"虚值状态"；其次，交易者都在试图利用相关期权基础资产的隐含波动率与交易者预期的实际波动率之间的差异来获利，这些交易者会根据相应基础资产头寸的动态变化来交易相关的期权；再次，交易者会依据期权的隐含波动率来调整相应的头寸，而这与基础资产的实际波动率无关。

3. 对相对价值理念更广泛的认知模式

接下来，我们会从宏观经济的角度出发，以更广阔的视野来分析相对价值理念当中的技术指标，进而得出应有的结论。由于就职于金融服务行业的专业人士越来越需要证明自己在社会上的作用，因此，我们提出了一些可以造福大众的金融套利模式和智慧。同时，我们也得到了这些年在业内表现最好的几位专业人士的指点，这里特别要感谢那些我们在德意志摩根格伦费尔的"相对价值研究小组"的经理和同事们，他们是：大卫·诺特、帕姆·莫尔顿和亨利·里乔特。感谢他们将自身的智慧传授给我们，我们也很高兴地应用这些"知识宝藏"。希望随着时间的推移，我们能够提供更多的具有洞察力的经验和教训[①]。

如果读者想获取额外的材料，请访问本书配套的网站：www.wiley.com/go/fixedincome。

---

① 在本书的撰写过程中，克里斯蒂安·卡里略、马丁·霍恩泽、安蒂·伊尔曼恩、卡雷·西蒙森都反馈了宝贵的信息，从而提升了我们作品的质量。

第 1 部分

统计工具

第2章

均值回归模型

均值回归的概念及用途

均值回归是支撑相对价值分析理念最基本的概念之一，只不过，人们对此概念普遍是从直觉上来理解的，但令人惊讶的是，能够彻底理解和熟练掌握特定的工具进而描述均值回归过程的分析师并不多见。

在本章中，我们探讨了一些均值回归过程的关键特征，介绍了一些能够识别优质交易机会的均值回归工具，其中我们特别研究的是：

- 模型选择；
- 模型参数估计；
- 条件期望与条件概率的计算方法；
- 风险调整后的预期收益率，特别是夏普比率的计算方法；
- 首达时间，即停时。

对于上述各个概念而言，我们首先会直观地进行描述，然后从数学的角度给出相关的定义，最后以案例的形式将该概念应用于市场数据的分析。

如果一个变量值在一段时间内呈现出向长期均衡水平回归的趋势，那我们则称其具有"均值回归性"——站在数学家的角度，他们会用"呈现某种分布状态""长期均数"以及"收益率"等概念语言来描述此种情境。为了解决其间所产生的歧义，我们稍后将提供一个更加数学化的定义模式。但是首先，我们会解析一些更加直观的"均值回归"模式的运行过程。从某种程度上来说，斯图尔特法官在审查色情作品时曾经有一段很著名的格言，即"我一看就知道是什么"——而这很适用于均值回归的分析模式。为此，我们来看几个带有明显均值回复特征以及几个不具各均值回复特征的随机过程。

如图 2-1 和图 2-2 所示，模拟了两个时间序列的运行路径，其初始值均为零且两者具有相同的波动率。但是，其中一个序列被构造成简单的随机游走模式——漂移率为 "0"；而另一个时间序列则具有向其长期均值回归的倾向，且此均值为 "0"。事实上，这两个序列由完全相同的正态变量构造而成：在随机游走的情况下，每期观测值的均值都等于上一期的观测值，因此，我们称之为 "鞅" 过程；在均值回归过程的范例当中，我们需要合理选取每期观测值的均值以使其反映相关过程向均值回复的趋势——在这一点上，我们希望大多数读者能够看出图 2-2 中的均值回复性；而如果仔细观察这两个时间序列的话，我们则会发现：在图 2-1 上，均值回复过程某种意义上是随机游走的变换。

图 2-1　随机游走路径模拟图

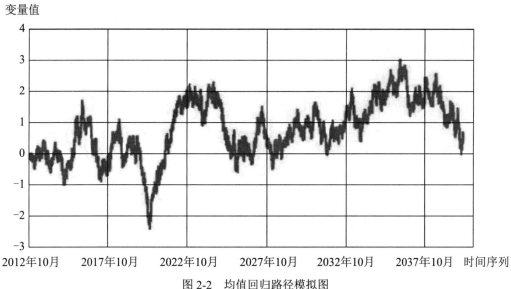

图 2-2　均值回归路径模拟图

不同时间序列均值回复速度可能不同。例如：图 2-3 和图 2-4 使用与生成图 2-2 中均值回复变量完全相同的随机正态样本，其中的区别在于：图 2-3 中的变量回归均值的速率要高于图 2-2 的速率，而图 2-4 的均值回归速率比图 2-3 的更快。

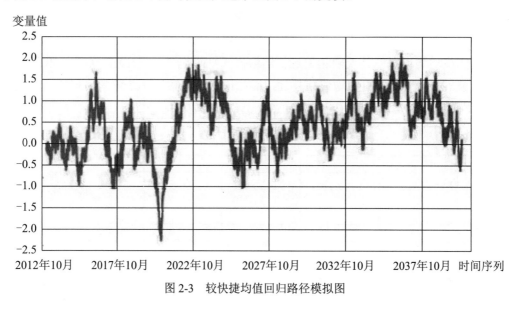

图 2-3　较快捷均值回归路径模拟图

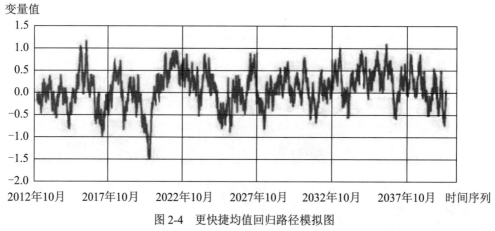

图 2-4　更快捷均值回归路径模拟图

尽管我们可以根据已知的均值回复方程并通过计算机对变量进行模拟，而交易者和分析师总是需要对真实世界的数据作出判断——这些数据在某些方面比模拟的数据要混乱一些，所以，我们还需考虑一些真实世界的范例。如图 2-5 显示了自 1975 年 1 月以来美元 / 黄金的现货价格。从中可以看出：相关各时间序列展现出一种强烈的向上漂移的趋势——而这与均值回归模型所设定的情境是不符的。

图 2-6 显示了 1962 年 1 月以来 10 年期美国国债收益率的实现波动率——在已知的时间序列内,相关变量值一再向其长期的均值水平回归,如此,我们就可以视其具有相对较强的均值回归的特征。

我们再举一个例子:图 2-7 是 1998 年以来按照美元互换曲线计算的 2 年 /5 年 /10 年期美元互换蝶式价差——考虑到样本内该价差向长期均值回复的可观次数,我们可以认为:相应数据也很适合在均值回归的过程之内被用来建模。考虑到价差样本多次向长期均衡水平回归我们可以认为这一过程也是应用均值回归过程刻画的理想范例。

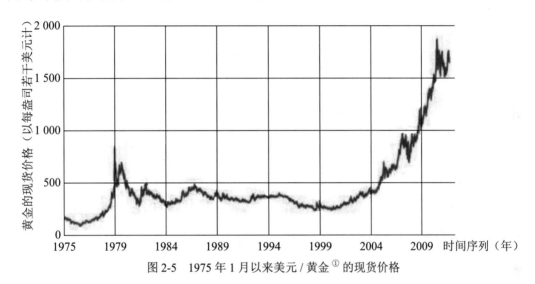

图 2-5 1975 年 1 月以来美元 / 黄金[①] 的现货价格

资料来源:彭博社

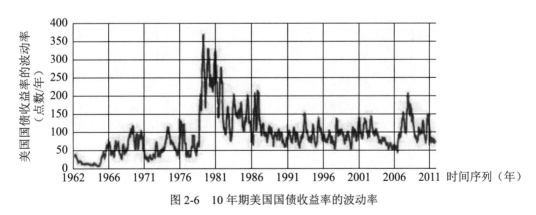

图 2-6 10 年期美国国债收益率的波动率

资料来源:彭博社

---

① 译者注:以盎司计价。

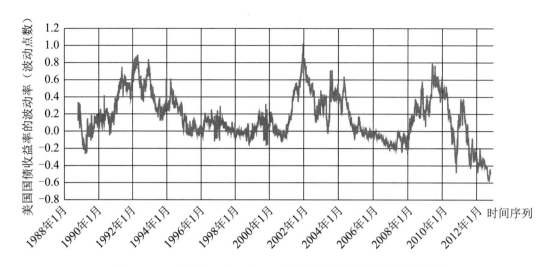

图 2-7　1998 年以来 2 年 /5 年 /10 年期美元互换点差的蝶式曲线图

资料来源：彭博社

1. 数学定义

我们之前从直观的角度出发以图表的方式对均值回归的相关问题进行了说明，接下来将给出如下几个数学定义。

（1）随机微分方程（stochastic differential equation，SDE）

首先，我们给随机微分方程（SDE）下一个简短的定义——实际上，理解这个术语的概念相当简单，其定义的大部分内容就包含在它的名称之中，换句话说，这个方程主要是描述相关变量值在无穷短时间内的随机动态行为，因此，可以将其作为变量的数据生成方法。例如：我们可以在计算机上应用此方程建模，进而模拟相关变量值在一段时间内的运行轨迹。

我们举个例子来说："奥恩斯坦—乌伦贝克过程（简称 OU 过程）"，也就是连续时间序列一阶自回归过程，其随机微分方程形式为 $dx_t = k(\mu - x_t)dt + \sigma dW_t$，该过程被广泛地使用于均值回归过程的建模，因其矩和密度均有解析解。在这个方程中：dx_t 是变量 x 在时间 t 到这一无穷短时间内的变化值，参数 k 是变量向其长期均值 μ 回归的速率，σ 是变量 x 的瞬时波动率，dW_t 是 W_t 在 t 区间内的变化值。事实上，W_t 是方程的随机项，具有单纯的随机游走性质，通常被称为"高斯白噪声"[①]，也被称为维纳过程（以美国数学家诺伯特·维

① 译者注：实际上，dW_t 才是高斯白噪声。

纳的名字命名）。

总体而言，随机微分方程的一般形式为：

$$dx_t = f(x_t)dt + g(x_t)dW_t$$

其中：$f(x_t)$ 项是方程的漂移系数，主要定义相应过程的均值；$g(x_t)$ 项是扩散系数，主要定义相应随机过程的波动率。

（2）条件密度值

接下来，我们给出随机过程条件概率密度（也被称为转移概率密度）函数的定义。所谓条件密度值是指，在知晓某一随机变量其他信息的条件下所计算的该变量未来取值的概率密度。以时间序列为例，条件信息通常是相应随机过程的早期值，例如：在一个 OU 过程当中，$x_{t+\tau}(\tau > 0)$ 的转移概率就是以 $\mu + (x_t - \mu)e^{-k\tau}$ 为均值、以 $\dfrac{\sigma^2\left[1 - e^{-2k\tau}\right]}{2k}$ 为方差的服从正态分布的密度函数值。

（3）无条件密度值

随机过程的无条件密度是指，在不给定随机变量其他信息的条件下该变量未来取值的概率分布的密度函数值。你可以把无条件密度值想象成：在无限长期限当中模拟的随机路径取值所生成的柱状分布图。更确切地说，无条件密度值是指，条件密度函数 $p(x_{t+\tau})$ 的极限值 τ 趋近于无穷；仍以 OU 过程为例，无条件密度值是以 μ 为均值、以 $\dfrac{\sigma^2}{2k}$ 为方差的服从正态分布的密度函数值。

（4）平稳密度值与均值回归

在某些情况下，一个变量会有一个条件密度值，但不会有无条件密度值，也就是说，条件密度函数 $p(x_t)$ 的极限值不会收敛到一个极限密度当中。我们举一个简单的例子：在随机微分当中，附带漂移率的随机游走过程符合方程 $dx_t = \rho dt + \sigma dW_t$ 的条件，对该过程来说，转移密度（条件密度）服从以 $x_t + \rho\tau$ 为均值、以 $\sigma^2\tau$ 为方差的正态概率密度的分布状态，然而，该均值和方差中的极限值在 $\tau \to \infty$ 发散，因此条件密度的极限值并不存在，也即非条件概率密度不存在。

即使在无漂移率的随机游走的过程中，即随机微分方程为 $dx_t = \sigma dW_t$ 的过程，也没有无条件密度，在这种情况下，所有未来转移概率密度函数的均值只是变量 x_t 的当前值。但是，由于其方差发散，所以条件密度函数不收敛，因此，无条件密度是不存在的。

然而，在许多情况下，条件密度的极限值是存在的，这时候随机变量也可以被认为有均值回复的特征，或者说，存在平稳概率密度，而相应的随机过程也是平稳的。

2. 收益率的可预测性与 Alpha

相对于均值回归过程而言，我们从直观的角度对均值回复过程进行了解读，同时也在数学上定义了均值回复过程。现在，我们要反过来考虑相关模型对投资者和交易者到底有什么用处。

收益率的可预测性是追求 Alpha 收益（也即风险修正后的超额收益）的必要非充分条件。如果我们识别出了某金融变量收益率的可预测性，那么我们就可以对该变量的风险或风险修正后的收益进行预测。

实际上，均值回归是具有可预测性的一种形式。如果一个金融变量具有均值回归的特征，那么，我们就可以利用这些信息来改进我们对此变量的未来值的预测。我们认为在大多数情况下，某金融变量的均值回归性可以作为预测风险修正收益的预测指标；当然，在某些情况下，相关金融变量所呈现的或大或小的均值回归的特质是由相应过程当中的风险因子决定的，而不是由风控后的预期收益率决定的。但是，在我们看来：更具有代表性的结论是风险调整后的收益率是可预期的——在这种情况下，交易员和投资者可以使用均值回复模型来获取 Alpha。

模型选择的统计诊断

在均值回归的建模过程中，最关键的步骤是要给以 x 为变量的漂移项 $f(x)$ 选择一个具体形式，$f(x)$ 之所以重要，是因为其刻画了 x 向均值回复的趋势，当变量 x 值高于均值时向其长期均值递减；而当它低于均值时则向其长期均值递增。因此，我们所需要的函数 $f(x)$ 至少要满足三个条件：

- 当变量 x 值高于其长期均值时，函数 $f(x)$ 的数值为负；
- 当变量 x 值低于其长期均值时，函数 $f(x)$ 的数值为正；
- 当变量 x 值等于其长期均值时，函数 $f(x)$ 的数值为零。

当然，满足以上这些性质的一个简单函数是线性的，此时 $f(x)$ 可以参数化地表示为 $f(x) = k(\mu - x)$ 的形式，其中，μ 为随机过程当中的长期均值，k 为将变量 x "拉" 向长期均值的强度；我们也可以列出一个函数 $f(x)$ 参数化方程的等价形式——$f(x) = a + bx$，即 → $a = k\mu$，$b = k$。

显然，线性参数化降低了从历史数据中做参数估计的难度，因为当漂移系数取定某些形式后，此类模型的似然函数通常有闭形解，所以，$f(x)$ 的线性形式也大幅简化了转移概率密度和首达时刻密度的计算过程。

当然，一阶的线性形式并不是刻画变量 x 均值回归特征的唯一形式，有时候我们可能需要牺牲一些简约性转而选取其他的漂移项函数形式以更贴合数据中实际的均值回复特征。

例如：我们现在使用更灵活的泛用函数形式，即

$$f(x) = a + bx + cx^2 + \mathrm{d}x^3$$

上式是一个 x 的三阶多项式方程，这里需要特别指出的是，这个非线性方程显示了变量 x 在逐步偏离其长期均值的过程中所表现出的越来越强的均值回归特征。另一个广泛应用的类似形式如下：

$$f(x) = \frac{a}{x} + bx + cx^2 + \mathrm{d}x^3$$

其中，$\dfrac{1}{x}$ 项表明：在 x 趋于 0 时，漂移系数函数值会变得越来越强，而零值则可成为相关过程的映射边界。前述三种函数的范例模式则由图 2-8 展现出来。

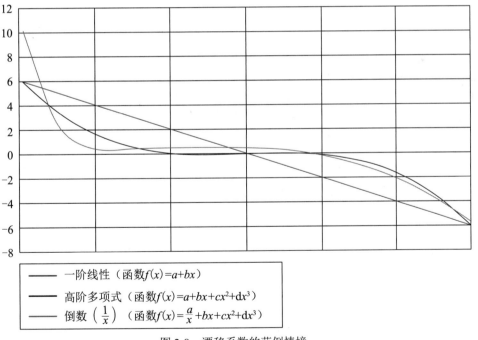

图 2-8　漂移系数的范例情境

在图中的情境之下，我们需要限制 d 为非正的值，这主要是为了避免漂移系数值随着 x 的增加而趋近于无穷大——此时，x 为某种爆炸过程[①]，而非平稳均值回复过程。出于类似的原因，我们需要限制 a 的值是非负的。

严格来说，漂移系数 $f(x)$ 也需要满足除技术性和数理性质之外的其他条件，从而确保相关的随机微分方程能有一个解析解。在实践中，我们倾向于假设相关的某些条件都已得到了满足（尽管有时不应如此）——因为金融应用之中通常所研究的大多数过程数值表现良好。

对于上述观点，我们应该强调的是：漂移系数 $f(x)$ 可以具有无限多种函数形式，其中包括非参数形式、在实践中使用的特殊形式以及由分析人员指定。

如果分析人员愿意摒弃一些解析性，进而尝试采用在相关过程的某些方面更加有效的建模方法，那么，他们可以对 $f(x)$ 的各种函数形式进行诊断，且从中获取优化的模式——此种方法是最有用的。

据我们所知，以上提及的最有用的诊断方法是由理查德·斯坦顿在 20 世纪 90 年代中期于其在斯坦福大学的研究论文中所阐述的，而且，这个诊断工具背后的基本想法是：创建一个无参数的、利用历史数据对漂移系数进行实证性的逼近处理——图 2-9 对此进行了说明。

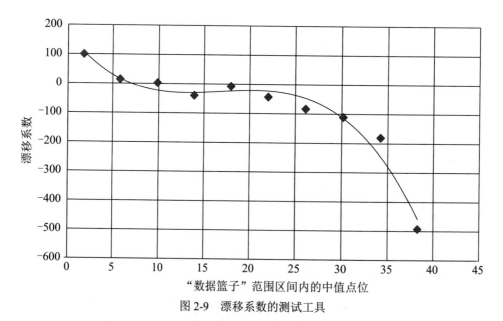

图 2-9   漂移系数的测试工具

---

① 译者注：时间序列分析的专业术语，指单位根大于或等于1。

图 2-9 中曲线上的每一个点都代表了在相关变量设定了临近各点位数值的基础上所估算的均值回归特质的强弱程度。也许，解释这个概念的最便捷的方法是首先列出创建此图所涉及的步骤：

（1）将观测到的数值纳入一"篮子"之中，"篮子"的数量由分析师自定；

（2）在每一个"数据篮子"当中计算每一组观测数据之后续变化的平均值；

（3）对于每个"数据篮子"，在水平坐标上将其中观测到的中值点位进行标注，同时，纵坐标观测相应篮子数据所对应的后续变化的平均值。

例如：假设在我们的数据序列当中有 1 000 个观测值，我们想把它们分成 20 个步长相等的数据篮子，其间中值点位也是等距的——如此，我们可以把相应范围（由高到低）分成 20 个等长的区间，然后，我们就可以将这 1 000 个观测数据逐次映射到相应的 20 个"篮子"之中，其中，一些"数据篮子"之中可能有很多的观察结果，而有些"篮子"的观测值可能相对较少。作为一般性的规则，如果一个数据篮子之中的观测值非常少，那么，明智的做法是减少"篮子"的数量——我们应该尽量增加数据篮子之中的观测值，进而减少相关篮子数据变化均值在估算中的误差。

一旦某个观测数据被植入相应篮子之中，那我们就要在"篮子"中计算每个观测数据的后续变化值，例如：如果相应序列第 400 个数据点被植入第六个"篮子"，那么，其后续变化的观测值就是第 401 个数据点减去第 400 个数据点，即使第 401 个观测值在不同的"篮子"当中也不例外。

换句话说，我们所计算的观测数据的变化均值是以同一"篮子"之中的数据初始值为基础的，然后，我们对剩下的各个"篮子"当中的数据要进行重复计算。

在上例当中，一旦我们对 20 个"数据篮子"进行逐个运算，并得出 20 个点位，那我们就可以将这 20 个点绘制在我们的诊断图上，其中，每个点对应的横坐标就是相应"数据篮子"的中值点，其对应的纵坐标则是"篮子"当中相应观测数据的变化均值。

这里要说明的是：如果我们现在指定一个非线性的函数形式 $f(x)$，其中，漂移系数 $g(x)$ 为常数，那么，我们会使用图 2-10 所示的函数形式进行解析。

接下来，我们需要运用既定的随机微分方程来模拟一些数据，同时，使用之前描述的方法来创建相关的测试图表。

图 2-11 显示了相应的测试结果。这个测试图是有用的，因为它可以确定：函数 $f(x)$ 的特质与实际数据所表现出的均值回归性是一致的。

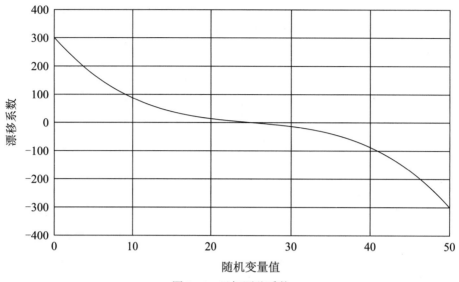

图 2-10 目标漂移系数

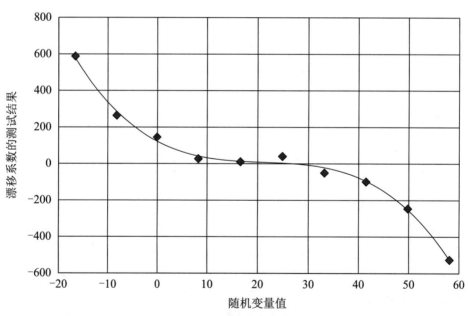

图 2-11 漂移系数测试图

我们创建相关测试图表的目的是：帮助分析师识别相应数据之中所蕴含的均值回归的趋势，并根据其间的属性建模。这里最直接的方法是为 $f(x)$ 选择一个函数形式，使之与测试图中各点的一般形状相匹配。

当然，相应的测试图表也可以创建扩散系数 $g(x)$。在这种情况下，我们可以用每个"数据篮子"当中的后续变化值的标准差来替换其均值；然后，分析人员可以指定一个函数形式——使之能够有效地捕捉函数 x 的扩散系数 $g(x)$ 的关键属性。

和漂移系数 $f(x)$ 一样，$g(x)$ 也必须满足一些技术性的条件，进而确保相关的随机微分方程有一个解。在实践中，我们只需要对 $g(x)$ 设置一些常识性的约束条件即可。例如：我们可以将 $g(x)$ 的值限制在正数的范围——因为其负数形态等同于相应的时间序列向前期"逆行"。

模型估计

一旦确定了漂移系数 $f(x)$ 和扩散（离散）系数 $g(x)$ 的函数形式，相关的分析师则必须指定这些特别函数当中的 $f(x)$ 和 $g(x)$ 的精确值。我们现在举例说明：如果漂移和扩散系数是用参数形式表示的，那么，分析师就必须为这些参数选择特定的数值；而如果是用非参数的形式表示的，那分析人员也必须在相关的定义域内为函数 $f(x)$ 和 $g(x)$ 配置特定的数值。

大多数的分析师会选择指定一些 $f(x)$ 和 $g(x)$ 的数值，使之最大限度地"匹配"由历史数据样本集。例如：可以合理选择 $f(x)$ 和 $g(x)$ 使得对应 SDE 生成该组样本的可能性达到更大，这就是极大似然估计背后的原理。

不过，一些分析师可能更倾向于采用不同的方法来指定漂移系数和扩散系数，例如：一些分析师可能会按照转移概率密度函数的矩与实证（历史）数据的矩相匹配的原则来指定 $f(x)$ 和 $g(x)$ 的数值，具体来说一些分析人员根据条件均值、条件方差（对应一阶矩与二阶矩，具体矩阶数的选择取决于模型中参数数量）与样本条件均值、条件方差匹配的原则估计漂移项与扩散项。一般来说，相对于各种数据的函数形式而言，我们要使理论的预期和实证的数值保持一致——这是"矩估计"所追求的理想境界，而且，在某些情况下，应用矩估计可以得到精确的结果，甚至与"最大似然估计"的相同（尽管在大多数情况之下并非如此）。

在某些情况下，一些分析师可能更愿意指定随机微分方程当中的几项或全项值，从而使相关随机过程的理论阶矩与其他数据的相匹配。例如：当我们建模之时，相应的变量是一个或多个衍生证券之标的资产的价格，那么，分析师可能希望指定一个随机微分方程，从而使相关随机过程当中的理论波动率与衍生证券价格所生成的隐含波动率相互匹配。

这里需要注意的是：在为漂移系数 $f(x)$ 和扩散系数 $g(x)$ 确定精确的数值时，我们可以使用不同的标准。而在任何给定的应用程序中，所选择的特定标准都应该符合相关分析的目标。

　　在某些情况下，分析师可能会对每个实例使用不同的标准进行双重分析，从中判断应用相应的分析标准而得出的测试结果是否稳健。例如，如果在进行一笔交易之前所测算的夏普比率与随机微分方程的最大似然估计值或期权市场的隐含波动率不匹配，那么，其间的差异可能会为分析人员提供有用的信息。

　　如果分析师选择使用历史数据来估算 $f(x)$ 和 $g(x)$ 的值，那么，他需要牢记的是：一些估计方法在概念上和实践上都是有困难的。例如：相对于 $f(x)$ 和 $g(x)$ 的一些函数形式而言 [比如 $f(x)$ 是线性函数，$g(x)$ 是一个常数]，根据其转移概率密度所计算的似然函数是一种封闭型的表达式，但是，对于函数 $f(x)$ 和 $g(x)$ 的一般性的选择方式而言，其间不存在封闭型的似然函数的形式。从理论上讲，在这种情况下，分析师可以应用"数值解"的方法来计算相关的似然函数的值，比如：我们可以应用模拟法，或者，使用有限差分的网格法来求解每种转移概率密度函数相关的偏微分方程的数值。然而在实践中，前述的这些数值法在计算上是非常麻烦的，以至于我们难以处理相应的操作过程（或者至少是不切实际的）。

　　上述这个问题也影响了矩估计的计算过程，因为在相应的随机过程当中并没有封闭形式的阶矩形态。

　　当相应的似然函数不存在封闭型的表达式时，分析师们有时会采用似然函数的近似值进行计算。而在似然函数进行逼近运算时，我们则将此过程称为"伪极大似然估计（PMLE）"或"拟极大似然估计（QMLE）"。

　　在伪极大似然的过程中，导出相应近似值依赖的基础是：在不同观测期之间的时间序列缩短时，相应的转移概率密度值则会进一步趋近于正态分布；换句话说，在较小的时间间隔之内，转移概率密度函数值呈"局部正态分布"。

　　PMLE 模式存在的一个问题是：由于估算的最大似然函数值通常不具有一致性，随着样本量扩大，估算的数值不能保证收敛到真实参数。此外，因为我们通常不知道估计值的概率分布形态，所以，我们只能对相关的数据进行渐进式的"假设检验"，从而使相应的推理过程变得非常复杂。

　　但有时为了实际中估计过程易于处理，牺牲一致性和渐进正态性也是可以接受的代价，特别是在漂移系数和扩散系数相对"平滑"，且相邻观测期之间的时间间隔很小的时候，其优势则更加明显。我们需要注意的是：前述这两种情况都会使转移概率密度值进一步呈现"局部正态分布"的形态。

　　我们与各种各样的金融变量打了多年的交道，我们发现：相对于日间数据而言，用PMLE 模式得到的估值结果与通过使用精确的似然函数而导出的实际结果之间没有什么区别。换句话说，以 PMLE 模式取代精确的最大似然估计的做法所造成的伤害不大。考虑到在相应的方法当中，PMLE 模式相较于大多数其他方法更易处理，所以，我们建议：在处理日间数据时，请毫不犹豫地应用 PMLE 模式。

虽然本书的范围不包括最大似然估计方法的基础知识（我们假设大多数分析师对此都很了解），不过，我们是可以讲解相关流程的。通常情况下，多变量、非线性、数值化的最优解往往会选择参数的数值，从而使那些由历史数据和参数所构成的似然函数值最大化。实际上，似然函数值是将所有观测数据的转移概率密度值连乘而得到的（即每一期观测数据的密度值均依赖前一期的数据）；显然，每一个转移概率密度值都是两个相邻的观测数组以及相关历史数据的函数。不过，从纯粹的计算角度来看，处理函数的累积加总值通常比处理函数的乘积要简单（例如多个小于 1 的函数值连乘的结果会趋近于零，那么，相应的数值会影响自动化运算的精度）。

其实，对函数取对数不会改变单调性，因此其极大值点所处的位置不变。而函数乘积的对数等于函数对数之和，如此，我们可以将似然函数取"对数"值，然后叠加，这样就很容易计算了。因此，用取对数的方法来计算最大似然函数的过程往往会变得更容易一些。

一旦确定了似然函数的对数值，那么，分析人员则可以按照自己设定的约束条件来找到一组参数值，进而使相关函数的值最大化。

我们可以用各种各样的算法以"数值解"的方式对非线性的函数进行优化（可能会有约束条件）。但是，我们不会在本书中讨论各种不同的算法，不过，我们要注意一种或几种梯度算法，因为它们是那些经验丰富的分析师的首选项，往往通过其能很快地找到"局部最优"的方案。

这里需要注意的是：相应的优化数值可能是局部的，而不是全域性的，所以，优化算法最好要从一系列的不同的初始值出发来测试其稳健性，进而在实践当中判断其是否是最优值。根据我们的经验，最大似然函数的表现似乎是相当得好，其间的稳健性往往会收敛到全域最优。但情况并不总是如此，我们需要经常地进行测试，进而强化相应结论的稳健性。

一旦确定了漂移函数和扩散函数的估计值，我们通常要将其绘制成图表进行解析，这里有几个原因：首先，在图表上标注相关系数的点位有时可以揭示一些无意义的结果，例如分布在负数区间的漂移系数；其次，从直觉上讲，相应金融变量的运行规律依赖于整体的漂移函数和离散函数，而不是各类漂移系数和离散系数生成的特定参数。除非你是一个专家，否则，你就需要通过直观的图形进行整体的考量，而简单地测试参数值是不会得到稳健的结论的。

在估值理论中，假设检验通常是一种很重要的方法，然而，这超出了本书的讨论范围。我们会根据自己的目的简单地从直觉上确定精确的漂移系数和离散系数的估计值。通常情况下，在我们估算相关系数的数值之时，大数据量会比小数据量更精确。在获得了一些有重要意义的数据从而进行精确估值的时候，模拟运算往往是有用的，这其中有两个原因：首先，在很多情况下，渐近式的估计值的概率分布形态是未知的；其次，即使我们知道一个估计变量的渐近分布形态，但我们还是不知道特定的数据集合与这个渐近的结果是否是相关的。

为了模拟漂移系数和离散系数的分布形态，我们假设这些系数是已知的，然后模拟相应随机过程的运行规律，从而生成与实际样本大小相同的模拟值；然后，我们可以使用模拟的历史数据的样本来估计漂移系数和离散系数。如果我们重复这个过程 1 万次，就会得到 1 万个漂移系数和离散系数的估计值，这样，我们可以量化估计值的误差，或者，我们可以据此作出推论和 / 或假设检验，进而在假设的情境之下应用随机微分方程生成模拟的数据，最后导出我们所需要的数据。

上述这种量化估值误差的方法以推论和 / 或假设检验的方式所生成的结果往往比依赖渐近分布形态的结果更好。因为在这种情况下，相关数值是已知的，我们则不必强迫假设的数据对应足够长的时间序列来逼近渐进式分布区间的极限值。

条件期望值和条件概率密度值的计算方法

在上一节中，关于估值的问题，我们讨论了这样一个概念，即随着观测间隔变短，即使对于相当一般的扩散过程而言，转移概率密度函数也要趋向于局部的正态分布形态；并且，我们会利用这个结论对 PMLE 模式进行探讨，以此作为估计漂移系数 $f(x)$ 和离散系数 $g(x)$ 数值的一种方法。但是，当我们在超过一周的时间序列内重新评估相关交易的价值时，我们可以减少对转移概率密度局部正态性的依赖——在这些情况下，我们既需要计算转移概率密度值，还要应用其他方法来探究其本质属性。

正如前面所提到的那样，通过求解满足相应约束条件的偏微分方程，我们则可导出转移概率密度函数的数值，其中，有一种方法是使用有限差分的网格法——这种方法在概念层次上比较简单，但实际操作过程却很复杂。

还有一个比较有效的方法是通过随机模拟来求得密度及其阶矩的"数值解"，其基本的想法很简单，即对于任意的随机微分方程，我们可以在期望的初始时间 / 起始点至期望的终结点的序列当中简单地模拟各种运行路径，而随着模拟路径的增多，我们就可以根据自己偏好为这些路径计算出精确的密度值及其阶矩值。

如果想知道转移概率密度的均值，那我们就可以根据模拟的路径计算出样本路径终值的平均值；而如果想知道转移概率密度的标准差，那我们也可以根据模拟路径来计算样本路径终值的标准差。

与以上相类似的方法是：如果要从整体上考虑相关的转移概率密度，我们则可以模拟样本路径生成终值的直方图——图 2-12 给出了一个范例模式。

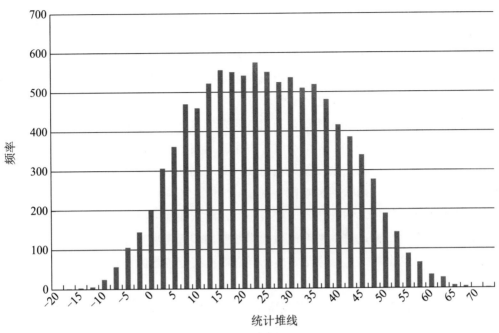

图 2-12　模拟数据柱图

我们可以通过增加样本路径的方法使被描绘的转移概率密度变得平滑一些；然而，还有另一种方法，即针对测试结果直接设定一些平滑的约束条件，例如我们可以通过将"核密度"理念应用于相关数据的方法创设一个平滑的、连续的、可微的函数，从而显示出一个非参数化的转移概率密度。

我们举例说明一下：核密度模型当中有一种形式是高斯核密度，即使用高斯函数（即一个正态分布的密度函数）为其核密度布局，而高斯核密度 Q 的函数形式为：

$$Q(x;h) = \sum_{i=1}^{N} K_i(x;h)$$

$$K_i(x;h) = \frac{1}{h\sqrt{2\pi}} e^{\frac{-(x-y_i)^2}{2h^2}}$$

上式当中 x 是核密度 Q 的参数（自变数）；K 是高斯函数的核[①]；N 是数据点的个数，y_i 被用来估计非参数化的密度函数值；h 是频带宽度（带宽参数），主要用于确定高斯核密度的平滑性。

对我们来说，应用直方图进行类比的方法可能会有所帮助。回顾下：相应的直方图可以把落在特定"统计堆"或"篮子"中的观测数据进行加总——如果一个观察结果落入相

---

① 译者注：一般是多维的。

应的数据篮子当中，那它就会使这个存储单元的频率增加 1 个值，但是，它不会改变其他数据篮子的频率。

相反，当评估任何特定参数的核密度数值时，每一个数据点都会在相应的参数之下对核密度的价值计算产生影响。如果数据点离参数很近，那它的影响度则相对较大；而如果数据点离参数很远，那它的影响就比较小。

在评估每个数据点影响度的相对规模时，频带宽度 h 能够起到一部分作用——它就好似高斯核密度函数的标准差：当 h 很小时，每个高斯核密度值的标准差就很小，而在这种情况下，与辐角接近的数据点则变得尤其重要，其对高斯核密度函数的影响较大；而远距离的数据点对高斯核密度函数的影响则特别小；同时，相应标准差的变化会导致高斯密度函数在均值附近达到峰值。另外，当 h 值很小时，高斯核密度函数的标准差会变得很大，如此，离辐角较近的数据点对核密度函数的影响度与较远距离数据点的影响度之间的差异就会变得很小。在这个意义上，频带宽度 h 在高斯核密度函数的平滑性和粒度之间的权衡中起到了关键性的作用。

频带宽度 h 的数值可以由分析人员指定。而且，在各种不同的假设情境之下，相关人士为确定频带宽度创设了许多优化的标准，但是，从我们的经验来看：在为非参数化的密度函数选择频带宽度时，我们最好遵循"简约"的原则，使其在可视化的条件下达到"一目了然"的效果。为了进一步说明，我们参考应用模拟数据绘制的图 2-12，自行为非参数化的密度函数绘制了图 2-13，其中频带宽度有三种不同的选择方式，即 $h=2$，$h=6$，$h=15$。

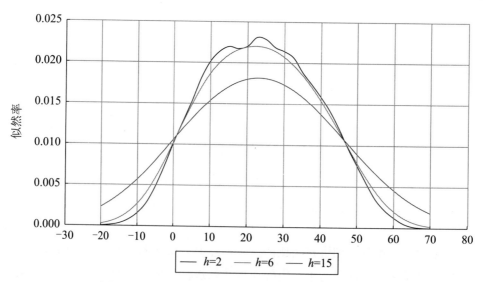

图 2-13　不同频带宽度之下的非参数化的核密度函数图

在我们看来，当 $h=2$ 时，其所生成的密度函数不够平滑；而当 $h=15$ 时，其生成的核密度函数可能有点过于平滑了。

图 2-14 参考了图 2-12 的数据，且设定 $h=6$，然后显示相关带宽所对应的核密度函数的分布区间。

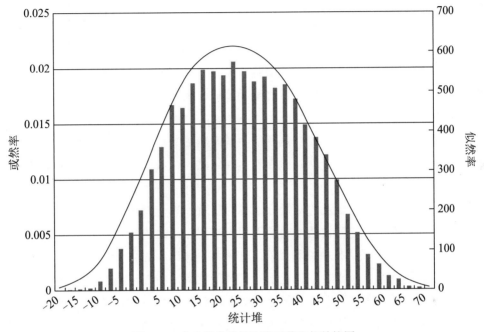

图 2-14　非参数化的核密度函数和相关柱图

在我们看来，带宽参数的选择可以生成非参数化的密度函数，而且，其在权衡平滑性和相应的粒度方面是最为有效的。

条件收益率和风险修正收益率的计算方法

一种计量风险修正收益率的工具——夏普比率

交易员和投资者往往会应用各种各样的工具来计量风险，这其中包括：在风险值、阈值损失概率以及预期的最大回撤值。前述这些工具各有优势，而我们则希望随时从多个角度来观察可能发生的风险，因此，我们不仅要使用已知的这些计量工具，而且还要采取其他方法来解析相应的风险。

但是，就本章的目的而言，我们将集中讨论一种风险度量方法——标准差法。我们选择这个风险度量模式并不意味着标准差法在某种程度上优于其他风险度量方法，而只是因为这种方法的计算过程相对简单一些，因为大多数人对标准差这个概念至少有一个基本的直觉上的认识；而在应用其他风险计量工具之时，情况并不总是如此。

金融经济学的一个基本结论是：投资者都会面临着一个问题，即要在其投资组合的风险与其合理预期的收益之间做出权衡。因此，无论是构建投资组合或进行交易之前的评估，抑或是交易之后所做的绩效复盘测试，我们都应该同时考虑风险和收益这两个因素。

分析师有多种比较风险和收益的方法。而我们在本章关注的是：计算风险调整后的相应收益，也就是说，我们会根据在逐利的过程所生成的风险因子来调整相关的收益率。

分析师可以采用许多复杂的方法来调整收益率，进而影响风险的程度，而大部分方法都要依赖多因子定价模型。而我们会再次鼓励他们在调整风险因子方面发挥自己的作用，并尽可能地进行各种演练。

然而，就本章的目的而言，我们是要集中最简单的方法，即只计算每个风险单位所对应的收益率，而其中的风险因子就是标准差。换句话说，我们将用收益率除以相关的风险因子。

在本章中，我们将以上提及的衡量方法称为夏普比率。严格地说，夏普比率就是超额收益率与标准差之比，而超额收益率则是于相应时间序列之内资产收益率和无风险利率之间的差值。在这一章中，我们把收益和风险之比称为夏普比率。因为在我们大部分的分析中，交易的融资利率已经等于（或非常接近于）无风险利率，所以，我们得到的收益率已经是无风险利率的净值了——实际上，这是处理夏普比率的正确方法，然而，我们知道此种状态并非适用于任何情境：在计算夏普比率时，我们一定要使用超额收益率，而不是未经调整的收益率。

一旦我们指定了一个随机微分方程，那就可以为具有均值回归特征的交易建模，而在校准了相关模型的参数之后（很有可能、但不一定是通过历史数据来估计的），那我们就可以计算出"条件期望值"和收益率分布区间内的"条件标准差"。

在应用简单模型的情况下（比如 OU 过程），转移概率密度是正态的，其期望值的分布也是正态的，如此，我们就可以通过封闭的表达式进行解析，从而计算出转移概率密度的标准差。

在更复杂的模型中，我们会面临多种选择模式，如上所述，我们会选择偏微分方程求得"数值解"；或者，我们也可以通过对实际密度值进行"级数逼近"的方法来求解相关的数值。

根据我们的经验，上述这些方法在实践中是难以实现的，我们更倾向通过模拟的方式简单地计算相应的条件阶矩。

一旦收益率的条件期望值和条件标准被计算得出，那么，我们就可以用条件预期收益率除以条件标准差，然后得出条件夏普比率的数值。

投资组合中每笔独立的交易都可以生成条件夏普比率的数值，但是，我们需要提醒读者的是：你要考虑某一项交易对整个投资组合的条件风险调整收益率的影响。换句话说，在评价一项交易的吸引力时，我们要优先考虑的不是此笔交易独立的风险调整收益率，而是在增加头寸之后整体投资组合的风险调整收益率所受的影响[1]。

首达时间

现在我们考虑一笔点差互换交易，假设当前是 40 基点（bp），如果于此基点开始计时，然后，在相应点数第一次触碰 50 这个价位时停止计时，那么，40bp ～ 50bp 之间的首达时间就是指：在点数变化至 50 这个价位时，相应计时器所记录的时间步长。在前述情况下，首达时间就是指点差达到 50bp 时所需要的"时长"，而考虑到当前交易是 40bp——出于这个原因，首达时间也被称为"触发时间"，我们可以将这两个词交替使用。

关于首达时间的问题，我们要注意的第一件事是要指定两个数值：初值和终值。上例当中，初值是 40bp，终值是 50bp；然而，如果终值是 35bp 或 20bp 时，那么，停止计时的时间点也会发生变化，如此，我们就要考虑不同的"触发时间"。

除首达时间理念要考虑的第二个问题是变量的随机性。我们不知道互换点差达到 50bp 之前所需的时间步长——其间可能要经历 10 分钟，或 10 周，或者 10 个月，抑或是 10 年。

相对于随机变量而言，我们可以计算触发时间函数的阶矩或其他期望值。换句话说，我们可以计算首达时间相关的均值、标准差、偏度、峰度、密度函数值以及概率分布区间等。

举例来说，假设我们上述例子当中互换点差相关的随机微分方程为：

$$dx = k(\mu - x)dt + v\,dw$$

其中 $k = 0.30$，$\mu = 20$，$v = 20$。在这种情况下，我们可以生成 10 000 个模拟路径——它们的初值从 40bp 开始，然后，我们就可以沿着这些样本路径计算其达到 50bp 的首达时间。如此，我们将达到 10 000 模拟的触发时间样本，进而生成相关的直方图，从而得出非参数化的密度函数值，最后计算出触发时间步长的均值。图 2-15 将此过程描绘成直方图的形态，其中特别展示了因之而生成的非参数化的密度函数。

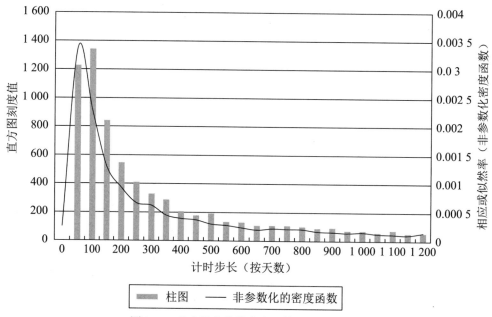

图 2-15 非参数化的核密度函数及相关直方图

触发时间有很多实际的应用方式，它能够回答一些非常有用的问题。举例来说，我们可以在交易的背景下考虑如下的问题，即：

- 如果我把止损设在 55bp，那么，接下来两周之内，止损点被穿透的概率有多大？
- 如果我想把下个月止损点位被触及的概率定在 20%，那么，我的止损应该设在什么水平？
- 如果我把未来两个月的止赢目标设在 35 点，那么，获利的可能性有多大？
- 从当前起算，这个价差下一次达到其长期均值所需的时间步长是多少？
- 在 70% 的对称置信区间之下，这个价差下一次达到其长期均值所需的时间步长是多少？

这里需要注意的是：最后两个问题不能简单地应用之前的点差模型当中随机过程的转移概率密度来解答。例如：如果我们考虑在随机微分方程之中使用一个线性规范的漂移系数来为相关的变量建模，那么，在这种情况下，变量期望值作为时间的函数，其将呈现指数的形式——渐进地趋近于长期均值，但实际上从未达到过。

在这种情况下，我们可能会问一个似是而非的问题，即"未来相关变量的期望值需要经历多长时间才能等于其长期均值呢？"

针对上述问题，我们的答案是：在未来，尽管相关变量会渐进式地趋近于其长期均值，但是，相应随机过程的期望值是不会等于长期均值的。因此，在这种情况下，我们可能会出错，进而得出怪异的结论，即首次触碰长期均值的首达时间其期望是无穷大的。

然而，我们可以直观地看出：只要考虑一下模拟测试的过程就可以知道，上述结论是一个错误的答案。如果我们从变量的当前值开始，并在很长一段时间内对其随机过程进行模拟，那就可以发现：相应变量很有可能于相关过程之中数次围绕其均值来回运行。

上述两者之间存在着一种矛盾的关系，而答案的关键是要理解：它们是两个不同的问题：一个是作为时间函数之期望值的运行路径问题；而另一个指的是相关变量沿样本路径运行的时间序列之步长区间的期望值应该如何确定的问题。

整合所有理念的例证分析

欧元和英镑 5 年期互换期权被动率之间的差值

现在举个例子：让我们考虑一下基础资产为 5 年期欧元互换的 5 年期期权与同期的英镑互换之 5 年期期权的隐含波动率之间的差值——以 bp/ 年的形式表示，时间区间为 2005 年 5 月 25 日至 2012 年 7 月 4 日。下面的图 2-16 显示了这两个时间序列的基本状态。

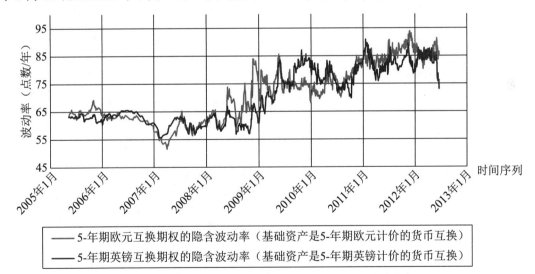

图 2-16　5 年期欧元互换期权英镑互换期权的隐含波动率

资料来源：彭博社

图 2-16 中需要注意的重要一点是：两个时间序列显示出了较强的相关性。特别是在图中显示的周期当中，相关系数达到了 0.87。

图 2-17 显示了 5 年期欧元互换期权的波动率减去同期的英镑互换期权波动率之后的差值。

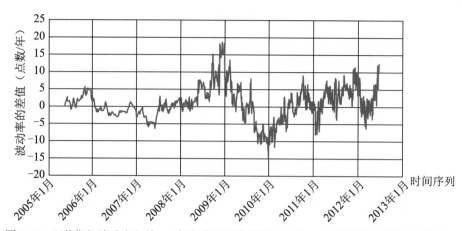

图 2-17　互换期权波动率之差：5 年期欧元互换期权波动率—5 年期英镑互换期权波动率

资料来源：彭博社

图 2-17 中有两点值得注意：

- 欧元和英镑互换期权波动率的差值在相应的周期内一直呈现均值回归的特征；
- 第二部分样本数据所体现的差值形态比第一部分样本数据的波动性要大。

为了更清楚地对这方面的数据加以说明，我们用图 2-18 来显示图 2-17 中的相关序列之日间变化的情境。

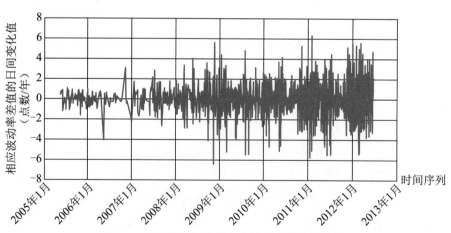

图 2-18　不同系列互换期权之波动率的日间变化

资料来源：彭博社

图 2-18 支持了我们从图 2-17 中得到的直观结论，即在相关的样本数据中，差值的波动性增加了。实际上，有一些方法可以处理相关时间序列内参数值的变化，但是，这些都超

出了本书的范围。就本书的目的而言，我们只需简单地记录数据的特性，留存于心，进而从分析中得出推论即可。

接下来的分析就是考虑一下上述测试图表所讨论的内容，特别是一阶非参数化的漂移系数和扩散系数的估值问题，如图 2-19 和图 2-20 所示。

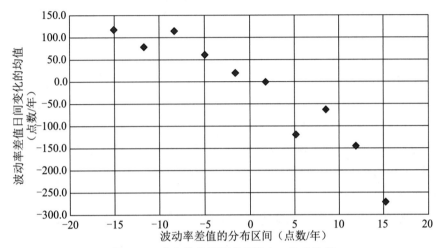

图 2-19　非参数化的漂移系数之一阶估计值

资料来源：彭博社

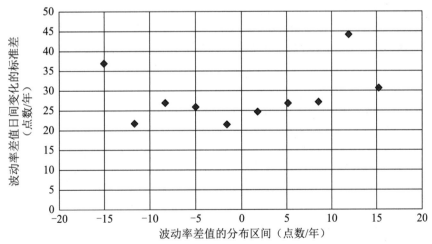

图 2-20　非参数化的离散系数之一阶估计值

资料来源：彭博社

正如我们在处理均值回归过程时所希望的那样：均值以上数值的平均变化值为负数，而低于均值的平均变化值为正数。除此之外，没有明显的非线性特征，因此，我们也没有必要考虑使用非线性的方式来设定相关的漂移系数值。

在这种情况下，我们应该进一步挖掘在扩散系数估值方面设定非线性方式的有效性，因为在数据篮子数据范围两端会显示出比其他数据篮子更大的波动性，特别是，我们应该看每个显示高被动的"篮子"有多少观测值。如果每个数据篮子包含的观测值相对较少，那么，其间波动率相关的信息可能就没什么用。现在，我们用一个常数来为离散系数的估值建模，但是，我们不会忽略在对相应随机过程进行推演当中所蕴含的非线性特征。

根据图 2-19 和图 2-20 中的两个测试结果，我们将选择之前描述的 OU 过程来为相应点差的波动率建模。在这种情况下，我们需要估计三个参数，即长期均值、均值回归的速率以及相应价差的瞬时波动率。

由于 OU 过程在相关分析中需要有一个明示的转移概率密度，所以，我们会使用"最大似然估计"的方法来为既定随机过程当中已知数据的参数定值。在此种情境之下，相关数据的长期均值被估计为 1.0，瞬时波动率为 28.25，均值回归的速率则是 16.5。

根据 OU 过程的条件均值所构建的方程，我们可以看出：相应随机过程的期望值会衰减，同时，它们将以指数的形式渐进地接近其长期均值。

在这种情况下，均值回归的速率也是一个有用的参数。就相关过程的半衰期而言，由随机过程期望值所决定的时间步长就是当前值和长期均值之间距离的中间点。在我们的例子中，相应过程的半衰期是 15.4 个日历天，如此则意味着：我们可以预期每隔 15.4 个日历天，就会向其长期均值的剩余距离靠边一半。

图 2-21 显示了不同时间框架之下的无条件密度值（或平稳密度值）以及转移概率密度，其中，相应点差的当前值是 12.35——我们用灰色的垂直线来表示。

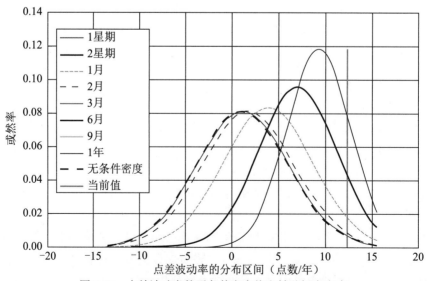

图 2-21　点差波动率的无条件密度值和转移概率密度

资料来源：彭博社

从上述图中，我们可以看出：随着时间的推移，跃迁密度的均值和标准差都在变化，且接近它们的极限值，即相关随机过程的无条件密度值。

这里还要注意的是：随着时间的推移，相应点差未来值高于当前值的概率正在降低。例如：周线的时间范围所对应的概率是 18%；月线的概率只有 4%；在 3- 月线的时间周期内，我们能看到的是，相应点差未来值高于当前值是 12.35 的概率小于 1%。

另一种量化这种波动率差的行为方法是计算不同时间段的风险调整后的收益。我们可以将图 2-21 横轴上相应变化的期望值除以同一分布区间内相关变化值的标准差，此种方法类似于"夏普比率"，因此，在本章的其余部分，我们都会将相关概念以之命名。如此，周线图上的夏普比率是 0.91；月线图上的将升至 1.78；而 3- 月线上的夏普比率会升至 2.26。

然而，为了比较不同时间段的夏普比率，我们应该将所有的计算以正态分布的形式纳入相同的时间间隔之内，因为随机变量的期望值具有叠加性，同时，标准差是以 $\sqrt{N}$ 的速率增加的，其中 N 是相关概率对应的时间步长的数值（换句话说，如果比较一年期的投资与一个月的投资，那么，我们需要考虑将一个月的收益概率连续重复 12 次[①]。

根据上述情境，在相关投资对应之周线上的年化夏普比率数值为 6.56；在投资对应之月线上的数值是 6.12；在 3- 月线上的年化夏普比率的数值为 4.5。

正如我们所见：年化夏普比率随时间而下降的事实说明了一点，即最佳的风控收益概率是在短（期）线上显示的。换句话说，我们的预期是，交易中大部分业绩是在较早的时期实现的，而这意味着：如果我们用类似的风险收益率的结构来重复调整相关交易的收益概率，那么，我们最好在较短的周期内持有相应的头寸，然后，再将相关的资本重新配置到其他短期线交易当中。

另一种分析方法是：应用"首达时间"的理念来考量点差波动率所生成交易的风险 / 收益之比相关的结构性问题。正如我们在本章前部所讨论过的那样——所谓"首达时间"是随机变量相对于时间序列而达到指定目标的区间步长。

举个例子：假设我们对收窄的点差波动率所对应的头寸感兴趣，那么，我们担心的是相应点差波动率增大的可能性（概率）。首先，让我们来计算一下首达时间的密度值，其中，给定的条件是：当前的点差波动率的分布区间是 12.35 至第一关数值 7——相应的密度函数值则如图 2-22 所示。

---

① 译者注：即相应月际数值 $\times \sqrt{12}$。

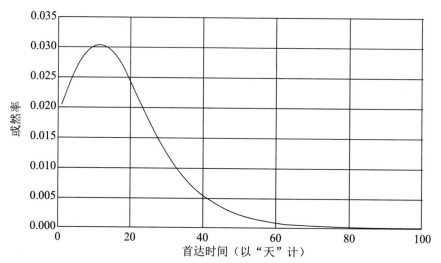

图 2-22　点差波动率的分布区间自 12.35 至 7 的首达时间之密度值

资料来源：彭博社

在图中，相关密度对应的模态值为 7 天，均值是 14.9 天。

这里需要注意的是：我们选择的目标值 7 略小于均值 1.046 与当前值 12.35 之间 1/2 的距离。因此，我们不必感到惊讶的是：预期的首达时间密度值略低于半衰期值 15.4 天。

一般来说，我们没有必要使半衰期对应首达时间密度的均值，其中部分原因是：每一个首达时间的密度值都会被不同的目标值所定义。例如：我们来考虑一下，在当前情境下首达时间密度所对应的均值是 1.046，如此，相关密度值则被显示在图 2-23 之中。

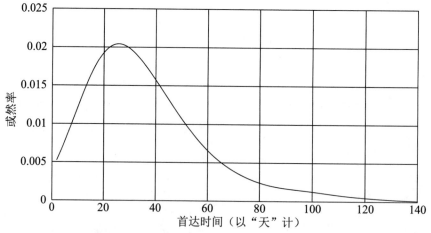

图 2-23　点差波动率的分布区间自 12.35 至 1.046 的首达时间之密度值

资料来源：彭博社

在图 2-23 中，模态值为 26 天，均值为 38.25 天。相比之下，根据我们的模型：相应点差波动率未来的期望值从来都没有精确地等于均值，因为期望值都是渐近地式地从它的现值趋向于相关均值。当然，在期望值与其长期均值相等之前必须经过无上限之时间步长的观点并不是说：我们的预期点差波动率下次达到其均值之前会经过无限长的时间。

其实，首达时间的密度值之所以有用，其中的原因很多。例如：我们可以用它们来阐述止盈 / 止损目标所相关的概率问题。

举个例子：假设我们想把目标值设为 7，而当前值是 12.35，那么，首达时间密度值的分布状态则如图 2-22 所示，即我们之前看到的，触碰均值的时间步长是 14.9 天，但是，我们可以应用此密度值推算出其他概率值，例如：于 5 天之内触碰目标值 7 的概率是 13.1%；在 10 天触碰目标值的概率为 45.1%；在 15 天内触碰目标值的概率是 66.5%。据此，我们可以计算出：5 到 10 天之内相关目标值被触碰的概率是 32.0%。

我们再举个例子：假设我们考虑在 16.35 这个点位设置止损，其比当前值 12.35 高出 4 个点。通过计算 16.35 这个数值所对应的首达时间密度值，我们则可以发现：10 天之内触碰目标止损点的概率是 5.2%；在 20 天内触及这一止损点的概率为 8.8%；30 天内触及这个止损点的概率是 9.5%；40 天对应的概率是 10.5%；50 天对应的概率是 11.1%。如果由于某种原因我们对这些概率值感到不合理，那我们就可以针对另一个止损点位计算一个新的概率集合。

当然，某些情况下，在我们从交易中获利之后相应的止损也可能被触发，如此，我们可以使用模拟法来计算多个情境的概率，比如："在触碰 8.35 这个数值之前触碰 16.35 的概率有多大。"

结论

随机过程项下均值回归的建模理念为呈现相关属性的金融时间序列问题提供了一套丰富的解析工具。但是，我们需要在工作中选择适当的工具，同时，我们还要从测试结果中得出恰当的推论。

例如：如果我们决定采用非线性的方式来计算相应的漂移系数和离散系数，那么，对这个过程就需要谨慎地加以对待。通常，非线性理念允许相关的模型去捕获一些随机过程之中的动态的变化情境，但是，如此也会造成因抽样误差所导致的数据虚假方面的问题。

在作出交易决定方面，并没有什么明确的规则，而我们的建议是：最好让分析师从经验中受益。在本章乃至全书中，我们就试图利用相关的经验进行分析。但是，最后，我们需要再次重复的是：对那些应用相对价值理念的分析师而言，本章所讨论的应用方法很可能会随着时间的推移产生最大的效用。

注1：在对大多数的固定收益工具进行的相对价值分析中，我们倾向于应用掉期利率和债券收益率（而不是互换产品当前的净值和债券价格）来构建相关的模型——因为这些产品往往是生息的工具。而我们需要考虑的不仅是相关利率的期限结构变化，还有相应交易工具的付息、融资以及"无套利原则"功能的效应问题——而这些因素的竞合作用会影响到我们"持仓"的头寸。同时，点差交易和正向的套利模式特别吸引人的地方是：它们倾向于为某种交易提供额外的正相关因子。而需要考量的问题应该也包括：在什么时候可以计算年前的夏普比率。

第3章

主元分析（主成分分析）方法（PCA）

本章概论：理论目标和方法论

　　市场行情通过其自身的变化向观测者呈现了大量的数据和随机的波动情境，而相应数据与行情波动之间的相关属性则或多或少地指向隐藏在金融市场之系统机制当中的核心问题（例如2年期利率和10年期利率的走势呈现同时起落的情境）。因此，我们的目标是通过观测市场行情波动的表象来挖掘相关结构的实质问题。

　　如此，我们所面临的问题就是：如何根据相关的市场结构确定正规的假设检验模式。极端来说，如果我们不做任何正规形式的假设检验，那么，我们就会停留在不可通约的市场数据的表面，从而无法解析其结构的核心实质。所以，为了实现相关目标，我们需要使用结构性的理论模型（例如：数理化的公式体系），同时，根据行情的变化设置一些假设检验的条件。然而，我们需要使相应假设检验的结果很好地适应真实市场行情的结构性变化，同时，尽量减少它们的不良影响且使之最小化，这样就会有足够的空间以我们的机制按照自己的形式来显现相应市场行情的变化。

　　其实，主成分分析法（Principal Component Analysis，PCA）只有一个主要的假设条件，即市场行情是由一组不相关的线性因素驱动的——这不仅是一个相对弱式的假设检验模式（允许市场行情填充剩余的结构性信息，尤其是每一个因子的相关形状和强度），同时，它也是相对价值（RV）分析和对冲策略当中非常有用的一种工具。另外，主成分分析方法也满足资产定价理论的条件（见第1章），其可以为我们构建留有风险敞口或对冲因子的投资组合（正如投资者指定的那样）。再者，就相对价值分析（RV）的目的而言[1]，主成分分析方法（以下简称PCA）似乎也是一个有用的工具。

　　本章的主要目的就是通过PCA理论的实证检验方法来引导我们从市场行情的表象出发挖掘其核心的实质问题，从而发现相关行情的内在驱动力，深入地洞察相应市场的运行机制。在应用数理方法对相关问题进行研究之后，我们将利用本章大部分的篇幅来探讨PCA方法相对于现实市场机制的适用性，同时，由之阐述市场行情本身实时的结构性变化过程。

从一方面来说，在应用数理的方法为相关市场行情的变化建模的过程中，可能要包含一些有问题的前提假设；而另一方面，PCA 方法也将现实世界与数理化的表现形式联系起来，从而把经济问题和数理方法结合在一起，进而生成与经济相关的统计数据。在前面提到的 2 年期和 10 年期利率的例子中，PCA 方法就可以识别两种利率同向变化情境的背后潜在因素；同时，它也能发现两种利率反向变动情境之下潜藏的另一种不相关因素。而解析这些因素的过程（也许与经济数据相关联，如通货膨胀）则会使我们对驱动收益率曲线的各种情境有一个深刻的理解。那么，接下来，投资者就会对这些因素（如通货膨胀）可能造成的影响产生某种看法，进而应用 PCA 方法确定最佳的交易头寸，并对各种不可测的因素进行对冲。

由于 PCA 方法将统计数据与基本面的分析方法联系起来，因此，它也将本书的第 I 部分和第 II 部分结合在一起。本书之前部分的焦点是关于统计的，而现在我们需要从统计学的原理转向对经济数据的解析，相应地，我们现在的目标就不是求得一个优化的夏普比率，而是要洞察经济活动的基本运行机制。如此，我们就可以对优化的统计数据进行补充，从而理解潜藏于交易背后的真实的源自经济因素的驱动力。

PCA 方法的直观解析模式

如果我们以无假设的方式开始分析相应金融工具的市场行情，那就可以根据观测到的数据简单地绘制一个散点图——图 3-1 就显示了一个范例模式，即 1996 年到 2012 年间的 2 年期的国债收益率和 10 年期的国债收益率（德国国债），接下来，我们就可以尝试区分二者的相关性结构。在图 3-1 中，于整个时间序列之内，这两种收益率之间似乎存在很强的相关性，而其间点数的上下波动又似乎被某种正相关性所驱动，而且，这种相关性似乎是相当线性的，因此，我们可以用近似直线的方式刻画之。此外，图中似乎还有第二种驱动机制使两者的波动方向相反。不过，在整体的时间序列之间，与第一截面的正相关性相比，其负相关性似乎较弱，同时，随着时间的推移，这种负相关性的影响各不相同，其中在 2 年期收益率居于 4% 以下时，其影响度是相当强劲的，其他截面数据的情境也是如此；此外，我们还不清楚这种负相关性是否可以被合理地假设为具有线性的特征[2]。

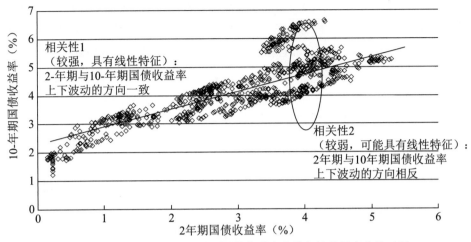

图 3-1 2 年期与 10 年期德国国债收益率点数之结构性变化的云图

资料来源：数据——彭博社

数据周期：1996 年 1 月—2012 年 6 月 4 日（周图数据）

从广义上讲，PCA 分析方法将相关性的理念分为"线性"和"不相关"两种形式[3]，同时，此种方法提供了与以上分析相近的直观的量化模式并以数理的形式阐述如下：

首先，所谓的"相关性"存在于一组给定的市场数据当中（即相应市场机制下行情走势的形态是什么样的）。在上述例子中，其所对应的是相关性 1 和相关性 2 的情境，PCA 方法将其间的作用于 2 年期和 10 年期收益率的影响因子进行了量化处理（展示了短期和长期德国国债收益率同向波动或反向波动的情境）。其次，两者之间相关性的强弱由彼此决定，也就是说——市场行情的运行模式（如收益率曲线变化）能够在多大程度上被某种特殊的机制所解析。

从数理的角度来说，市场行情机制的运行态势应该对应的是：相关的特征向量和（缩放式的）PCA 法则之特征值的相对强弱程度。

在继续论述之前，我们要注意一个问题，即与图 3-1 类似的图表可以用来查看相应的假设检验模式是否适合特定细分的市场情境。在应用 PCA 方法进行假设检验的情况下（如线性），相关模式似乎违背了实际的市场行情的运行情境，当然，谨慎是可取的，对此，我们可以使用前一章所讨论的测试技术来加以应对。

此外，直观的 PCA 方法可能会使人产生一些误解，即 PCA 方法就像一个回归方程，相关性 1 就是一条回归线，相关性 2 表示的是残差值。然而，真正的数理方法是不一样的，所以，（通常）测试结果也不一样（即通过 PCA 分析法计算出的相关性在大多数情况不同于回归线所显示的结果）。而我们在本章本节讨论的是：就对冲交易而言，其间相关性出现差异的原因，进而显示基于 PCA 方法而计算的相关性之数值在确定对冲比率方面的优势。

模型因子：一般结构和定义

现在我们将正式地重复讨论上面的问题，从而构建 PCA 分析的方法论。而理解相关目标的关键要素是：根据市场行情的数据集合，从给定的信息中提取最相关的因子来解析市场行情波动背后的运行机制，同时，以数理的方式表现出来。

用更正式的说法是——我们要尽量降低相应的维度以及包含于大部分信息之中的剩余维数。因此，相关练习的结果将揭示市场行情运行机制所相关的数值、动量和形态。

现在，观察了大量的数值为 n 的市场工具的数据（如收益率），且在 t 时刻的数值是 $y_i^t(i=1,\cdots,n)$，而 k 个因子的线性模型之一般形式为：

$$\begin{pmatrix} y_1^t \\ \vdots \\ y_n^t \end{pmatrix} = \sum_{i=1}^{k} \alpha_i^t \cdot \begin{pmatrix} f_{i1} \\ \vdots \\ f_{in} \end{pmatrix} + \begin{pmatrix} \varepsilon_1^t \\ \vdots \\ \varepsilon_n^t \end{pmatrix}$$

其中：α_i^t（随时间序列变化的数值）是指 t 时刻的第 i 个因子；$\begin{pmatrix} f_{i1} \\ \vdots \\ f_{in} \end{pmatrix}$ 指的是第 i 个因子

的载荷（属于不随时间变化的向量）；而 $\begin{pmatrix} \varepsilon_1^t \\ \vdots \\ \varepsilon_n^t \end{pmatrix}$ 指的是 k 项因子于 t 时刻的残差值（属于随时

间而变化的向量）——此部分因子是无法解析的。

不随时间变化的因子载荷包含了市场行情的运行机制，而相关因子则显示了相应的行情运行机制呈现于某个时间点上的强弱程度。我们作一个直观的比较，现在考虑一个与声响相关的混音器，其中：（不变的）个体声音对应的是载荷因子，而它们于某一时刻特定节点之上（可变）的强度则对应于相关因子（通过混音器上的音量调节装置进行调节）；反过来，我们可以根据混音器上的调节装置和相应标识把整体的声音进行分解，从而听到个体的音频。同理，我们可以应用 PCA 分析方法来观测相关的因子和载荷，分解市场行情的整体运行模式，进而洞悉个体的驱动指标。

> **范例**：如果我们决定为 $1 \sim 10$ 年期国债收益率曲线建模，即 $n=10$，那么，相应的公式如下
>
> $$\begin{pmatrix} y_1^t \\ \vdots \\ y_{10}^t \end{pmatrix} = \alpha_1^t \cdot \begin{pmatrix} 1 \\ \vdots \\ 1 \end{pmatrix}$$
>
> 以上是一个单因素模型，其中——特殊的因子载荷只允许相关变量曲线平行移动。这是我们假设检验当中一个非常特殊的范例情境，它将我们的感知能力限制在观测平行变化的层面。然而，现实的市场行情会抗拒我们"强加"的这种情境，从而显示较大的残差值。

到目前为止，我们只能假设市场行情运行的机制是线性因子，而问题是我们能够假设检验的因子究竟占有多大的载荷。

对于这个问题，我们的回答是，将相关的模型因子分为两类：

在第一类模型中，分析师可以自行确定相关因子的载荷，其中，尼尔森—西格尔（N-S）模型则给出了一个典型的例子，这种方法预先假设→第一个因子载荷是向量 $\begin{pmatrix} 1 \\ \vdots \\ 1 \end{pmatrix}$；而第二个载荷所引入的向量则服从相关因子折现曲线的运行方式，如此，它扩展了简单的单因素模型，即将我们上面的范例模式（平行移动）与第二个因子结合起来，进而虑及相关曲线陡峭和平坦的状态。

上述这种方法的优点是：我们可以通过适当地选择因子载荷来显示相关模型所需的属性（如无套利性）。这可能是金融分析界人士偏向于将因子模型归为第一类的主要原因。

不过，此类模型的缺点是测试的结果可能反映的是分析师的假设情境，而不是真实市场行情的运行机制。比如在 N-S 模型中，曲线变陡或平坦的情境如果不遵循假定的因子折线曲线的走势，那就无法解释了，我们只能将其归在"残差项"。因此，真实行情的运行机制变陡的情境在因子载荷中会被忽略（被先验的假设检验所覆盖），并将其归入无法被模型因子解析的残差项。

在第二类模型中，我们可以从市场行情当中提取相关因子的载荷值 [而不是自己做出一个先验的前提假设（即市场行情的运行机制）来确定相关因子的载荷]，在此种情况下，分析师会让市场行情自己揭示其内在的动因，然后，以后验的方法解析相关因子的载荷。因为我们的目标是深入了解实际市场行情的核心实质（而不是把我们的假设检验强加于此），

所以，第二类模型是我们要研究的对象。

　　PCA 分析方法主要研究的是第二类模型：它强迫市场行情揭示其机制下的不相关的线性因子，但通常留给市场足够的空间去揭示其在正式框架内的真实动态。例如，市场行情变陡的运行机制（净方向值）将会显现第二类因子载荷，进而揭示实际的市场行情的动态（而不是按照分析师的假设检验模式先验地覆盖之）。因此，市场行情的运行机制会在此类因子的载荷之中显现，而不会被归入残差项。

数理化的 PCA 分析方法

　　因为 PCA 方法是一个源自线性代数的工具，所以，我们首先需要以矩阵的形式来显示相应的市场行情；而最直接的方法就是以协方差矩阵的形式来表达包含于市场行情之中的信息结构[4]。

技术要点：

- 市场数据应该对应足够的时间步长，从而确保用于模型估计之参数的准确性；
- 根据分析的目标，输入的数据可以分级或更改；
- 这里很重要的一点——我们应用的是协方差矩阵，而不是相关系数矩阵，因为波动率（灵敏度）的差异性是相关分析的一个关键因素，绝对不能使用相关系数来剔除之。

　　既然我们要用协方差矩阵的形式来解析相应的行情信息，那么，我们可以应用线性代数的强大工具将协方差矩阵相关的特征向量转换成标准的"正交"形式。

　　定义：相对于矩阵 A 而言，如果 $Ax = \lambda x (x \neq 0)$，那么，$x$ 就是矩阵 A 的特征向量，而 λ 则是矩阵 A 的关联特征值。

　　如此，当矩阵作用于特征向量时，此类向量并不改变自身的方向，只是改变相应的步长。例如：如果 A 表示一个地球仪旋转 90 度，那么，绕"转轴"转动的两个极点就是一个特征向量加上一个相关的特征值；另一个例子是：如果一个人用双手拿着球挤压它，那连接双手的线就包含了特征向量，且它的关联特征值小于 1。

原理：每一个协方差矩阵[5] Cov 都符合以下的形式：

$$Cov = B^{-1} \begin{pmatrix} \lambda_1 & 0 & 0 \\ 0 & \ddots & 0 \\ 0 & 0 & \lambda_n \end{pmatrix} B$$

其中，λ_i 就是协方差矩阵 Cov 的关联特征值，而 **B** 矩阵的各列值构成了 Cov 矩阵的特征向量。

直观解析：矩阵 **B** 就像是一个变换的坐标系，其允许我们从特征向量给出的标准正交模式来考量协方差矩阵的相关问题。因为这些特征向量呈现的是"正交"的状态，所以，相应的协方差矩阵则可被分解，且视为不相关。此外，特征向量与最大关联特征值的绝对值都指向最大的变化方向，也就是说，它代表了市场行情中最重要的相关性结构。

范例模式：假设协方差矩阵 $Cov = \begin{pmatrix} 7 & 3 \\ 3 & 2 \end{pmatrix}$，而其关联特征值是 8.4，相应特征向量 $\begin{pmatrix} 0.91 \\ 0.42 \end{pmatrix}$ 与 $\begin{pmatrix} -0.42 \\ 0.91 \end{pmatrix}$ 的数值为 0.6，如此则展示了一个单位圆的图像，从中我们可以看出——大多数的变化情境均发生在第一象限特征向量所指的方向之上，如图 3-2 所示。

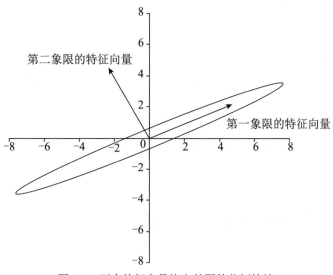

图 3-2　两个特征向量协方差图的范例情境

技术要点：关联特征值计算过程中的数值解析模式

关联特征值的计算以其"数值解"的方法而闻名。其中最主要的问题是区分"两个不同的特征值"和"相同特征值下的两个稍有不同的数值解析形式"——因为一些特征值在数值增加时趋向于变得非常小，所以，相对于大型的协方差矩阵而言，这种区分工作会变得相当困难，它要处理许多数字，同时，需要有非常高的精确度。

当使用 PCA 内部分析工具时，我们要注意以下几点：

- 协方差矩阵的规模要适度；
- 我们要综合地使用数值解的方法，这里特别需要强调的是，由于最大的特征值在将 PCA 方法应用于市场行情分析的过程中至关重要，所以，我们需要通过"兰索斯算法"加以确认；
- 于起始点位应用牛顿算法，即具有显著特征多项式的协方差矩阵需要经过豪斯霍尔德变换的模式生成以下一组数字 $a + 2 \cdot b \cdot \cos\left(i \cdot \dfrac{\pi}{n+1}\right)$，其中，$i = 1, \cdots, n$，

$$a = \frac{1}{n}\sum_{i=1}^{n} a_i, \quad b = \frac{1}{n-1}\sum_{i=2}^{n} b_i, \quad \text{同时，矩阵} \begin{pmatrix} a_1 & b_2 & 0 & 0 \\ b_2 & a_2 & \ddots & 0 \\ 0 & \ddots & \ddots & b_n \\ 0 & 0 & b_n & a_n \end{pmatrix} \text{则是相关协方差矩阵的}$$

豪斯霍尔德变换模式；

- 此外，我们需要运行一个系统来搜索特征值，而其中的最大值需要通过兰索斯算法来发现——此种方法可以决定相关步长的宽度以及应用牛顿算法计算的起始点位的分布区间；
- 运行程序、进行测试——查看计算出的特征向量是否符合真实情境（实现 $Ax = \lambda x$），是否相互正交。

随本书一起出现在网站上的 PCA 表实现了上述的步骤，然而，由于 Excel 程序对数值的限制，相关的方法有它的局限性，一般不太适合操作较大的协方差矩阵。

PCA 方法在因子模型当中的应用模式

我们可以利用协方差矩阵当中的特征向量 e_{ij}——将其作为因子载荷，从而把 PCA 模式转化为因子模型，即令 $f_{ij} := e_{ij}$，如此，相关的因子模型为：

$$\begin{pmatrix} y_1^t \\ \vdots \\ y_n^t \end{pmatrix} = \sum_{i=1}^{n} \alpha_i^t \cdot \begin{pmatrix} e_{i1} \\ \vdots \\ e_{in} \end{pmatrix}, \quad \text{其中} \begin{pmatrix} e_{i1} \\ \vdots \\ e_{in} \end{pmatrix} \text{就是第 } i \text{ 个特征向量。}$$

我们可以按照相应变化量的百分比来对特征值（和关联特征向量）进行排序，即 $|\lambda_1| \geqslant |\lambda_2| \geqslant \cdots \geqslant |\lambda_n|$。

据此，第一个因子可以解释市场行情变化的大部分情境；而第二个因子则可以解释与第一个因子无关的大部分市场行情变动的情境；如此等等。而与之相应的，第一个因子载荷，即第一个特征向量，揭示的是市场行情运行机制当中最重要的结构情境；第二个特征向量解析的是第二重要的；如此等等。同时，行情运行机制的重要性（也就是其对整体市场行情变化所产生影响的强弱程度）是可以根据相应特征值而被量化处理的。

技术要点：

如果 x 是协方差矩阵 Cov 的特征向量，那么对于每一个 $\neq 0$ 的 a 而言，ax 也是特征向量。因此，对于每个特征值来说，存在着无穷多个特征向量——指向相同的方向（如果 $a < 0$，则方向相反），但是，它们的步长是不同的。各种向量之中的任何一个都可以被选为因子载荷，我们没有理由偏向其中一个而摒弃另一个。

最后，我们需要决定任意一个特定的特征向量的步长。例如：特征向量经常被缩放成单位步长。然而，现实当中仍然存在着两个等长的特征向量，x 和 y，其步长均为 1，且 $x = -y$。还有，我们没有什么标准来决定采用其中一个，或摒弃另一个，但是，我们还必须任意选择其中一个进行相应的解析。然而，对分析人员来说，他们认定的特征向量的选择方式对其分析测试结果而言是非常重要的。例如：如果你选择 x 作为特征向量，那么，因子 1 当中的收益率曲线就是一个"增函数"；而如果选择 y 作为特征向量，由于 $y = -x$，则相关收益率曲线将是一个"减函数"——许多分析人士已经掉进了这个陷阱，而我们只有不断地回忆特征向量的相应情境才能避免出现这样或那样的错误。在前述这个例子中，我们要谨记：只有把相关因子与因子载荷放在一起分析时，相应的测试才有意义。

通过解析相关的特征向量洞悉市场行情的运行机制

到目前为止，我们已经建立了 PCA 分析方法的数理框架模式。在本章的其余部分，我们将看到 PCA 分析方法是如何揭示市场行情内在的关系结构，以及如何将其应用于相关的交易当中。

我们下面举个例子，即应用从 2010 年 1 月 4 日到 2011 年 10 月 3 日间 2 年期、5 年期、7 年期、10 年期的德国普通债券之收益率的波动情境（收益率期限结构是平坦的、不变的）——其间输入的数据和 PCA 分析方法可以在本书附录当中的 PCA 分析表内查找。第一步，我们要计算相关的协方差矩阵（如图 3-3 所示），在基于 PCA 模式的分析过程中，这不是必要的步骤；但是，通过显示和检验协方差矩阵的方式（即将数据输入 PCA 的模型当中），我们则可以从直观的角度来观察市场行情的运行机制（即按 PCA 的模式输出数据）。在图 3-3 中，我们可以观察到：在收益率曲线的中部区间，存在着一个最大协方差区域。

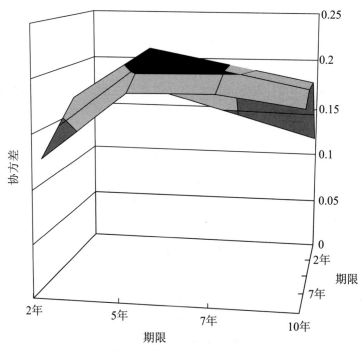

图 3-3　德国国债收益率曲线相关的协方差的数值

资料来源：彭博社

数据周期：2010 年 1 月 4 日—2011 年 10 月 3 日，周际数据

接下来，我们可以通过 PCA 方法来提取关于市场行情的信息（如显示出来的协方差矩阵）。和其他因素模型一样，协方差矩阵的特征向量可以表示数据序列之间的相关性结构以及市场行情的运行机制；同时，相应的特征值则可以在解析数据的行为过程当中显示相关因子的相对强度。

这里，各种因子的相对强弱程度是由特征值的相对规模所量化的，图 3-4 描述了一种典型的模式——就像我们在德国国债收益率范例模式中看到的那样：第一个因子解析了90% 以上的收益率曲线的变化情境；于是，前三个因子合在一起则解析了一切情境。如此则意味着：此三个数值（前三个因子）基本上可以归纳、捕捉、显示德国国债市场行情相关的所有信息，而相关的因子载荷则可以循环往复地解析这三个因子和相关国债整体市场行情之间的信息。

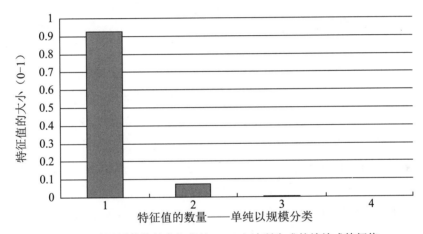

图 3-4　德国国债收益率相关的 PCA 方法所生成的缩放式特征值

资料来源：彭博社

数据周期：2010 年 1 月 4 日—2011 年 10 月 3 日，周际数据

下一步是提取有关市场行情运行机制的信息，即应用 PCA 方法检验特征向量的形态。相对于包含于特征向量之中的结构性信息而言，其间的解析方式可以通过以下问题来揭示，即如果第 i 个因子（α_i）增加了 1 个单位，那利率曲线会发生什么变化呢？而获取这个问题的答案的方法是：我们需要计算协方差矩阵的特征向量的数值，从而将每一天市场行情的运行机制转化为数理的语言，并以之表现出来。

下面，我们将以 PCA 方法对德国国债收益率相关的前三个向量进行解析（见图 3-5）：在图中，我们发现，第一个因子增加了一个单位，相应的曲线就会上升，因此，第一个特征向量的每个元素都有相同的符号。所以，我们可以将第一个因子解释为"表示收益率曲线动态"的方向性指标。

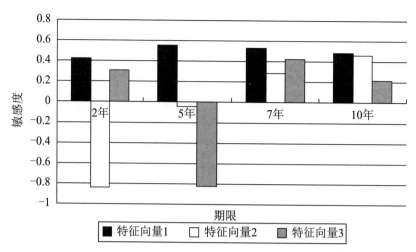

图 3-5　德国国债收益率曲线解析相关之 PCA 模型当中的前三个特征向量

资料来源：彭博社

数据周期：2010 年 1 月 4 日—2011 年 10 月 3 日，周际数据

图 3-5 中第一个特征向量的形状表示的是行情方向移动的形态：如果 α_1 增加 1 个单位，则整体收益率就会增加，不过，中期收益率（5 年期）增加的幅度比短期（2 年期）和长期（10 年期）的要高。如此，我们就可以就相关行情日常的运行机制解析为，其关键的方向性特征显现在 5 年期收益率曲线所覆盖的区间。这里，我们注意到：在 PCA 法则下，输出的数据（特征向量）对应于输入的数据（协方差矩阵），第一特征向量的形态映射于收益曲线的中间部位，而我们因之得到了最大的协方差之数值（如图 3-3 所示）。

现在，我们以 PCA 方法为工具，根据德国国债 1993—1997 年的数据绘制的收益率曲线，将其间的第一特征向量进行比较——如图 3-6 所示，其中：5 年期、7 年期和 10 年期曲线的灵敏度几乎同目前的情况一样，比如，回到 20 世纪 90 年代，2 年收益率的敏感性和 5 年期收益率的一样高（即市场行情都呈现一个牛市陡峭／熊市平坦的情境）。这是一个典型的因央行实施积极的政策而生成的行情模式，其运作的结果导致了相关收益率曲线的上扬和下降；而其间，相对于行情的运行方向而言，较短期之收益率曲线的敏感性更高，因此，第一特征向量入口的阈值就相应地提高了。不过，自 20 世纪 90 年代以来直到现在，中央银行的活动逐渐减少（部分利率的函数值接近零），如此则出现以下情境，即 2 年期收益率相对于第一因子的灵敏度下降了。我们这里需要注意的是相关的数理模型（特征向量的输入项）是如何对应实际经济机制的。而即使我们对央行的历史一无所知，但只要看一看 PCA 分析的结果，就会发现两个现象，即市场行情机制的结构转变情境（其中的点是——相关行情方向的关键走势从短期收益率曲线的区间转向中期曲线的区间）以及"或然"的触发因子。同时，我们还要注意：在显示过去 20 年特征向量数值的过程中，相应的数组要保持"平稳"（短期区间的除外）[1]——对于相关的细节，我们将在本章进行分析。

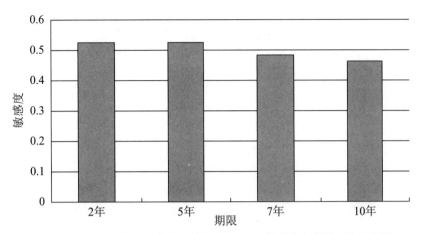

图 3-6　德国国债收益率曲线解析相关之 PCA 模型当中的第一特征向量

相应数据期限为 1993—1997 年

资料来源：彭博社

数据周期：1993 年 1 月 1 日—1997 年 12 月 31 日，周际数据

其中：5 年期、7 年期和 10 年期曲线的灵敏度几乎同目前的情况一样，比如，回到 20 世纪 90 年代，2 年收益率的敏感性和 5 年期收益率的一样高（即市场行情都呈现一个牛市陡峭 / 熊市平坦的情境）。这是一个典型的因央行实施积极的政策而生成的行情模式，其运作的结果导致了相关收益率曲线的上扬和下降；而其间，相对于行情的运行方向而言，较短期收益率曲线的敏感性更高，因此，第一特征向量入口的阈值就相应地提高了。不过，自 20 世纪 90 年代以来直到现在，中央银行的活动逐渐减少（部分利率的函数值接近零），因此出现以下的情境，即 2 年期收益率相对于第一因子的灵敏度下降了。我们这里需要注意的是相关的数理模型（特征向量的输入项）是如何对应实际经济机制的。而即使我们对央行的历史一无所知，但只要看一看 PCA 分析的结果，就会发现两个现象，即市场行情机制的结构转变情境（其中的点是，相关行情方向的关键走势从短期收益率曲线的区间转向中期曲线的区间）以及"或然"的触发因子。同时，我们还要注意：在显示过去 20 年特征向量数值的过程中，相应的数组要保持"平稳"（短期区间的除外）[2]——对于相关的细节，我们将在本章进行分析。

此外，我们要注意此种方法与第一类因子模型（比如 NS 模型）的不同之处，即它没有先验地假设——"行情方向"在市场动态中具有最强的属性，而所谓的"行情"揭示的

---

[1][2]　译者注：需要进行"协整"。

是某一特定细分市场的具体情况。与 NS 模型中平行移动的先验假设情境相反，真正的市场定向机制所遵循的是：2 年期 /5 年期收益率曲线陡峭的降势以及 5 年期 /10 年期曲线平坦的下倾趋势。

同样，通过参考图 3-4 中特征值的相关信息，我们发现（而不是假设）：具有方向性的市场行情的运行机制对相关收益率曲线的影响度确实是最大的，而且，其相对于其他因子而言的强弱程度也是可以量化的。此外，我们还可以比较不同市场行情下相应定向机制的强度；同时，随着缩放式的第一特征值不断地变化，我们则可以发掘此类机制相对于时间序列而演变的过程。有趣的是，我们发现：相关市场行情的走势被呈现下降特征的缩放式第一特征值所决定；而在欠发达的市场当中，几乎 100% 的行情模式都是由一个（方向性的）变量来解释的，而随着测试结果变得越来越复杂，其他运行机制的强度也就相应地增大了。例如，10 年前，印度国内的债券市场行情实际上只是由（缩放式的）第一特征值所决定的，但是，其现在的强度已经降至更符合西方政府债券的水平，如此则反映了印度债券日益增长的发展情境。另外，印度 MIFOR[①]-MIBOR[②] 基点互换工具的市场行情一直与图 3-4 所示的德国国债的相类似——这可能被解读为：基点互换市场的行情变化推动了印度国内债券市场的发展。在某种意义上，缩放式第一特征值是一个通用的（或反向的）指标，其可以在复杂的市场环境之下比较相关的时间因子和相应的空间维度。

现在，我们继续解析第二特征向量，即：如果是 α_2 每增加 1 个单位，那么，短期收益率呈现下降趋势，而长期收益率则呈现上涨态势。因此，第二个因子表示的是曲线的斜率因子，而其不能被第一个因子解释（即不能以方向性来解析斜率）——这是由于输入的第二特征向量穿过 x 轴一次，所以，第二特征向量的形状揭示和量化的是陡峭的行情走势。

如果 α_3[③] 增加 1 个单位，则短期收益率增加，中期收益率下降，长期收益率增加，对此，我们的解释是：此乃相关曲线的曲率动力所致（不能被第一和第二个因子所解析）——这对应于第三特征向量，其穿过 x 轴两次。

上述这些测试结果具有典型的特征：第 i 个特征向量会穿过 x 轴 i−1 次[6]。然而，情况并不总是这样，在特定的市场行情中，相较于行情方向的走势而言，陡峭的走势可以更多地解析收益率曲线总体的变化情境。有时候，我们可能没有合理的缘由来解释某种行情，而这可能表明：通过 PCA 的分析方法为特定市场行情建模的做法可能是没有用的。所以，PCA 分析法 / 因子模型的优势存在于之前提到的"第一类模式"中——它揭示了相关问题的本来面目，其中包括：警告自己要在适当的时候使用之。

①　译者注：基于MIBOR的隔夜指数互换。
②　译者注：孟买同业银行拆放利率。
③　译者注：第3个因子。

针对不同市场工具而应用相关特征向量的解析模式

像 PCA 这样的统计模型不需要特别的建模理念，因此，它是普遍适用的。其实，PCA 分析方法只需要知道时间序列，而不需要知道相应时间序列是否代表收益，互换点差、波动率或其他驱动因子。所以，其可能的应用范围远远大于我们到目前为止所使用的收益率曲线的范畴。事实上，特征向量的解析方法可能会变得不那么可预测，而且直截了当，因此，PCA 方法也适用于分析金融市场上其他的交易工具。在这里，我们将演示在多种不同情境之下 PCA 模型的使用方法。现在，我们将波动率数据作为输入的变量，从而开启相关的解析模式。

在"远期平价"（at-the-money-forward，ATMF）的二维曲面中，相关波动率（或者，如果"偏度"也被考虑在内的话，那就是三维立体的波动率）必须首先转换为一维向量。在进行 PCA 分析之后，以向量形式呈现的测试结果可以再次凭二维的状态显示。至于完整的测试结果，我们将在第 17 章详细地讨论，而现在，我们选择的是第二特征向量——其典型的测试结果如图 3-7 所示。

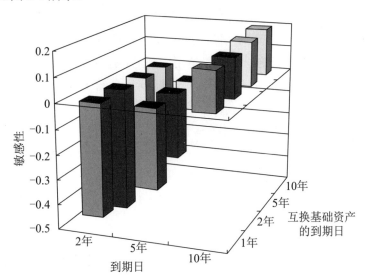

图 3-7　Vega 指标 [①] 相关的 PCA 模型当中第二特征向量计算的日元隐含波动率区间的曲面图

资料来源：彭博社

数据周期：2009 年 1 月 5 日—2011 年 9 月 19 日，周际数据

通常，第一因子代表了波动率的总体水平；第二因子则是围绕于和债券收益率之时间序列相关的 E 轴（expiry）区间而变化的；第三因子则围绕于和互换基础资产之时间序列相关的 M 轴（maturity）区间而变化的。不过，第二因子和第三因子的位置有时会改变（例如：

---

① 译者注：期权价格相对于波动率的敏感性指标。

在图 3-7 中，相较于 E 轴区间的变化情境而言，围绕于 M 轴区间的变动情境则更多地诠释了波动率曲面整体的变化模式，如此，第三因子"重于"第二因子）。因此，PCA 分析方法将波动率曲面分解为两个维度（E 轴区间和 M 轴区间）——第一因子影响两个维度，第二因子和第三因子则各自反映其所属的、具体的维度信息。

　　在进行波动率分析的情况下，当数据集合相关的指标工具数量增加之时，PCA 分析方法所具备的降低数据维度的功能则会变得越来越重要。我们可以使用这种方法来检测大型数据集合的相关性。而在相应的随机过程中，有一个工具支持这种聚类分析模式，其将每一种指标工具描述成各类因子敏感性的函数（比如第一因子和第二因子，如图 3-8 所示）。如果第一和第二特征值相对于其他特征值而言变得很大，那么，相关行情指标的性能在很大程度上取决于它对第一和第二因子的敏感性。因此，如果两个指标工具对第一和第二因子的敏感性有相似之处（即它们彼此接近，如图 3-8 所示），那么，我们就可以预期它们具有类似的行为模式（即形成一个"集群"）。在图 3-8 的示例中，我们可以观察到两个集群：一个包含所有的短期期权以及较短期限的互换基础资产；而另一种则包含全部的长期期权以及较长期的互换基础资产。由此，我们得出结论：波动率曲面对角线两端的波动率通常是紧密相关的，而在远离波动率曲面两个边角的区间中，相关期权的行情走势则更加独立一些。当然，同样的分析方法也可以适用于判定其他的数据组合和相关因子的数值，为此，我们将前三因子的敏感性指标类聚成三维的情境，并给出了如图 3-8 所示的范例模式。

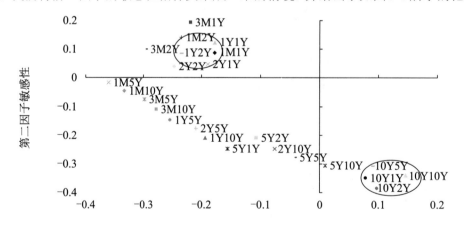

图 3-8　日元整体波动率曲面聚类分析的范例 [7]

注：M：month，月；Y：year，年
资料来源：彭博社
数据周期：2009 年 1 月 5 日—2011 年 9 月 19 日，周际数据

在第 15 章中，我们将使用 PCA 分析方法来深入了解各种信用违约互换（CDS）市场

的结构性问题。这里我们选择其中一个测试结果作为范例来说明之：图 3-9 显示了 PCA 分析模型当中的前三个特征向量，同时以欧元区核心主权债券的 5 年期 CDS 的报价作为输入项，其中第一特征向量（其中所有元素均为正值）表示欧元区 CDS 报盘的总体水平，其中的敏感性指标主要用于衡量广大欧元区债券所相关的 CDS 报价对个别国家的影响度，即其对法国的影响超过了奥地利，对奥地利的影响超过了荷兰，而对荷兰的影响则超过了德国。同时，第二特征向量将德国和法国（敏感性指标为负）/ 荷兰和奥地利（敏感指标为正）的相关情境组合在一起，如此，随着第二因子数值的增长，CDS 对欧元区较小国家的影响因子相对于其对区内较大国家的影响度而言则有所扩大。因此，因子 2 可以用来区分居于欧元区核心地位的大国和小国之间不同的变化情境——这意味着债券市场的规模是欧元区核心国家信用违约互换水平之第二重要的决定因素（在决定整体 CDS 水平的第一因子之后）。

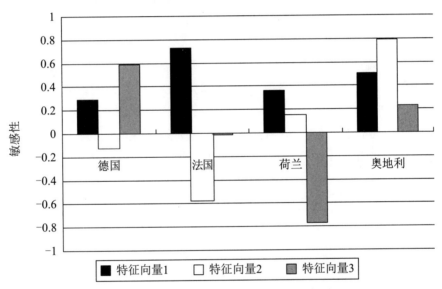

图 3-9 欧元区主权债券之 CDS 产品相关的 PCA 模型当中前三个特征向量的变化情境

资料来源：彭博社

数据周期：2009 年 1 月 5 日—2011 年 9 月 19 日，周际数据

我们以大宗商品市场的行情为例，根据周际数据，使用 PCA 方法测试 2000 年以来三种大豆及其深加工产品的期货近月合约（大豆期货、豆粕期货、豆油期货）。从图 3-10 所示的缩放式特征值来看，我们可以发现：几乎一切情境都可以用第一因子来解析，而第二因子只有一个 0.2% 的影响度，第三因素则几乎没有影响力。这表明：相对于此三种商品整体的价格变化而言，各种豆类制品的差异性是有限的。

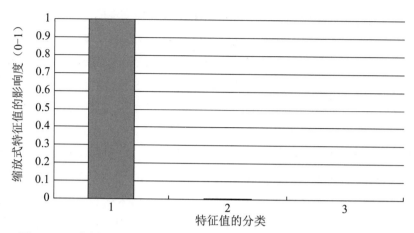

图 3-10　豆类制品期货行情测试相关之 PCA 分析模型当中的缩放式特征值

资料来源：彭博社

数据周期：2000 年 1 月 3 日—2012 年 8 月 6 日，周际数据

图 3-11 显示了特征向量的变化情境。这里需要注意的是：第一因子敏感性的差值是输入数值规模（例如大豆为 1 600/ 豆粕为 51）之差异的函数——这可以通过应用近似数值创建合成时间序列的方法来规避，例如：初始值都设为 1。事实证明，最重要的第一因子以同样的方式影响着所有的大豆产品的行情（即所有商品价格同步升降）。同时，不同的豆制品之间微小的变化则由第二因子衡量，如图 3-11 所示——相对于豆粕行情而言，大豆和豆油的价格走势更加的趋于一致。

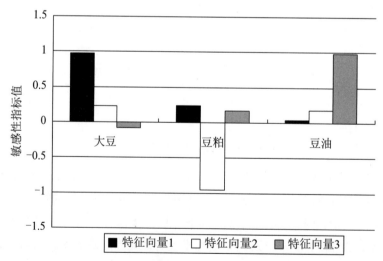

图 3-11　豆类制品期货行情测试相关之 PCA 分析模型当中的特征向量

资料来源：彭博社

数据周期：2000 年 1 月 3 日—2012 年 8 月 6 日，周际数据

最后，让我们看看 PCA 模型当中的各类因子随时间而演变的过程（见图 3-12），其中，于过去的 10 年，市场对豆类制品的需求不断增加，从而映射在第一因子之上，进而导致其数值上升，从而反映出相关三类商品的"牛市"行情。而另外，第二因子并没有表现出明显的趋势——这意味着大豆 / 豆油相对于豆粕之间的价格差异往往是暂时性的（即第二因子趋向于均值回归）。从历史的角度来看，当前，第二因子与均值之间存在着前所未有的偏差，而这可以被看作是一个很好的交易契机。同时，第二因子（历史上的）过低值可以通过敏感性指标转化成豆粕行情中的第二特征向量，如此——相对于大豆和豆油的价格来说，豆粕的价格太高了，因此，较低的第二因子之数值反映出：豆粕行情相对于其他豆类制品而言走得过高了。

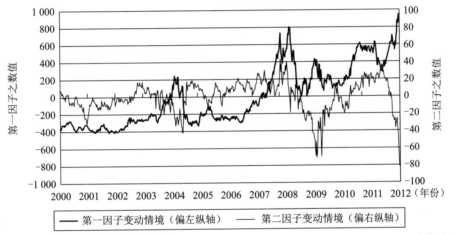

图 3-12　豆类制品期货行情测试相关之 PCA 分析模型当中第一因子和第二因子的演变过程
资料来源：彭博社
数据周期：2000 年 1 月 3 日—2012 年 8 月 6 日，周际数据

在此之前，相关分析都是纯统计性的，其目的是揭示历史和当前行情定价的驱动力。而现在这种方法则为交易决策提供了良好的基础，不过，除了统计属性之外，它还需要加入其他元素。例如，第二因子当前的偏差是否可以理解为一个异常值，我们能预期它会像过去那样迅速地回归均值吗？或者说，目前的旱情有可能造成大豆市场的行情走势发生永久性的更迭吗？而这一评估模式超出了统计学的范畴，但是，PCA 分析方法可以使我们能够检测和制定相关的交易决策，同时，它揭示出一个道理，即相关行情永久的更迭需要一个超级强大的原因（比过去 10 年发生的任何事情都要强大）。因此，PCA 分析方法显示：主要行情的更迭（例如，没有第二因子回归到长期均值的水平）将需要非常充分的理由。

相对于豆类产品的市场而言，如果投资者相信当前的旱情不会是行情更迭相关的非同寻常的事件，因此，第二因子仍然会持续其长达 10 年的走势，即行情回归均值的可能性是存在的，如此，他们会考虑做空豆粕（而不是大豆或豆油）。那么，两者之中哪一个更好呢？或者确切地说，如果做空一份豆粕期货合约，那我们应该用多少份（大豆和豆油的）买单来对冲呢？对这些问题的回答则在统计学的范畴之中。现在，考虑到第一因子对豆类产品市场行情的影响要大得多，因此，如果不计算对冲比率的话，那么，第二因子呈现的"不匹配"情境会被第一因子的驱动力所取代（即豆类产品的整体行情走势覆盖了不同大豆产品之间的价差），而豆粕的空单就会是一个高风险的头寸。接下来，我们将把 PCA 分析方法开发成回答前述这些问题的工具。

我们前面所举的例子可以给人一种很强的具有分析性质的印象，从而以实证的方法证明我们的判断。实际上，PCA 是一个非常有用的工具，其可以为那些应用相对价值理念进行分析的人士挖掘和澄清隐藏在不可通约的市场行情表面下的关键性的运行机制。

到目前为止，我们已经使用 PCA 方法深入了解了市场行情的核心结构。从现在起，我们将集中精力应用所得的见解去寻找、分析和构建相关的交易理念，即应用 PCA 分析方法的框架结构，进而将其转化为实际的交易头寸，同时，对相应的过程加以解析。

将金融市场行情拆分为不相关的因子

由于特征向量是正交的，因此，在相应矩阵的构建过程中，各因子是不相关的。所以，一个复杂的市场行情可以被分解为个体的、不相关的、简单的情境。而此种理念是各种分析方法的关键。

> **知识点：**
>
> - 不相关的因子不一定是独立的，而这个理念正是近来元素分析方法独立发展的成因——虽然我们在市场行情分析中还没有看到令人信服的应用模式；
> - 虽然各因子在整个样本周期内不相关，但它们在子周期内可能会显示显著的可计量的相关性。因此，在依赖模型进行测试之前，我们应该研究这些因子滚动式的相关情境——而这是一个关键点，我们将在本章结束时详细地加以讨论。

将市场行情拆分成不相关因子的做法可以将特定的因素与其他因子区分开来，而这使得我们能够分析相对独立的行情机制（如陡峭的收益率曲线），并进行相关交易，同时，此种做法又不受其他因素的影响（比如行情的方向）[8]。因此，此种方法最重要的应用模式就是排除行情方向性因素的效应（通常与具有最大解析功能的因子相关）；而如果相对价值交易被定义为因应与市场行情无关的因子提供收益的契机，那么，PCA 方法生成和分析与市场行情方向无关之时间序列的能力则是相应分析的一个关键因素[9]。换句话说，如果第一因子代表的是市场行情的方向（贝塔值，β），那么，阿尔法值（α，与市场行情方向不相关的"损益指标"）可以在其他的因子当中显现。

我们以图 3-5 中的德国国债收益率曲线为例，其间第二因子被图形的陡峭程度所解析，而无法被具有方向性的第一因子所解析（即其代表的是无方向的陡峭度）。这里需要注意的是：第一个因子也有陡峭度的指标（即方向影响陡度）。而如果国债收益率上升，则 5 年期和 10 年期的收益率曲线会趋于平缓；同时，第二因子与行情方向是不相关的，并且，其与行情方向施加于陡峭度的影响因子不相关，因此，第二因子表示的是排除方向性因子而外的曲线陡峭度。

我们这里重申一下这个关键的观点，即鉴于当前的收益率水平，相应曲线应该有一定的陡度，而这是由第一特征向量给出；在考虑了方向性因素对曲线陡峭度的影响之后，第二因子显示了影响曲线陡峭程度的其他情境。实际上，5 年期和 10 年期收益率曲线有很多陡峭的形态，但其变得陡峭的原因完全是由于低收益率所致，在无方向性因子的基础上，相关曲线实际上是平坦的。在这种情况下，我们可以说：于无方向性的陡峭情境之下所做的交易可以对冲方向性的影响因子，即使对 5 年期和 10 年期收益率曲线的陡峭情境而言也是有效的。

相关的范例模式阐明了"相对价值"分析当中因子分解的重要性，即：

- 考虑到无处不在的定向效应（例如曲线、陡峭度、曲率、互换价差、波动率），任何相对价值分析的先决条件是：相关的陡度或曲率不受方向性因子的影响——这是不可或缺的；而第二因子和第三因子则提供了相应的计量标准；而相对于任何相对价值分析而言，这只是起点。
- 由于第一特征向量以斜率的方式显示了收益率的水平，所以，我们可以对冲这些影响因子，从而应用相对价值理念生成"无定向风险敞口"的交易。
- 因此，PCA 分析方法为解析真正相对价值交易理念提供了直接的路径，我们从中可以获得更多的交易、销售和研究的机会，其比直接根据行情方向确定头寸的方法要好。简单地说，我们可以用一个 3 因子模型得到三个不相关的时间序列，如此，相关交易获利的可能性就增加了三倍。

内嵌于交易理念之中的 PCA 分析模式

到目前为止，我们已经发现了 PCA 分析方法的两个重要特征，即将市场行情分解为不相关因素；从经济的角度解析相关因子所对应的概率情境（以特征向量的形态检验之）[10]——总而言之，PCA 分析法就是将一个市场行情拆分为具有经济意义的且不相关的各种情境。

因此，对某种市场行情的判断是可以通过对每一个因子加以解析的方式来实现的。所以，相对于每一个因子要素而言，分析师可以独立地决定是否可以针对某个因子采取某种方式予以对待，不过，他的决定应该考虑到以下几个方面：

- 类似于均值回归的统计标准；
- 基本面和结构性统计标准；
- 流动性和其他因素。

PCA 方法的一个关键优点就是将所有的这些标准联系起来（每个独立的因子彼此是不相关的）。PCA 分析方法项下的各类因子不仅具有均值回归的特征，而且它们通常也具有经济意义上的解释功能。因此，这些因子不仅要满足相关期望值的统计特性，而且还要（从基本面的角度）揭示它们为什么会有这些特性。例如：如果知道第一因子与 GDP 的增长有关，那我们就可以用商业周期的理论来解释相关的均值回归情境，而均值回归缓急的速率则由经济周期的长短而定。

因此，PCA 分析方法将市场行情分解为不相关的、具有均值回归特征的各类因子，它们通常都具有经济意义。换句话说，PCA 分析方法可以使我们将统计分析方法与经济分析结合起来，进而将某一交易的统计特征与特定的基本面理念联系起来；再比如：第二因子因素可能与欧元的汇率负相关——在这种情况下，如果投资者根据基本面的原因预期欧元将会走弱，那么，从统计学的意义上讲，此时，曲线陡峭的形态是具有吸引力的。

所谓的统计分析就是通过技术面的结构性因素追溯既往的行情，并将之与交易者按照基本面因素而做出的前瞻性的（经济）预期联系起来。统计方法在分析中纳入潜在的未来风险，同时根据统计数据将其与外部的驱动力联系起来——而这个能力是统计分析的关键性的优势。在上面的例子中，相关交易行情趋于陡峭的形态，这在统计分析上看起来很有吸引力，但事实是这一切都归功于欧元的强劲走势。因此，如果欧元进一步走强，而这可能是由独立于统计性质之外的某种政治决策引起的，那么，相关的交易则可能存在风险。如此，PCA 分析方法可以通过将统计数字和外部驱动力彼此联结的模式来识别相应的风险。对于一个分析师而言，如果他应用统计方法发现相关行情具有吸引力的陡峭形态，但这是由于欧元的强势所致，那么，为了应对欧元进一步升值的重大风险，他将抑制相关的交易。在这个例子中，宏观经济事件相关的外部信息能够解释一些观察到的具有统计性质的情境，并把某些具有前瞻性的信息纳入分析之中。

上述这种分析的一般形式需要通过链接（例如——回归方程）的模型来研究以下问题，即

相关因子 ~ 外因变量

从结构上讲，上述这种类型的分析是 PCA 方法自统计范畴之外而形成的，如此，PCA 分析方法可以生成因变量，同时，通过搜索相关的外因变量来揭示各类因子所包含的深刻意境。而我们则可以通过启发式方法来链接各种外因变量（例如：我们可以尝试用所有既存的金融时间序列回归表来应对所有的因子）。这里需要注意的是：一些金融时间序列可能具有趋势性，因此，它们可能不适合回归分析[11]。同时，在对特征向量进行解析的过程中，我们可以寻找"正确的"解释变量。而关于它们彼此之间的相关性，我们建议随着时间序列的推移对其进行监控，例如：通过滚算的方法计算相关系数。在应用 PCA 方法分析德国国债收益率曲线的范例当中，我们可以对应相关因子加入一些相关联的外部驱动要素来测算相应的关联度——表 3-1 进行了相关的总结[12]。

表 3-1　德国国债收益率曲线 PCA 分析模型当中前三个因子与各项外因变量之间相关系数值

	第一因子	第二因子	第三因子
美元互换 PCA 分析模型当中的第一因子	0.73	0.62	-0.10
美元互换 PCA 分析模型当中的第二因子	0.89	0.40	-0.02
美元互换 PCA 分析模型当中的第三因子	-0.21	-0.59	0.31
5 年期德国国债波动率（6 个月滚算）	-0.52	-0.65	0.03
标准普尔 500 指数	0.60	-0.55	0.11
VIX 指数（波动率指数）	-0.72	0.01	-0.16
欧元外汇汇率	0.44	-0.63	-0.23
石油期货价格	0.58	-0.63	0.08

从表 3-1 中我们可以看出：德国国债相关的因子 1 和因子 2 均受到一些宏观经济变量的显著影响。而且，我们特别注意到：其与美元互换的收益率曲线（由 PCA 模型当中的各因子显示出来）有很强的关联性，令人惊讶的是德国国债相关的 PCA 模型中的因子 1 与美元 PCA 模型当中的因子 2，以及国债 PCA 模型之中的因子 2 与美元 PCA 模型中的因子 1 的相关系数最大。我们可以之为起点进一步地进行研究，进而揭示全球债券市场各驱动因子的差异以及它们之间彼此的关联性。此外，国债相关的因子 2 和货币以及大宗商品之间的联系都会显现出来——映入你的眼帘，如此，进一步的分析很可能会生成有价值的测试结果。另外，因子 3 似乎与外部的驱动因子无关，这可能表明因子 3

是一个比较"纯粹"的相对价值元素（即与宏观经济事件无关）。前面这些测试结果是非常典型的，即较低值的因子（比如因子 1 和因子 2）通常表现出与宏观经济变量高度的相关性（反映出经济事件对市场行情的影响），较高值的因子（如因子 3）则通常是不相关的。如此导出的经验法则是：因子的数值越高，统计分析属性在其中所占的比重就越大；但是，其间对潜在外部经济风险的检验模式以及前瞻性的分析方法则变得不那么重要了。

作为构建 PCA 模型因子与解析变量之间回归方程的一种替代形式（在 PCA 模型之外即可完成），我们也可以应用一些候选项来解释相关的变量，例如：在运行 PCA 程序之时，我们可以同步输入德国国债收益率和美元互换利率所相关的时间序列。

此外，PCA 分析方法还可以揭示现金流对相关定价的影响过程。例如：在新的 5 年期债券发行之时，相关 5 年期收益率的第 k 个因子的残差会有多大的变动呢？相关的模型稳定吗？相应的收益率峰值是否线性地依赖于国债发行的规模呢？这些问题能够使交易者将更多的技术性问题纳入 PCA 方法的分析框架之中。

现在，让我们看看 PCA 分析方法是如何将德国国债收益率曲线拆分成具有经济意义的、不相关的以及均值回归之统计特征的各种因子，同时，在实践中发掘相应的交易理念。图 3-13 显示了国债收益率相关前三个因子与相应时间序列之中的演变过程。

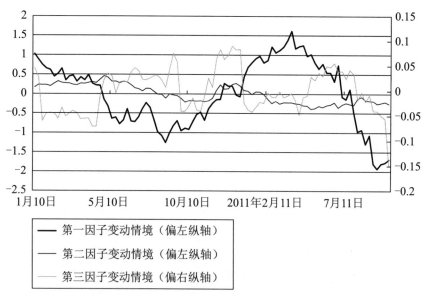

图 3-13   应用于国债收益率之 PCA 模型当中前三个因子的演进过程

资料来源：彭博社

数据周期：2010 年 1 月 4 日—2011 年 10 月 3 日，周际数据

通过均值回归模型，我们可以评估所有因子与其长期均值的距离以及其向均值回归的

速率。在当前的例子中，我们可以得出"因子1之均值回归速率不够快"的结论——对此，我们没有任何看法；同样，因子2与均值相对接近，所以，我们对此也不予以考虑；然而，第三因子似乎大大偏离其均值水平，并以一个很高的速率向均值回复——因此，我们决定根据因子3进一步探讨相应的交易方法（例如：应用"蝶式"期权对冲因子1和因子2）。

总之，通过调查统计方面的数据，我们可以确定正式的均值回归模型，进而计算特定时间周期内各种交易的预期收益和风险相关的属性。

因子3很少受到经济变量的影响，所以，它被视为"纯粹的"具有均值回归特征的相对价值理念相关的指标，其统计特性受宏观经济事件的影响较小，而偏离轨道的风险也不大。在这种情况下，表3-1的回归模式则可以将相关的分析局限在统计的范畴。

另外，如果考虑因子1，那我们就需要考虑其时间序列与其（对应外部驱动要素而生成的）统计属性的关联度。因为我们找到了因子1与美元汇率正相关，与波动性负相关，所以，2011年10月3日波动率指数的飙升可能会对我们有所启示，即理解当前具有统计意义的偏离均值的情境。如果我们认为波动率将很快地再次下降（例如：我们预期欧洲央行能平息人们对欧元危机的担忧），那我们会从（具有均值回归特征的）统计数据[①]和基本面分析两个角度出发，押注因子1会上升；相反，因子1的均值回归的特征（由统计方法给出）会反向支持我们根据基本面要素而导出的波动率走低的预期（即如果当前点位是一个异常值，那就存在着一个好的入场契机）。此外，我们还可以在波动率指数和因子1之间构建一个回归方程，然后，通过当前的残差值来判定：在对波动率走低的基本预期条件下，我们到底是做空期权好，还是做空国债好。

在上述例子中，PCA方法可以指导分析人员针对各类不相关的因子在知情（或不知情）的情况下做出合理的判定，即PCA方法揭示了构建相关头寸背景下的统计属性和每个因子所关联的经济意义，从而作出合理和切实可行的交易决定，最后，相对于每个因子而言，PCA分析方法都可以给出相应的解析模式。

一旦分析师决定了他所要考虑的模型因子，那么，PCA方法需要完成两个任务，从而确保构建一个最合适的头寸，即：

- PCA方法需要提供一个对冲比率，从而锁定不必要的敞口风险；
- 第（n-1）个因子的残差是解析第n个因子的最佳的个体执行工具——其也可以为PCA模型选择一般性的金融资产。

---

① 译者注：技术面。

接下来，我们将开发 PCA 方法的一系列属性，再把它们整合到寻找和分析相关交易的过程当中。

合理的对冲比率

PCA 分析方法不仅将相关的驱动因子拆分成不相关的要素（比如在行情陡峭的区间构建 5 年期—10 年期国债的仓位头寸），而且，此种方法还能量化各个要素的影响度，进而对冲特定的因子。为了在陡峭行情之下构建 5 年期—10 年期国债的头寸，我们必须规避第一因子的影响（即行情方向以及相关走势对斜率的影响），如此，我们只需要简单地看一看第一因子作用于 5 年期和 10 年期国债收益率而生成的变化情境，并选择某种比率将其对冲——这就需要构建一个头寸来对冲第一因子的变化，从而使得陡峭的行情只受无方向性因素的影响（比如像"曲率"那样较高值的因子）。这样一来，相应曲线的走势则不受方向性因素的影响，因此，相关的损益指标则与市场行情的方向（α 值）无关。

在 PCA 模式的分析框架中，计算对冲比率的目的是使投资组合免受各种因素变化的影响。根据上述案例——为了在陡峭行情状态下构建"无方向性"的 5 年期 /10 年期国债的相应头寸，我们需要对冲具有方向性特质的第一因子 α_1 的变化情境，其概念比率为：

$$\frac{n_5}{n_{10}} = \frac{BPV_{10}}{BPV_5} \cdot \frac{e_{110}}{e_{15}}$$

上式中，比值 $\frac{e_{110}}{e_{15}}$ 表示的是 5 年期与 10 年期国债收益率的敏感性相对于第一因子变化情境的"商值"——这类似于两个金融工具（收益率）根据彼此之间回归方程当中的回归线之斜率"贝塔（beta）"值而确定的"基点值（BPV）对冲比率"。然而，作为回归方程，其目的是使相关条件期望值的标准差变得最小，而这在概念上和 PCA 方法是不同的。如果应对实际问题，除非相关系数是 1 或 -1，否则，在回归方程之中的两个变量互为"因变量"和"自变量"的情境之下，对冲比率是由贝塔系数调整值的变化所决定的；而 PCA 分析方法依据的是无条件的期望值，因此不存在前述这个问题。

至于针对更多因子的对冲比率最好通过逆矩阵的形式进行计算。例如：2 年期 /5 年期 /10 年期国债相关的蝶式对冲比率就是要对应第一因子和第二因子之"风险中性"的变化情境，即在 5 年期国债收益率所相关的数值 n_5 被给定的条件下，相应的矩阵形式为：

$$\begin{pmatrix} n_2 \\ n_{10} \end{pmatrix} = \begin{pmatrix} BPV_2 \cdot e_{12} & BPV_{10} \cdot e_{110} \\ BPV_2 \cdot e_{22} & BPV_{10} \cdot e_{220} \end{pmatrix}^{-1} \cdot \begin{pmatrix} -n_5 \cdot BPV_5 \cdot e_{15} \\ -n_5 \cdot BPV_5 \cdot e_{25} \end{pmatrix}$$

我们认为：对冲比率的确定应该基于 PCA 模式的分析方法，而不是基于 BPV 模式的中性原则。BPV 中性模式相当于任意地假设第一特征向量中的所有元素都是一样的（我们在本章的开头对于第一类因子模型给出了一个非常粗略的范例模式）。但是，市场告诉我们事实并非如此。换句话说，行情方向的改变确实会以不同的方式影响收益率曲线之上的各个点位。如果 5 年期国债收益率上升一个基点（bp），那么，10 年期国债收益率则预计增加 0.87 个基点。因此，构建与收益率相关的真正的风险中性之仓位头寸的模式需要考虑方向性因素对相应曲线形状的影响度，同时，要基于 PCA 模型当中的特征向量来确定对冲比率。相比之下，BPV 中性模式则会导致相关的头寸面临敞口的风险。

　　为了说明这一观点，我们以回归的方式针对 2 年期 /5 年期 /7 年期德国国债收益率曲线构建了 BPV 中性蝶式加权模式和 PCA 蝶式加权模式的框架，从而对冲相关的第一因子（代表方向性）、第二因子（代表具有无方向性特征的陡峭度）以及第三因子（表示的是曲率，即刨去第一和第二因子相关影响，是剔除方向性和非方向性因子而生成的曲率陡峭度的净值[13]）的影响度——测试结果如图 3-14 所示。事实证明：BPV 中性蝶式模型不仅具有方向性，而且很少涉及第三因子的敞口风险。因此，如果选择 BPV 中性模式，那么，针对 2 年期 /5 年期 /7 年期德国国债收益率组合而成的蝶式效应，在确定相应权重的情况下，投资者最终得到的是方向模糊的敞口风险、无方向的陡度，以及少量的净曲率。鉴于方向性因子影响的强度，实际上，此种模式的所有表现都将受到市场行情的推动，因此，交易德国国债期货将导致几乎相同的敞口风险（附带较少的成本和一个对风险结构清晰的理解方法）。如果投资者自己想要确定因子 3 的风险敞口，进而弥补整个组合风险模糊的缺陷，那么，在确定 BPV 中性模式各项权重之后，投资者几乎会失去所有净曲率相关的敞口，最终，他可能连自己面临的风险都不知道（因为 PCA 分析方法需要分解而成），如此，他的头寸会严重地依赖市场行情的方向，而他自己可能会认为已经"对冲"了行情方向。这里需要注意的是：前面这个例子从开始就设定了：BPV 蝶式中性模式导出的数值相对于第三因子而言的相关系数是正的。然而，我们并不需要这种情境，在一些情况下，BPV 中性模式的陡峭度实际上呈现的是无方向性的"平坦状态"。因此，BPV 中性的"对冲"模式可能会让任何风险敞口（碰巧是正确的）面临完全不同的一个情境（就像在上面的"蝶式"范例之中，其主要取决于因子 1，而不是因子 3），或者，相应的敞口甚至与预期的相反。所以，只有 PCA 分析方法才能将相关的敞口风险拆分成不同的情境，进而计算"正确"的对冲比率（只留下想要的风险敞口）。

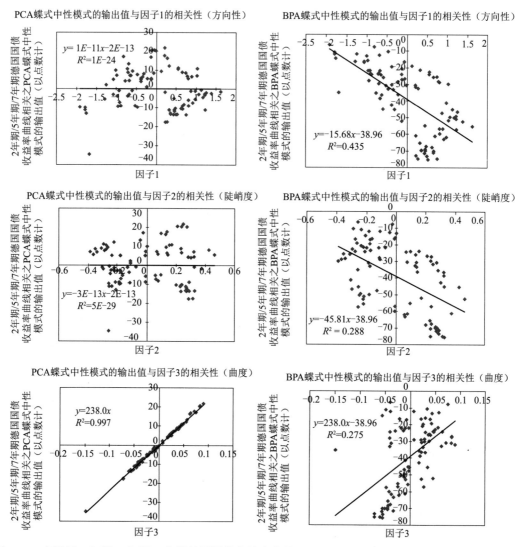

图 3-14　应用于 2 年期 /5 年期 /7 年期德国国债收益率曲线之 BPV 蝶式中性模式与 PCA 蝶式中性模式相比较的驱动因子点数图

注：R^2 = 拟合度；方程 y= 模型输出值，x= 因子值；E=exposure，风险敞口率

资料来源：彭博社

数据周期：2010 年 1 月 4 日—2011 年 10 月 3 日，周际数据

如图 3-14 所示：回归过程所示的 PCA 蝶式中性模式中净曲率（因子 3）的敞口风险是 100%，此外，这是此类模型中唯一一个面临风险敞口的因子[14]。所以，只有 PCA 对冲模式才可以根据各个因子所面临的清晰的敞口风险来生成相应的仓位头寸，而且，相应的风险

敞口也是可预期的。

这里需要注意的是：尽管都要计算最大化的夏普比率，但是，PCA 中性对冲模式和对冲比率之间的目标存在着差异性。对冲比率是由最大化的夏普比率（或另一个预期的特性）决定的，其间显然具有最好的统计属性；而 PCA 中性模式所构建的头寸则会给出一个清晰的画面，从而显示交易相关的因子所面临的敞口风险。由于相关的因子通常会有经济层面的解析模式，所以，投资者可以从经济的角度进行评估，并调整相应的风险结构。例如：即使投资者知道 PCA 蝶式中性模式可以对冲方向性因子对收益率曲线的影响，但是，我们不能说这种统计意义上的最优对冲比率或 PCA 中性模式导出的对冲比率哪个"更好"，因为它们达到不同的目标结构，即一个是构建了具有最优统计属性的头寸；而另一个则是应对具有经济意义的解析变量而构建了敞口风险明晰的仓位。也就是说，如果投资者选择了 PCA 中性模式项下的对冲比率，而不是最优化的夏普比率，那么，这意味着：他想提高一些具有统计意义的效益，进而获得交易的信心，同时，从经济方面了解相关交易的风险敞口，比如，他可以自信地知道，相应的仓位头寸不会受到方向性因子的影响。

交易头寸的风险敞口以及投资组合的相关问题分析

正如在图 3-14 的例子当中所描述的那样：任何头寸都可以按照回归的方式对冲 PCA 模型中不相关的各类因子，所以，相关的驱动因子源自模型自身，而这正好清楚地说明了是什么情境影响了复杂交易的损益结构。对于那些使用 BPV 中性对冲模式的投资者而言，其测试结果可能相当地令人吃惊——如之前的例子中所示的那样。幸运的是，如果实际的风险敞口与预期的不同，那就应用适当的 PCA 模式确定的对冲比率来解决相关的问题。

例如，如果一个做市商刚刚同对手方的交易者做了一笔 2 年期/5 年期/7 年期德国国债的蝶式组合交易，他应用的是 BPV 中性模式，而从回归的层面来看，我们发现：他现在应对的因子 1 有 44% 的风险敞口。因子 2 有 29% 的敞口，而因子 3 的敞口是 28%——如此，我们需要看看这个组合之中相关头寸的净收益，同时确定适当的对冲比率（针对那些不希望敞口的风险因子）。

此外，在正交特征向量分析的基础上，我们要使分析师的思维"正规化"，从而提供一个清洁/清晰的分析模式。那么，什么样的交易应对什么样的因子留下何种风险敞口呢？而我们喜欢这样的风险敞口吗？如果没有，我们如何对冲呢？另外，我们推荐的蝶式模型是基于行情方向还是基于曲率的敞口风险呢？同时，把所有的交易都拆分成不相关驱动因子的做法需要防止出现常见的混淆情境，例如：某些分析师就曾抱怨，通过曲率所构建的蝶形模式实际上只对纯粹的行情方向存在敞口风险。

市场重塑和行情预期

相对于行情反转的形势而言，各类不相关因子的拆分过程非常复杂，而总的来说，因子模型一般能够利用有限的要素来反映较大范围的行情波动。

在所有的因子模型中，PCA 方法在这方面做得最好，其可以在有限的条件下，提供最接近现实的市场重建信息。同时，我们现在简要地强调一下：PCA 分析模式可以适用很多情境。

通常，市场参与者感兴趣的是如何确定某一事件对整个市场的影响度。例如：如果 CPI 上涨 1%，那么，预期收益率曲线会有什么反应呢？或者说，如果 2 年期德国国债收益率上升了 25 个基点，那又会呈现何种情境呢？用数学的术语来说，它需要对应于一条信息（短期利率上升 25 个基点）而重建整套的信息结构（收益率曲线）。第一特征向量所包含的正是这种变换模式——它可以将收益率曲线上一个基点的移动转换成整个曲线的变化情境。我们使用图 3-5 的灵敏度指标，将 2 年期国债收益率增加了 25 个基点，于是，5 年期国债收益率就会平均上升 33 个基点，7 年期国债平均增加 24 个基点，10 年期国债平均增加 23 个基点。而相应这些数字是由给定的 25 个基点与"敏感度相对于第一因子之比率"的乘积而计算的——与计算 PCA 模式套期保值比率的方法一样。因为在构造相应的行情之时，第一因子包含的信息量最大，PCA 的重塑可以把残差最小化（即在有限的信息结构之下展示最好的整体市场行情的可能情境）。

如果收益率曲线对外部驱动因子的反应情境能够被估计出来，那么，第一步，我们应该通过回归的方式将一个外因变量的波动情境转化为相关因子的变化情境，然后，根据相关因子的变化模式重新构建相应的收益率曲线。例如：欧元汇率的变化情境会影响作用于德国国债收益率曲线之 PCA 分析模型当中的三个因子（参考表 3-1 之中的回归情境）。因此，欧元汇率一个百分点的变化情境作用于整个德国国债收益率曲线而生成的影响度就可以通过计算其对前三个因子的影响度（通过回归方程）的方式来获取，然后，我们就可以根据这些因子的变化重建新的收益率曲线。

类似的方法可以用来做对冲以及为相关的交易定价。想象一下，自上次收盘以来，短期国债期货（Schatz）、中期国债期货（Bobl）和长期国债期货（Bund）分别移动了 2、3、2 个基点，现在，一个客户要求交易员购买一份流动性不佳的 7 年期国债，但是，从上次收盘以来，期货市场行情没有任何变化，那么，在这种情况下，对交易者最好的保护措施是：根据 PCA 模型之中前三个因子反映出的 2 年期 /5 年期 /10 年期国债期货的点数变化，重新构建相应的收益率曲线（或者只参考 7 年期国债期货的点数变化），然后，通过构建短期国债期货、中期国债期货和长期国债期货投资组合的方式对冲流动性差的 7 年期国债期货的头寸。其中，对冲比率按照前述的顺序计算，其目的是应对 PCA 模型当中的前三个因子而生成"中性"的状态；再者，如果考虑到约束条件（只有三种流动性工具），那么，这可能是最好的对冲模式（因为在此情境下，7 年期国债期货的实际行情变化所对应的残差值最小）。

基于 PCA 分析方法的收益率曲线模型

PCA 模型是一个具有确定性的线性代数工具，它可以简单地将协方差矩阵当中的基本因子进行转换，而不需引入任何随机过程。相应地，如果有 n 个输入变量，PCA 将引入 n 个因子（令 $n=k$），同时，PCA 模型没有残差值。

我们可以通过重新定义相关因子的方式"人工"地引入残差值，即：

$$\begin{pmatrix} \varepsilon_1^t \\ \vdots \\ \varepsilon_n^t \end{pmatrix} = \sum_{i=k+1}^{n} \alpha_i^t \cdot \begin{pmatrix} e_{i1} \\ \vdots \\ e_{in} \end{pmatrix}$$

而 PCA 模型为 $$\begin{pmatrix} y_1^t \\ \vdots \\ y_n^t \end{pmatrix} = \sum_{i=1}^{n} \alpha_i^t \cdot \begin{pmatrix} e_{i1} \\ \vdots \\ e_{in} \end{pmatrix}$$

则 $$\begin{pmatrix} y_1^t \\ \vdots \\ y_n^t \end{pmatrix} = \sum_{i=1}^{k} \alpha_i^t \cdot \begin{pmatrix} e_{i1} \\ \vdots \\ e_{in} \end{pmatrix} + \begin{pmatrix} \varepsilon_i^t \\ \vdots \\ \varepsilon_n^t \end{pmatrix}$$

以上的方程类似于第 k 个因子的随机收益率曲线模型。

上述这种特定的方法有两个重要的结果。首先，分析师可以基于 PCA 模型决定因子的数量。没有什么论据可以限制他们将相关因子拆分成 2 个、3 个或者 7 个。因此，他们可以在模型中自由地选择因子的数量——通常，他们会以自己的立场为基础根据分析的目标和特征值的结构来选择相关的因子；另外，影响市场行情运行机制的外在要素也可以引入被选择的因子之中。例如：如果在特征向量解释的过程中发现相应的收益率曲线是由前三个因子驱动的，那么，分析人员就可以对这三个因子进行拆分，同时，将剩余的因子当作随机残差来处理。

其次，这里关键的问题是：当模型显示的因子数量低于数据显示的因子数量时，相应的残差将继续显示一个因子的结构。在上面的例子中，双因素残差值将由第一因子和第三因子的残差构成（在这个例子中，我们假设没有明确的因子结构，因此，可以将其不加区别地当作"噪声"因子来对待）。一般而言，如果特征值快速递减，则下列的方程成立，即

$$
\begin{pmatrix} \varepsilon_1^t \\ \vdots \\ \varepsilon_n^t \end{pmatrix} \approx \alpha_{k+1}^t \cdot \begin{pmatrix} e_{k+11} \\ \vdots \\ e_{k+1n} \end{pmatrix}
$$

上述矩阵方程的含义是：

第 k 个因子的残差值≈第 $k+1$ 个因子值 × 第 $k+1$ 个因子载荷

这里需要特别注意的是：第 k 个因子残差的图形状态要对应于第（$k+1$）个因子载荷以及第 k 个因子相对于第 $k+1$ 个因子之残差规模的形态。因此，当第 $k+1$ 个因子值（绝对值）增高时，第 k 个因子的残差值也会上升。而较高的残差值则表明存在相应的交易机会，分析师只需要跟踪几个因子就可以追踪所有潜在的交易契机——这显然大大简化了基于交易理念而筛选金融市场交易工具的流程。

根据交易理念应用 PCA 模型工具筛选相应的金融交易产品

所谓的因子结构实际上是指：通过跟踪一些不相关要素，分析师可以顺利有序地监控所有相关的市场行情。而这些因子中的异常值可以直接变成交易理念之下的候选项。我们现在对比一下 BPV 蝶式中性模式下的组合结构——先看一看那些独立的交易机会（即构建不同的组合，如：1 年期 /2 年期 /3 年期的国债、1 年期 /2 年期 /5 年期的国债以及 2 年期 /5 年期 /7 年期的国债）：其中所反映的信息并不比 PCA 模型当中三个因子（及其残差）的多，它只是用不同的方式和没有意义的组合来表达相同的信息。例如：1 年期 /3 年期 /5 年期的蝶式组合可能混入了 70% 的因子 1、25% 的因子 2、5% 的因子 3；而一只 2 年期 /7 年期 /10 年期的蝶式组合可以混入 80% 的因子 1、10% 的因子 2、10% 的因子 3——所有这些组合产品都是在无休止地重复相同的信息，而这些信息都可以通过 PCA 模型中不相关的因子而得以清晰的表达和解析。

因此，基于 PCA 分析方法的收益曲线模型可用于——根据行情数据筛选具有吸引力的交易契机。

我们将上述理论应用于德国国债收益率曲线的范例情境之中，即看一看图 3-13，其中，因子 2 接近其均值，所以，寻找无方向性陡度而构建头寸的做法是没有意义的[15]；另外，第三因子似乎很重要，因为它偏离了均值（而且，不像因子 1 那样——显示了足够的均值回归

的速率），所以，我们要把注意力集中在蝶式组合的头寸之上（对冲因子 1 和因子 2）。

我们再次强调的是：几乎所有的相关信息都需要评估收益曲线反映出的相应交易的统计特征和吸引力（也包含在单图 3-13 中）。类似图 3-13 这样的截图可以极大地简化分析人员的工作，并指导他们朝着最有希望的目标前进——这是 PCA 模型使用的一种直接剥离的数学方法，它可以将收益率曲线包含的几乎所有的信息降低至三个数值（因子）。相应的，单图 3-13 以有序和清晰的方式涵盖了德国国债行情演变的所有信息，而这正是以切合实际的、简单系统的方式来筛选整个国债交易市场的产品，且没有漏掉一个，也没有重复计数两次。在习惯之后，我们可能就不喜欢以与图 3-13 所示的因子拆分方法不同的形式去追踪相应的市场行情了。

应用 PCA 模型工具选择相应的金融资产

既然已经确定蝶式组合模型是应用收益率曲线而进行的相关交易的一个备选方案，那么，我们就可以根据双因子残差模式 [即第三因子的数值乘以（第三因子载荷值和因子 3 的残差值）] 选择最好的交易期限（从统计的特征出发）。在特征值快速减少的情况下，前述这个数值所呈现的状态几乎等同于第三因子素载荷的形状。实际上，图 3-15 的形态与图 3-5 所示的第三因子载荷的形态非常相似（x 轴的镜像效应显示——第三因子的当前值是负的）。其间的测试结果显示：2 年期 /5 年期 /10 年期的国债期货蝶式组合模式可以根据因子 3 当前值相对于其均值的标准差而使得相应的潜在利润最大化。

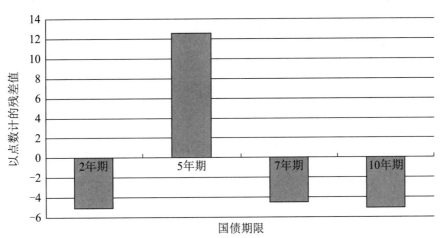

图 3-15 双因子残差模式

资料来源：彭博社

数据周期：2010 年 1 月 4 日—2011 年 10 月 3 日，周际数据，当期的残差值取自 2011 年 10 月 3 日

此外，第三因子主要是决定双因子残差值的规模（即源自均值回归模式的潜在利润）。如果当期因子 3 的数值与其均值的距离异常得遥远（见图 3-13），那么，相应的残差值相对于其历史的状态而言会变得较大（见图 3-15），如此，从历史的角度来看，2 年期 /5 年期 /10 年期国债期货的蝶式组合情境就会显得很有吸引力。这里需要注意的是：这种基于 PCA 模式自上向下的分析方法与自下而上地筛选所有可能的蝶式组合模式的方法相比是具有优势的 [16]。

在分析利率互换产品的图形曲线时，最佳到期日的选择当然也可以通过像图 3-15 那样显示残差值的方式来标注每个期限的互换利率。此外，我们也可以使用连续的 1 年期远期互换利率作为 PCA 分析模式的输入数据（即 1 年期互换利率、1 年 ×2 年远期互换利率 [①]，1 年 ×3 年远期互换利率 [②]——这就像在收益率曲线的连续期限结构之上进行分析一样（而不是将普通的互换利率结构进行组合拼凑）。因为相对于一般性的利率互换而言，1 年期连续远期互换利率之间重叠性的信息较少（29 和 30 年互换利率包含相同的连续 29 年的 1 年期远期互换利率——差别仅在最后一年），所以，1 年期连续远期互换利率之间的相关系数值通常较低，而这可能会导致：PCA 模式具有更好的统计特征。此外，PCA 分析方法输出的数据将会展示收益率曲线的残差图表，进而解析独立因子结构"升水"和"贴水"的情境。我们这里以 1 年期连续远期互换利率曲线之上的因子 3 为例，绘制了双因子残差图标——如图 3-16 所示。

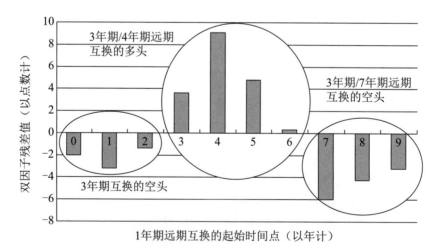

图 3-16　应用于 1 年期欧元连续远期互换利率之上的 PCA 模型当中的双因子残差值

资料来源：彭博社

---

① 译者注：1年后开始，期限是1年。

② 译者注：1年后开始，期限是2年，以下同理。

接下来，我们就可以根据行情的涨跌情境构建相关的多空头。在图 3-16 的例子中，蝶式方法交易的结果将是：3 年期互换的空头（即 1 年期互换 +1×1 年期远期互换 +1×2 年期远期互换的组合）、3 年期 /4 年期互换的多头（即 1×3 年期远期互换 +1×4 年期远期互换 +1×5 期远期互换 +1×6 年期远期互换的组合）、3 年期 /7 年期互换的多头（即 1×7 年期远期互换 +1×8 年期远期互换 +1×9 年期远期互换的组合）。这里需要注意：此种方法选择的行情升降区间比普通互换利率的要更清晰一些。例如：5 年期互换利率的降势之中包含了 2 年期互换利率的上涨情境，但是，3 年期 /4 年期远期利率则没有此类情境。因此，利率曲线显示的行情升降结构可以最大限度地利用相应的残差数值。另外，奇怪的远期互换利率的组合模式相较于普通的利率互换而言，其交易成本通常较高，因此，我们需要根据连续远期利率曲线的情境为相关的交易在较高残差值和较高的成本之间进行权衡。总而言之，在特别可取的情况下，应用连续远期利率需要改进 PCA 模型的统计特性，以防万一；同时，在此类交易中，源自资产选择（残差）的利润是很高的。

一般来说，一旦投资者确定了其投资组合所需的敞口因子，那么，PCA 模型之中的残差值会以最佳方式将这些因子显示出来。因为残差值与相应的各类因子是无关的，所以，此种资产选择的方法不受各因子的影响，可以为投资者提供合理的获利模式（即可以判定其对相关因子的看法是否正确）。

例如：假设一个投资者一直看好德国国债，于是决定做多[17]（即触发因子 1）。然后，他可以查看图 3-17 所示的单因子残差情境（即总体收益率水平情况之下的国债实际收益率与其通常情境之差）（要注意单因子残差的形态与第二特征向量之形态的拟合度）。如果 2 年期国债期货价格均值对应的残差值是 17 个点，那就意味着：相对于整体收益率水平（因子 1）而言，2 年期德国国债期货价格则被低估了 17 个基点，而这 17 个点就是一个获利的源泉，且与方向因子（即阿尔法，α）无关；而在押注方向性走势的情况下，其收益率会很高，此种做法最终也会被证明是正确的，并且，其可在看涨观点被证明是错误的情况下起到缓冲的作用。

当然，我们也可以只根据残差值进行交易，而不考虑附带风险敞口的各类因子。在三因素模型的情况下，依据我们的框架，其间不考虑这三种情况中的任何一种因子，因此，其可以全部对冲所有情境且只留下残差敞口（通过使用四种交易工具构建投资组合，有时，这种方法被称为"鹰式"结构）。正如我们已经看到的那样：经济变量的影响通常集中在较低值的因子；对冲所有因素且只利用残差值的做法（即应对所有较高值的"因子"构建组合）通常会使我们专注于"纯粹"的具有统计属性的相对价值交易[18]。

基于 PCA 分析方法而生成的交易理念的范例模式

现在，我们把之前开发的因子放在一起来说明分析的流程，进而生成基于 PCA 模式的交易理念。为简单起见，我们从形式上一步一步地进行指导（见框图 3-1），但请注意：此种方法只是一个粗略的模板，其可能需要根据不同的情况加以调整。还有，我们希望开始使用 PCA 分析方法的读者设置一个 IT 环境，从而复制这里使用的图表——为了方便完成这项任务，我们在网站上制作了一些 Excel 表格的截图并随书附送，同时，我们也提及了免责的声明和相应的侵权警告。

框图 3-1　应用 PCA 模式构建交易理念的步骤指南

步骤 1：根据分析目标，决定 PCA 分析模型的相关输入数据，其中包括时间序列、变量的类型和数量、数据的变化或方向性。通常，我们至少要提取一年的数据。在范例当中，我们使用的是 2010 年 1 月 4 日—2011 年 10 月 3 日间 2 年、5 年、7 年和 10 年期德国国债收益率水平的周际数据。为了达到启发的目的（即找到最好的交易工具），其间使用了大量的变量（例如 1 至 30 年的所有的收益率）；而如果相应交易工具的某些信息是已知的，那就限制其输入。实际上，PCA 模型可以运行两次：首先是一组大的变量数据（比如：1 年到 30 年的收益率）；其次是第二次发现的最好的交易工具（比如：只包括 2 年、5 年、7 年期国债期货的"蝶式"交易情境），特别是计算导出的对冲比率。

步骤 2：运行 PCA 分析模型，校核数值的稳定性，同时查看测试结果，从中发现问题，即所计算的特征向量真的是特征向量吗？它们彼此是正交的吗？

步骤 3：显示特征值（见图 3-4）且评估市场行情分析之中的因子结构。特别是，我们要判定相应的因式分解有意义吗（即特征值表现出了一个清晰的因子结构吗）？其中，大幅度下降的特征值（即 $|\lambda_1| \gg |\lambda_2| \gg \cdots \gg |\lambda_n|$）与内部数据的高相关性需要对应一个明确的因子结构，并需要将有意义的数据和信息的维数降低至因子的水平。另外，如果内部数据的相关性很小，那么，对有意义信息的削减是不可能的。例如如果协方差 $\mathrm{Cov} = \begin{pmatrix} 1 & 0 & 0 \\ 0 & \ddots & 0 \\ 0 & 0 & 1 \end{pmatrix}$，那么，收益率曲线上的每个点位都有其自己的相关因子。

步骤 4： 展示相关的特征向量（见图 3-5）并进行相应解析。

步骤 5： 显示（相关）因子的时间序列（见图 3-13）。此类测试结果是一系列后续步骤的关键基础，其作用是：

- 评估各类因子统计属性的质量；特别是，判定其是接近均值还是远离之？
- 检查子周期内因子之间的相关性——我们稍后会详细地讨论这个问题。
- 使用一个因子的时间序列作为 OU 过程（奥恩斯坦—乌伦贝克过程）的输入项，例如——评估其均值回归的速率。
- 在回归分析中使用上述时间序列作为解释变量（如图 3-14 所示），其目的是检查某一特定头寸的风险敞口。特别是在交易理念形成之后，我们需要运行回归方程来确认相应的风险敞口是否必须（特别是无方向性的"相对价值"交易模式）。
- 在回归分析中使用时间序列作为"因变量"来应对"外因变量"（候选项），其目的是将统计分析与基本面分析和结构性分析结合起来，从而把宏观经济事件和潜在风险相关的回溯统计数据和前瞻性的预期联系在一起——对此情境，我们以表 3-1 为范例显示出来。

步骤 6： 基于统计性、基本性、结构性、流动性以及其他性质要素的考量，我们可以确定想要查看的因子。在相关例子中，我们把自己限制在统计属性之上，如此可能会得出这样的结论：因子 1 的均值回归速率太小——对此，我们不进行考虑；同时，因子 2 接近其均值——对此，我们也不打算理睬；然而，第三因子似乎是明显地偏离其均值并具有较高的均值回归的速率——因此，我们决定进一步探讨基于因子 3 的交易理念（即应用蝶式组合对冲因子 1 和因子 2 的影响）。

步骤 7： 为了选择收益率曲线上的最佳点位来阐述相应的交易理念，我们要显示相关的残差图表，在我们的示例中，所显示的是双因子残差图表（见图 3-15），其目的是决定使用何种交易工具[19]。在相关的示例中，我们可能选择卖出 2 年期国债期货、买入 5 年期国债期货、卖出 7 年期国债期货（10 年期国债的残差负值比 7 年期国债的要小一些，但是，我们可能会认为——0.5 个基点的差异不值得在收益率曲线上再延长三年，这样做很冒险）。

步骤 8： 计算并显示特定残"蝶式"模型的时间序列，如图 3-18 所示。这代表了区间之内相关交易过去和未来的实际表现。现在，我们根据图 3-14 的情境进行相应的回归分析，进而检验被选择的个体交易相关因子所需的风险敞口[20]。

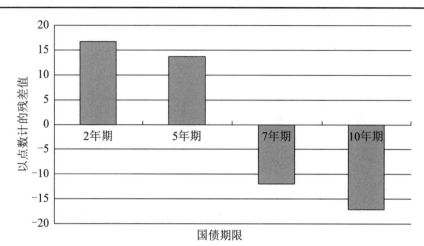

图 3-17　单因子残差模式

资料来源：彭博社

数据周期：2010 年 1 月 4 日—2011 年 10 月 3 日，周际数据，当期的残差值取自 2011 年 10 月 3 日

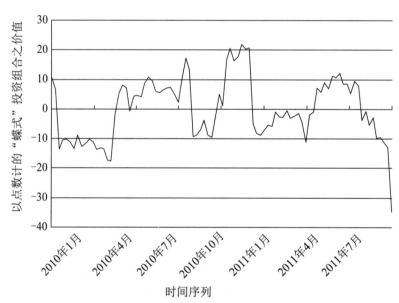

图 3-18　双因子残差项下的 2 年期 /5 年期 /7 年期国债期货"蝶式"组合情境

资料来源：彭博社

数据周期：2010 年 1 月 4 日—2011 年 10 月 3 日，周际数据

步骤 9：因应图 3-18 的时间序列运行 OU 模型，从而评估相应交易的绩效预期——如第 2 章所述，我们需要计算：

- 预期的利润——在我们的例子中是 32 个基点；[21]
- 预期的下行风险——在 OU 框架中，止损价位可以设置为 2 倍的标准差（见图 3-19），从而使止损的点位随着时间的推移而变化。在我们的例子中，这种方法将导致一周之后的止损水平被设置在 -42 点（损失了 7 个点）。

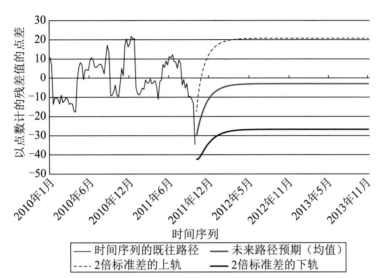

图 3-19　2 年期 /5 年期 /7 年期国债期货"蝶式"中性 PCA 模式及其 OU 过程项下的未来路径模型
资料来源：彭博社
数据周期：2010 年 1 月 4 日—2011 年 10 月 3 日，周际数据为输入项，预测期为 OU 模型的输出项

- 初过时间的密度值和均值回归的预期时间（见图 3-20）——在我们的例子中，相关交易回归其（估计的）均值（收益率为 32 点）的周期为 84 个日历天。

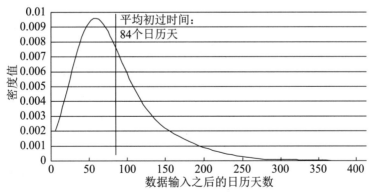

图 3-20　以 OU 过程项建模的 2 年期 /5 年期 /7 年期国债期货"蝶式"中性 PCA 模式项下的初过时间密度值
资料来源：彭博社
数据周期：2010 年 1 月 4 日—2011 年 10 月 3 日，周际数据为 OU 模型的输入项

步骤 10：计算对冲比率。在我们的例子中，因子 1 和因子 2 中性值已被计算得出（即图 3-18 当中时间序列的风险敞口），然后，做空 8 000 万欧元的 2 年期德国国债期货、买入 1 亿欧元的 5 年期国债期货、再卖出 5 800 万欧元 7 年期国债期货——这是由上述逆矩阵计算出来的；其计算出的数字如下——2 年期国债的基点 BPV 值为 1.98、5 年的为 4.86、7 年期的为 6.62；同时，2 年期 /5 年期 /7 年期国债期货第一因子的敏感值为 0.42、0.55、0.53，

第二因子的敏感值为 -0.84、-0.04、0.29（这些数值是特征向量的输入项，

可以从网站上的表格之中查找）。如此，矩阵 $\begin{pmatrix} BPV_2 \cdot e_{12} & BPV_7 \cdot e_{17} \\ BPV_2 \cdot e_{22} & BPV_7 \cdot e_{27} \end{pmatrix}$ 的数值是

$\begin{pmatrix} 0.84 & 3.51 \\ -1.66 & 1.91 \end{pmatrix}$，其逆矩阵的数值为 $\begin{pmatrix} 0.26 & -0.47 \\ 0.22 & 0.11 \end{pmatrix}$，再乘以向量矩阵 $\begin{pmatrix} -n_5 \cdot BPV_5 \cdot e_{15} \\ -n_5 \cdot BPV_5 \cdot e_{25} \end{pmatrix}$

（n_5 的数值设定为 1），相应的结果是 $\begin{pmatrix} -2.69 \\ 0.22 \end{pmatrix}$，同时，2 年期 /7 年期国债既定的

权重值为：$\begin{pmatrix} -0.80 \\ -0.58 \end{pmatrix}$，接下来，相应的权重值可缩放至所需的交易规模——在我们的范例情境中，权重值要乘以 1 亿欧元。

步骤 11：基于 OU 过程的预期持仓期限（84 个日历天）和相应的对冲比率，计算适度的持有成本。这里需要注意；在没有 BPV 中性模式的情境下，持有成本不能自然地用基点数值的形式来表达。因此，我们要基于 PCA 中性模式来计算持有成本的货币值（即欧元 / 美分[1]）。在 PCA 分析框架中，时间序列所对应的持有成本会很自然地表示出来；而必须说明的是，如果用期限结构的点数值来表达，那点数所对应的时间序列则必须是"到期日"（正如 PCA 模式排除平行曲线之错误假设的变化那样）。在我们的例子中，84 个日历日对应的数值是 +70 000 欧元[22]，因此，其与源自均值的潜在收益相比是相当微不足道的。而如果相关数值为负，那就需要再计算——直到持有成本达到图 3-20 之 90% 的（四）分位点的水平[2]。如此，则可以帮助评估相关的交易是否具有吸引力，尤其是在均值回归所需的时间过长的时候[23]。

---

[1]　译者注：例如——名义本金 125 000 欧元，如果是欧元对应美分，那么，杠杆为 1 250。

[2]　即交易盈亏的计算收到小数点后第四位。

框图 3-1 中的交易在现实中表现如何呢？图 3-21 应用 OU 预期模型将实际交易演化同 OU 模型预测进行了比较。读者可能不会感到惊讶，模型在我们的例子中表现很好。接下来，我们将讨论一些情境，其间 PCA 分析模式的运行进程可能不会那么顺利。

图 3-21　相较于 OU 预期模型而显示的国债蝶式组合模式的交易绩效

资料来源：彭博社

数据周期：2010 年 1 月 4 日—2012 年 6 月 11 日，周际数据

PCA 模型第 1 个问题和缺陷：子周期内各类因子的相关性系数

通过构造相应的投资组合模式，作为输入 PCA 的数据各因子于整个测试周期之内是不相关的，它允许对某些因子进行对冲、构造相关的头寸。然而，有一种可能性，即在子周期内，各因子之间存在相关性。在这种情况下，于此时间序列之内，相应的对冲策略可能失效。例如：一个以因子 2 对冲因子 1 的交易将在一段时间内因子 1 的面临敞口风险，因为其间二者具有短暂的相关性，如此，拟为无方向性陡峭的仓位头寸将会（短暂地）被行情方向所驱动。

现在，我们看看因子在子周期中存在相关性的理论性问题如何影响相关交易的——让我们考虑一个应用于 2 年 /10 年期德国国债交易的 PCA 中性模式于陡峭情境下的曲线模板：在 2010 年 10 月—2011 年 10 月间，时间序列（如图 3-22 所示）看起来可能太好了，让人忍不住要进行交易。

图 3-22　应用于 2 年 /10 年期德国国债交易的 PCA 中性模式在陡峭行情下构造的仓位头寸

资料来源：彭博社

数据周期：2008 年 1 月 7 日—2012 年 6 月 11 日，周际数据

然而，在达到目标（回到平均值）之前，根据陡峭情境而嵌入的头寸于 2011 年 10 月穿透了 OU 模式所设置的止损点位，随后的绩效表现逐渐恶化。发生这种逆预期状况的原因可以从图表 3-23 中看出——将残差因子关于因子 1 回归（应用于曲线陡峭情境之交易的 PCA 中性模式），其与图 3-14 所示的情境相似。

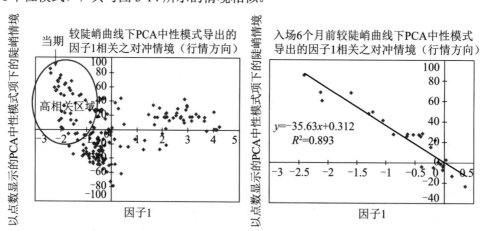

图 3-23　曲线陡峭情境相关的 PCA 中性模式下相对于因子 1 的对冲模式

注：R^2 = 拟合度；x/y 的方程为协整后的回归方程。

资料来源：彭博社

数据周期：2008 年 1 月 7 日—2011 年 8 月 22 日，周际数据（左图）；2011 年 2 月 28 日—2011 年 8 月 22 日，周际数据（右图）

以上的测试结果是：尽管总体上相关性为零，但是，左侧图表确实显示出因子 1 存在着高相关性——如图 3-23 所示。而进一步的调查显示：在入场六个月前（因应因子 2 而构建的头寸），相关交易的变化情境与因子 1 非常接近，因此，根据陡峭情境而构建的 PCA 中性组合模式表现不佳的原因是：它实际上是一种方向性的交易——由于行情方向碰巧是和预期的相反，同时，因子 2 的风险敞口较弱，故而其不能抵消交易的损失[24]。我们将这种情况与图 3-14 所示的回归情境进行比较：BPV 中性加权模式中存在着相对于因子 1 的风险敞口，而各类因子之间存在一定相关性的情境在短暂的时间序列内也出现在 PCA 模式当中。

不过，好消息是多数情况下，因子之间于子周期之内存在相关性的情境在交易前是可以被发现的。所以，如何运行回归程序（上述流程的步骤 5）是至关重要的。通常，就像当前的例子一样：因子相关性的潜在问题会自己暴露出来。因此，如果前一时间段的因子之间具有高度的相关性（如图 3-23 所示），那么，保持谨慎的态度是明智的。相比之下，2 年期 /5 年期 /7 年期国债蝶式组合模式在 2011 年 10 月 3 日入场之前，各因子之间并未表现出显著的相关性：其"入口层"位于图 3-14 的左下角，是一个孤立点——其与图 3-23 当中环绕回归线之"云状"点图的形状不同。同时，在图 3-14 的蝶式组合情境下，没有相关性的问题出现，所以——相关性的问题在某种交易之中有效（见图 3-21），而在另一种交易中则不起作用（见图 3-22）。

近年来，各原子之间于子周期之内彼此呈现相关性的原因往往是由于主权证券的信用评级发生转变。我们假设：PCA 模型的数据是根据信用风险发生之前的情境而计算的，这就成为西方政府债券市场的一个问题——随着时间序列的演进，此类状况确实会成为一个问题，从而对因子 1 产生影响（信用风险增加时，收益水平趋于增加），同时也会影响因子 2（因为期限越长，因子 2 受信用风险的影响就会越深[25]，所以，信用风险会导致收益率曲线之上无方向性的陡峭度变得更高）。因此，信用问题的出现使得因子 1 与因子 2 之间呈现出显著的相关性。我们将在第 15 章中详细说明这个问题，并展示如何应用 PCA 分析方法调整"信用违约互换（CDS）"产品，进而修正相应的收益率曲线（债券收益率减去 CDS 互换率），最后解决的此类问题。

根据我们的经验，各因子之间呈现出的短暂相关性是 PCA 分析模式当中最主要的缺陷。然而，如果依靠前述方法始终如一地检验各因子之间相关性的变化情境，那么，此种降低风险的方法所生成的交易则不会使人满意。大约在 15 年前，当我们开始系统地使用 PCA 工具在全球债券市场寻找和构建相应交易之时，我们对"相关性"的问题没有给予足够的重视，基于 PCA 模型之交易理念所生成的利润率可以达到 82%[26]；同时，相关交易之中 18% 的亏损则是源于"相关性"的问题。如果能更好地避免这个问题，那我们就可以将成功率提高到 90% 以上，不过，交易的次数会明显地下降。一般来说，在高频交易和过度谨慎之间如何加以权衡则是"经验"的问题。目前的情况下，想要达到某种平衡就需要根据经验在交易之前判断各因子之间于子周期内呈现的可接受的相关性。作为一个大致标准，图 3-14（使当期点位孤立于"云状"点图之外，且不附带相关性）与图 3-23（相关的云状点图生成当前点位）各自提供了一个"不可疑"的和"可疑"的情境。

PCA 模型第 2 个问题和缺陷：周期内特征向量的不稳定性

如果特征向量在使用 PCA 模型项下的对冲比率进行交易后发生变化，那么，相关交易将会暴露在意外的因子风险之下。再想象一下，如果我们根据因子 2 进行交易，且对冲了因子 1，然而，在交易之时，相应周期内第一特征向量的变化与我们在交易之前根据样本周期数据所测算的结果有所不同（而且以此作为确定因子 1 的中性对冲比率），那么，我们所预先防范的是一个"错误"的特征向量，其风险暴露在第一因子之下，所以，第一特征向量变化的结果是——对冲功能失效、相关头寸面临方向性的敞口风险。虽然原因可能各有不同，但是，在根据 PCA 交易中性头寸之后，相应产生的问题与各类因子之间相关性的变化情境是相同的，即投资组合丧失了风险中性的原则，其风险敞口暴露在非预期的因子当中。

关于上述问题，首先，我们要区分因子载荷的变化和各类因子的变化情境，即因子的变化每时每刻都在发生，而这对于相关的 PCA 模型和对冲比率而言都没有问题。例如：收益率可能在 1% 到 10% 之间波动（即 α_1 表现出较高的波动性），而特征向量则会保持稳定。如果央行在推高和压低收益率，那么，第一特征向量则应保持向下倾斜的状态（如图 3-6 所示）；然而，如果央行将利率降至零，然后宣布将在很多年内维持零利率政策，如此，短期汇率对方向性变动的敏感性将比长期利率的敏感性要低——而此种情境则会反映在第一因子载荷的变化之上。

此外，特征向量的感知模式有时存在不稳定性的原因是：PCA 计算模型相关的样本周期太短。而这可以很容易地通过选择一个较长时间周期的方法来规避（步骤 1——相应范例情境当中收益率曲线的分析周期通常至少要一年左右）。

为了从实证角度理解特征向量的稳定性，我们对连续 5 年的收益率数据应用 PCA 模型进行分析，从而计算相应的特征值和特征向量。图 3-24 描述了特征值和特征向量随时间推移而演化的过程，相应选择的工具是：德国国债、美元互换交易和日元互换交易。

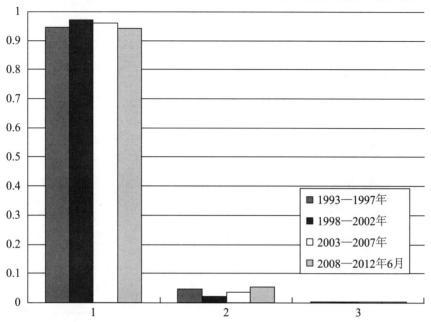

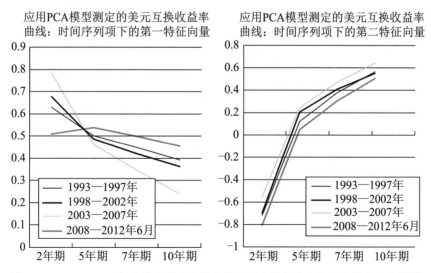

图 3-24　1993—2012 年在几个利率市场交易工具之特征值和特征向量的演化进程

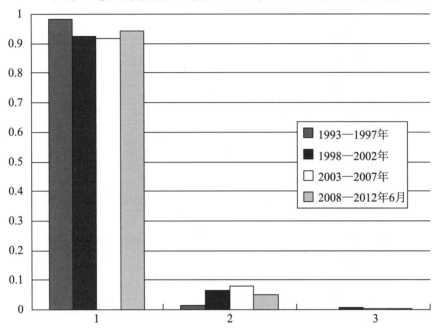

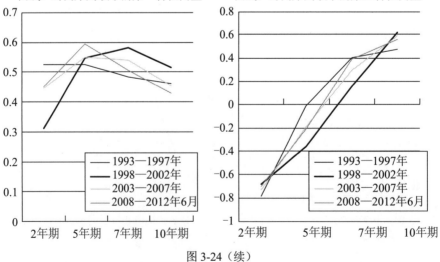

图 3-24（续）

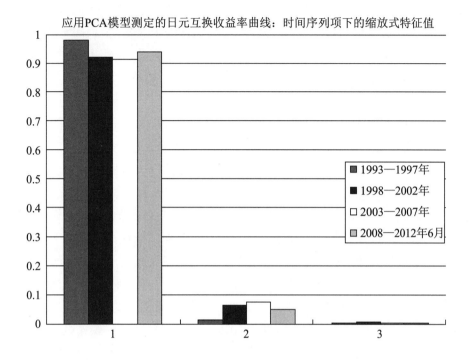

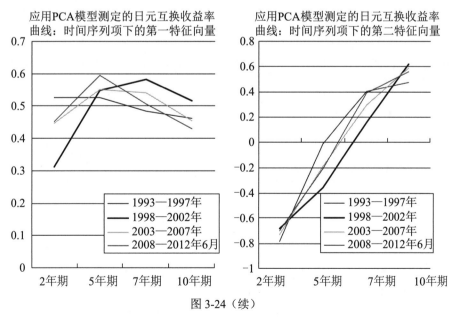

图 3-24（续）

资料来源：彭博社

数据周期：1993 年 1 月 1 日—2012 年 6 月 14 日，周际数据——按五年期分为 4 个截面板块

　　总的来说，上述实证研究的结果是令人欣慰的：尽管在过去 20 年里发生了翻天覆地的变化，但是多年来，特征值和特征向量一直非常稳定（即因子改变了，而因子载荷未变）——就像 PCA 方法下因子模型所假设和要求的那样。除了短期交易之外，日本的情况也是如此，我们见证了其经济转型的整个过程：央行—日银（BoJ）从短端非常活跃的状态到现在变得沉寂，利率政策没有任何变化。

　　这里特别要注意的是：最近的债务危机并没有在特征向量上留下明显的痕迹——而这正是子周期内各因子之间呈现相关性问题的一个重要原因（见上文）。总的来说，因子之间的相关性（而不是特征向量的不稳定性）是 PCA 分析方法的主要缺陷。因此，开始于 2008 年的金融危机使相应的市场行情发生中断，其通常的表现是改变因子之间的相关模式，而不是使因子载荷产生不稳定的情境。如果基于 PCA 模式的交易使用的是样本期数据源自危机之前，那么，因之计算的对冲比率于危机爆发时会面临麻烦，但是几乎所有的情境都是由于各因子变得相关而生成的，其间由特征向量形态发生变化而产生的问题实际上是很少的。随着相关因子的问题逐渐消退，我们的建议是：尽量避免 PCA 模型当中的样本数据同时涵盖危机前和危机后两个时间序列（或者使用第 15 章阐述的 CDS 产品进行调整）。为了分析当前的市场行情状况，我们可以从 2010 年 1 月开始（如：蝶式组合形式的交易范例），如此，PCA 模型就可以很好地工作了。

　　特征向量稳定性的一个例外情境位于短期曲线之上。这可能是由于外部驱动因子对这部分收益率曲线产生较高的冲击力（即中央银行所采取的行动）。与之相对应的是：中央银行政策是将利率维持在较低的水平，从而有意地为短期收益率曲线消除相关的不确定性、波动性以及同等的敏感性，我们目前在所有主要利率市场观察到的走势是：2 年期收益率相对于第一因子而言的敏感性是比较低的。我们则可以用几种方法应对此种反应情境：

- 不要基于 PCA 模型做短线交易。例如：对向 PCA 模型输入的变量加以限制（步骤 1），因此，所有被分析之交易的期限都要被设置在 3 年 /5 年之上。

- 然而，如果基于 PCA 模式的交易涉及短端利率，那么，我们要确保其均值回归的速率足够的高，使得交易策略能够在央行政策影响特征向量前有所表现——我们上面的蝶式交易范例就属于这一类。

- 有意识地根据短端利率特征向量的变化确定相应的头寸。我们知道：特征向量的变化会打破 PCA 分析模型当中的对冲比率。但是，如果我们能预测特征向量的改变，那就可以据此而构建头寸，这样一来，我们就可以在熊市中多对冲，牛市中少对冲（例如：将特征向量的波动转化为盈利的交易策略——类似于 delta（Δ）对冲）。例如：如果日本央行结束零利率政策，那么，加息情境（因子 1）会使短端利率的波动率变得更强（相较于短端利率而言，短端利率第一特征向量的敏感性会相应增强）。总之，相对于曲线平坦的情境下所构建的头寸而言，若使其动态地对冲（变化的）因子 1，那么，在现实当中，它会呈现出在行情衰退时过度对冲、于行情上涨时对冲份数不足的问题[27]。

虽然上述这些结论可以帮助交易者增加信心，但是，分析师在面对稳定之特征向量的收益率曲线时，他们需要注意的是：在其他市场当中，相应的稳定性可能会明显地降低。在这种情况下，我们可以根据预期的交易持仓期限来比较各种特征向量的稳定性，同时，重点关注在相应特征向量变得不稳定之前有所表现的头寸——，平仓离场。例如如果一个基于 PCA 模式的交易显示：预期的持仓期限需要几周的时间（上面的步骤 9），那么，它要求特征向量至少在此周期内是稳定的（理想情况是更长的时间）。在市场行情中，如果特征向量的稳定性存在问题，而且投资者也发现在接下来的几周时间内特征向量有变化的风险，那他就可能想避免相关的交易；但是，如果他察觉到此种不稳定性只是一个潜在的长期问题，那么，他可能仍会对相关的交易感到满意。

应用 PCA 工具构建新型交易模式

最后，我们提供了一个范例情境，进一步说明 PCA 模式是如何在货币市场运行的，从而突出了它的普遍适用性。同时，我们将说明 PCA 模式是如何具有创造性的应用功能，并使用之前的一步一步的行为指南作为基础，进而生成一种交易理念，即只有 PCA 模式能够实现的理念；但是，在这种理念中，PCA 模式只是相关的几个部分之一。

在运行 PCA 模型对日元、英镑、瑞典克朗、瑞士法郎、澳元和新加坡元（相对于美元）进行测试之时，我们需要调整相关货币对绝对值的差值序列，从而使图表变得清晰（否则100 日元 / 美元相对于 0.6 英镑 / 美元而言，其将显示出巨大的特征向量之敏感性的差值）。因此，我们在合成货币上运行了 PCA 模式，所有的计算都是从"1"开始，基期是 1999 年1 月 4 日。然后，PCA 分析方法将使用这些数据的周际数值，而且，合成时间序列从 1999年 1 月 4 日—2011 年 7 月 25 日——在网站上的本书随附的 Excel 表中可以看到。

图 3-25 描述了缩放后的特征值。其结果是：外汇市场行情的第一、第二因子的解释力度与债券市场的相似，而数值 3 以上的特征值与债券市场的相比下降得慢一些。

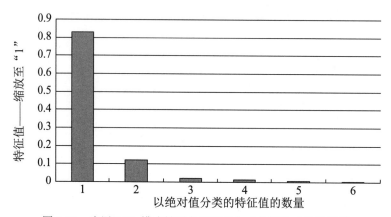

图 3-25　应用 PCA 模式针对各货币对生成的缩放式的特征值

资料来源：欧洲央行

数据周期：1999 年 1 月 4 日—2011 年 7 月 25 日，周际数据

图 3-26 显示了特征向量的数值。就像应用于债券的 PCA 模式那样：第一个特征向量的输入值只有"正"的（即因子 1 的变化对所有的货币影响接近）。然而，其中的敏感性似乎令人费解：如果因子 1 增加，那么，瑞典克朗、瑞士法郎、澳元的涨幅较大，而日元、英镑和新加坡元涨幅较小。很少有外汇交易者会想到以前述这种方式对货币进行分组，这个谜题代表了一个 PCA 降维的有趣的视角，需要进一步解释，这个解释可能从因子 1 的时间序列中得出。

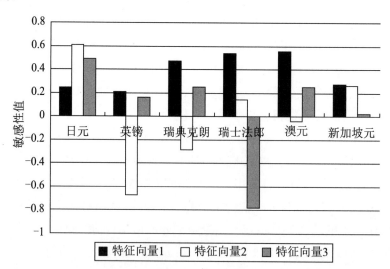

图 3-26　应用 PCA 模式针对各货币对生成的特征向量

资料来源：欧洲央行

数据周期：1999 年 1 月 4 日—2011 年 7 月 25 日，周际数据

同样，因子 2 和因子 3 也会导致货币之间的差异（例如：如果因子 2 上升，日元、瑞士法郎和新加坡元就会上升，而英镑、瑞典克朗和澳元则会下降）。这种分类模式听起来可能更熟悉——因为它将"低风险"货币和"高风险"货币放在一起。

由于对货币之特征向量（即市场行情的运行机制）的解析不像德国国债那么直截了当，所以，我们需要考虑这些因子的时间序列以及它们同外部变量的联系，进而解析这些因子——各因子的演变过程则如图 3-27 所示。

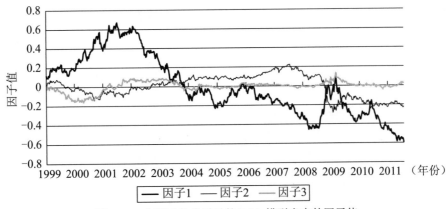

图 3-27 应用于各货币对的 PCA 模型当中的因子值

资料来源：欧洲央行

数据周期：1999 年 1 月 4 日—2011 年 7 月 25 日，周际数据

上面这种图形模式很可能会唤起分析人员的视觉记忆。例如：他可能会发现因子 1 的演化进程几乎呈现美元 / 欧元汇率的镜像效应。这种视觉发现可以被诸如"回归"的方式确认之（例如：通过回归测试，因子 1 与欧元汇率之间的相关系数为 -0.94）。所以，因子 1 的增加与欧元相对于美元疲软的情境密切相关。这里出现一个有趣的测试结果，即美元对欧元的汇率（我们排除了 PCA 模型的输入序列）可以解析美元对其他货币 83% 的变动情境（缩放式的第一特征值）。因此，我们可以得出这样的结论：迄今为止，美元 / 欧元的汇率是所有与美元相关之汇率变动的最重要的推动力。此外，第一因子（第一特征向量）的敏感性指标可以将相关性大的货币（瑞典克朗、瑞士法郎、澳元）和相关性不太强的货币（日元、英镑、新加坡元）分组，从而测试在因子 1 上升的情况下，它们相对于美元走势趋弱的变化情境（即参考欧元对美元走弱的情境）。

因子 2 的时间序列很好地对应了"风险偏好"和"风险厌恶"的心理变量。正如预期的那样：因子 2 的数值在 2009 年显著地下降（并保持在低位），从而使相对于因子 2 呈现正值敏感性的货币（即日元、瑞士法郎、新加坡元）成为"避险资产"：其表现优于那些相对于因子 2 呈现负值敏感性（具有"风险性"）的货币（如英镑、瑞典克朗、澳元）——

这可能是大多数交易者在想到外汇市场行情时脑海中浮现的画面。但是，请注意：PCA 低估了心理变量对市场的影响，因为模型显示它只解析了外汇市场行情 12% 的变化情境——更重要的市场行情结构是由第一特征向量给出的。

对于无法直观解释的因子，进行启发式回归计算并列表的方法通常是有用的，其中：各因子是因变量，各种候选变量或解释变量则为自变量。而且，我们也尝试了几种回归方法，测试结果则如表 3-2 所示 [28]。

表 3-2　应用于货币之 PCA 模型当中前三个因子与各种候选变量或解释变量的相关系数值

	因子 1	因子 2	因子 3
欧元	-0.94	-0.01	0.13
标准普尔 500	-0.20	0.27	-0.66
波动率指数（VIX）	0.15	-0.46	0.28
应用于美元互换交易之 PCA 模型当中的因子 1 值	0.64	0.55	-0.49
应用于美元互换交易之 PCA 模型当中的因子 2 值	0.42	-0.10	0.16
应用于美元互换交易之 PCA 模型当中的因子 3 值	-0.13	-0.04	-0.41
原油期货	-0.86	-0.12	-0.07

表 3-2 验证了我们的直观解释，即因子 1 与欧元紧密相连；而因子 2 属于评估"风险偏好/风险厌恶"的要素，因此，它与美元利率的走向和波动率指数有一定的相关性（参看：应用于美元互换的 PCA 模型当中的因子 1）。此外，该表显示：因子 3 与标准普尔 500 指数有关——实际上，我们还要看看表 3-2 中因子 3 的时间序列，其中证实了一点，即因子 3 的变化情境是股市的镜像。此种相关性则如图 3-28 所示。

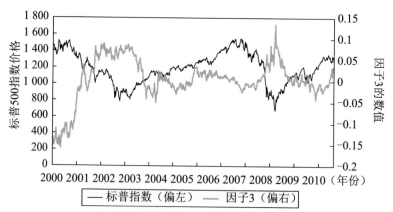

图 3-28　应用于货币之 PCA 模型当中因子 3 相对于标普 500 指数的时间序列

资料来源：欧洲央行、彭博社

数据周期：2000 年 1 月 3 日—2011 年 7 月 25 日，周际数据

PCA 分析方法为外汇市场提供的一些新的理念，即可以用三因子模型来为各个货币建模，其中，各因子与外因变量相关，如欧元、风险偏好（VIX）以及股票价格。

然而，在下面，我们将展示如何应用 PCA 工具洞察市场行情机制，进而构建新的交易头寸——这在 PCA 框架之外是不可能的，也是难以理解的。

目前（2011 年 7 月 25 日），因子 3 与标准普尔 500 指数的相关系数处于合理的状态，同时，回归的残差值则相当高。图 3-29 说明：当前点位距离回归线非常远。这里要注意的是：如果我们在回归方程当中使用较短的时间序列，那么，我们仍然会看到很大的残差值，而这意味着因子 3 与股价的相关性在过去的 12 年里是比较稳定的，但是，现在被干扰了。所以，如果相信长期的相关情境会于未来持续延伸（我们没有理由不这样做），那么，我们可以押注在"残差消失"上面[29]。所以，我们可以根据应用于货币上的 PCA 模型当中的因子 3 相对于标准普尔 500 指数而进行相关的交易，进而观察相应的情境。

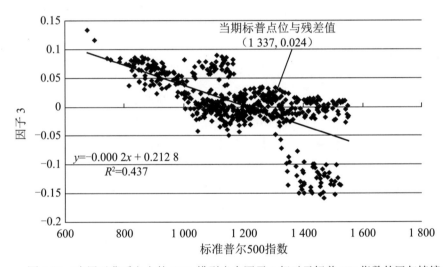

图 3-29　应用于货币之上的 PCA 模型当中因子 3 相对于标普 500 指数的回归情境

资料来源：欧洲央行、彭博社

数据周期：2000 年 1 月 3 日—2011 年 7 月 25 日，周际数据

注：R^2 = 拟合度

$y=-0.0002x+0.2128$——回归方程

由于不能直接根据因子 3 进行交易，所以，我们需要找到一个投资组合，即在三种货币中对冲因子 1 和因子 2，且与因子 3 相关。考虑到因子 4 相对较高的强度值，特别是，并不是所有的双因子中性货币组合都可以按照预期的程序工作——因为它可能主要是一个因子 4 的函数，而不是因子 3 的函数。此外，我们一般都是通过较高值的残差来选择多种货币的组合，进而提高相应的收益，而这些残差值则如图 3-30 所示。因此，将 PCA 模式

应用于日元—瑞士法郎—瑞典克朗（第一组）和日元—新加坡元—丹麦克朗（第二组）而构建的货币中性组合看起来很有吸引力（类似收益率曲线上的"蝶式组合"情境）——然而，实际上，只有第一组相对于因子 3 有很强的相关性，所以，我们选择之。

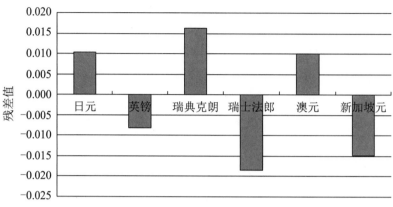

图 3-30　应用于货币之上的 PCA 模型项下的双因子残差值

资料来源：欧洲央行

数据周期：1999 年 1 月 4 日—2011 年 7 月 25 日，周际数据，当期残差值截止到 2011 年 7 月 25 日

现在，我们可以制定自己的交易策略，即应用 PCA 模型的双因子结构构建日元、瑞士法郎和瑞典克朗相对于标准普尔指数的中性投资组合。货币组合与标准普尔 500 指数之间的对冲比率由回归线的斜率给出，而投资组合中各货币的权重则由货币相关的 PCA 模型当中因子 1 和因子 2 的中性条件决定。其结果是：相应的风险敞口正好是货币组合和标准普尔 500 指数之间的回归残差值——其时间序列如图 3-31 所示。

图 3-31　应用于货币组合与标准普尔 500 指数的 PCA 模型之中的回归残差值

资料来源：欧洲央行、彭博社

数据周期：2000 年 1 月 3 日—2011 年 7 月 25 日，周际数据

当然，我们现在可以在这个时间序列上运行均值回归模型，并判断诸如均值回归速率等统计特性是否足以让我们进行交易。图 3-32 描述了相关交易的实际表现以及 OU 模型的预期效应。由于实际的行情一直处于 OU 模拟过程当中 2 倍标准差的下轨附近，所以，此时入场的投资者还是蛮幸运的，他们能够很快地从时间序列之中回归其均值，获取潜在的收益（即回归的残差值消失了）。

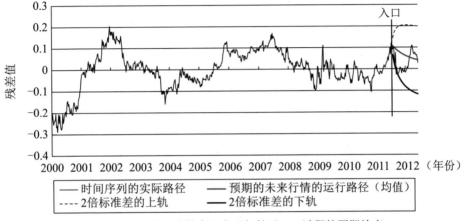

图 3-32　相关交易的实际表现相较于 OU 过程的预期效应

资料来源：欧洲央行、彭博社

数据周期：2000 年 1 月 3 日—2011 年 7 月 25 日，周际数据是 OU 模型的输入项；OU 模型输出数据相关的预测周期所对应的是 2011 年 8 月 1 日—2012 年 6 月 4 日的周际行情数据

上述这个范例情境演示了 PCA 模式是如何洞察各种市场行情，进而从新的交易当中发现相应的获利契机的。另外，通过生成一种不在市场行情中显现但可交易（例如双因子中性组合模式）的时间序列（如因子 3），PCA 分析方法为我们打开了众多新的、具有创造性的、能够把握获利契机的分析和交易的大门。除了创造具有挑战性的分析模式以及生成具有启发性的测试结果，相应的新建头寸的优势还在于：

- 构建与较普通的头寸无关的获利方法；
- 创设很多人不太可能使用的分析理念，因此，此种方法很可能是有利可图的。虽然人们花了大量精力分析收益率曲线上的"2 年 /5 年 /10 年期蝶式"组合情境，但是，可能没有人想到将此种方法应用于上面提到的这种交易。因此，PCA 是一种不落俗套地寻找相对价值的工具，可以单独地构建新型的交易理念。

　　我们的目标不仅是应用 PCA 分析方法来提升股指相对于货币投资组合的交易，而且，我们还要鼓励大家把 PCA 作为冒险的指南，进入未知的领域——那里可能生长着金色的果实！

　　注 1：目的不同，使用工具也不同。

　　注 2：人们还可以注意到——这是一种系统性的背离回归线的模式，其收益水平非常低，下面，我们将在图 3-24 中揭示这种偏离的情境。

　　注 3：相关性的缺失是线性代数相关的 PCA（主元分析 / 主成分分析）模型的测试结果——对于相对价值分析的通常目的而言，它的特点是非常方便，因为它可以将市场获取分解为不相关因子，而这是进行独立分析的基础，然而，应用相关的要素来构建"因子模型"的做法也是可以的。例如，为了得到特定的分析目标，我们会将市场行情作为两个宏观经济变量的函数，进而构建相关模式的方式可能是有用的——即使它们之间具有相关性也无伤大雅。

　　注 4：显然，我们在这个步骤中丢失了一些统计信息特别是二阶的数据；然而，实际上，失去的数据很少涉及相关价值分析的目标。

　　注 5：事实上，这个定理对任何对称矩阵和半正定矩阵都成立。

　　注 6：我们可以将 PCA 分析方法与傅里叶分析联系起来——从理论上支持这一说法。

　　注 7：注意——图 3-8 的输入数据由整体的波动率平面所组成；而对于图 3-7 而言，其只使用了到期日至少为 2 年的选项，其原因将在第 17 章说明；由于在这两个图表的后面有两个不同的 PCA 分析模式，因此，图 3-7 和图 3-8 显示之因子 2 的敏感性也是不同的。

　　注 8：这需要假设——未来的动态曲线与 PCA 分析模型中的特征向量表示的当期动态曲线是相同的；在本章结束时，我们将检验这一假设的正确性。

　　注 9：同样，我们也可以使用同样的技术来分析且执行不相关的交易头寸，例如——参看无方向性陡度（这里用第二因子表示）；然而，在实践中大多数时候，我们主要关注的是如何防止全方位式定向效应及其对"相对价值"头寸的影响，换句话说，就是要创造一个阿尔法值[①]。

　　注 10：特征向量的形状总是可以用诸如"收益率曲线陡峭度"一类的因子形式给出经济意义上的解释，它可能不总是把每个因子与明显而具体的宏观经济变量（如"通货膨胀"）联系在一起，但是，事实上，后一种相关性对下面的回归模式而言将具有很大的启发性。

　　注 11：在表 3-1 中使用的时间周期以及因变量（包括标准普尔 500 指数、欧元和石油）并没有显示出一个重要的趋势性；当然，在其他时间序列当中，情况可能会有所不同。

　　注 12：此外，还有通货膨胀或 GDP 等经济变量（增长）也可以包括在内；但是，鉴于这些数据（例如季度）的频率较低，所以，它只在跨越数年的时间序列内具有统计学上的意义，它不能被应用在当前的例子之中（因为它的数据不到两年）。

---

① 译者注：α，截距项。

注 13：这些语言上的怪癖称谓是数学理念造成的，即我们要把因子分解成日间项。

注 14：事实上，其相对于因子 4 或更高值的因子而言是具有敞口风险的，但是，与因子 3 相比它们对整体收益率曲线变化（和蝶式交易的绩效）的影响较小；其中关键的一点是——我们要对冲所有的低阶因子，而且，这些因子值要低于那些需要风险敞口的因子值。

注 15：这个讨论相对于交易而言显然是局限在统计的范畴；当然，也有其他原因，比如基本面因素、行情预期以及对冲交易等。

注 16：实际上，PCA 分析方法最初在工程中应用的目的是找出产品系列的常见行为并检测其离群值，而这非常类似于我们在金融中的应用模式，其中，一般行为＝市场机制和异常值＝候选的交易契机。

注 17：当然，他也可以接受互换交易，或者购买期货，或者买入期货看涨期权等。我们将在以后的章节当中探讨不同种类交易工具项下的资产选择问题。

注 18：任何高阶因子（例如因子 7）相对于外部经济变量的相关性都有可能在高阶因子（例如因子 4-10）和相应残差构建的组合当中消失。

注 19：除了统计数据，其他因子也起到了重要作用——特别是在信息流和持仓 / 平仓的关注点之上。

注 20：此种情境会出现，例如所有备选的特定交易工具之因子 3 的敏感性都是零，因此，特定蝶式组合模式的表现与因子 3 无关，它是因子 4 的函数。

注 21：此图表是在网站上应用通用工具生成的，其估计了平均值。在当前情况下，基点的估计均值为 -3 的结果与实际均值略有出入——对于 PCA 模型之中的任意因子或残差的时间序列而言，其数值都为 0；如果实际的均值是已知的（就像在目前的情况下），那么，应用网站上的通用工具所估计的均值则可以被覆盖——届时，预期利润将提高 3 个基点。

注 22：因为这只是为了演示的需要，所以，我们在计算当中应用的是"广义相关"（GC）率。

注 23：想象一下，一笔潜在利润为 10 个基点、期限为 3 个月的交易——其反向持仓的盈亏也是 10 个基点。如果 OU 模型显示预期的持有期仅为两周（其间为反向持仓，例如，2 个点），那么，反向做单负可能是被接受的；如果 OU 过程显示，获利 10 个基点的概率是 90% 且持仓期限超过一个月，如此，构建相关头寸的信心[①] 可能会进一步地增强；或者，我们可以计算均值回归期限超过三个月的概率（即应用均值回归原理测算反向交易获利的概率）。

注 24：同样在 2010 年 10 月，因子 1 有很高的相关性，但这一次，相应方向性因子有利于那些依据陡峭的曲线情境所做的交易；因此，在 2010 年，相关的交易赚了钱，但其间错误的原因是：相应的仓位头寸不是因为因子 2 如愿以偿地对冲了因子 1，所谓"赚钱"只是因为我们幸运——相应的行情方向对我们有利。

注 25：例如从穆迪的转换矩阵可以看出，这句话适用于良好的信用模式，比如：西方政府债券在最近的危机开始的时候表现尚可；但是，随着信贷危机的出现，情况变得很坏，而且越来越糟，如此，信用风险会对短期债券产生更大的影响——第 15 章会展示更多的细节。

注 26：我们主要通过上述指南一步一步地筛选西方国家的债券市场的交易工具，进而生成相关的交易，其中也包括对宏观经济所做的必要时的分析（见表 3-1）；在触及止损点之前，一笔交易如果回归其均值，那么，

① 　译者注：置信度。

它就被视为"盈利"；由于追求的是一个分析目标，所以，我们忽略了在交易环境中产生的问题，如买卖价差和融资的费用。

注 27：这一策略首次在荷兰银行的刊物上（研究笔记）发表，日期为 2006 年 11 月 17 日，当时的题目是"利用 PCA 加权模式将因政权变换而生成的风险'摸平'"——这里提到的内容得到了苏格兰皇家银行的许可。

注 28：对于某些时间序列而言，回归的时间周期稍有不同。

注 29：尽管如此，在理想的情况下，我们希望看到更高的相关性。

第 II 部分

金融模型

第4章

收益率／久期／凸性的相关问题分析

本章概论

本书是为那些有一定经验的从事固定收益证券交易的分析师、交易员和投资组合经理人所著，所以，我们假设读者对收益率、久期以及凸性的概念有一定的了解。然而，我们确实遇到了一些问题，即在研究这些概念时，经常会发生一些混淆。所以，我们在本章当中提供了一些理念，进而帮助相关人士澄清一些潜在的误解。

附息债券之收益率的相关问题浅析

附息债券可以看作是一个由零息债券所构成的投资组合，其价格是这一系列零息债券价格之和。

然而，附息债券的收益通常无法以"成分零息债券"收益率的线性组合的形式来表示。尽管如此，许多投资者还是希望能够畅所欲言地探讨附息债券的收益率或回报率的问题。为此，附息债券的收益率通常被定义为，使现金流贴现得到的净现值等同于债券价格的贴现率。换句话说，就是收益率 y 的值需要满足下列公式：

$$P = \sum_{i=1}^{K} \frac{X_i}{\left(1 + \dfrac{y}{c}\right)^{cT_i}}$$

上式中 P 为债券价格；K 是现金流的数量，X_i 是现金流 i 的规模；c 为复利频率，T_i 为第 i 个现金流到期的时间步长。

我们将复利频率取极限值[1]，于是，可以得到下列的公式：

---

[1] 译者注：即 $c \to \infty$。

$$P = \sum_{i=1}^{K} X_i \mathrm{e}^{-yT_i}$$

在上述这一点，我们有必要提一下"零息债券收益率"这个概念所相关的几个问题，即

- 对于零息债券来说，收益率可以直接地理解成回报率；而对于附息债券这种理解就不那么直接。例如：将收益率理解成回报率暗含的假设是现金流可以按附息债券的收益率再投资至到期。但是为什么我们会假设票息可以按债券收益率进行再投资呢？假设债券票息以对应的远期利率进行再投资，这似乎更现实。例如，对于 10 年期的附息债券而言，假设第五年末支付的票息，可以在未来 5 年以当前的 5Y 利率再投资 5 年。这里值得注意的是：收益率不太可能是债券的回报率（即使债券被持有至到期日）。

- 一般来说，附息债券的收益率是不等于任何"成分零息债券"收益的加权平均数。

严格地说，附息债券的收益率显示的是价格和时间的非线性转换形式，据此，投资者可以更容易地比较各债券的相对价值。但是，为了便于投资，我们使用非线性的价格模型的做法是没有什么错误的；如果我们经常使用债券收益率的概念，那就会误导投资者，从而导致错误的交易以及不合理的推论。例如：现在考虑两种相同的附息债券，它们的到期日和发行者都相同，同时，我们假定某一只债券的票面利率大于另一只。如果这两个债券的定价与收益率曲线完全一致，那在这个意义上就不会有套利的机会。

如果收益率曲线是向上倾斜的，那么，票面利率高的债券的收益率会比其他债券的低；而如果收益率曲线是向下倾斜的，那么，票面利率高的债券的收益率就高于另一债券。在这种情况下，如果以两种债券之间未经调整的收益率之差作为指标来分析这两种债券的相对价值，那是不合适的。同样的问题也出现在第 10 章，使用插值的互换点差来评估两种债券相对价值的方法也是不合适的。然而，我们发现分析师和交易员进行此类比较的频率比我们想要的要高。

久期的相关问题浅析

1. 麦考利久期

1938 年，弗雷德里克·麦考利发表了一篇文章，其中讨论了现金流的加权平均到期时间。从那时起，几乎所有债券分析师和交易员都学习了麦考利久期。

这里要特别强调的是，附息债券麦考利久期 D_M 的标准公式为：

$$D_M = \sum_{i=1}^{K} T_i \frac{\dfrac{X_i}{\left(1 + \dfrac{y}{c}\right)^{cT_i}}}{P}$$

上式给出了附息债券各现金流到期的加权平均时间，这里的假设是，债券的现值是用附息债券的收益率对每一期现金流进行"贴现"而得到的。对于零息债券而言，麦考利久期就是该债券的剩余期限。

然而，我们没有理由以同样的收益率贴现每一期的现金流，除非成分零息债券的自身价格是未知的。而只要知道各个零息债券的价格，那我们就可以直接计算该债券的加权到期时间。

2. 费雪—韦尔久期

1971 年，哈佛大学的劳伦斯·费雪和罗曼·韦尔发表了一篇文章，他们讨论了另一种度量久期的方法，类似于麦考利久期，但每个现金流的价格都对应于实际的利率期限结构。换句话说，每个现金流的现值对应于构成附息债券的零息债券的实际价格。在这方面，费雪—韦尔久期更准确地反映相关债券的加权平均期限。

费雪—韦尔久期的标准公式如下——其形式类似于麦考利久期，但它以每一期现金流的收益率替代了整个债券现金流的收益率，即

$$D_{FW} = \sum_{i=1}^{K} T_i \frac{\dfrac{X_i}{\left(1 + \dfrac{y_i}{c}\right)^{cT_i}}}{P}$$

费雪—韦尔的久期概念为衡量附息债券的加权到期时间提供了一种更精确的方法，然而，麦考利久期的公式仍被更多地使用。根据经验，大家可能会认为麦考利久期更容易实践，因为它只需要一个单一的收益率。

在我们看来，计算费雪—韦尔久期所需的额外步骤是值得肯定的，我们建议使用费雪—韦尔久期来替代麦考利久期。

一种常见的关于凸性的误用模式

由于债券的价格是其收益率的凸函数，因此，收益率下降 25 个基点时的变化引起的价格变化会比收益率上升 25 个基点的更大。例如：一份德国国债的票面利率为 3.25%，且于 2032 年 7 月 4 日到期，其价格为 122.713 欧元，收益率为 2.197%。而如果收益率变为 1.947%，

那么，其价格将上涨 6.36 欧元；如果收益率变为 2.447%，其价格将下降 5.96 欧元。如果两种情况发生的概率相等，那么债券预期的回报率是为 +0.2%（非年化），尽管假定了收益率的分布区间是对称的。

不仅上述这个例子中有此情况，而且，在一般情况下，根据詹森不等式的原理：随机变量凸函数的期望值大于或等于"依据随机变量期望值所求解的函数值"。

詹森不等式的影响是随机变量波动率的增函数。例如：如果债券收益率增加或减少的概率是相等的，那么，如果增减变化不是 25 个基点而是 50 个基点，如此，预期回报率将是 +0.7%；如果潜在收益率的变化为 75 个基点，则预期回报率会变化为 +1.5%；如果潜在收益率变化是 100 个基点，则预期回报率为 +2.6%。

由于凸性的影响似乎是一个波动率的增函数，所以，许多分析师对相关的凸性效应与期权进行比较——因为期权工具当中也包含一种"凸性"回报结构。正如期权的公允价格随基础资产的波动性而增加一样，这种凸性效应的公允价值也应随债券收益率的波动性而增加。而又因为期权的公允价格会随着标的资产波动率的上升而增加，故而，凸性效应的公允价值会随着债券收益率的波动而增大。但是，我们很快就会看到，这个论点有一个问题，即在其他条件都相同的情况下，债券价格的凸性是收益率的函数，而且是相对于债券到期时间的增函数。也就是说，在其他条件不变的情况下，长期债券的凸性大于短期债券的凸性。

例如：一个 30 年期的零息债券，收益率为 2.25%，并且，其上升或下降 100 bp 的概率相同，那么，它的预期回报率为 +4.5%；如果同样的债券期限是 50 年，则预期回报率将是 12.8%；如果债券在 100 年后到期，则预期回报率将达到惊人的 54.3%。

为了说明上述观点，让我们考虑一个假设的情境，即相关债券对于到期日而言有一个均匀增长的时间序列，例如：如果债券的期限是 200 年，那么，范例当中的预期回报率是 276.2%；如果债券的期限是 500 年，则预期回报率是 7 320%。如果有千禧年债券这样的东西出现（即 1 000 年后到期的零息债券），其预期回报率会超过百分之一百万——用一百万美元投资于此债券，其预期价值会超过 220 亿美元。很明显，在这个例子中，某些地方存在着严重的问题。

在我们的例子中，两种收益率情境所对应的两个概率是保持不变的，而在债券期限增长的情况下，我们观察的是对预期收益的效应。现在，我们设定债券的预期回报率不变，然后，观察随着债券期限的延长而使收益率下降的概率情境：如果收益率上升 100 点（bp）或下降 100 点（bp）的概率都是 50%，那么，收益率为 2.25% 的 30 年期零息债券的预期回报率为 4.53%（非年化）。如果债券的期限为 50 年，则要使预期收益等于 4.53%，收益率下降的可能性就必须降至 42%（58% 的概率增加 100bp）。如果债券的期限是 50 年，继续持有的预期回报率等于 4.53%，而收益率下降的概率则不得不降至 42%（增长 100 个基点的概率为 58%）；而如果零息债券的到期期限是 75 年，那么，收益率下降的概率将降至 35%；对于 100 年的债券来说，收益率下降 100 个基点（bp）的概率只有 29%。现在，继续接近极限，200 年债券对应的概率是 12.5%；500 年期债券对应的概率是 0.007；我们假设的千禧债券所对应的概率只有 0.000 048 5。

上述这些范例模式是 20 世纪 90 年代由菲利普·迪布维格、乔纳森·英格索尔、斯蒂芬·罗斯提出的一个重要观点，他们据此得出结论：从极限值的角度出发，长期零息债券的收益率永远不会下降[1]。

当然，范例当中这些包含各种到期日的债券在现实世界中是根本不存在的。但是，通过极限的理论来考虑、论证传统的凸性问题，我们得出了一种对凸度的解释，这种解释比传统的解释更具经济意义。

对凸性问题的传统解释是，凸性将对称收益率分布转化为不对称回报分布这增加了高凸性债券的价值。而我们的解释是：凸性将对称回报分布转化为不对称收益率分布——在我们看来，这种解读更具经济意义。

这里需要注意的是：上述结果有助于解释收益率曲线的 PCA 模型当中第一特征向量的典型形状。长期利率的变动往往不如短期利率那么大，这意味着：短期利率对 PCA 模型的第一主元更加敏感。一旦我们意识到渐近利率永远不会降低，那么这个结果就很直观，因为永远不会降低的利率在大多数时间里也必然不会上升。

还要注意的是：这个凸性的回测结果与短期利率的均值回归情境是一致的。如果长期利率是（可能很复杂）隔夜利率的平均值，那么，简单的统计结果显示：短期利率的均值回归模式将使长期利率的波动性小于短期利率。如果取极限值，那么，服从均值回归的短期利率之均值则是短期利率随机过程的无条件均值。

注 1：Philip H. Dybvig, Jonathan E. Ingersoll, Jr., and Stephen A. Fall. *Journal of Business*, Vol. 69，No. 1，pp.1-25.

第5章

债券期货合约

期货定价和交割期权

债券远期和债券期货的关键区别是：相关期货合约存在着一套可用于交割的模式——我们称之为"交割篮子"。特别是对那些持有空方头寸的人而言，其可根据所持的债券期货合约（即卖空合约）选择不同的交割方式。因为可交割篮子中的债券有不同票息率和到期日，所以交易所引入了一个转换因子（Conversion Factor，CF）的概念，即当空头用特定债券进行交割时，用 CF 对个券进行调整，以决定期货的发票价格。为了使所有的可交割债券具有可比性，为每种可交割债券都定义了一个 CF，大致对应于在某一收益率水平（通常为6%）下可交割债券价格的百分之一，而这一收益率水平被称为债券期货合约的名义票息率。

关于 CF（转换因子）的技术要点：

- CF 相对于每一份独立的可交割的债券而言，是一个常数；

- 债券的 CF 值取决于期货合约的到期日，例如，如果债券合约可同时在 3 月和 6 月交割，那么，每个到期月都会有不同的 CF 值；

- 一般来说，如果债券收益率等于相关合约的名义票息率，那么，债券的 CF 值是相应期货合约于到期时价格的 1%；

- 期货合约的名义票息率是其在交易所首次上市之时确定的，就像 CF 一样，一旦定义了名义合约特定的到期月份，那么，名义票息率也不会改变；

- 然而，当上市一个新的期货合约时，尤其是当可交割篮子中的债券收益率与名义票息相去甚远时，交易所有时也可以切换到新的名义票息率；

- 名义息票率的变动会对交割期权和期货合约的价值产生实质的影响——我们会

在下面加以论述；

- 我们要注意期货合约文件中规定的 CF 的计算方法，因为相对于名义票息的收益率而言，它未必正好相当于债券价格的 1%。交易所公布的公式可供分析师使用，从而在相关合约上市之前预期相关的 CF 值；但是，分析师应该谨慎确认上市的每个合约的 CF 值，因为 CF 值在相关期货合约上市时是可确定的，并且与交易所发布的辅助分析的公式可能并无关系。

1. 期货的交割过程

期货交割之时，持有债券期货空方头寸的人可以选择交割可交割篮子中的任何一只债券，并将期货价格 F 乘以他选择的债券的 CF 的付款。因此，如果交割时的债券收益率等于债券期货合约的名义票息率，而且，按照既定收益率水平计算的 CF 值正好等于债券价格的 1%，那么，期货合约的交易价格应该在 100，同时，所有可交割债券的价格都应该等于空头在交割期货合约时所获得的回报。在这种情况下，空方对其如何选择交付债券的方式是漠不关心的。但是，一般来说，各个可交割债券在回报方面存在着差异。假设：卖空者于交割之时以交割价格 P 买入一份可交割的债券，并立即按照期货合约的价格 F 进行交割，那么，他的损益将是

$$F \times CF - P$$

如果篮子中有 n 个可交割债券，价格为 P_1, $\cdots$, P_n，转换因子值为 CF_1, $\cdots$, CF_n，那么，他可以按照以下的方式来比较买入 / 交割每一份债券的回报情境，即

债券 1：	$F \times CF_1 - P_1$
...	...
债券 n：	$F \times CF_n - P_n$

根据上表，回报率最好的可交割债券（即表中数值最大的债券）被称为最便宜的交割债券（cheapest-to-deliver，CTD）——空头通常会按此交付债券。如果交割时所有可交割债券的收益率等于该债券期货合约的名义票息率，而且，在此收益率下，每种债券的 CF 值都等于债券价格的 1%，那么，全部可交割债券都是 "CTD" 债券[1]。在较高的收益率水平下，只有篮子中那些基点值（BPV）最大的债券才是 CTD 债券；而在较低的收益率水平下，只有 "篮子" 当中 BPV 值最小的债券才有可能成为 CTD 债券——此种行为模式的原因则如图 5-1 所示。另外，当总体收益率水平处于高位时，BPV 值较大债券的折算价格（P/CF，现货转期货）一般要相对低于 BPV 值较小债券的折算价格。如果图 5-1 中的这两种债券是

唯二可交割的，那么，在给定的收益率水平上，折算价格较低的债券是 CTD 债券。因此，CTD 债券将按照名义票面利率（本例中为 6%）从较小 BPV 值的债券"变换至"较大 BPV 值的债券——而其间的变换点被称为"拐点"。

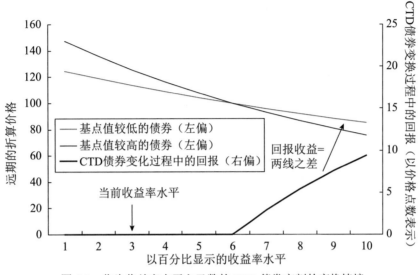

图 5-1　作为收益率水平之函数的 CTD 债券交割的变换情境

2.CTD 债券的转换模式与交割期权

因为债券空头有权选择他所交割的债券，所以，他可以从 CTD 的变化情境中获利——此项权利的货币价值被称为债券期货合约的交割期权（DO）价值。以上面的插图为例，假设我们现在处于交割的前 3 个月，收益率为 3%，在此收益率基础上，较小 BPV 值的债券是 CTD 债券，所以，我们可以按照"远期基差"买入债券并卖出相关的期货合约；而如果在交割时，此债券仍然是最合算的 CTD 债券，那我们可以交割并平仓且成本为零。然而，如果收益率的上升导致较大 BPV 值的债券变为 CTD 债券，那我们就可以卖出债券，买入新的 CTD 债券，并将这种较便宜的债券纳入期货合约的空方头寸之中。因此，CTD 债券的转换过程就等于从中盈利，应得的利润金额则是两种债券的远期折算价格之差（即图 5-1 中两条曲线的差值）。

为了防止在交割时的套利行为，期货合约的结算价格必须确保在债券市场买入 CTD 并进入期货空头交割不会产生任何利润和损失。因此，在交割时，公式 $F \times CF_{CTD} - P_{CTD} = 0$ 是成立的，其得到的是公平的期货价格 $\dfrac{P_{CTD}}{CF_{CTD}}$。同样，在交割前，公平期货价格是 CTD 债券远期折算价格的函数。但是，由于 CTD 债券是可以变换的，所以，我们需要针对交割期权 DO 进行调整，即新公平期货价格为：

$$\frac{F_{wd}P_{CTD}}{CF_{CTD}} - DO$$

3. 债券总基差和净基差

交割之时，套利资产间的相关性是可交割债券与期货之间基差交易的关键，而基差的公式如下：

$$总基差 = P - F \times CF$$
$$净基差 = F_{wd}P - F \times CF$$

这里要注意的是：CTD 债券的基差净值的公允价值等于交割期权均值 DO 乘以 CF_{CTD}。因此，如果没有 DO 值，特别是在交割日期，那么，CTD 净基差的公允价值为 0。而由于 DO 值永远不会为负，所以，任何净基差的公允价值总是要大于或等于零[2]。

从上述这些公式中，我们很明显地发现：DO 值是债券期货合约定价和交易的关键。由于期货合约的其他方面都可以在市场中进行对冲——例如：可交割债券远期价格直接就是债券本身和回购工具的函数（CF 是一个预定义的常数），因此，相关模型则习惯于计算期权 DO 的公允价值，进而确定期货合约的公允价值，同时判断基差交易是否具有吸引力。此外，对 DO 值理解得越多，应用期货合约进行对冲的效果就越好，并且由此确定的由前向后滚算的近月合约的时间就会变得更加合适。

假设市场 CTD 债券净基差的报价为 5 美分，并且此 CTD 债券的转换因子 CF 值是 1。如果经过模型评估，期权 DO 的公平收益的价格是 2 美分，那么，依据净基差卖出 CTD 债券的交易看起来是有吸引力的（即在远期市场卖出 CTD 债券，同时买入相关的期货合约）。如果另一个模型收益率显示出期权 DO 的公平价格是 10 美分，那么，依据净基差买入 CTD 债券的做法则是有利可图的。而前述的内容说明了：用于期权 DO 定价的模型之关键作用是——如何正确评估期货合约的公允价值，从而确保相应基差交易的盈利模式。

由于观察到的期货价格在某种意义反映了市场参与者所使用的平均定价模型，而更好的模型能够使我们剔除相关均值模型的缺陷。而市场上 CTD 债券的净基差则是其他市场参与者 DO 期权模型的函数，据此，我们可以将其与自己的 DO 期权模型的计算结果进行比较。如果我们有一个更好的 DO 期权模型，同时市场价格与其计算结果不符，那么，我们可以直接将模型优势转化为盈利型的交易策略，即构建 CTD 债券的净基差头寸。例如：如果市场参与者使用的 DO 模型给出了一个 DO 公允价值为 5 美分，而且 CTD 债券的 CF 值是 1，那么，CTD 债券的净基差值为 5 美分。如果一个更好的模型给了我们一个 DO 期权的公平价值为 10 美分，那么，我们就可以将模型的理论优势转换为交易利润，即在市场上依据基差净值买入被低估的 CTD 债券。

在此，我们将 DO 期权模型分为两种不同的形式：第一种是市场上常用的单因子 DO 期权模型；第二种是一种更优化的多因子 DO 期权模型——它是我们在荷兰银行工作期间开发的，该模型包含了上一段提到的套利模式，它主要是透过多因子模型的视角，由单因子模型进行计算，进而评估 DO 期权的市场价格（CTD 债券的净基差值 /CF 值）。

单因子交割期权（DO 期权）模型 [3]

图 5-1 可以作为一个简单的 DO 期权模型的基础。由于 CTD 债券转换的收益是收益率水平的函数，所以，DO 的价值可以通过期权定价模型估计。

- DO 期权的损益结构与看涨 / 看跌期权几乎是一样的 [4]。在图 5-1 的例子中，购买 CTD 债券的净基差类似于买入相关期货的看跌期权的一部分；而这里需要注意：原则上市场允许你相对于债券期货合约的期权而交易 CTD 债券的净基差。然而，在通常情况下，CTD 债券的变换情境比图 5-1 的更为复杂，而这使得相应的套利模式几乎不可行，这个问题我们会在下面加以论述；
- DO 期权的执行价格是由 CTD 债券变换过程中的拐点值决定的；注意：DO 期权是一个虚值期权（OTM），所以，CTD 债券需要因应 DO 期权而改变（即需要某些情境发生），进而获取相关的利润——而这意味着：DO 期权只有时间价值，且于交割之时，其价值相当于零；
- 市场公认的截止于交割日的收益率的波动率反映在市场报价系统当中的期权价格之内（即债券期货期权）。

有了上述这些信息，DO 期权的价格可以通过诸如布莱克—斯科尔斯之类的期权定价模型来计算，同时，使用图 5-1 中的损益结构以及于交割前市场预期的波动率（例如反映在债券期货期权报价系统当中），并将其作为输入项。从定性的角度来看，如果出现下列情境，DO 期权的数值会变得很大：

- CTD 债券的拐点值接近当期的收益率水平。如此，虚值期权的执行价格会接近当期的市场价格。在这种情况下，CTD 债券价格发生变化的情境不是那么迫切，而其在交割之前进行转换的可能性较大；

- 交割期还很远。在这种情况下，我们有相当长的时间等待 CTD 债券的变换情境，而其交割之前进行转换的可能性也很大；
- 波动率很高。在这种情况下，CTD 债券于交割之前转换的可能性同样很高；
- （转换之后）旧的 CTD 债券与新的 CTD 债券之间折算的基点 BPV 的差值很大。在这种情况下，一定数值的收益率水平的变化情境会在旧的 CTD 债券与新的 CTD 债券的变换过程中生成较高的利润；在图 5-1 中，转换后的债券 BPV 值之间的差值很大，其所对应的远期价格的折算曲线和 CTD 债券转换过程中的损益曲线之间斜率的差值很大，因此，在这种情况下，因 CTD 债券转换而生成的收益就变成了远期折算的 BPV 值的增函数。

上述列表的第一个特征是：在某一特定日期，对于一个给定的债券期货合约而言，当其价格处于 CTD 债券的拐点时，DO 期权的价值最大，换句话说，对公允的期货价格的影响是当期 CTD 债券收益率和相应拐点之间距离的递减函数——这个结果则如图 5-2 所示。

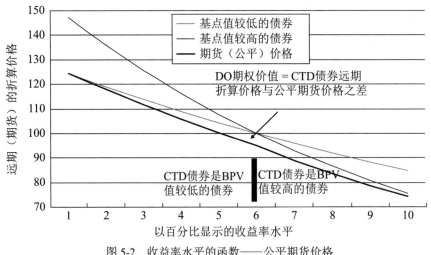

图 5-2　收益率水平的函数——公平期货价格

考虑到期货合约可以用来对冲债券的风险，所以，相关模型主要应用于计算正确的期货合约的 BPV 值。我们现在假设：期货合约的 BPV 值等于 CTD 债券折算的远期 BPV 值 $\left(\dfrac{F_{wd}BPV_{CTD}}{CF_{CTD}}\right)$。现在，我们可以忽略 DO 期权对期货价格的影响，同时确定一个可接受的近似值（特别是在 CTD 债券的收益率远离拐点之时）；另外，由于相关数值在拐点处的变化是不连续的，而这是在应用期货合约对冲债券风险过程中存在的一个主要问题，所以，我们有必要使用图 5-2 中"期货（公平价格）"曲线的斜率作为 BPV 值为期货合约确定对冲的方式，而这个数值被称为"期权调控的 BPV 值（以下简称 OABPV）"——它可以根据两个稍显不同的收益率曲线来计算公平的期货价值$\left(\text{即}\ \dfrac{F_{wd}P_{\text{CTD}}}{CF_{\text{CTD}}} = DO\right)$，如此，则将收益率的变化值对 DO 期权的影响因素考虑进来。

因为收益率水平绝对值的变化情境可能会对可交割的债券产生不同程度的影响，所以，我们需要对相应计算而生成的效应值加以调整，例如我们可以使用可交割债券收益率回归方程的贝塔值对应 CTD 债券的收益率水平，然后，计算 DO 期权的数值，相应过程如框图 5-1 所示。

框图 5-1　单因子交割期权（DO 期权）模型

- 为了确保 CTD 债券的收益率水平在交割时处于一个合理的范围，我们需要计算所有可交割债券工具的收益率水平（即使用回归方程当中的贝塔值进行测算）。
- 确定 CTD 债券变换的拐点以及因之而获得的回报。
- 将相应回报收益进行拆分，纳入看跌期权和看涨期权的组合当中，如图 5-1 所示。
- 针对每一份看跌期权和看涨期权，根据期货期权的行情走势，从中获取相关的隐含波动率；而为了解释倾斜度，我们可以在 CTD 债券变换之时，令期货期权的执行价格贴近相应收益率的水平（即从图 5-1 的看跌 / 看涨期权当中调用"执行价格"）；如此，每个看跌和看涨期权在定价时都有其各自的隐含波动率。
- 针对每一份看跌 / 看涨期权，计算其价值——我们可以将各自的隐含波动率和相应的"执行价格"输入布莱克—斯科尔斯期权定价模型当中。
- DO 期权价格是上一步当中所得到的各个期权价格之和。
- 或者，我们可以应用回报收益函数（见图 5-1）相对于 CTD 债券收益率的概率密度函数进行"数值积分"求解——这些数据可以从期货期权的市场之中获取；而当回报收益函数表现出显著的凸性时，这种选择是可取的；另外，如果从单一看跌和看涨期权的角度，而不是通过调整 CTD 债券收益率的概率密度的方法来解析行情的"偏态"问题，那么，情况会变得更加容易一些，但在行情存在较大偏离的状态之下，我们不建议使用这种替代方法。

引入多因子 DO 期权定价模型的必要性分析

通过相应的构造，我们看到：前面描述的 DO 模型是单因子的，它只能评估绝对收益率水平变化所带来的影响；但是，除整体收益率水平变化的因素之外，它不能考虑引起 CTD 债券变换的其他原因。因此，收益率绝对变化之外的原因所引起的 CTD 债券的转换情境则超出了单因子模型的范畴，进而有可能低估 DO 期权的价值。换句话说，相对于 DO 期权而言，单因子模型只评估整体收益率绝对的变化模式对其所带来的影响，而对源自其他原因的变化情境在概念上是无知的，例如：一个债券变成 CTD 的缘由仅仅是因为它的回购利率下降，对此，单因子模型就解释不了。

一般来说，DO 期权的价值源自各个可交割债券之间的价格差值的波动率，也因此确定了 CTD 债券变换的可能性及其带来的利润。因此，可交割债券的价格、各价格之间的差异则可以通过可交付债券收益率的模型以间接的方式而建模求得。

在上面讨论的单因子模型中，所有可交割债券收益率点差的变化是由每个债券不同的收益率彼此之间的贝塔值[1]所决定的。当我们主要的收益率因子增加时，贝塔系数较大的债券的收益率上升的幅度会比贝塔系数较小的要高。因此，尽管单因子模型能够生成不同收益率的点差值，但是，据此，整体收益率点差的变化模式则是由整体收益率增加或减少的情境所决定的。

但是，在探讨 PCA（主元分析／主成分分析）模型的章节当中，相应的测试结果表明：大约 95% 的收益率变化情境可归于单一因子（见图 3-4 和图 3-24），而收益率点差非常巨大的变化情境则不能归因于单一要素。事实上，即使收益率点差比例的变化模式归因于整体收益率水平的变化情境，那也要根据具体形势而定，即

- 如果市场收益率水平接近债券期货合约的名义票息率，那么，交易篮子当中的 CTD 债券在空头和多头之间转换的情境就会出现；同时，这些转换的情境通常是由整体收益率水平的变化而引起的，因此，单因子模型则可以捕获之——此类模式相应地出现在图 5-1 和图 5-2 中，其间阐述了单因子模型的观点。

如上所述，在交易"篮子"之内的 CTD 债券于空头和多头之间转换的过程当中，由于折算的 BPV 值的差异较大，所以，其会生成一个较大的 DO 期权价值；因此，当市场行情收益率水平接近债券期货合约的名义票息率时，应用单因子模型有望依据 DO 期权价值获

---

① 译者注：即 β，斜率 $\beta = \dfrac{\text{自变量与因变量的协方差}}{\text{自变量的方差}}$。

得最大的收益。单因子模型可以捕捉到 DO 价值中最重要的来源部分。

- 市场行情的收益率水平离债券期货合约的名义票息率越远，"篮子"当中那些 CTD 债券在多头和空头之间转换的可能性就越小；因此，由单因子模型计算的 DO 期权值就会减小并收敛于零；以图 5-1 的情境为例——在 3% 的收益率水平下，希望在几个月后于交割之时因整体收益率的变化而使 CTD 债券在变换过程中获取所需之 6% 收益的预期是不太可能实现的，所以，基于图 5-1 的模型，相关回报率的计算过程中可以忽略 DO 期权的价值。

因此，除整体收益率水平之外，相对重要的收益率点差的波动率则是 CTD 债券收益率与债券期货合约息票率之间距离的增函数。因此，当 CTD 债券的收益率与名义票息率差距较大时，单因子模型则倾向于低估 DO 期权的价值。

所以，当全球金融工具的收益率下跌且远低于名义息票率时，在 6% 收益率水平下良好运行的单因子模型则变得不那么有用了。因为大多数市场参与者没有调整他们的模型来反映影响 DO 期权价值的新的因素，所以，目前市场上报出的基差净值系统性地低估了 DO 期权的实际价值（往往是过低）。

为了进一步阐述相关问题，我们现在考虑一下低收益率情境下各个可交割债券之间收益率点差波动率的影响因素，并以日本国债期货（JGB）为例，而这种研究首先要确定的是，债券之间彼此是相关的，同时，交割期限从 7 年延长至 10.5 年，另外，收益率较低的日本债券中期限最短的债券总会被确定为 CTD 债券，期限较长的债券几乎没有机会成为 CTD，如图 5-1 所示。然而，通常有两个甚至三个债券同时具有最短的期限和最小的息差，而且，它们的 BPV 值几乎相同，那么，这两个或三个债券都很容易成为 CTD 债券，所以，CTD 债券可以在这两三个具有相同期限的债券之间转换。事实上，因为 CTD 债券的备选工具如此相似，所以，CTD 债券在它们之间切换是相当常见的。从单因子模型的角度来看，总体收益率水平的变化几乎以相同的方式影响了所有 CTD 形式的备选债券，同时，其给出的 BPV 和敏感度也几乎是相同的。因此，如前所述，即使 CTD 债券发生了转换情境，利润也可以忽略不计。也就是说，CTD 备选债券的相似性可能会使它们之间所进行的切换经常发生，而它们之间 BPV 折算价值的相似性则意味着：整体收益率水平的变化对相关债券之间的收益率点差波动率的影响是"边际性"的。因此，相对于"篮子"当中日本国债期货而言，应用单因子模型会使相应的收益率接近零。

在现实中，CTD 备选债券之间收益率点差的波动率是较大的，其中部分原因是：交割的情境自然会放大收益率点差的波动性。我们想象一下：很多投资者在账面上参照基差净值持有 CTD 债券的空方头寸，而如果 CTD 债券切换到另一个候选工具，最初那个可能会便宜一点，因为空头需要考虑交割的问题，还要考虑根据新的 CTD 债券为自己构建期货的多头，所以，为了对冲风险，他们需要卖出新的 CTD 债券、买回旧的 CTD 债券——而这种操作可以放大两个 CTD 备选债券之间最初很小的收益率点差，从而可能会引起更多投资者的关注，并使其平仓，进而生成一个强化的循环情境。这里需要注意：此种可交付债券之间潜在的较高的收益率点差之波动率的变化不是由整体收益率水平的变化所引起的。因此，在这种情况下，依据单因子模型，通过相关的操作，是不能为 DO 期权贡献匹配价值的——即使基差净值项下的多头可以生成高额的利润也与此无关[5]。

当收益率远低于名义票息率时，可交割债券之间收益率点差的波动率就不是整体收益率的波动率的函数，因为整体收益率水平只能解析 95% 的整体收益率之波动率的变化情境（依靠单因子模型捕获之），而不能解析另 5% 的收益率之波动率的变化模式（即不能由单因子模型获取）。因此，在当期收益率的水平上，5% 的整体收益率的波动情境需要被更高阶的因子解析（因子 2、因子 3、……）——这对可交割债券收益率之间的波动率而言是很重要的。因此，如果一个 DO 期权模型想要适用于任何收益率的变化情境，那它需要考虑更多的因子。所以，DO 期权的建模工程需要对收益率水平相较于名义息票率大幅下降的情境做出反应，即单因子模型变为多因子模型。

灵活的多因子 DO 期权（交割期权）模型[6]

因为事先不可能确定哪个因素会影响可交割债券之间收益率点差的波动率，所以，我们建议使用所有的因子。也就是说，我们将单因子模型替换成一个包含很多因子的模型，因子的选取由可交割的"篮子债券"的数量决定。而可交割债券之间收益率点差波动率相关的全部信息以及 DO 期权价值的评估方法可以通过变量的形式表示为一个可交割篮子当中 n 份债券的收益率 $y_1, \cdots, y_n$，其中：

- y_1：第一可交割债券的绝对收益率水平——被称呼为"第一"是随意的，例如——债券篮子中期限最短的那个可以被认为是第一债券；同时，CTD 债券也可以。
- $y_2 - y_1, \cdots, y_n - y_1 =$ 其他债券与第一债券之间收益率的点差值。

我们需要注意的是：上述这组变量只是为所有的收益率 $y_1, \cdots, y_n$ 以一种不同的方式建模而设定的——出现这种特殊显现形式的原因以后就会明白了。虽然我们可以根据收益率点差于交割时刻的波动情境做出合理的假设，但是，以 $y_1, \cdots, y_n$ 之间相关系数的形式来表示期货合约对各个可交割债券间相关性之影响的方法将会面临一个很大的且不必要的挑战。

我们可以输入所有变量之间的相关性（即包括两个方面——绝对收益率水平和收益率点差变量之间的相关性[7]；各自不同的收益率点差变量之间的相关性）。此外，我们假设所有变量都是正态分布的——注意：这是相关模型唯一的假设，我们则认为此种假设不是很强，或者说，没有特别的限制性。如果某个特定市场的行情表现有所不同，我们则可以按照下面的模拟情境进行相应的调整 [例如，我们可以用对数正态分布代替（差值）正态分布]，如此，我们现在就可以通过框图 5-2 中所示的步骤来获得 DO 期权的估计值。

框图 5-2 多因子 DO 期权模型

- 定义第一可交割债券之收益率的波动率；

- 为变量 $y_2 - y_1, \cdots, y_n - y_1$，定义收益率点差的波动率；

- 定义变量 $y_1, y_2 - y_1, \cdots, y_n - y_1$ 之间的相关系数——我们下面将讨论相应参数的输入方法；

- 应用正态分布的随机变量运行蒙特卡洛模拟系统，其中每一次输入数据的均值都为其标准差和相关系数按以上的定义设定，此程序模拟的是所有可交割债券截止到交割日期之时的收益率（或价差）的演变过程；

- 将每个模拟的结果转换成在交割时刻生成的收益率 $y_1, \cdots, y_n$ 的表格，同时，计算相应的折算价格，为了调整远期和现货价格之间的差价，我们需要应用蒙特卡洛模拟程序生成远期价格折算的现值与交割时期货折算价格均值之间的差值，并将其加入仿真的结果当中，这样，每份债券生成的于交割日期的模拟价格均值将等于各个债券的远期价格；

- 针对每一个应用均值调整的模拟测试的结果，确定 CTD 债券以及 CTD 债券转换的利润范围；

- 参考 CF（转换因子）值，根据所有模拟的 CTD 债券转换情境下生成的利润的均值计算 DO 期权的估计值；

- 用 CTD 债券情境的模拟次数除以全部的模拟次数，然后，计算每一份可交割债券于交割日变为 CTD 债券概率的估计值。

在上述这些计算结果的基础上，我们可以重复计算公允的期货价格以及以上涉及的相关数值，如此，则可以比较好地估计 DO 期权的价值，特别是：

- 计算公允期货价格，公式为：$\dfrac{F_{wd}P_{CTD}}{CF_{CTD}} - DO$

- 重复练习前月合约，以滚算方法求得算公允期货价格（日历价差）；

- 针对一系列收益率 y_i，将其作为起始点，然后重复蒙特卡洛模拟程序，从而计算出 OABPV 值（经期权调整的 BPV 值——参照第一份债券），进而反映第一债券收益率 y_1 增长 1 个基点的情境对所有可交割债券收益率的典型的影响程度；如此，OABPV 值就变成了公平期货价格与起始于收益率变化情境的模拟的期货公平价格之间的差额。根据需要，此计算考虑了不同收益率水平对 DO 期权价值的影响因子。

为了反映 y_1 增长 1 个基点的情境对所有可交割债券收益率典型的影响程度，我们需要采用一种方法来获取一系列收益率 y_i 的数值，即将相关的参数输入 PCA 模型当中的协方差矩阵之内，然后，应用因子 1 的敏感性显示预期的 y_1 增加 1 个基点的情境对其他可交割债券收益率的影响程度——这个可以应用第 3 章的"基于 PCA 方法的曲线重构技术"。

我们可以采用散点图展示结果，其中横纵坐标分别为输入蒙特卡洛模拟的变量，以及使用每个备选债券截止到交割日的收益率点差变量的波动率而得到的结果，将每次模拟得到的 CTD 作为散点在坐标系中绘制（例如，用"点"表示第一债券、用"叉"表示第二债券）。文中给出了这样一个图表的示例——详见图 5-3，其中提供了一个直观的场景，它使我们觉得：每个债券都有可能是 CTD 债券。

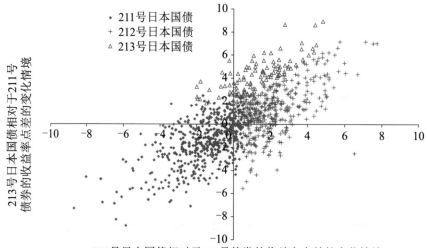

图 5-3　蒙特卡罗模拟系统生成的 CTD 债券于交割日的终极情境与 CTD 备选债券之间截止到交割日期的收益率点差变化模式的函数关系

资料来源：荷兰银行（复制许可由苏格兰银行颁发）

图 5-3 中的散点图的形状是由两个因素决定的，即两个收益率点差的波动率以及两个收益率点差之间的相关性。

每个债券成为最合算的 CTD 债券的概率对应于图 5-3 所示之散点符号出现的频率。此外，通过评估符号所在的位置，我们可以解析收益率点差的变化对 CTD 债券情境的影响路径；或者相反，收益率点差的变动情境将需要一个特定的债券变成 CTD 债券。

选择多因子 DO 期权模型的输入参数

在概述模型之后，我们现在讨论选择输入参数的方法，其中收益率的波动率是单因子模型唯一的参数，我们可令其等于债券期货期权隐含的波动率。而关于如何定义收益率点差波动率参数值的问题，我们会面临一个基本的情境，即收益率点差的历史波动率的数值是有限的。

除可交割的债券篮子之外，在通常情况下，"类似债券"之间的收益率点差波动率的变化并不显著。例如：为什么投资者偏好的 212 号日本国债（JGB212）（息票率 1.5%、到期日 2009 年 6 月 22 日）和 213 号日本国债（JGB213）（息票率 1.4%、到期日 2009 年 6 月 22 日）会发生突然的变化呢？事实上，这些非常近似的债券甚至不被视为单个债券，它们对同一问题的表述方式几乎完全相同。因此，在成为交割的期货合约时，这些可交割产品之间收益率点差的波动率通常都是很小的。

但是，当相关债券竞争成为 CTD 债券时，上述这种情况就改变了。因为 JGB 212 可能成为 CTD 债券，而 JGB 213 可能不是，那么，这两份债券在回购市场和基点交易当中所处的情境就会受到很大的影响。前面我们已经给出了一个范例模式，即 CTD 债券的转换情境可以影响两个可交割债券之间的收益率点差的波动路径，因此，从"可交割债券篮子"的角度来看，相关的各个债券在债券和回购市场上将恢复其各自独立的特征，而相应的结果就是：CTD 债券的变换情境是其他方面非常相似的债券之间收益率点差波动的一个主要原因（大多数时候是唯一的）。图 5-4 显示了收益率点差随着交割日期临近的波动方式，而 CTD 备选债券之间的差距则变得越来越大——平均而言，在交割之前，收益率点差波动率在年内增加了一倍以上，如此则反映出：与通常情况相比，这些债券对交割情境的影响非常大。在收敛的情况下，据此，相关收益率点差的波动率可以远远高于其平时显现的典型情境。

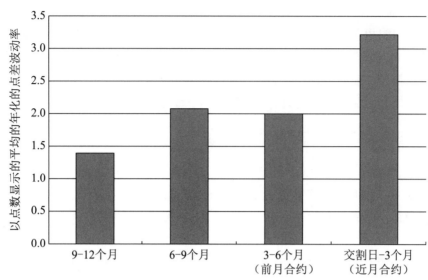

图 5-4　以日本国债期货合约为标的资产显示的 CTD 备选债券之间收益率点差波动率随交割日临近而增长的演进路径

资料来源：荷兰银行（复制许可可由苏格兰银行颁发）

　　通过多因子模型计算 DO 期权价值的方法需要在交割之前为收益率点差波动率输入一个参数（即事先预知特定交割情境对收益率点差波动率的实际影响程度）。此外，输入的参数对于生成 DO 期权的计算结果需要有非常重大的影响，而且，DO 期权的计算结果要几乎只依赖输入变量（在实际收益率水平和名义票息率差别较大的情况下）。实际上，在蒙特卡洛模拟程序中，作为收益率点差波动率的函数，计算得出的 DO 期权的估计值可以揭示一个近似的线性关系——相关的曲线会穿过坐标系的原点。

　　上述这个问题相关的可能的解决办法是：首先，在相关债券部分地成为可交割债券之前，我们要计算相应债券在可交割情境之下的收益率点差的历史波动率；其次，根据相关债券于交割时的平均增长情境而生成的各项因子，对收益率的波动率进行调整——如图 5.4 所示。而前述这个主要的，或平均的情境可以得到进一步的替代方案予以补充，举例来说：在 CTD 债券收敛的情况之下，我们可以反映预期的收益率点差波动率的增长情境。一般来说，我们可以针对一系列不同的被输入的参数，分几次来运行上述的 DO 期权模型，进而深入了解 DO 期权的价值以及于各种情况之下相关交易的预期绩效（如基差头寸的净值）——此种做法是明智的。

　　与收益率点差波动率不同，在多因子模型中，所有的相关系数于交割之时通常是稳定的，而且，在许多情况下，相关系数的参数值相对于生成的 DO 期权值而言不会产生显著的影响。

为了良好地运行 DO 期权模型，我们通常会使用观察到的相关系数的历史数据，并将其作为输入变量，这样的效果很好。不过，在特殊的交割情况下，相应情境对相关性参数的变化值可能会带来很大的影响，所以，我们建议在各种选择的相关场景之下对 DO 期权模型的计算结果进行检验，即正如上面所描述的——将收益率点差波动率作为参数替代项输入相关的程序之中。

上述这些努力的回报是：在大多数市场参与者坚持"单因子"模型的情况下，我们则具备了检测各种被低估的 DO 期权价值的能力。在图 5-3 的范例当中，我们介绍了日本国债期货合约，其中，于本章开头所介绍的单因子模型测算的 DO 期权的收益率小于 1 钱（1/100 日元），而多因子模型测算的 DO 期权的实际价值是 7 钱[8]。因此，通过发现并购买被低估的各类 DO 期权的方式，我们可以使相关的方法论得以完善。只要市场的大多数参与者继续使用单因子模型，那么，通过购买被低估的 DO 期权的方式（如为 CTD 债券多头构建基点净头寸）而获取的利润一定是源自 CTD 债券实际的转换情境。正如日本国债期货范例模式所显示的那样：在没有 CTD 债券转换的情况下，如果 DO 期权可以免费购买的话，那么，相应的降势就会受到限制。此外，随着多因子模型的应用范围不断地扩展，其会导致一个总体的趋势，即修正被低估的 DO 期权价格，进而增加整体基差的净值。

总之，一个针对 DO 期权价值较好的估计模式可以更好地估计期货合约的公允价值，同时，也提高了下列情境的质量，即

- 基差交易；
- 应用期货对冲现货债券（根据 OABPV 值确定比率）；
- 从期货的前月合约向近月合约滚算。

注 1：在这种情况下，不同的息票率将导致一些债券的价格高于其他债券的票面效应，甚至可能会出现套利重组的情境（通过剥离债券的方法）。

注 2：有时，一些特殊的情境（比如交割不能时的处罚）可能会使市场行情的观测数据出现负的基差净值。

注 3：据我们所知，该模型首次出现在盖伦·布尔加特、特里·布尔顿、莫顿·雷恩、约翰·帕帕斯撰写的《国债基差》一书当中——此书由麦克劳—希尔出版社于 1989 年出版。

注 4：由于凸性的影响，回报率与收益率水平的相关性并不完全是线性的。

注 5：这也是基差净值和期货期权之间的套利模式唯一可行的原因，即债券"篮子"当中的 CTD 债券在多方和空方之间转换的情境是生成基差净值的主要驱动力。

注 6：这种模式是我们作为荷兰银行（ABN Amro）的员工时开发出来的，其首次发表在 2002 年 2 月 21 日

荷兰银行（ABN Amro）的研究报告《剥离日本国债合约中的被忽略的交割期权》之上，并得到苏格兰皇家银行的许可在此转载。

注 7：单因子模型之中收益率的贝塔值可以通过多因子模型的协方差矩阵来显示。

注 8：使用与单因子模型相同的收益率波动率、收益率点差的历史波动率以及相关系数，同时，以图 5-4 中的相关因子调整相应的收益率点差的波动率。

第6章

伦敦同业拆借利率（LIBOR）/隔夜指数互换利率（OIS）/回购利率（Repo Rates）

本章概论

考虑到随着 2007 年金融危机的暴发，世界上许多地区货币市场受到严重的冲击，LIBOR 利率、OIS 利率和 Repo 回购利率在其各自的领域都获得了相当大的关注。但对于相对价值分析师来说，关注它们的意义在于：这些工具是构建政府债券收益率、LIBOR 互换利率和 OIS 互换利率之期限结构的基石。如果要解析政府债券收益率和互换利率之间的相对估值问题，那我们需要了解其于货币市场中各自板块内的相对估值情境。

由于本书假定读者熟悉上述这些利率工具，所以，这里只提供一些关于这些利率的简要定义，而我们的侧重点在于解析这些利率之间的差异以及这些差值对相关的相对价值模型的影响度。

相关定义

1. 回购（Repo）

回购协议，其最基本的形式是一种担保贷款，即甲方将一定期限的款项贷给乙方，在此期间，乙方向甲方提供担保物，同时，向甲方支付约定的、按回购利率计算的贷款利息。

2.LIBOR

相比之下，无抵押的银行间贷款是没有担保的，如此，伦敦同业拆借利率（LIBOR）反映的是活跃于市场上的各类银行的信用风险。对大多数货币来说，LIBOR 利率是由英国银行家协会（BBA）应用切尾均值法来计算各银行认为自己在银行间市场能够借到款项的利率；而对于欧元同业拆借利率 EURIBOR 而言，其定价过程是由欧洲银行业联合会（EBF）决定的。

3.OIS

隔夜指数掉期（OIS）是一种衍生证券，即甲方同意以固定利率支付给乙方——用以交换开始日期到结束日期之间的名义金额项下的日间利息，而用于计算日间利息的利率就是隔夜指数率。

例如，欧元隔夜指数均值（EONIA）适用于欧元区的货币利率，它是以成交量加权平均的方法来计算实际的隔夜利息，银行之间的无担保贷款被要求向欧洲中央银行（ECB）报告此类相关的交易。另外，英镑隔夜指数均值（SONIA）和联邦基金的利率也是以类似的方式确定的。

OIS 掉期可以有多种期限，短至几天，长达 30 年。

LIBOR 和 OIS 利率之间的差异

尽管 LIBOR 利率和 OIS 利率在它们所适用的无担保贷款交易之间有相似之处，但是，二者是有许多区别的，而我们在这里是从相对价值的角度来关注其间的差异性的。

1. 短期利率预期值的影响

对未来短期利率的预期主要反映在 LIBOR 利率之中，而此种对未来短期利率的预期并不包括在 OIS 利率中 [1]。在一个较长的时间周期之内，短期利率升 / 降情境所对应的时间间隔是相等的，而这种效应不应被解释为——OIS 利率和 LIBOR 之间于较长的时间周期内持续的差异，或者是较长期的 LIBOR 利率和 OIS 互换利率之间持续性的差异。

2. 利率复利的影响

另一个区别是：OIS 利率必须转换成复利的形式才能和较长期限的 LIBOR 利率进行比较，例如：如果 OIS 利率每天都是 5%，那么，一年之中，6 个月（6M）的伦敦同业拆借利率（LIBOR）将比 OIS 利率高出 4～5 个基点——这个情境反映了二者之间复利频率的不同。

3. 复利凸性的影响

另一个不同的概念和以下的事实相关，即任意频率的复利情境以凸性的形式将利率波动与相关隔夜存款预期增长率联系在一起。例如，我们考虑两个场景，即 OIS 预期利率为 5%，而这是一个不确定的情境，其中：一种情况是围绕于利率的波动率较高；而另一种情境是 OIS 利率的波动率较低。而在每一种情况下，投资者的做法都是一样的，即存入初始资金，然后，每天按现行的 OIS 利率再投资，投资期限为 6 个月。

在波动率较高的情境中，这种存款预期的最终价值要高于波动率较低情境下的数值，而这仅仅是因为复利过程中所固有的凸性。在所有因素都相等的情况下，高波动率的情境当中的长期利率应该低于其在低波动率情境之中的数值。不管怎么说，因为这个原因，不管波动率如何，长期利率在概念上存在一种下行倾向。从理论上讲，这种凸性效应可能会使 LIBOR 利率相对于 OIS 利率而下降；然而，对于我们在这里考虑的 LIBOR 利率而言，这种影响的程度是非常小的（甚至小于一个基点），这种影响将不会在本书中被进一步地讨论。

4. 风险与期限溢价效应

当然，风险溢价和期限溢价经常被用来解析隔夜利率与期限较长的 LIBOR 利率之间的差异情境，而这些术语经常被市场分析人士用以"包罗一切"，其义是指：投资者可能要求对各种风险进行额外（回报或收益）的补偿。

在本书中，这些术语留作学术用途。具体来说，这里的溢价补偿指的是：投资者在应对可接受的系统性风险（如信贷风险）时所要求的预期回报——其数值源自投资者的边际效应与资产回报率之间的协方差。

尽管一个真正全面的分析应该包括各种类型的风险和期限溢价，但是，本书将不会对其进行明确的考量。这里有两个原因：首先，这些溢价是不能预期观察到的，同时，综合处理这些溢价情境的方法超出了本书的范围。

其次，在某些情况下，本书主要论述期限 50 年的三条收益率曲线而生成的利率之间的系统性的差异情境。所以，这些风险和期限溢价不太可能（虽然不是不可想象的）解释这些收益率曲线的孤立部分和较长期限之间利差的异常变化情境。

5. 违约风险效应

违约风险或许是形成 LIBOR 利率和 OIS 利率之间系统性差异的最重要原因。OIS 利率是银行间隔夜拆借利率，所有这些利率在交易开始当天都是正常运行的，而银行的业务经营在一夜之间从正常过渡到破产的概率是相当有限的。相比之下，银行的经营在诸如普通 LIBOR 利率的期限（比如 6 个月）之内从正常过渡到破产的概率要更大一些。

例如：如果 6 个月 LIBOR 利率和 6 个月无风险利率之间的利差为 60 个基点，如此，可据此推算银行于 6 个月的周期内的违约风险。在违约回收率为 8% 的保守假设下，此笔业务于 6 个月内违约概率约为 0.74%（如果还款率假设为零，那么，隐含违约概率为 0.15%）。我们假设：1- 天的违约概率在期限内的每一天之内都是一样的，那么，相对于 1- 天的违约概率而言，6 个月的违约概率仅为 0.000 041。因此，相对于任何实际的目的而言，EONIA（欧元隔夜指数均值）利率可以被认为是无风险的利率 [2]。

由于上述这个概念特别重要，所以，我们将重申"刷新"信用的重要性。如果一个投资者按照 6 个月银行间存款利率向外贷款，那么，他要关注的是自己的存款存放于借款银行 6 个月内的某个时间节点的违约概率，而其存款利率则反映了这种违约风险。作为另一种选择，他可以参照一个月的存款利率，之后，将初始存款循环五次，那么，他就可以降低存款的违约风险，比如：一个机构的信用于三个月后会恶化，那么，在后一种时间周期滚动的情况下，相关存款可以避免所谓的"违约风险"，而第一种投资者会遭遇信用恶化的影响。

换句话说，在相关的"面板数据"之中 6 个月的 LIBOR 利率反映了相应金融机构于 6 个月内的违约风险。但是，通过引入较短期的 LIBOR 利率交易，我们会在某种程度上限制违约的概率，同时，不良信贷被剔除在 LIBOR 利率数据面板之外的做法也会"刷新"随后的 LIBOR 定价模式。所以，相对于 6 月期的 LIBOR 利率交易而言，连续处理两个 3 月期的 LIBOR 利率的方式会使交易者的风险敞口变得更小。所以，一系列隔夜指数互换交易将大大降低交易者所面对的信用风险，其中，交易员于相关序列之中所面临的隔夜利率的风险敞口只相当于 1 天的信用风险值。

这里所探讨的问题是很重要的。所有条件相同的情况下，银行业的信用条件状况会不断恶化，LIBOR 相对于 OIS 利率而言会有所上升。当然，这也是在实践中观察到的情境。

回购利率相关的更为详细之问题解析

与 LIBOR 利率和 OIS 利率不同，回购利率适用于以抵押品为担保的贷款。而担保物则增强了贷款的安全性，不过，此种利率引入了一些附加的问题，而这些问题也是相对价值分析人士应该知道的。

1. 回购利率的再定价过程

一旦回购资金和回购抵押品进行了初始交换，那么，在回购协议结束之前，抵押品的价值很可能会发生变化。如果抵押品的价值增加，那么，贷款人将持有更多的抵押品来担保相关的贷款，同时，他会被要求退还剩余抵押品所相关的款项；而如果抵押品的价值减少，那么，贷款人持有的抵押物就会减少，而且，低于贷款所要求的担保额，如此，借款人将被要求提供额外的抵押品——这个过程被称为"重新定价"，其一般出现在回购交易的整个交易期限内，而相应条款是在回购交易初始制定的[3]。

"重新定价"是分析人士计算收益和现金流时经常忽视的问题，例如：假设一位交易员通过定期回购交易以"融资"的方式购买债券并做空债券期货，从而对冲现货的多方头寸。而在债券价格下跌时，回购的对手方可能会要求更多的抵押品，与此同时，期货合约的价格也有可能降低，从而导致现金正向流入期货保证金账户，同时，期货保证金账户中的现金可以被直接提供给贷方以满足追加抵押品的要求，或者，也可以用来购买额外的债券以作为额外的抵押品。不管怎样，额外的交易可能至少会对交易员的利息收益或付款产生一些影响。

许多较大的金融机构都有担保品管理部门，负责整合提供担保品的运作过程，其中也包括重新定价，如此，使债券交易员不必担心这些因素。然而，不是每个交易员都是这样的，甚至那些受益于抵押品管理中心操作流程的交易员也不例外，所以，我们应该了解相应的融资机制对相关头寸的影响。

2. 回购交易的特殊情境

对于回购贷款而言，货币平台（简称货币台）通常要接受大量债券作为抵押品，其间对任何特定的债券都没有什么真正的偏好。我们将此类债券称为"一般担保品"（GC）。然而，在一些情况下，货币台或市场一般会对特定的债券存在着偏好。

例如，考虑到这样一个场景，假设一个交易员从货币台借入了特定的债券，这样他就可以做空此类债券。如此，货币台需要在市场上获得这种债券，在预定日期前向先前提交债券作为担保的交易对手方归还"原物"。

对货币台来说，找到上述那只债券并说服另一个客户提供该债券作为抵押品的流程可能是件简单的事情。但情况不会总是这样，如果货币台发现很难获得此类债券，那它可以为任何一个能够提供该债券作为抵押品的借款人提供低利率贷款。在这种情况下，我们则称该债券成为"特别抵押品"，同样，我们也可以说这个债券"变得特别了"。

一种债券向其所有者提供的借贷优势则会使其价格超过那些在回购市场作为"一般担保品"的普通债券的价格。对于交易员来说，其结果是：这两类债券之间的相关性是无关紧要的，在回购市场上的特殊债券需要以高于 GC 债券的现货价格进行交易，这个差额恰好抵消了特殊债券在回购市场上的优势。

有些债券比其他债券更有可能经历一段时期"特殊"情境，例如：期货合约的可交割债券的债券就比其他债券更"特别"。即使当前债券还不是期货交割债券篮子的一部分，但是，如果某个债券被预期将成为合格的"交割"债券，或者，可能经历一段特殊的时期之后，其可能在现货市场上具有额外的价值，那么，从这个意义上说，此类债券的回购特殊性则呈现不对称状态，其与看涨期权有一些相似之处。

从这个意义上说，拥有一份特别的债券有点像赢得了彩票。而相关债券在现货市场所获取的溢价与它在整个时间周期中可能享有的任何特殊性情境的概率以及程度相关[4]。

3. 回购"违约"

在上面例子中，回购交易商借出特别的债券给那些希望卖空的交易员。在此业务中，交易者贷入资金，回购交易商将债券作为抵押品出借给这个交易者，而此交易员则可以在现货市场卖出这个债券。

在上述这个例子中，回购交易商之所以能够提供债券是因为他在之前另一笔交易当中已经将债券作为抵押品收入囊中。在某一时刻，交易商需要将相关债券还给原来的交易对手方。

当然，还有一种可能性是：交易商可以从卖空者那里获得债券，然后，制订计划，将其还给最初的交易对手。但事实未必如此，例如：在回购期限内，回购交易商可能已经与卖空者订立了一个日期，并计划将抵押品于此时归还给原来的交易对手方，但是，债券的卖方违约了——在这种情况下，回购交易商将不得不从其他地方寻找债券，而所提供的债券可能来自另一个客户投资组合之中的债券或者来自场外，"比如：交易商间的经纪人"。如果回购交易商找不到该债券，他可以通过降低债券的回购利率来刺激市场；如果有相当大的困难，那他可能不得不大幅降低回购利率。

但在某些情况下，尽管他尽了最大的努力，这些经销商可能还是找不到需要及时归还原交易对手方的债券，在这种情况下，经销商可以说是："对原交易对手方回购违约。"

回购违约通常会带来惩罚，从而起到警示作用。而这些惩罚会随着时间的推移和不同的市场而有所不同。在某些市场（如日本），如果相关交易出现违约的状况，那么，此类货币台会在市场被暂时停盘；而在另一些市场，回购违约的惩罚会使借款人持有的基金利率归零，直到抵押物被收回——当然，这种惩罚在利率高的时候比低的时候更有效。

4. 抵押减记

由于政府债券价格的波动性较大，回购交易往往要求借款方所提供的担保债券的市场价值要高于相应现金的价值。现金价值与担保债券价值之间的差额被称为抵押品的"减记"。

如果回购交易对手方能够按照回购利率对减记费用融资，那么，基于此，在考虑估值曲线时，减记的问题应该是无关紧要的。然而，如果回购交易对手不得不以高于回购利率的成本融资时，相关"减记"的数额可能会对债券的相对定价曲线的形态产生一些影响。

作为一个范例模式，我们考虑应用回购减记的方式向欧洲央行（ECB）提交抵押品，如表 6-1 所示。

表 6-1 欧洲央行"第 1 类"抵押品的减记计划（按面值的 %）

剩余期限（年）	固定息票率	零息票率
0～1	0.5	0.5
1～3	1.5	1.5
3～5	2.5	3
5～7	3	3.5
7～10	4	4.5
>10	5.5	8.5

资料来源：欧洲央行

我们看一下上述减记计划对政府债券估值的影响，收益率溢价的期限结构，如图 6-1 所示：每条曲线都显示了零息债券收益率额外的溢价基点，而这是零息票债券所要求的收益率——用以抵消表 6-1 中所示的减记方式的影响，其中假设了相应融资所需的各种增量成本[5]。

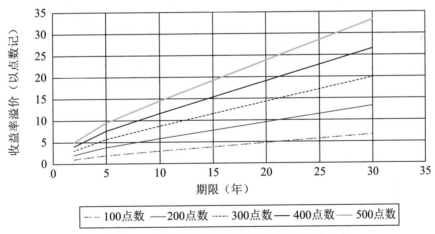

图 6-1 欧洲央行减记融资而生成的收益率溢价

例如：相对于一个 30 年期的债券而言，减记融资的成本要比债券有效期内欧洲央行的回购利率高出 500 个基点，如此，相应的收益率将增加 33 个基点。

上述影响会根据债券期限和增量融资溢价的函数形式而减小，例如：相对于 10 年期零息债券而言，其减记融资利率比欧洲央行的回购利率高出 200 个基点，而收益率溢价则是 5.8

个基点——这个值似乎不大，但通常，5.8 个基点在对政府债券进行相对价值分析时很重要，而且，减记的影响不应被忽视。

在某些情况下，减记的影响甚至更大，我们以被伦敦结算所（LCH Clearnet）作为抵押品的西班牙政府债券为例，其减记计划表如表 6-2 所示[6]。

表 6-2　伦敦结算所显示的西班牙政府抵押债券的减记计划（按面值的 %）

剩余期限	减记利率（%）
0～1 月	0.70
1～3 月	1.25
3～9 月	2.25
9～15 月	3.30
15 月～2 年	4.40
2～3.25 年	6.40
3.25～4.75 年	7.00
4.75～7 年	9.50
7～10 年	12.20
10～15 年	18.35
15～30 年	20.00

资料来源：伦敦结算所

在上述这个例子中，10 年期西班牙国债的减记融资利率比欧洲央行回购利率高出 200 个基点，其收益率溢价为 16.6 个基点；而另一种 30 年期债券，其减记融资利率高出欧洲央行回购利率高出 500 个基点，那么收益率溢价将为 79 个基点。显然，这些债券的回购减记有时会对政府债券的相对估值产生重大影响，而应用相对价值理念的分析人士应该意识到这个问题。

5. 抵押置换权

在某些情况下，借现金并提供担保的一方在取得回购贷款期间是可以保留以新的抵押品替换现有抵押品之权利的。在这种情况下，我们则称"借款人有置换权"。

置换权可视作一种"期权"，其在回购交易期间对那些以债券抵押作为特定抵押品的现金借款人来说是有利的。和大多数的期权一样：其事前价值取决于相关债券变为"特殊债券"的可信度。

由于上述这项权利有利于资金的借方，所以，该权利的所有者需要向资金的贷方支付高于回购利率的利息。

许多分析师在计算时忽略了这种置换权，我们承认，这个问题在很多情况下可能看起来有点深奥。但有时，应用相对价值理念聪明地处理这个问题则可以得到额外的收获，我们建议：投资者应该在计算回购利率的时候意识到这个问题。

6. 信用：交易对手方与抵押品组合

回购交易的一个关键特征是：它们所依赖的信贷来源不止一个。例如在回购交易中，对于贷方而言，如果其资金不能被偿付，那么，他会要求同期违约的借款人急剧降低相关抵押品的价值。

我们以一家美国银行提交的德国国债为例：他们以此国债为担保品从日本银行获得欧元贷款；而如果美国银行无法在回购交易结束时向日本银行偿还欧元贷款，那么，日本银行会要求美国央行交付作为抵押品的德国国债；如此，日本银行面临的风险是，德国国债的价格暴跌，同时，这家美国银行宣告破产。

虽然上述情况不是不可能的，但是，人们通常认为这种可能性很小。大多数资金台在一定程度上是可以管理这种风险的，其间主要是审慎地使交易对手的抵押品之种类变得多样化。

例如：近年来，鉴于西班牙的主权和金融部门两者之间明显的关联情境，许多国际银行在贷款给西班牙银行换取西班牙政府债券的问题上保持谨慎的态度；相反，西班牙银行已经将西班牙政府债券作为抵押品交付欧洲央行以换取欧元现金的贷款。如果西班牙银行需要其他货币形式的贷款，那它可以将欧元现金贷款作为担保以换取其他货币（比如通过短期货币互换或者长期交叉货币的基差互换等形式来换取美元）。

7. 三方或托管式回购交易

在双边回购交易中，通常，接受抵押品的一方能够以多种方式利用抵押品。例如，在上面的例子中，回购交易商将其持有的债券作为抵押品借给交易员，这样交易员就可以卖空债券。

接下来，我们看到回购商自己可能会陷入债券短缺，无法向原交易对手方归还债券，从而导致回购交易的"违约"。

那么，让我们假设这个回购商在偿还抵押品给最初的交易对手方之前就破产了，在这种情况下，原交易对手方可能要花费相当多的时间、精力和金钱来寻找损失债券的替代品。关于这一点，许多回购交易对手方认为其风险小而可控，但是，回购市场的一些参与者对此表示担忧。

减轻上述这种风险的一种方法是使用托管银行来持有抵押品，在这种情况下，托管银行是交易的第三方，如此，这种方式被称为第三方回购交易。

大多数相对价值分析人士往往不太关注三方回购交易，但有时，对三方与双边回购的考量是有用的。例如：对双边回购交易的减记折价问题的讨论要比三方交易工具广泛得多；像我们看到的那样：回购融资中应用的任何减记的规模通常会影响持有头寸的全部成本，也就是说，减记交易通常必须以较高的资金成本进行融资。

有担保贷款和无担保贷款的资本处理方式

在大多数监管辖区内，银行相对于无担保贷款所面临的资本金的要求与有担保贷款不同。这些要求典型地符合了《巴塞尔协议》的指令，自 1998 年《巴塞尔资本协议》签订以来，其一直处在发展完善之中，巴塞尔委员会现在制定了一套修改后的协议，统称为《巴塞尔协议Ⅲ》。

《巴塞尔协议Ⅲ》的一些具体要求尚未出台，事实上，英格兰银行的金融稳定局局长安德鲁·霍尔丹最近建议废除《巴塞尔协议Ⅲ》改用更简单的机制。

鉴于《巴塞尔协议 Ⅲ》正在经历的变化，我们将讨论在应对有担保和无担保贷款时资本处理的一贯做法。即使具体的计算方法会随着时间而改变，但这里概述的原则在任何制度下都能适用。

一般来说，在巴塞尔规则下，银行之间的无担保贷款具有风险权重。而精确的风险权重取决于多种因素，但是，大多数情况下，其通常涉及的最小风险权重是 20%。例如：一项资产的风险权重为 20%，而对于一个拥有 8% 的核心资本的银行来说，其资本要求是 1.6%，在这种情况下，1.6% 的银行间贷款需要以贷款银行的股份（或其他核心成本）作为成本进行融资。

在大多数情况下，国际清算银行（BIS）针对有担保的回购交易所设置的风险权重较小。事实上，对于以优质政府债券为抵押的回购协议来说，国际清算银行在许多辖区将相关的风险权重设置为零。因此，相对于一个固定的违约概率而言，较高的权益资产的成本会导致 LIBOR 利率与回购利率之间的利差增大。

一个连接 LIBOR 和回购利率的模型

前面这些一般性概念可以用代数的方法表示，从而得到简单的方程式，这些可以为 LIBOR—回购利率间的利差建模[7]。

假设一家银行想要在一个时期内发放贷款，如果贷款是通过回购抵押品担保，那么，在税前，期末的回报为 $[1 + R]$，其中 R 为贷款期间的回购利率。假设贷款是用优质的政府债券为抵押品，那么，银行可以利用低成本的资金来源（如银行零售存款）提供贷款。如果这资产成本由 b 给出，那么，贷款成本为 $[1 + b]$——此笔信贷业务的利润是 $[1 + R]$ - $[1 + b]$。

如果银行转而提供无担保的银行间的贷款资金，那它就必须为权益资产 g 付出较高的成本 dq 为该笔贷款融资，其中，q 是国际清算银行设置的银行间贷款的风险权重，d 是国际清算银行规定的 100% 风险权重之下所需的资本充足率（通常为 8%）。如此，资产成本的表达式为

$$(1-qd)[1+b]+qd[1+g]$$

如果违约概率为 p，贷款回收的百分比率是 c（终端负债回收的百分比率，而不是当前市场价值），那么，银行间贷款 L 的预期收益率为：

$$pc[1 + L] +(1-p)[1 + L]$$

如此，期望利润为：

$$pc[1 + L] +(1-p)[1 + L]-(1-qd)[1 + b]-qd[1 + g]$$

假设违约概率为风险中性的违约概率（即它已经包含了一些与协方差相关的风险溢价的影响），那么，有担保的和无担保的回购交易的预期利润的表达式则可以将 LIBOR 和回购利率联系在一起，特别是：

$$[1+R]-(1+b) = pc[1+L]+(1-p)[1+L]-(1-qd)[1+b]-qd[1+g]$$

如果以 LIBOR 求解的话，则：

$$L =\frac{R}{1- p(1-c)} +\frac{p(1-c)}{1- p(1-c)} +\frac{qd(g-b)}{1- p(1-c)}$$

上述第一个方程右端第一项显示的是：作为对违约支付利息的保险金额。在利息递减的情境下，即 $R = 0$，如此，则没有利息支付，而这一项等于零。在这种情况下，相对于违约事件而言，相应的回收率为 100%（同样，以百分比表示的最终价值，而不是票面价值）；如果第一项的分母等于 1，那么，在这种情况下，这一项对 LIBOR 利率—回购利率的利差变化没有影响；如果 $p = 0$，则没有违约概率，那么，这个表达式的分母同样是 1，如此，第一项对利差没有影响。我们还要注意：只要存在违约的概率（即 $p > 0$），那么，回收率 c 就小于 100%，第一项的分母小于 1，所以，LIBOR 增长的速率就比回购利率的快。其结果是：LIBOR 利率—回购利率（Repo）的利差一般应该是相关利率的递增函数（其他所有项都相等）。

方程右边的第二项是为贷款本金保险的金额。这里需要注意：如果回收率的值为 100%

（$c = 1$），或者，如果违约概率为零（$p = 0$），那么，此项为零。表达式右边的第三项，也是最后一项，其反映的是需要收取的额外金额用以补偿权益资产成本较高的那一部分，其主要针对的是无担保贷款——因为此类业务需要按核心资本的比率提供资金，从而满足银行资本监管的要求。如果权益资产 g 的成本恰好等于借款资金 b 的边际成本，那么，这一项是零。同样，如果监管设置的无担保贷款的风险权重为零（$g = 0$），或者，如果资本充足率为零（$d = 0$），那么，这一项也是零。

上述这个方程有助于考虑 LIBOR 利率和回购利率之间的利差。事实上，我们过去就用过它为 LIBOR 利率—回购利率的利差建立公允的价值模型。我们会在第 8 章 "互换点差的理论决定因素" 之中看到：该模型也可以为互换点差的公允价值模型的基础。

结论

总而言之，在考虑了回购利率、LIBORs 和 OIS 利率之后，我们得出了一些一般性结论，即

- 普通抵押（GC）的回购率应该低于相同期限的 LIBOR 利率；
- 隔夜 GC 回购利率应该略低于 OIS 利率；
- 在均值上来看 OIS 利率一般应该低于 LIBOR 利率——虽然，长期来看，情况不一定总是这样；
- LIBORs 和回购利率之间的利差应该是：
  - 利率水平的递增函数；
  - 核心资产成本的递增函数；
  - 资本充足率的递增函数。

从实证的角度出发，上述这些结论与之前 2007 年第三季度金融危机爆发前观察到的货币市场的数据趋于一致。但是，随着危机的恶化，银行业的资金状况明显地恶化，从这一点上讲，在货币市场寻求套利机会的资金越来越少。

因此，近年来，我们看到了一些违反定价机制的行为，例如：欧元区货币市场对德国市场的 GC 回购利率已经比相同期限的欧元隔夜指数均值（EONIA rate）低了很多。

近来，由于银行的资金状况一直在随着时间的进程而不断地改善，因此，我们观察到：货币市场上的异常现象越来越少了。但是，我们也观察到：LIBOR 利率—回购利率的利差在主要市场似乎稳定在比危机之前略宽的水平附近。而我们的 LIBOR 利率—回购利率模型

则提供了一个非常有用的框架，它可以帮助我们更好地理解今天更宽泛的波动情境。

　　相应市场的短期利率水平处于历史低点，如此，在所有情境都相等的条件下，LIBOR 利率—回购利率的点差在"收窄"。当然，在这里，其他的一切情况都是不一样的。例如：考虑到银行的救助是普遍存在的，所以，与危机前相比，现在银行彻底违约的概率似乎降低了。

　　但如果利率水平和违约概率不能解释目前利差扩大的情境，那么，都有哪些因素可能是"罪魁祸首"呢？根据我们的模型，最有可能的两个因素是：资本需求量以及核心资产成本。

　　大多数司法管辖区的监管机构在应对金融危机时都会要求银行提高其资本比率。例如：目前的《巴塞尔协议Ⅲ》要求银行必须提供总资本的 10.5%，其中 7% 是普通股本；而瑞士国家银行走得更远，它规定——两家最大的银行 [瑞银（UBS）和瑞士信贷第一波士顿银行（CSFB）] 要将它们的核心资本比率维持在 19%，其中 10% 为普通股本。

　　事前的核心资产收益率是不可观察的，但是，我们的感觉是：其一直处于增长的环境当中——尽管事后的事实是：该行业许多银行的股本回报率一直在下降。银行股价在许多市场上持续的表现并不好（相对于大盘指数而言），其增长的情境与核心资产事前成本的增长速率是一致的。

　　总而言之，我们的感觉是：与之前相比，银行必须为彼此间的贷款调拨更多资金；同时，事前预计的资产边际成本相对于融资的边际成本（例如，零售存款）而言比过去的要高——而这两个因素则使 LIBOR—回购利率之间的利差增大。

　　再往前看，许多西方国家政府似乎要将他们的银行转型成准公用事业机构，相比之下，相应的风险变得更低，只不过，与他们在过去赚到的钱相比，相应股本的收益率则变得更低。在这种情况下，相应股权的事前成本相对于一般的融资成本而言可能在下降，如此，LIBOR—回购利率之间的利差面临下行的压力。我们相信时间会证明：前述这一下行趋势的影响力将抵消同期的资本需求率增长的影响度。

　　注 1：严格来说，在当前的存款准备金维持期内，过高的短期利率预期可能会诱发银行支付更高的隔夜融资利率，但是，这个效应是对称的，而不是系统性的——在这里就不讨论了。

　　注 2：当然，这个论点并不是说——银行违约的概率实际上是零，其只是在说一家大规模的、健康的银行在隔夜存款上的违约概率很小，至少从利差上是可以看出的——情况就是这样。

　　注 3：监管部门接受抵押品的规则通常是通过交易对手之间的谈判达成的，其将指定哪些票据可接受作为抵押品，且在什么条件下可以重新定价。

　　注 4：更多的关于特殊回购的问题，可参看达雷尔·杜菲的"特别回购利率"（1996）——《金融学报》，第 51 卷第 2 期，第 493-526 页。

注 5：这些计算假定——相关的减记率适用于每种债券的变化，随着时间的推移，它会成为随债券临近到期日而变化的函数，而相应的减记计划可参照表 6-1。

注 6：伦敦结算所（LCH Clearnet）会根据市场条件的变化来调整抵押品的目录——该表公布于 2012 年 11 月 26 日。近来，西班牙债券的减记率甚至比过去更高。

注 7：这个模型是从银行贷款资金的角度来构建的。关于这一点，从简约的角度出发，我们忽略了减记问题可能造成的任何影响——从银行的角度来看，这是有效的。例如在使用政府债券对贷款进行超额担保时，借款人则可以从债券上换取利息收益。

第7章

同种货币间的基点互换

定义

同种货币基点互换（以下简称 ICBS 互换）是一种衍生证券，即互换双方中的一方同意向另一方支付不同的浮动利率，两种利率均以同一种货币计息。例如：一方可能同意支付 6 个月 LIBOR 利率，而另一方则支付"3 个月 LIBOR-1 点差"作为交换。

如果严格地应用这个定义，我们也可以将 ICBS 互换定义为一项协议，即将同一货币的 3 个月 LIBOR 利率兑换为 3 个月的 OIS 利率。然而，我们不会在本章讨论这种互换，因为在本章和其他章节当中，它们可以通过互换组合模式来实现。

相关定价的决定因素

在第 6 章中，我们讨论了几个影响银行间无担保贷款的 LIBOR 利率和 OIS 利率之间利差的因素。由于 ICBS 互换是不同期限贷款利率的函数，所以，上述考量因素同样会影响相应的定价机制。因此不在本章详细讨论这些因素，我们只是提醒读者：这些因素包括一些于短期内对利率预期影响较小的因子，而这些因子主要是指复利频率以及一个经常提到的笼统的术语"风险溢价"。

与 LIBOR 利率和 OIS 利率之间存在利差一样，这里关键的问题是如何区别不同期限利率之间违约概率的差异。例如，一家银行的 6 个月期贷款的违约概率会高于其 3 个月贷款的违约概率，原因很简单：在额外的 3 个月内，有可能发生违约的事件。

我们可以通过图 7-1 直观地感受到信用风险在基点互换上的表现形式。图 7-1 显示了自 2003 年以来以 5 年期的 3 个月期 EURIBOR 互换与 5 年期的 6 个月期 EURIBOR 互换的利差，其中图中显示的点差正值所描绘的是：在相同时点之下，3 个月期利差的分布情况。例如：

2010 年 6 月，某位交易者可能会愿意将 5 年内支付 6 个月期的 EURIBOR 利率，换为 5 年内支付 3 个月期的 EURIBOR 利率 + 18 个基点（bp）。

图 7-1   5 年期 3 个月期 EURIBOR 和 5 年期 6 个月期 EURIBOR 的利差

资料来源：彭博社

这里需要注意以下几点，即

在 2007 年 7 月次贷危机爆发之前，相关基点互换的变化值几乎总是在 1 个基点的范围之内——趋近于零。

次贷危机暴发之后，互换利差大幅度地扩展，很大程度上反映了人们对银行违约风险的担忧增加。

为了进一步说明 3 月期 /6 月期欧元区同业（银行）拆放利率间的基差互换行情和危机相关的信用风险，在图 7-2 中，我们显示了 5 年期的 3 个月期 EURIBOR 和 5 年期的 6 个月期 EURIBOR 的点差互换以及欧元汇率；而在图 7-3 中，我们展示了同种货币间的基点互换（ICBS）的行情以及 5 年期的 3 个月期 EURIBOR 和 5 年期的 3 个月期 EURIBOR（美元计价）的点差互换的利差变化。

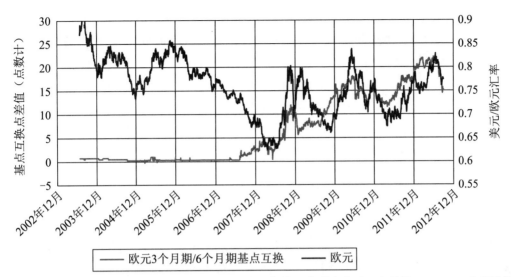

图 7-2　欧元汇率以及以 3 个月期 EURIBOR 为基准的 5 年期互换利率和以 6 个月期 EURIBOR 为基准的 5
年期互换利率之间的基差

资料来源：彭博社

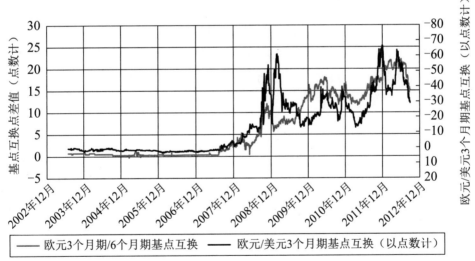

图 7-3　以 3 个月期 EURIBOR 利率（欧元银行同业拆借利率）为基准的 5 年期基差互换与以 6 个月期
EURIBOR 利率为基准的基差互换的基差，和以 3 个月期 EURIBOR 利率为基准的 5 年期基差互换与以 3
个月期美元 LIBOR 利率为基准的 5 年基差互换的息差

资料来源：彭博社

从图 7-2 看，在次贷危机暴发之前，欧元汇率和上述 ICBS 互换之间没有相关性，但在危机暴发后，这两个变量之间的相关系数为 0.68。

从图 7-3 看，在 2007 年 7 月次贷危机暴发之前，两条曲线均接近零。在随后开始的危机期间，两者有同时扩大和缩小的趋势。在次贷危机后，上述两个变量之间的相关系数为 −0.62（图例显示了 3 个月期 EURIBOR 利率与 3 个月期美元 LIBOR 利率互换的息差，交叉货币间基点互换的点差则显示在图 7-3 的右纵轴上）。

我们的总体印象是：近几年以欧元计价的 ICBS 互换利率正在随着人们所感受到的欧洲银行体系内信用风险的扩大和收窄而变化。

构建相应的模块

在各种交易的套期保值工具中，ICBS 互换是银行业转移信用风险的重要手段。但是，对于相对价值分析人士来说，他们对于 ICBS 最青睐的一点是：其在他们的投资理念里特别是于债券当中起到了重要的作用，即 ICBS 互换可以将不同货币之间的基点互换兑换成其他的货币。

例如：美国国债通常半年支付一次利息，而美元利率互换通常是：半年期固定利率与 3 个月期浮动利率之间的互换。相比之下，德国国债通常支付年化利率，而欧元 EURIBOR 互换通常为年化固定利率与半年期浮动利率间的互换。因此，如果一个分析师想要通过一种直观可比的方式来比较德国国债和美国国债的价格，那么，他可以通过 3 个月期 / 6 个月期美元的基点互换或者 3 个月期 /6 个月期欧元基点互换来实现这种比较分析。

结论

我们将在本书的后续章节继续阐明 ICBS 互换对于相对价值分析而言的重要作用。之前，我们已经讨论了一些内容，而在本章有两个关键点需要注意：

- ICBS 互换利率可以充分体现银行业的信贷风险；
- ICBS 互换作为一种重要的工具，有助于比较分析各种支付频率不同的债券。

第8章

互换利差相关的理论性决定因素

固定收益证券之中一项基本的相对价值分析是指：国债收益率与普通利率互换固定端之间的关系。该利差已经被广泛地交易和研究，而在这一章中，我们将从 1981 年的第一次利率互换开始，探讨互换利差的理论性决定因素。

传统方法：着眼于互换对手方的信用风险

直到 20 世纪 90 年代中期，大多数分析人士和学者依旧认为：互换利率和国债收益率之间的利差代表了交易双方的信用风险。在这个框架下，互换利率就像公司债券的收益率一样，其高于政府债券收益率的部分在很大程度上是由公司债券发行方的信用风险所致。

上述这种方法存在一些问题：

首先，公司债只有一个发行人，而利率互换交易有两个交易对手，其间只有净利息支付，本金并不"易手"。研究人员不得不用互换双方信用资质的不对称性进行相应的解析。

其次，与公司债券不同，互换利率一开始的净现值（NPV）通常为零。因为在达成交易后立即违约的情况下，交易双方不会承担任何损失，所以，交易对手的违约风险很难解释互换交易成交时刻的息差。

当然，随着时间的推移，互换的净现值（NPV）会产生变动，但是，我们不知道互换交易是对固定利率的"支付方"更有利，还是对浮动利率的"支付方"更有利——在这种情况下，对未来信用风险的期望似乎不太能解释互换息差的变化幅度。

另外，当收益率曲线非常陡峭时，收取固定利率的一方会在互换合约前几年出现资金净流入，在后几年出现净现金流出。在这种情况下，可能出现的一个风险是：在固定利率的接收方于早期收集净付款时，一旦浮动的 LIBOR 利率上升，高于固定利率，固定利率收取方的净现金流就会变成负数，从而导致固定利率的收取方"不履约"。而这就对传统的定价方法提出了第三个问题，即在大多数互换交易中都需要双方提供抵押品，以防止发生违约。

在 20 世纪 90 年代中后期，上述这些问题驱使人们去寻找互换利差定价的新观点。在我们提出的方法中，如何解析固定利率互换的利差需要重点关注 LIBOR 和回购利率；也就是说，互换的利差在正确的定价模型之下应该能够使投资者认为：按回购利率融资买入国债和进入利率互换交易收取固定利息这两种方式的收益是均等的。

现行的模型方法论

1. 固定端利率视角解析

现在考虑一个交易者：他想做多一个固定利率的资产，那么，他可以购买平价固息债或进入利率互换交易收取固定端利息。在第一种情况下，他可以购买 10 年的固息债券，并在回购市场滚续融资；而在第二种情况下，他可以在为期 10 年的互换交易中收取固定利率，支付浮动利率 [3 个月期的 LIBOR]。

由于我们之前讨论过的原因，在一段时间内，LIBOR 肯定高于同一期限内的回购利率。如果互换利率和政府债券的票面利率是相同的，那么，这个交易者总是会更愿意买债券，因为这种情况下他更有可能支付较低的浮动利率。只有在他可以获得一个大于政府平价债券收益率的固定互换利率时，他才可能会认为购买债券和进入互换交易收取固定端利息的收益是均等的。更准确地说，互换利差的净现值应该等于 LIBOR 和回购利率之差的净现值。

2. 浮动端利率视角解析

我们也可以从（那些希望随着时间的推移保留浮动利率敞口的）投资者的角度来分析问题。例如：考虑一个持有 10 年期平价国债的投资者，他决定暴露浮动利率敞口，那么，他可以卖出债券，同时，在回购市场上进行逆回购交易，且持有作为抵押品的债券（甚至可能是他原来持有的国债）。或者，他可以持有国债并进入互换交易收取浮动端利息，获得未来 10 年的 LIBOR 利率。由于 LIBOR 利率将高于回购利率，因此，在互换固定端利率大于平价国债收益率的情况下，此投资者前述的两种选择方式是没有区别的。

其实，只有在互换固定端利率和平价国债收益率两者之间差异值的净现值足以补偿互换期间内预期的 LIBOR 和回购利率差值的净现值时，这个投资者才会认为两种情况是均等的。同样的，互换利差的公允价值应该等于相应"年金"的变化规模，其现值与 LIBOR 和回购利率之差的净现值是相同的。

把互换当作一个金融衍生品

固定利率和浮动利率的视角为解析互换利差公允价值的定价方法提供了一个直观的模式，但是，其特别的用途是从衍生证券的角度来看待互换利差的问题，在这种情况下，我们可以使用无套利原理对互换进行估值。

1. 一个初步的类比

作为一个有用的类比方法，在无套利的估值情境下，我们现在考虑一下国债期货和国债之间的相关性问题。为了简化相关的分析模式，我们考虑一个假设的范例情境，即一个期货合约只对应一只可交割的债券。

从以前的讨论中我们知道，期货合约和现货债券的价格应该是无套利的，即做空期货、回购融资购买债券持有至交割日进行交割获利是行不通的；同样，做多期货合约，通过出售债券同时进行逆回购赚取回购利率，然后在期货合约到期时交割得到债券获利也是行不通的；换句话说，根据无套利原理，期货合约和现债的基差取决于回购利率的期限结构。

在考虑互换之前，我们有必要考虑一下：如果没有定期回购市场，那么，债券期货价格与债券价格本身之间的相关性会是什么状态呢？例如：假设存在一个活跃的隔夜回购市场，但是不存在其他期限的回购市场。那么，在此情境下，债券/期货基差会发生什么变化呢？

在上述这种情况下，首先要注意的是：期货再也不能通过无套利原理相对于现货债券进行定价。而隔夜回购利率可以随着时间的推移而变化，所以，在这种情况下，构建一个真正的套利组合是不可能的；另外，我们仍然可以考虑期货合约和现货债券的相对价值问题。

例如：假设债券期货价格远低于债券的现货价格，这意味着交易者可以通过做多期货、做空债券的方式综合性地"合成"模拟一个相对较低期限结构的回购利率——如果截止到到期日的这种合成的定期回购利率显著低于预期的隔夜回购利率，那么，许多交易者会被激励，并以这种方式模拟借入资金，且将所得金额投资于隔夜回购市场，他们的预期是：于交割前可以获得正向的息差。类似地，如果考虑这样一个情境，即债券期货价格比债券现货价格高很多，那么，在这种情况下，交易者可以通过购买债券、做空期货的方式综合地合成模拟一个相对较高期限结构的回购利率，而如果截止到到期日的这个合成模拟的回购利率比预期的隔夜回购利率高得多，那么，许多交易者会被激励，并以合成的这种方式在市场上按隔夜回购利率借入所需资金，并将其贷出至到期日，他们的预期是：相应的收益是正向的息差。

上述这个例子的意义在于：期货价格和债券现货价格应该反映隔夜回购利率的未来预期，即使在定期回购市场不存在的情况下也要如此。在这种情况下，期货价格和现货价格可能不符合真正的无套利原则，但它们可能会反映隔夜融资利率的合理预期情境。

2. 互换交易的现金流与持仓的套利模式

就像国债期货合约一样，我们可以考虑采用无套利定价原则，将互换交易作为一种金融衍生品。

为了便于讨论，假设市场活跃且流动性强的 3 个月欧元的 LIBOR 和 3 个月欧元的回购利率之间互换，其中：一方在一段时间内支付 3 个月期的 LIBOR- 固定利差 X，另一方在同一时期支付 3 个月期的适用于一般抵押品的回购利率（假设目前没有债券以特殊形式在回购市场交易）。

在上述这种情况下，我们可以创建一个合成的互换交易：将在回购市场融资买入的债券与 LIBOR- 回购利率互换的头寸结合起来。例如：在合成互换交易中，如果我们想要得到固定利息且支付 LIBOR 利息，那么，我们可以在回购市场融资，购买一个平价的附息债券，然后在互换交易中支付 LIBOR-X，进而在 LIBOR 利率—回购利率的基点互换当中获取回购利率利息，而我们的净头寸是——相对于息票债券的固定利率 +X，同时支付 LIBOR，即我们为债券融资所支付的回购利息等于我们在 LIBOR- 回购利率基点互换中是获得的回购利息。在这个情况下，互换的息差就是 X。

类似的情境是：我们也可以合成一个收取 LIBOR 利息的互换模式。例如：假设我们出售平价债券并将所得投资于回购市场，在债券的有效期内获得回购利息，然后，我们可以进行一个基于 LIBOR- 回购利率的互换，其间，我们支付回购利率，得到 LIBOR-X，而在这种情况下，我们的净头寸是收到 LIBOR 利息、支付相当于平价息票债券的固定互换利率 +X——在这个范例情境当中，我们互换的息差也是 X。

就像我们看到的那样：之前，我们是从固定和浮动利率的角度来考虑息差的问题；而现在，在衍生品的视角下，（被视作年金的）互换息差的价值是 X，而 X 的现值等于互换期间内 LIBOR 利率和回购利率之间差值的折现值。换句话说，互换的息差相当于 LIBOR-回购利率互换的息差（我们假设存在这样一个基点互换的市场）。

3. 在没有 LIBOR 利率—回购利率（Repo Rate）基点互换市场情境下此类概念的应用模式

实际上，金融市场并没有一个活跃的、流动性强的 LIBOR- 回购利率互换的行情机制。但在这种情况下，我们可以像没有定期回购市场情境下考虑期货债券和现货债券估值问题那样来解析互换的估值模式。换句话说，我们可以通过相对于平价债券的互换交易来创建一个合成的 LIBOR- 回购利率间的互换。于互换市场当中，在持有债券多头且于互换交易中支付固定利率的情况下，我们在互换期限内得到的是——LIBOR 减去回购利率，从而换取互换的息差；而在做空债券且于互换交易中收取固定利息的头寸之下，我们所支付的是 LIBOR 减去回购利率，从而换取互换的息差。

如果一段时间后互换息差相对于我们对 LIBOR- 回购利率的预期而言变得较大，那么，许多交易者就会试图从中获利——收取互换的差价且支付期限内的 LIBOR 利率—回购利率之间的息差。而如果随着时间的推移，互换息差相对于预期而言收窄，那么，许多交易者就会试图于期限内支付互换差价，同时换取 LIBOR 利率—回购利率之间的息差。

在缺乏活跃的、流动性强的 LIBOR 利率—回购利率基点互换行情机制的情况下，我们不能使用无套利原则来评估相应的互换交易。但是，我们可以将期限内的互换利差与我们预期的 LIBOR- 回购利率息差进行比较，进而评估互换利率和债券收益率之间的相对价值。

在上例中，我们很谨慎地提到了平价债券。而在债券按票面价值折价交易的情境下，相应的状况变得有点复杂——对此，我们将在后面的章节中探讨。但是，"价外"债券公允的互换利率可以通过两个步骤进行计算：首先，计算平价债券公允的互换利差；其次，确定平价票息债券与"价外"债券之间公允的收益率点差。

此外，在本例中，我们忽略了第 6 章讨论过的回购市场的真实情境。例如：当前的平价债券很可能在某个时点偏离平价交易，在这种情况下，它们将在回购市场重新定价（就像在前面的章节中所讨论过的那样）。而如果债券的互换价差保持不变，那么，互换的净值（NPV）此时很可能会向相反方向移动且大小幅度相似。如果互换交易被追加保证金（这几乎是肯定的），那么，互换保证金的变化很可能抵消债券保证金的变动情况。例如：相对于债券和互换头寸的保证金而言，如果现金是可以接受的，那么，我们可以将现金流从我们的互换保证金账户转移到相关的回购市场的保证金账户，反之亦然。

但是，互换利差也可能随着时间的推移而变化，在回购保证金和互换保证金不能相互抵消的情况下，交易获利的契机就出现了。

LIBOR- 回购利率间息差的保险属性

到目前为止，我们已经讨论了随机的且随时间变化的 LIBOR- 回购利率息差的概念，同时也关注了债券和互换期限内相应息差的预期值。从理论上讲，我们还需要考虑这些 LIBOR 利率—回购利率之间息差的协方差以及一个典型投资者的边际效用问题。鉴于 2007 年金融危机发生之时 LIBOR - 回购利率息差的波动情境，这个议题显得尤其重要。

考虑到上述问题，我们有必要引入流行的保险契约（比如火灾保险）作为类比进行解析，对于大多数房主来说，火灾保险的预期收益率是负的，因为他们被要求支付高于其所期望的从保单中获赔的保险费，然而，考虑到发生火灾的可能性，大多数房主都乐意买火灾保险，因为来自保险单的赔付款项正好是在房主最需要钱的时候，且用来重建被大火烧毁的家园，这也就是说，保险赔付和房主的边际效用之间的协方差较大。

现在，让我们把上述这个考虑方式应用到 LIBOR 利率—回购利率之间息差以及互换的点差之上。

正如前一章所讨论的那样：LIBOR- 回购利率的利差应该是利率水平的递增函数。而利率往往是顺周期的，这个属性被用于预期 LIBOR- 回购利率利差变化的周期性。在这种情况下，LIBOR- 回购利率的利差则被预期与典型投资者的边际效用呈"负相关"状态。换句话说，对大多数投资者所构建的投资组合来说，收取 LIBOR、支付回购利率的方式只会提高风险而非降低，所以，在 LIBOR- 回购利率间的互换按照保险精算方式以公允价值定价之时，投资者对此要求的回报比他们应得的要大。如此，LIBOR- 回购利率间的利差应该低于其本身精算的公允价值（回顾一下：如果投资者在互换交易中获得 LIBOR-X，那么，其中的 X 就是互换的利差）。

另外，LIBOR- 回购利率的互换利差也应是一种银行在固定面板当中报出的 LIBOR 利率相关之银行违约概率的递增函数，而我们预期这些概率是反周期性的（也就是说，我们预计：在经济衰退期间，利率的走势相对较高，而违约率往往更高）。在这种情况下，上面的论证可以反过来起作用，同时，我们预期：LIBOR- 回购利率互换的利差 X 值将大于其精算的公允价值。

尽管利率水平与银行的违约概率和互换利差与边际效用值的相关系数之间具有相关性，但是，从理论上讲，我们建议应该关注相应息差和边际效用之间的协方差，其中，我们还需要关注 LIBOR- 回购利率利差与边际效用总体的波动率。

一般来说，经济衰退期间的波动率往往比经济扩张期间的高，因此，我们预期：LIBOR- 回购利率互换的利差在经济衰退期间显示的保险属性要比经济扩张时的高。而保费是否会增加或减少互换的利差以及互换利差与其精算的公允价值的相关性都要取决于，到底是周期性因子（如利率）还是反周期性因子（如违约概率和波动率）在当时占据主导地位。

保险层面的意义

我们可以总结一下 LIBOR- 回购利率利差与边际效用之协方差当中的含义——希望大家记住这段话：

- LIBOR- 回购利率互换的利差，也就是互换点差可能会超出其精算的公允价值，鉴于此，投资者在收取 LIBOR 利率时所希望的预期收益率较低，如此，相应的头寸有助于对冲经济衰退的负面影响，因此（也的确如此），其与边际效用正相关；而这个结果需要假设——违约概率的周期性影响度大于利率的反周期影响度（尽管并不需要在任何时候都是此类情境）；同时，这个结果与任意时刻的波动率变化无关。
- 由于波动率确实会随着时间而变化，因此，在所有因素都相同的情况下，当波动性走高时，LIBOR- 回购利率互换的利差就会很高。
- 在风险厌恶的情境下，当财富较低时，蕴含多种风险的市场行情价格就会走高，所以，我们的预期是：当财富受到负面冲击时，LIBOR- 回购利率的利差以及互换的利差就会走高——就像最近发生的金融危机时的情况那样。

其他实际的建模问题

资本金要求

（1）资本需求的金额

即使某些互换交易没有受到资本监管的束缚，我们仍会谨慎地准备资本金以进行相关交易，而资本金的成本会影响我们利用套利资金寻找交易机会的能力。在所有情境都相同的状态下，如果相关交易当中投入更多的资本，那么，其将会增加相应资金成本；同时，在互换及债券定价的过程中，它会扩大无套利区间的规模。

同样，资金利率的升高也会增加我们的资金成本，加完无套利区间。

（2）回购减记问题

我们假设在相应的范例情境中没有回购减记的问题。而在实践中，许多交易者在构建"融券"头寸时会面临回购减记的问题，同时，无套利原理也应该针对相应的情境进行修正。

例如：考虑一个情况，相对于交易者的预期而言，LIBOR- 回购利率利差较低，而在没有回购减记的情况下[1]，交易者可以购买债券，在回购市场融资，支付固定的互换利率，同时收取 LIBOR 互换期间的净头寸情境是：交易者支付的是互换利差、收取的是 LIBOR 利率—回购利率的利差。

但是，如果回购头寸需要大幅地打折，那么，交易者就不得不付出更多的资金，以昂贵的资本为"减记"提供资金，如此，交易者所收到的净浮动利息就会低于没有减记时的收益。在这种情况下，互换利差的公允价值也会降低。

事实上，如果 LIBOR- 回购利率的利差已经相对较窄，同时，在一个特定的债券市场回购折价幅度相对较大，并且，为应付减记而提供资金所需的资金成本相对较高，那么，交易者收到的净浮动利息有可能是负的——在这种情况下，互换利差会出现"负值"，而交易者的互换和债券交易则"无利可套"，同时，互换利率的公允价值会低于平价息票债券的收益率。

次贷危机案例情境的浅析

由于次贷危机是一个相对极端的事件，所以，它为在实践中如何考虑相关的因子提供了范例。

随着 2007 年 7 月危机的出现，人们开始担心银行的偿付能力，同时，在固定的面板数据之上，LIBOR 报价相关的银行违约概率也有所提高。与此同时，波动率也增加了，例如：2007 年 9 月，1 年期美元互换利率的 1 年期期权从 72 个基点（bp）/ 年增加至 110 个基点（bp）/ 年；3 个月期的 LIBOR- 回购利率利差从个位数增长到 9 月的 95 个基点（bp）；不足为奇的是，2 年期美元的互换利差从 7 月的 48 个基点（bp）上升至 9 月份的 80 个基点（bp）左右[2]。

从 2007 年 9 月开始，美联储开始降低利率，目标利率从 9 月初的 5.25% 下降到年底的 4.25%。1 年的 1 年期互换期权[3]的波动率在年底增加到 125 bp/ 年。而 3 个月期的 LIBOR- 回购利率的利差于 12 月升至 106bp。同时，回购减记率也大幅上涨——特别是较长期限的双边回购交易和较长期的债券交易。2 年期美元互换利差再次扩大，即超过了 100bp。

到了 2008 年，随着危机的持续，美联储将利率降到了历史最低水平的 0.25%，1 年的 1 年期互换期权的隐含波动率达到 200bp 的高值。在 2008 年，3 个月期的欧元 LIBOR- 回购利率的利差一度达到 365bp 的峰值。不出所料，2 年期美元互换利差扩大至 165bp。

此后，随着危机的消退，1 年的 1 年期互换期权的隐含波动率有所下降，现在是 29bp/ 年。联邦基金利率仍然在 0 ～ 0.25% 有针对性地波动。同时，LIBOR- 回购利率的利差已经恢复至更典型的中性水平，即 25bp。另外，回购债券的折扣率也在逐渐降低，但是，在很多情况下，其仍高于危机前的水平。目前，美国 2 年期互换利差是 12bp。

总的来说，上述这个简短的案例情境表明：我们的理念框架需要和互换利差以及实际观察到的相关变量的波动情境保持一致。在第 9 章中，我们会再一次详细探讨相关的实证问题。

结论

关于互换利差相对估值的概念方法，我们已经确定了一些可预期的因子，具体来说，我们发现互换点差应该是：

（1）互换期限内可预期的回购利率水平的递增函数；

（2）LIBOR 利率报价面板数据显示的银行违约概率的递增函数；

（3）银行间无担保贷款当中银行所需的核心资本的递增函数；

（4）银行间无担保贷款之中银行所需资金的资金成本（相对于 LIBOR 而言）的递增函数；

（5）LIBOR- 回购利率间利差与边际效用的相关系数的递增函数；

（6）LIBOR- 回购利率间利差与边际效用的波动率的递增函数；

（7）回购减记率的递减函数，而在高度波动和承受金融压力的时期，回购减记率通常会升高；

（8）减记融资相关的资金成本的递减函数（相对于回购利率而言）。

上述（1）—（4）点与互换利差的精算的公允价值有关；（5）和（6）与互换利差与边际效用的协方差的保险作用有关；（7）和（8）与债券市场融资的微观结构有关。

在下一章中，我们将进一步为本章所阐述的概念框架提供实证分析的基础。

注 1："减记"是指贷款的面值与支持贷款的担保品的约定价值之间的差额；例如，银行以价值 100 万美元房屋为抵押进行贷款，而实际只借出 90 万美元，那么，减记金额就是 10 万美元（100 万减去 90 万）——相当于房子价值的 10%。

注 2：当我们说"互换利差扩大"时，其实指的是——债券收益率相对于互换利率而下降；例如，如果一个债券在月初按照 LIBOR-20 的利率进行资产互换，且到了月底，其可以按照 LIBOR-30 的利率进行资产互换，那么，我们会说互换利差扩大了 10 个基点，即从 20 个基点增加到 30 个基点，注意第 14 章和第 16 章将使用不同的惯例。

注 3：当讨论互换期权时，符号"3 年 /4 年"是指——期权三年后到期，而基础资产工具的期限在期权到期后还有四年的时间。

第9章

从实证的角度解析互换利差的问题

到了现在，在本书中，我们讨论的互换利差和 LIBOR- 回购利率息差的问题在很大程度上只是概念性的。在这一章，我们会从实证的角度来考虑互换利差的问题。特别地，我们要寻找各变量之间的相关性，从而支持或反驳前一章中介绍的互换利差模型的理念架构。

互换利差的实证分析

在前一章中，我们使用无套利原理来得出结论，即互换利差应该等于 LIBOR- 回购利率互换的息差。因为 LIBOR- 回购利率互换交易本身没有比较活跃的流动性的市场，所以，我们用金融经济学的基本结果来描述互换点差所依赖的可观测的因子。

特别是，考虑到不同期限的 LIBOR- 回购利率互换与即期 LIBOR- 回购利率之间利差的正相关性，互换利差应该是即期 LIBOR- 回购利率利差的增函数。

此外，由于即期互换利差是利率水平的增函数，如果所有条件都是一样的话，我们可以预期：LIBOR- 回购利率互换以及互换利差是远期利率的递增函数。

此外，在某种程度上，LIBOR- 回购利率利差与一般投资者的边际效用相关，而我们的预期是：LIBOR- 回购利率互换以及互换利差则相对于精算的公允价值而言会有所扩大，从而反映出 LIBOR- 回购利率互换以及因之而产生的互换利差的避险效应。

最后，我们预计：互换利差是回购融资中涉及的减记率（折扣率）以及为"减记"所付出的融资成本（即超出或不足以抵消融资债券剩余部分资产成本那一部分的价值）的递减函数。

其中的一些变量，如即期 LIBOR- 回购利率间的利差，是可量化和可观察的。因此，我们可以将它们纳入互换利差的实证模型。

相反，其中一些变量要么是不可量化的，要么是不明显的。例如：我们不能观察一般投资者的边际效用，或边际效用和 LIBOR- 回购利率利差间的相关性。因此，将其中一些变量纳入计量经济模型的做法是不切实际的。

　　所以，在这一章中，我们将应用相关的数据来帮助确认或反驳前一章中的理念；同时，我们讨论的是互换利差的理论决定因素，而不是试图为互换点差构建正式的经济计量模型。

1. 时间序列项下的互换点差

　　图 9-1 显示了从 1988 年 1 月开始，期限为 2 年、5 年、10 年、30 年期的美国国债的互换利差。

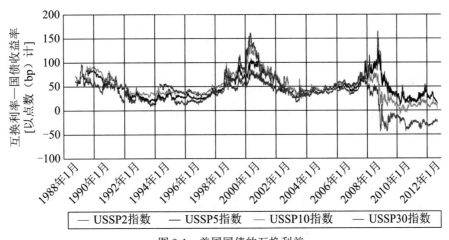

图 9-1　美国国债的互换利差

资料来源：彭博社

图中数据有几个关键点需要注意，即：

- 一般来说，互换利差似乎是周期性的——在经济增长期间会扩大；在经济增长疲软时期会相对收缩。
- 互换利差通常在长时期内具有均值回归性。
- 2007 年开始的次贷危机似乎是一个结构性突破的转折点——特别是长期债券比之前任何时候都便宜得多。

2. 互换利差周期性问题浅析

　　在我们对互换利差与先前确定的互换利差的理论决定因素相关变量之间相关系数进行实证分析之前，我们有必要从图 9-1 对互换的周期性进行解析。

　　为了突出互换利差的周期性，图 9-2 显示了 1998 年以来美国的 30 年期国债互换利差与美国失业率（轴向倒置）的变化情境。

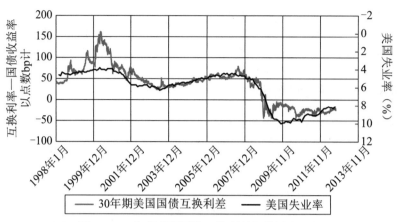

图 9-2　30 年期美国国债互换利差与美国失业率

资料来源：彭博社

　　互换点差的周期性提出了一个重要问题，即在较长时期内，几乎所有的周期性或逆周期性的变量都与互换利差相关；当然，相关性并不意味着因果关系，所以，我们应该注意——不要简单地选择与互换利差具有相关性的变量来构建互换点差的实证模型。

　　政府国债供给状况能够提供一个很好的范例模式，这在我们多年来看到的许多互换利差的实证模型中都有体现，图 9-3 就显示了 30 年期美国国债互换利差以及相同期限内发行的美国国债的数量。

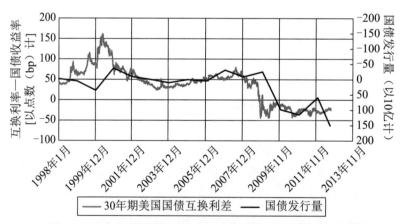

图 9-3　30 年期美国国债互换利差以及相同期限内国债发行量

资料来源：彭博社

　　政府国债供给与互换点差的相关性不如失业率那么强，但是，许多分析人士认为：尽管在以国债供给解析经济问题方面存在着困难[1]，但是，国债供给指标应该被纳入互换利差的模型，把国债供给量包括在内的分析方法于直觉上涉及一个普遍的问题，即如何解析国债的供给和需求。如果政府发行大量的债券，那么，债券的数量就会增加，而债券供给量增加，债券的价格就会下跌，如此，债券收益率上升，互换的利差则会收窄。

虽然上述这个解释很直观，但它完全忽略了一个事实，即互换工具是一个金融衍生品。我们并不会预期在政府发行更多债券时国债期货的基差会收窄，除非国债供给增长的情境会以某种方式提高相应的回购利率。同样，我们也不应预期如果政府发行更多债券，那么，互换点差也会收窄，除非增长的国债供给量在某种程度上缩小了 LIBOR- 回购利率互换的利差规模。

在我们看来，于互换利差的模型中纳入国债发行量的做法没有任何意义，因此不如纳入失业率指标。不过，分析人士继续指出：应该观察国债发行量与互换之间的相关性，而后从相关性推断相应的因果关系，至于"替代假说"的理论则不必考虑。

在我们关注更多内容时，记住上述这些要点是有用的。而更加详细的关联问题则贯穿本章的其余部分，接下来，我们所探讨的就是：互换利差与 LIBOR- 回购利率利差之间的相关性。

3. 互换利差与 LIBOR- 回购利率之间的利差

正如我们在前面的章节中探讨的互换利差相关的理论决定因素那样，互换利差的主要驱动因素应该是 LIBOR- 回购利率互换。但是，由于它没有高活跃度的市场，所以，我们将以互换利差和即期 LIBOR- 回购利率利差作为参照来解析 LIBOR- 回购利率互换的利差问题。

图 9-4 显示了自 1989 年 2 月 15 日以来的 2 年期美国国债互换利差以及 3 个月期 LIBOR 与 3 个月国库券之间的息差——我们这里用它来代替 3 月期的回购利率，同时，我们的回购利率数据只延续到 1998 年 3 月 26 日。由于 LIBOR 利率—国库券利率间的利差噪声很大，所以，我们为这些利差勾画出 30 天的均值，从而避免模糊基础资产 LIBOR 利率—国库券利差和互换利差之间的相关性。

图 9-4 2 年期美国国债互换利率利差与即期 LIBOR- 国库券利率间的利差
资料来源：彭博社

在上述这个图中，有几点值得注意：

- 总的来说，LIBOR-国库券的利差与2年期美国国债互换利率利差之间的相关性较高。
- 1995—1997年，互换利差略低于LIBOR-国库券利率的利差。
- 在2001年和2002年间，互换利差略大于LIBOR-国库券利率间的利差。

图9-5显示的是自2010年1月以来的2年期互换利率以及3月期LIBOR-回购利率的利差（不是3月期LIBOR-国库券利率间的利差）。

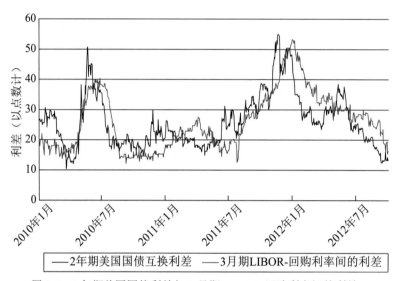

图9-5　2年期美国国债利差与3月期LIBOR-回购利率间的利差

资料来源：彭博社

从图9-5可以清楚地看出：2年期互换利差的变化值一直在相当接近地追随着即期LIBOR-回购利率的利差。事实上，对图中数据进行的回归分析当中的相关系数为0.98，而这意味着：在此段时间里，互换利差几乎与LIBOR-回购利率的利差是一比一的相关性——而这与我们讨论的互换利差的理论决定因素是一致的。考虑到这一点，最近的LIBOR-国库券利率间的利差看起来可能相对较高，之所以上升是因为3月期的均值没有即期现货利差下降得那么多。

当我们考虑较长期债券的互换利差时发现：其与即期LIBOR-回购利率利差的相关性在某种程度上是降低的，这是一种可以理解的情况，即在2年期LIBOR-回购利率利差和互换利差之间进行套利的做法是可行的——比30年期的要好。

图9-6显示了5年期互换利差与LIBOR-国库券利率间的利差的波动情境，在这里，我

们也看到了两者之间非常接近的对应关系。

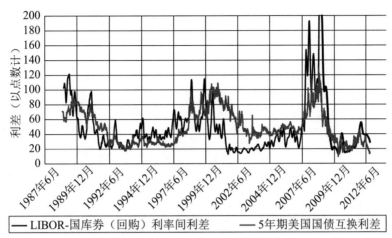

图 9-6　5 年期美国国债互换利差以及 3 月期 LIBOR 利率 - 国库券（回购）利率间的利差
资料来源：彭博社

对于 10 年期互换利差与 LIBOR- 国库券（回购）利率利差的波动情境，如图 9-7 所示。从这张图中，我们可以看出：在 2000 年，10 年期互换利差相对于 LIBOR 利率 - 回购利率利差而言有特别明显的上升趋势。在我们看来，这可能是由两个因素造成的：首先，在 1998 年，长期资本管理公司发生危机，于当年末和 1999 年，其将较长期的利差推至相当高的水平[2]。其次，欧洲通用移动通信系统公司的光谱项目在 2000 年春季的拍卖会上筹集的资金比以往更多，这让一些市场参与者措手不及，进而导致他们进入债券空头头寸[3]。欧洲债务增加了，美国债务也增加了。

图 9-7　10 年期美国国债互换利差与 3 个月即期 LIBOR- 国库券（回购）利率间的利差
资料来源：彭博社

这里需要注意的是：最新的 10 年期互换利差在某种程度上比人们预期的 LIBOR- 国库券（回购）利率利差要低一些。而 30 年期的互换利差与 LIBOR- 国库券（回购）利率间的利差，如图 9-8 所示。

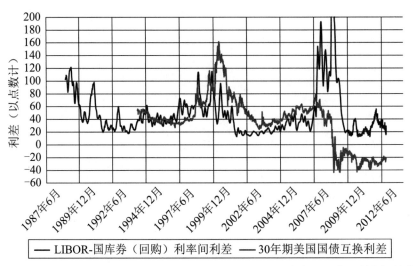

— LIBOR-国库券（回购）利率间利差　— 30年期美国国债互换利差

图 9-8　30 年期美国国债互换利差与 3 个月即期 LIBOR- 国库券（回购）利率间的利差

资料来源：彭博社

在上述情况下，有两点值得注意：

- 和 10 年期互换利差一样——30 年期互换利差相对于我们在 2000 年春天预期的水平而言有所上升；
- 最新的 30 年期互换利差远低于我们预期的最新的 LIBOR- 回购利率利差的水平。

4. 对之前的实证分析的评估

关于前述的问题，我们有必要总结一下到目前为止的实证结果，即

（1）总的来说，我们发现互换利差和 LIBOR- 国库券（回购）利率利差之间的相关性是非常紧密的——正如我们理论探讨当中预期的那样。

（2）一般而言，较短期的互换利差与 LIBOR- 国库券（回购）利率利差之间的相关性要大于较长期的——这并不奇怪，考虑到我们的理论探讨是由无套利原则所驱动的，而建立两年期的套利组合比构建 30 年的要实际得多。

（3）长期互换利差比我们在 1995 年到 1997 年预期的要大，而其比我们在 2001 年和 2002 年所预期的 LIBOR- 国库券（回购）利率利差要窄。

（4）根据最新的 LIBOR- 国库券（回购）利率利差的水平，最近的长期互换利差比我

们预期的要窄（债券相对于互换要便宜一些）——就 30 年期互换利差来说，这一点尤其正确。

在这里，上面的第（4）点特别有用。尤其是，我们可以提出三个假设来解释一个事实，即自次贷危机暴发以来，30 年期的互换利差一直在收窄，而且是令人惊讶地收窄；同时，30 年期债券价格相对于互换价值而言也一直在大幅降低。

假设 1：长期回购债券的回购减记率有所增加，同时，相对于回购利率而言，减记融资的成本也在增加。

假设 2：鉴于新的资本、杠杆率和流动性相关的监管限制政策，现在，银行为购买债券（特别是长期债券）所融资的成本要高于回购利率。

假设 3：到目前为止，我们的互换利差模型假定的情境是，有问题的债券没有违约风险；而这个假设在次贷危机之后，对于美国国债在内的一些主权债券而言可能已经不合时宜了。

接下来，我们要依次讨论上述假设所涉及的问题。

（1）回购减记假设相关的问题

本章讨论了互换利差的理论决定因素，而且，我们确实相信：增长的减记率以及相对于回购利率而言的减记融资成本的增加使得债券价格对于互换价值而言贬值了。特别是，对于许多市场参与者而言，长期债券的减记规模相对于短期债券而言会有所上升，而此种效应对长期债券的影响要比其对较短期债券的影响大。

由于数据的缺乏，我们很难对此假设进行实证检验，但是，我们确信：这是一个在次贷危机发生后造成长期债券相对廉价的动因。

（2）监管条件下的融资成本、杠杆率和流动性假设相关的问题

在 2007 年 7 月，监管机构为应对金融危机实施了一系列的政策，其中包括：要求银行增加资产负债表上的储备资金量，用以抵消亏损——我们一般称之为"权益资本""核心资本"或"一级资本"。更确切地说，监管机构一直在要求银行增加账面上的资本，进而抵消亏损，从而提高"资产"相对于"负债"的规模。与此同时，监管机构收紧了对杠杆率和流动性比率的限制。

在危机初期，银行能够筹集到的补充资金来自私营部门的各种业务活动。例如：2007 年 11 月，花旗集团（Citigroup）从阿布扎比投资局筹集了 75 亿美元；2008 年 9 月高盛从沃伦·巴菲特那里筹集了 50 亿美元；2008 年 10 月摩根士丹利从三菱 UFJ 银行融资 90 亿美元。

但是，2008 年 9 月，随着雷曼兄弟公司破产倒闭，相应的金融市场工具的行情继续暴跌，银行从私营部门筹集资金的局面变得越来越困难了，尤其是大多数的西方大型银行已经开

始接受政府的注资了（而不是来自私营部门）[4]。

随着时间的推移，监管部门对银行的要求变得更加严格，同时，在很多情况下，其形式也变得更加不确定了，所以，对银行来说，私人资本更加难以获得。

因此，大多数的大型银行都采取了这样一种资本策略，即结合了两个重要的措施：一是通过留存收益追加资本的时效；二是剥离资产，同时减少资产负债表的规模。与此同时，为了应对监管部门的要求，银行对杠杆率和资产负债表之中的流动性指标也进行了调整。

考虑到上述这些发展，我们需要探讨监管部门的约束可能会对债券相对于互换的定价机制所产生的影响。

在我们的概念框架中，购买债券的成本是融资成本的函数——由回购利率和用以补充"减记"的融资成本所决定。这里有一个隐含的假设，即：银行的资产负债表不受约束。例如：如果银行希望持有另一只债券，那它可以提高杠杆率和融资比率，或者，它可以增加额外的资本，从而使杠杆率和融资比率不会因购买债券而发生变化。

然而，当一家银行的资产负债表受到限制时，情况就不同了。在这种情况下，银行资产负债表上因持有证券所产生的成本则不仅仅是融资成本的函数；相反，考虑到银行面临的监管限制因素，其也是资产负债表所体现的因不持有某种资产而放弃其利润所相关的机会成本的函数。

现在考虑一个人为设计的例子，即银行面临着严格的资本限制，无法筹集到新的资金，而如果它希望购买100万亿美元的30年期政府债券，那么，该银行必须首先处置价值100万亿美元的资产，同时，银行进行交易时，购买政府债券的预期回报率必须高于银行为此必须出售的资产负债表上的相关资产的预期回报率。如果相关资产的预期回报率假设是12%，那么，不管回购利率或用于购买债券的减记融资比率为何，此次购买债券的融资成本就是12%。

在危机之前，银行的资产负债表相对来说不受约束，所以，其持有债券的边际成本是回购利率和（用于补偿债券融资的）减记成本的函数。但是，目前，银行的资产负债表受到所需资本、杠杆率和流动性比率以及融资难度的限制，那么，银行融资的相关成本就是在这些限制条件下的机会成本——经济学家将其视为融资的"影子成本"（即放松管制情境下所预期的一个单位的利润所相关的边际收益增长率）。

在过去的几年里，许多银行，尤其是大银行，一直在剥离资产，试图降低杠杆率和融资比率，以期达到监管机构所要求的水平。在这样的约束环境下，持有一个30年期债券的成本要比以前大得多，主要是因为30年期债券价格的波动率往往比短期债券的大。

相比之下，互换产品只是"表外"工具，只有相关的收益或损失会被记录在资产负债表上。所以，购买100万亿美元的30年期债券且在回购市场融资的交易将在银行资产负债

表的两端（资产／负债）增加 100 万亿美元的规模，而支付 LIBOR 利率、收取固定利率的
30 年期互换交易则不会对资产负债表的初始规模产生影响。

当然，互换交易和债券具有相似的风险特征。例如：互换和债券可能具有相同的在险
值（VaR 值），在这种情况下，银行需要对这两笔交易配置相同数额的资金来应对各自的
市场风险。但是，因为互换不涉及本金的交换，而且，所有利息的支付都已轧差，所以，
前述这两笔交易不会让银行暴露于相同数额的信用风险之下；对于大多数银行来说，它们
也不会对简单的杠杆比率产生同样的影响。

因此，债券和互换交易的相对定价机制就产生了，而投资者在危机前对这样的问题是
漠不关心的，当时，银行资产负债表是相对不受约束的——而这与现在考量资本、杠杆和
流动性之比率的情境不同。在危机之前，基于前一章概述的公允价值相关的考虑事项，定
价机制会使一个投资者对债券和互换的价值问题漠不关心。在最近几年，情况发生了变化，
即和危机前一样，相同的概念框架也适用于现在的情况，只是持有债券的资金成本变得更
高——其中除融资成本之外也包括了"影子成本"。

细心的读者会注意到：上述这个论点不仅适用于债券的多方头寸，也可以适用于债券
的空方头寸，因为空方头寸也会增加银行资产负债表的规模。因此，对于资产／负债受限
的银行而言，融资相关的影子成本会拉大围绕于公允价值的无套利区间，从而使得公允价
值不能向任何特定的方向倾斜。

然而，大多数银行自然会持有大量的债券。因此，相关的套利边界可能会涉及债券相
对于互换而言的廉价区间。换句话说，在当前一个资产／负债受到限制、有时甚至是萎缩
的时代，在无套利区间内，债券相对于互换而言存在着更大的贬值空间。

（3）主权债券违约风险增加的情境假设

自次贷危机暴发以来，人们普遍认为：美国的信贷质量很差，政府状况恶化。同时，
标准普尔于 2011 年 8 月下调了美国政府的信用评级，将其降至 AA+ 级，另外，美国债务
的信用违约互换（CDS）利率也不断地扩大。

对我们来说的问题在于：这种信贷恶化的程度可以解释长期债券的行情走势相对于互
换曲线贬值的原因，而且，这种贬值幅度超出了人们预期的 LIBOR- 回购利率利差的水平。

事实上，针对美国主权债券而设置的 CDS 交易在很长时间内并不活跃。特别是，我们
的数据集是从 2007 年 11 月开始的——虽然其间的步长可能不足以进行正式的假设检验，
但是，我们可以提供一些证据来说明：信贷恶化程度可以解析长期国债价格曲线相对贬值
的情境。

图 9-9 显示了 30 年期美国国债互换利差与 10 年期美国国债相关的 CDS 利率（10 年期
CDS 利率指标起到的只是替代作用，因为 30 年期的 CDS 不具备流动性）。

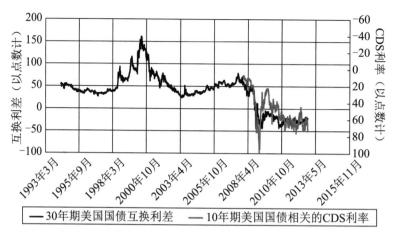

图 9-9　30 年期美国国债互换利差与 10 年期 CDS 利率

资料来源：彭博社

图 9-9 强调的情境是：自有 CDS 数据以来的两个时间序列之下，30 年期美国国债互换利差与 10 年期 CDS 利率两者之间的相关性非常显著（-0.80）。

我们可以看看 CDS 利率能够在多大程度上解析相对于互换而言的 30 年期债券的贬值情境，我们刻画出 LIBOR- 回购利率利差与调整后的相应时间序列项下 30 年期的互换利差的波动情境——如图 9-10 所示。其中，在互换利差加入 CDS 利率因素之后，经过调整的 30 年期互换利差提高了整体的互换利差的波动幅度（从而使债券价格相对于互换价值而言变得更高）。

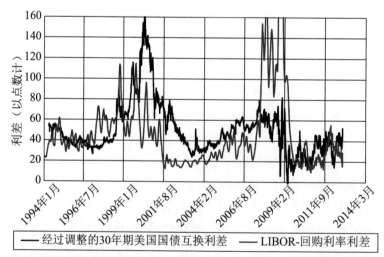

图 9-10　LIBOR- 回购利率利差与应用 CDS 调整的 30 年期美国国债相关的互换利差的波动情境

资料来源：彭博社

通过比较图9-8和图9-10，我们可以看出：一旦我们通过CDS利率对违约风险进行调整，那么，30 年期互换利差相对于 LIBOR- 回购利率利差而言似乎并无异常。事实上，如果说有什么不同的话，那就是 30 年互换利差的最新价值似乎比我们根据 LIBOR- 回购利率利差的最新数据所预期的水平要高一些。

不过，关于这一点，我们要提出一些警告，即

（1）虽然采用 30 年期的 CDS 利率进行调整的方法是可取的，但是，我们这里不得不使用 10 年期 CDS 利率来替代 30 年期的数据，从而使我们的测试结果没有理想情境下准确。特别是，我们使用 10 年期的 CDS 利率进行调整的方法可能存在不足，因为 30 年期的利率很可能会超过 10 年期的水平——即使其如果不大于 10 年期利率的话，那至少会与之同样的大。

（2）正如我们将在后面一章中所讨论的那样：大多数主权债券的信用违约互换利率是以债券发行货币以外的其他货币计价的。在我们的例子中，美国的 CDS 利率就是用欧元报价的。如此，外汇的选择则对 CDS 产品的报价产生影响，从而降低了我们分析的准确性——我们将在本书后面的章节更详细地讨论 CDS 相关的这个问题（第 15 章）。但是，我们现在注意一下就够了，即避免过度地使用 CDS 利率来调整互换的利差，另外，要同时注意汇率风险和违约风险。

当然，上述第（1）点表明：我们可能调整不足；而第（2）点表明：我们可能调整过度了。但是，总体的影响是有些模糊的，除非我们能够比较 30 年期 CDS 利率和 10 年期 CDS 利率，同时能够量化 CDS 利率计价当中的外汇风险。现在，我们只需要注意：在既定的 LIBOR-回购利率利差的波动情境下，所做的调整生成了一系列互换利差，而这些利差与我们预期的数字基本一致。

同时，对信用的考量可以有助于解释我们之前所观察的情境，即实际的互换利差似乎比人们在 1997—1999 年所预期的要略大一些；同时，它们似乎比人们在 2001 年和 2002 年基于 LIBOR- 回购利率利差而预期的水平要小一些。尤其值得一提的是：美国正在刷新之前财政盈余的纪录（其在 2001 年经济衰退来临之时曾经出现过赤字）。

结论

总体而言，在互换利差的理论决定因素的问题上，相应的实证数据与我们在前一章讨论的概念框架是一致的。特别是，我们看到了：在很长一段时间内，互换利差往往相当接

近于 LIBOR- 回购利率利差。

这里有可能的情况是：对于银行资本、杠杆率和流动性而言越来越严格的监管要求可以解释为一个事实，即近年来，互换利差似乎在贬值；而回购减记率的增加也有助于解释前述这种互换利差贬值的情境。

另外，我们对 CDS 工具进行了简单的调整，并将其融入 30 年期美国国债相关的互换利差之中，从而表明：日益恶化的美国政府债券的信贷质量可能是造成美国较长期债券的价格相对于互换价值而降低的一部分原因。

我们将在后面的章节中更详细地讨论上述这个问题。

注 1：有可能的是——失业率和政府债券的供应量指标都可以替代任何可能发生的信用风险，进而反映在美国国债的价格之上，而我们要感谢安蒂·伊尔曼恩提出了这一论点。我们在本章简单地探讨一下主权信用的问题；后面的第 15 章和第 16 章将详细地介绍。

注 2：长期资本管理公司是一个对冲基金公司，其在全球固定收益市场上构建了非常大的、高杠杆的头寸，从而损失了大量的资金；而且，其对金融市场的影响导致了 1998 年的金融危机；最后，该公司由政府制订出资救助计划，被 14 家大银行收购。

注 3：UMTS 是通用移动通信系统的缩写，曾推进移动电话的第三代通信协议。在 2000 年，许多欧洲政府对"3G"频谱进行了拍卖，其中的收益远远超出了预期。而且，此笔交易为各国政府带来了一笔一次性的"横财"，因此，他们制订计划、减少了政府债券的发行数量。

注 4：这些政府的资金一般被称为资本，但在很多情况下，他们采取了所需的贷款形式，即需要偿还，而不是以股本的形式存在，其可能具有真正"吸收"相关损失的潜力。

第10章

作为政府债券相对价值指标的互换利差问题探讨

本章概论

互换价差（掉期利差）通常用来评估债券之间的相对价值。例如：在两种债券之间，许多比较平价资产互换的投资者会发现，价差较大的债券也是两者之间价格较高的那个。最初，这样的结论在直觉上似乎是合理的。由于面值较大的债券所相关的资产互换价差会让投资者在同等的初始投资阶段所获得的回报更少，因此，该债券应该被视为具有更高的价格。然而，在本章中我们会发现：在情况复杂时，前面这样的比较充满了争议。在试图使用互换曲线来评估债券之间的相对价值时，投资者应谨慎行事。事实上，我们认为：互换曲线永远不应该被用于评估债券之间的相对价值。在讨论得出如此有力的结论之前，我们可以先行审视投资者通常使用的方式，即凭借互换曲线来判断两个主权债券之间的相对价值。

以互换价差作为相对价值之指标的典型用法来评估政府债券

1. 平价资产互换价差

最初，平价资产互换价差似乎是一个理想的衡量债券之间相对价值的指标。例如：我们考虑两种到期日相同，但票息率不同的债券，比如 10% 的债券以 LIBOR-40 个基点（bp）进行平价资产互换交易，而 5% 的债券以 LIBOR-35 个基点进行平价资产互换交易，那么，票息率 10% 的债券就会成为更贵的金融工具。同样，对于相同的 100 美元初始投资而言，票息率 10% 的债券的收益低于 5% 债券的收益$\left(因为——价值 V = \dfrac{价格P}{1+10\%} < \dfrac{价格P}{1+5\%}\right)$。所以，结构干净的平价资产互换价差使债券相对价值的比较变得相对得简单。

2. 内插资产互换价差

一些投资者担心：在债券的比较过程中，上面的例子没有那么简单，因为两个平价资产互换涉及不同规模的互换交易商的预付款问题。例如：如果 5% 的债券是按面值平价交易的，则不需要预付款，而 10% 的债券可能涉及交易商大量的预付款，为了减轻任何因不同的预付款项而可能导致的问题，一些投资者更喜欢比较在同一期限内债券的收益率与债券平价互换利率，其间产生的差异通常被称为"内插（嵌）式互换价差"，因为债券的到期日不太可能与市场上报价的年度互换的时点相重叠，因此，我们需要插入相应的互换比率。在上面的举例中，我们假设票面利率 10% 的债券的收益率是 4.98%，5% 债券的收益率为 5%，与这些债券到期日相同的互换利率为 5.35%，在这种情况下，10% 和 5% 债券的内插互换价差分别为 37 个基点和 35 个基点，如此，票息率 10% 的债券似乎再一次显示出较昂贵的价值。

这里需要注意的是：在上述这个例子中，我们可以得出的结论是，仅通过比较收益率，票息率 10% 的债券比 5% 的债券更昂贵。因为在这个例子中，我们假设这两种债券有相同的到期日。当然，实际情况并非如此简单。

3. 完全资产互换价差

虽然一些投资者会利用内插互换价差来缓解资产平价互换价差可能面临的困境，但其他投资者则会利用"完全资产互换点差"。像内插互换价差一样，完全资产互换点差不涉及预付款；与平价资产互换一样，完全资产互换是一个现金流匹配结构（即互换当中固定现金流的日期和金额与债券的票息日期及票息大小是相同的）。

对政府债券而言应用互换价差作为相对价值指标之方法的相关问题分析

1. 内插式互换价差的问题分析

对债券而言，内插互换价差作为相对价值指标所存在的问题是最容易识别的，所以，我们从这个情况开始分析，在之前息票率 5% 和 10% 债券的例子中，我们假设收益率曲线向上倾斜，同时也假设两个债券都符合政府债券曲线的运行路径，那么，假设这两个债券到期日相同且具有可剥离性，并且，即使在该债券和其剥离后不存在买卖价差的假设情境之下，重组套利的机会依然为零。

在上述这些假设条件下，我们可以从数学上证明：票息率 10% 的债券之收益率必然低于 5% 债券。直观地说，这一结果是由于 10% 的债券拥有更多的现金流且以相对较低的利率折现，因为它有更多的票息。因此，10% 的债券必然会有更大的内插互换价差。在这种情况下，根据内插互换息差，10% 的债券看起来是更加昂贵的——尽管在这个例子中，两个债券均通过构造进行了合理估值。正如这个简单的例子所示：相对于两个债券而言，内插互换价差是一种具有本质缺陷的相对价值的衡量方法。

2. 平价资产互换问题之所在

平价资产互换是一种现金流匹配的结构。因此，平价资产互换价差与内插互换价差没有同样的缺陷。然而，它确实存在更多与息票相关的微妙问题。

针对债券之间相对价值评估指标的平价资产互换价差存在的问题可以通过一种实证模式来观察，即我们先假设 5% 的债券有一个完全公允的价值，同时，在某种意义来说，即使假设买卖价差为零，该债券与市场上的零息债券之间也没有重组套利问题，且假设买入价 / 卖出价间的点差为零。现在，我们逐渐增加 5% 的债券的票息率，直到使其变成 10% 的债券，在整个实证过程之中，我们假设此债券是零息债券且继续拥有一个完全公允的价值，然后，我们会观察到——随着债券票息的增加，平价资产互换价差的波动变化轨迹。

当债券的息票增加了 10 个基点，从 5% 增加到 5.10% 时，债券价格也会上涨。假设这个债券价格上涨了 70 美分——从 100.00 涨到 100.70。为了看到此等变化情境对平价资产互换价差的影响度，我们来回顾一下相应点差的计算方法。

资产互换的票面价值是通过债券现金流的贴现来计算的，即用互换曲线确定贴现率，进而计算相关债券的现值 [1]，我们称之为债券的"互换曲线现值"。而平价资产互换价差与年金的现值相同，年金现值则是债券的市场价格和互换曲线所确定的相关现值之间的差额。

如果互换利率的期限结构一致大于政府债券收益率的期限结构，那么，在我们提高债券息票率之时，债券的市场价格的增长幅度比债券互换曲线确定的现值要大，因为与政府债券的曲线相比，互换曲线将涉及更高的贴现率和更低的贴现系数。在我们的例子中，票息增加了 10 个基点，而债券价格上涨了 70 美分，但是，互换曲线现值的增量要少一些，比如说 65 美分——因此，债券市场价格与互换曲线确定之现值的差异增加了 5 个美分，所以，以资产互换价差的现值作为面值的年金必须增加 5 个美分，因为在这个例子中，互换曲线的走势没有变化，而唯一让相应现值改变的方法是增大资产互换价差的规模。换句话说，增加债券的票息率就会增加平价资产的互换价差，即使以政府债券曲线测量的债券价值被认为是完全公允的也改变不了这种状况。我们有必要从这个例子得出相关的结论，即对于不同的息票率而言，两种具有公允价值的债券几乎总是会有不同的资产互换的价差，即使它们的到期日相同也不例外。由于这个原因，作为两种债券之间相对价值衡量指标的平价资产互换价差也会受到票息效应的影响，因此，这是一种不恰当的衡量标准。

这里需要注意的是：此处的票息效应与我们上面所讨论的票息效应不同。如果收益率曲线是平坦的，那么，"收益率"的票息效应在任何时候都不是问题，但是，即使收益率曲线是平坦的，"平价资产互换价差"的票息效应也会变成一个问题。只有当互换曲线与政府债券曲线相同时，这种平价资产互换价差票息效应才不会成为问题，此时，平价资产互换价差是微不足道的且近似地等于零。

3. 完全资产互换价差存在的问题

要知道：完全资产互换价差也存在着类似的缺陷。现在，请回想一下：完全资产互换的价差等于平价资产互换价差乘以面值，再除以债券的全价（包括净价和应计利息现金流的现值）[2]。如果在债券的票面利率上加入若干基点，那么，平价资产互换价差会随着每一个基点而增加一个"常量"；而平价资产互换价差变化至完全资产互换点差的过程中，只有在平价资产互换价差按照每个基点对应减少相同的常量时，完全资产互换的走势才能在实证检验中保持不变。由于情况并非如此，因此，随着债券票息增加基点，完全资产互换价差也会发生变化。因此，完全资产互换价差也存在类似的缺陷，我们可以得出结论：在对债券之间相对价值进行衡量时，完全资产互换价差指标也是不合适的。

解决上述问题的策略分析

1. 零息票资产互换价差

（1）方法论

到目前为止，我们关注的是息票效应的影响度，从而应用互换价差对不同债券的相对价值进行比较。由于零息债券不存在这样的问题，所以，我们可以考虑不同零息票之间的相对价值是否可以通过相应互换曲线的比较来确定。举个例子：假设我们有两份零息政府债券，一种是 10 年期（10Y）债券，互换价差为 50 个基点；另一种是 9 年期债券，互换价差为 45 个基点——假设每个互换价差可计算为债券收益率与零息利率之间的差额，而且，其到期日与用互换曲线计算出的债券的到期日相同，那么，我们有理由要求 10 年期零息债券必须比 9 年期债券昂贵吗？

（2）此方法的问题

在上述这种情况下，答案无疑是否定的。正如我们在上一章所说：公平的互换价差是

LIBOR 利率 - 回购利率预期值的函数，还有，我们预设的远期 LIBOR 利率 - 回购利率间的息差将导致 9 年期和 10 年期的互换价差看起来似乎是一个公允价值。而我们可能会尝试应用互换价差作为相对估值的指南，其间唯一可能的时间序列是：远期 LIBOR 利率 - 回购利率的息差为负值（即远期回购利率高于远期 LIBOR 利率）。除非有一些特殊情况，例如存在不同的税收待遇，否则无担保的 LIBOR 利率绝不应低于有担保的回购利率，LIBOR 利率 - 回购利率的息差也不应是负值，即使从远期来看也不例外。[3]

上述这种方法的另一个问题是：LIBOR 和回购利率之间的息差应该是利率水平的函数。即使 LIBOR 利率项下隐含的违约概率保持不变的情况下，由于回购利率水平的上升，LIBOR 利率 - 回购利率间息差的预期值也会因之而增加，如第 8 章所述。

如果 9 年期远期的 1 年期利率高于曲线上前 9 个一年期远期利率的加权平均的现值，那么，在相关曲线之上，9 年远期的 1 年期 LIBOR 利率 - 回购利率的息差将大于前九个 1 年期 LIBOR 利率 - 回购利率息差均值的贴现值。在这种情况下，10 年期债券公平的零息互换价差将大于 9 年期零息债券的互换价差值。从这个例子中，我们看到：一个简单的、未经调整的比较零息互换价差的方法是不适合评估零息债券之间相对价值的。

2. 计算隐含违约概率——调控相应的依赖（置信）水平

（1）方法论

由于 LIBOR 利率 - 回购利率之间的息差是短期利率水平的递增函数，所以，如果试图对此项进行调控，那么，我们可以根据互换价差的期限结构来计算隐含的违约概率的期限结构，不过，我们这里假设这里的违约概率不是随机的。例如：利率互换曲线和政府债券曲线上 1 年期零息票利率可能预示的情境是：LIBOR 利率所隐含的第 1 年的违约概率是 1%，而如果我们知道第二年年底隐含的违约概率是 3%，那么，我们可以计算第 2 年一整年的违约概率是 2.02%，条件是第 1 年没有发生违约事件。如此，我们便可以通过互换价差的期限结构来构造 LIBOR 利率相关的条件违约概率的期限结构。而由此生成的期限结构将会掌控一个实际情境，即公允的 LIBOR 利率 - 回购利率间息差（也就是公允的互换点差）是利率水平的增函数。

（2）此方法的问题

与零息互换价差的方法不同，这种方法确实可以有效地控制利率水平沿收益率曲线而变化的路径。但是，该方法也有一个类似的缺陷，即它没有告诉我们公平的条件违约概率应该是多少。相对于银行系统的历史违约率来说，5% 的数字似乎很大，但是，我们需要记住：这意味着隐含的违约概率不是主观概率（即代表在现实世界中可观察事件的发生频率）。

正如我们在"互换价差理论决定因素"那一章中所讨论的：这些概率仅仅是风险中性的概率；换句话说，它们是按风险溢价进行调整之后的概率。除非知道风险溢价的调整幅度，否则，我们无法应用主观概率来显示市场群体对未来违约不确定性的担忧。

作为这些概率的下限，我们可以说：它们应该是正值。而蕴含于互换价差期限结构之中的呈现负值的条件违约概率将表明：相对于期限较低的互换利差而言，沿着曲线运行的某些互换价差的波幅则过于狭窄了。

3. 交叉货币利率互换价差的比较模式分析

在根据同一曲线上讨论评估不同债券之间的相关性以及相对价值，且得出一般结论之前，我们需要简单阐述一下如何应用互换价差来评估以不同货币计价的债券之间的相对价值。

这里需要注意的第一点是：交叉货币利率互换价差同样受到我们上面讨论的所有问题的影响。因此，我们不能将它们作为以不同货币计价的债券之间相对价值的评估指标。而且，交叉货币利率互换价差比较模式之中还存在着一个额外的缺陷。

为了解析上述这个额外缺陷的性质，我们可以执行另一个理论实证机制，即假设我们知道所有的德国国债回购利率总是比欧元银行间同业拆借利率（以下简称 EURIBOR）低15 个基点，同时，美国国债的回购利率总是比美元的 LIBOR 利率低 25 个基点，另外，我们假设 EURIBOR 利率和美元 LIBOR 利率之间的基准互换的保证金总是等于零。那么，德国国债相关的跨货币资产互换点差交易的保证金可能低于 LIBOR 利率 15 个基点。最初，德国国债相关的跨货币资产互换交易的保证金比 LIBOR 利率低 25 个基点，似乎在某种意义上比美国国债便宜；但是，如果德国国债能够以 EURIBOR 利率 -15 个基点的水平用欧元获得，而且，如果 EURIBOR 利率 -LIBOR 利率基点互换的价值总是等于零，那么，德国国债所融资的欧元可以按 LIBOR 利率 -15 个基点的水平互换成美元。如此，以两种货币计价的回购利率与资产互换之间的持有成本都可以归零，那么，德国国债就会显示出公允的价值了。

上述这个理论实证的教训是：我们不应该直接比较同一货币的两种债券的资产互换的价差。相反，融资性资产互换的持有成本应该按同一货币进行比较。

结论

正如我们在概述中所提到的那样：将资产互换的价差作为评估债券之间相对价值指标的做法比较普遍，然而，在本章中，我们认为这种做法很有问题。事实上，我们认为：相关的问题过于复杂，所以，相对于各类债券而言，互换价差不能作为相对价值的评估指标而被使用。

在我们看来，通过互换曲线来确定两种债券之间相对价值的方法是不可接受的。考虑到互换价差作为相对价值指标是一种流行的做法，因此，我们的结论看起来可能有点激进。然而，其中的问题我们在本章中已经讨论过了，即以互换曲线作为评估债券之间相对价值的工具的做法是不适当的。

在我们看来，评估一条曲线上不同债券之间相对价值的更好的方法是，使用已经检验证明过的可靠的方法来拟合一条零息债券曲线去观测政府债券的价格。虽然在应用此种方法时要面临重重的困难，但是，相应的问题是实际的，而不是理论的，其可以通过债券分析师的认真工作来克服，对此，我们会在下一章中讨论。而我们在本章中看到的情境是：其间使用的指标不应是资产互换的价差。

注 1：这一论点可以推广到隔夜指数互换利率（OIS）曲线所显示的情况下，即用于所有现金流的折现。其中，只要 OIS 利率的期限结构和国债收益率的期限结构不相同，该结论是一致的，而政府债券收益率的期限结构则是不相同的。

注 2：债券的"全价"＝债券的净价＋应计利息。

注 3：正如我们在第 9 章中所讨论的那样——自 2007 年始于次贷问题的危机之中，一些被观察到的债券收益率高于同等期限的互换利率，这里有多种因素，其中包括不可忽视的主权违约风险；减记幅度较高，从而导致更高的融资利率；同时，还有对银行资本、杠杆率和流动性的监管限制。

第11章

拟合债券曲线

本章概论

在发行的债券中，哪些是昂贵的、哪些是廉价的呢？我们又是怎么知道的呢？要回答这些问题，我们首先需要在相应的情境之下定义"昂贵"和"廉价"这两个名词。

毫不奇怪，考虑到本书的主题是相对价值，所以，我们将用"相对"而不是"绝对"的概念来定义这些词汇。特别是在相应的条件信息下，如果一只债券的价格比我们所预期的更高，我们就说这只债券"昂贵"——其中包括但不限于相同发行人所发行的债券的价格。其他的可知信息包括：该债券在回购市场中是否具有特殊性，该债券是否可在期货合约中交割，以及债券的流动性是否是用其买卖价差来衡量的。

分析框架

无论何时，当我们根据一系列的信息条件做出"预期"之时，那我们所进行的就是"回归分析"。特别是，在任意时间点上，我们可以指定数据集合当中每一份债券的价格作为因变量，相应的条件信息作为自变量，那么"横截面"回归的方程 11.1 为：

$$P_i = A(\Theta_i; \alpha) + B(\Psi_i; \gamma) + \varepsilon_i \tag{11.1}$$

其中，P_i 是数据集合当中第 i 份债券的价格，且 $i=1, \cdots, N$；$A(\Theta_i; \alpha)$ 是向量参数 α 和 Θ_i 的函数，而 $2 \times M_i$ 纬度数组表示的是成分债券 i 的现金流 M_i 的日期与规模；$B(\Psi_i; \gamma)$ 是第 $k \times 1$ 个向量参数 γ 与 Ψ_i 的函数，其包含的是自变量，而不是我们根据债券价格做出条件预期而生成的现金流的日期和金额；ε_i 是随机误差项——在数据集合当中，其相应于每份债券是相对独立的。

在上述方程中，我们通过相应的理念来表明：此回归属性适用于任意的、全部的时间序列。例如：在没有一般性损失的情境下，我们可以在某一时间序列下为方程 11.1 的所有变量和参数添加"下标"。

相对于 ε_i 项而言（$i=1, \cdots, N$），其所代表的是：数据集合之中各种债券的"昂贵"和"廉价"程度，如果它的数值为正，那么，相关的"问题"债券的价值则是"被高估"的。由于函数 $A(\Theta_i; \alpha)$ 包含的是附息债券的现金流，而附息债券的价值是单独现金流价值的线性函数，所以，函数 $A(\Theta_i; \alpha)$ 的普通公式为：

$$A(\Theta_i; \alpha) = \sum_{i=1}^{M_i} C_{il} \phi(\tau_{il})$$

其中，C_{il} 是债券 i 的第 i 笔现金流，$\phi(\tau_{il})$ 是第 i 个债券第 i 笔现金流相关的折现因子，此笔现金流的收讫时间点为 τ_{il}。

这里需要记住：在债券集合中，判断一只债券在债券集合中是昂贵还是廉价的关键为，如何确定一个在任意特定时点普遍适用的合理的贴现函数 $\phi(\tau)$。

相对于标准的回归方程而言，只要我们对误差项设定一个假设的概率分布情境，那么，我们就可以运行相应的方程了。我们假设方程 11.1 当中的误差项彼此独立，呈正态分布，且均值为零。现在，我们假设：所有误差项的方差相同，那么，在普通最小二乘法下（OLS），α 和 γ 的最大似然估计值都是相同的。而如果我们有理由相信误差项具有异方差性，那么，我们就可以用加权最小二乘法（WLS）替代普通最小二乘法。

为了使回归方程 11.1 具有可操作性，我们需要明确回归方程的两个方面：一方面，我们需要确定折现因子 $\phi(\tau)$ 的函数形式；另一方面，我们需要根据影响债券价格的因素明确相应的自变量。

确定折现因子的函数形式

我们可以按债券面值的百分比作为折现因子来表示零息债券的价格。在相应的背景下，我们假设：在任何时间点，相对于在未来到期的零息债券来说，都存在着唯一的折现因子。而无套利假设确保了每个折现因子的唯一性和非负性。

在过去，通常会假设折现因子不大于 1，从而排除负利率的情境。这种假设的理由是：投资者可以选择把他们的钱藏在床垫下而不是接受负利率的存款。但是，最近几个季度的利率水平接连不断地呈现负值，如此表明用以保护资金不受负利息影响的安全垫（资金池的规模）有些不足。从更经济的角度来看，很显然，银行在为"储户"提供服务之时，它们更愿意以低于市场利率的形式支付利息，即使这意味着接受名义负利率也无所谓。

当为 $\phi(\tau)$ 选择一个函数形式之时，我们要满足两个标准条件，即：

标准 1——我们想要一个当时间趋于无穷时函数值趋于 0 的折现函数，其在时限内随着时间的增加而增加，即 $\lim_{\tau \to \infty} \phi(\tau) = 0$，其中，$\phi$ 是贴现函数，同时，τ 是相关现金流被接收的时间。

标准 2——为了防止套利情境，我们还需要设定 $\lim_{\tau \to 0} \phi(\tau) = 1$。否则，投资者就能够在到期日前购买（或出售）零息债券——瞬间赚取超过无风险利率的收益。

根据我们的经验，指数函数在这方面是很有用的，它们显然满足标准 1（简称 C1）和标准 2（简称 C2）。

例如：如果以连续复利指定收益率，那么，我们可以使用方程式，即

$$\phi(\tau) = e^{-h(\tau)} \tag{11.2}$$

其中，$h(\tau)$ 是关于 τ 的连续函数。

只要 $h(\tau)$ 是有边界的，那么，方程 11.2 就满足以上 C1 和 C2 的条件。实际上，在这种情况下，有界性是一个非常强的条件。例如，如果 $h(\tau)$ 是一个 τ 的多项式，那它也将满足 C1 的条件，因为所有多项式的增长速度比指数函数慢。然而，如果不使用数学论证，用经济学来解释无边界收益率曲线的概念就很困难，所以，我们强烈建议假设这里的函数为有界函数。

若非必要，设定一个于 $\tau \to \infty$ 之时 $h(\tau)$ 趋于一个极限值的函数形式也是很好的（注意：多项式不满足这个标准）。根据 $h(\tau)$ 的函数形式，给收益率曲线设定一个函数形式比直接给折现因子设定一个函数形式的要强得多。这样除了可以更轻易地满足条件 C1 和 C2，在曲线拟合过程中，为零息债券收益率曲线设定函数形式的方法还能够为分析师提供更强的直觉。例如：对于 7 年期和 10 年期债券而言，如果拟合曲线生成的模型收益率出现系统性过高的现象，那么，对收益率曲线函数的更改过程要比对可能包含 10 个以上折现因子的成分函数的更改过程更容易一些（指的是零息债券价格）。

最终，我们需要选择一个具有适用性和易用性的函数，进而使相关的分析人员能够运用相应的模型。

相关权重

到目前为止，我们一直假设误差项具有相同的分布形态，其均值为零、方差值相等。如果我们有理由相信误差项的方差值不相等，那么，我们就可以修改相关的方法，使其进而适应权重最小二乘法（WLS）。换句话说，我们可以使选择的参数最小化，即

$$\sum_{i=1}^{N} \frac{\varepsilon_i^2}{U_i}$$

其中，U_i 是假设的权重值——与随机误差项 ε_i 之方差值成正比。

根据我们的经验，有一些标准可以帮助指导我们在相应的情境下选择合理的权重值，即

- **基点价值性**：一些分析师认为，具有较大基点值之债券的价格在被衡量时的精确度较低，而且，其误差比具有较小基点值之债券的大。特别是，如果拟合收益率的误差项的方差值被假设是相等的，那么，拟合价格的方差值与债券的基点值就很难成正比。
- **可交割性**：在关于期货交割、期权以及可交割至期货合约之债券的章节中我们讨论过，可交割债券的价格的波动率要大于那些类似的不可交割债券的价格波动率。
- **回购的特殊性**：在回购市场经历阶段性特殊情境之债券的现货价格的波动率要高于其他债券。

最后，由于误差项的异方差是一个经验值。所以，我们建议：分析人员应该根据所分析的市场行情来决定使用何种形式的异方差的数值。

范例情境：德国国债拟合曲线

1. 附加条件变量设置：德国国债 / 使用规模 / 时效 / 最合算 CTD 债（最廉券）的状态

为了更好解释前述概念，本节将通过具体的例子进行说明。在本例中，我们使用德国 2012 年 12 月 7 日付息式的长期国债、中期债券和短期债券的收盘价作为额外的自变量，其中包括：

- **发行时间**：对新发行的债券的需求可能大于老的债券。
- **发行规模**：要达到基准状态，即债券需要按足够的规模发行。
- **最廉券状况**：CTD 券转换成期货合约的定价机制可能与其他债券的不同。

这里需要注意的是：对三个变量的系数进行理论论证之时，它们可以是正值，也可以是负值。例如：如果基准债券可能更容易被卖空，那么它相对于其他债券而言显得便宜一些；同理，如果最廉券更容易被做空，那么，其价格很可能低于预期的水平。最后，系数的符号由相关的数据决定。

我们的解释变量列表并不意味着是详尽无遗的。比如：回购特性可以作为一个变量，而最近一段时间内最廉券是否具有更加廉价的空间，或者是否有可预期的更加廉价的空间也可以作为一个变量。但是，出于举例的目的，我们将集中于解析上述的自变量。

图 11-1 显示了 2012 年 12 月 7 日（星期五）付息式德国国债相关之收益率的期限结构，其中不包括到期时间少于一年的债券，因为我们发现：货币市场工具最好是单独建模[1]。

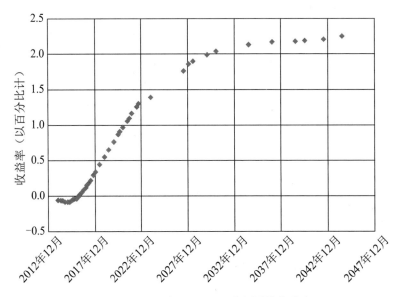

图 11-1　2012 年 12 月 7 日德国国债收益率

表 11-1 显示了发行的可交割成短期（Schatz）、中期（Bobl）、长期（Bund）德国国债和德国政府债券（Buxl）期货合约的债券情境（息票率和到期日）——期货到期日为 2013 年 3 月。

表 11-1　可交割成 2013 年 3 月期货合约的债券情境

短期国债期货	中期国债期货	长期国债期货	政府债券期货
BKO 债券——票息率 0%；发行至：2014 年 12 月 12 日	DBR 债券——票息率 4%；发行至：2018 年 1 月 4 日	DBR 债券 —— 票息率 2%；发行至：2022 年 1 月 4 日	DBR 债券——票息率 4.75%；发行至：2040 年 7 月 4 日
DBR 债券 —— 票息率 3.75%；发行至：2015 年 1 月 4 日	OBL 债券 —— 票息率 0.5%；发行至：2017 年 10 月 13 日	DBR 债券 —— 票息率 1.75%；发行至：2022 年 7 月 4 日	DBR 债券 —— 票息率 4.25%；发行至：2039 年 7 月 4 日
OBL 债券 —— 票息率 2.5%；发行至：2015 年 2 月 27 日	DBR 债券 —— 票息率 4.25%；发行至：2018 年 7 月 4 日	DBR 债券 —— 票息率 1.5%；发行至：2022 年 9 月 4 日	DBR 债券——票息率 3.25%；发行至：2042 年 7 月 4 日
OBL 债券 —— 票息率 2.25%；发行至：2015 年 2 月 10 日			DBR 债券——票息率 2.5%；发行至：2044 年 7 月 4 日

注：BKO/DBR/OBL：债券的种类或代码

资料来源：彭博社

我们以某种方式定义可交割变量的理念是：可交割变量不是简单地将可交割的债券设置为 1，否则为 0。相反，如果债券是可交割的，那么相应变量则被设置为等于该债券 1 个基点的价值；否则为 0。因此，相应变量的系数则可以被解析为基点数值，据此，当相关债券可以成为可交割的期货合约之时，其价值则趋于"昂贵"（会被"高估"）。

2. 为相应收益率曲线选择合理的函数形式

接下来，我们需要指定一个合适的 $h(\tau)$ 的函数形式，进而运行相应的程序。特别是，我们要寻找一个良好的有界函数，且当 $\tau \to \infty$，其极限只为正值。

在过去，许多分析人员在使用三次幂的样条函数时都会小心翼翼选取结点，从而在求一阶导数时保证相关函数的连续性，进而实现函数的"平滑"性。

但是三次幂的样条曲线经常被证明不是最理想的目标，并且，函数的测试结果可能对结点的数量和位置特别敏感。

因此，我们倾向于指定一系列"锚点"，即相应的函数必须通过这些锚点，然后在这些锚点间才能运行相应的非线性的插值。特别地，分析师可以选择各锚点的水平坐标，那么，相应的垂直坐标锚点就可以被用来作为调节函数的系数，进而解析参数相关之函数所测试的结果。在锚点之间，函数值的选择是为了确保函数具有最大的平滑度——这里定义为函数之二阶导数平方的积分值。

为了便于演示，我们选择设置带有到期日的锚点（年份），即：0、0.5、1.0、1.5、2、5、7、10、12、15、20、30 和 35，进而得到的回归方程的残差值，如图 11-2 所示。

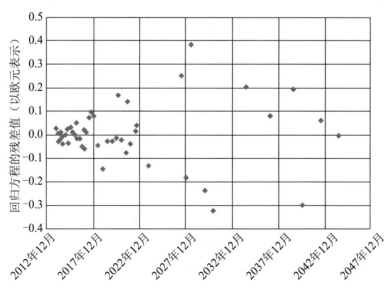

图 11-2 以欧元显示的德国国债相关的残差值

3. 评估相关测试的拟合质量

残差的绝对值的平均值是 9 美分。当解释这个图的时候，我们可以注意到误差项具有异方差性。尤其是对于期限较长的债券来说，残差项更大，基于这一点，我们在图 11-3 中刻画了债券基点价值的残差项。

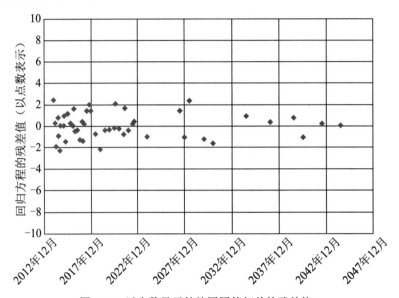

图 11-3　以点数显示的德国国债相关的残差值

这里，残差绝对值的均值是 0.9 个基点，只有一个残差项小于 –2 个基点，而有两个残差项大于 2 个基点。最大的正残差值是 2.3 个基点，最大的负残差只有 2.2 个基点——有了这些结果，相应的拟合质量似乎令人满意[2]。

4. 解析相关的回归系数

表 11-2 显示了相应规模、期限以及可交割变量的系数

表 11-2　德国国债相关的回归方程的系数

自变量	系数估值
未偿余额（以 10 亿欧元计）	0.025 欧元
发行期限（以年计）	0.027 年
短期国债（以点数计）	3.6 个基点
中期国债（以点数计）	2.8 个基点
长期国债（以点数计）	2.1 个基点
政府债券（以点数计）	2.4 个基点

表中，未偿金额的系数表明：较大发行数额的债券往往是更昂贵的——这与市场当中既存的基准效应是一致的。特别是，一个额外的 10 亿欧元的未偿债务相当于债券价值增长 2.5 个美分。

债券的期限系数表明：债券倾向于随着期限的延长而贬值——这也与基准效应相一致，同时，其也许和回购效应是一致的。特别是，于德国市场，在其他条件相同的情况下，债券往往以每年 2.7 美分的价格而贬值。

可交付性变量的测试结果大致相似。特别是，可交付的短期、中期、长期、政府债券的期货合约的收益率往往比其他债券低 2～4 个基点。其中，短期债券期货合约的"溢价"最大——这或许不应令人惊讶，因为对于可交割成短期合约的债券而言，其基点值确实太小了。

债券贵（升值或较强）/ 贱（贬值或较弱）数值的统计分析模式

根据我们的经验，个别债券的高 / 低指标值通常会回归至均值为 0 的状态之下，但是，实际情况并非总是如此。例如：在某些情况下，债券被高估是结构上的原因造成的，而相应贵 / 贱指标值将围绕着这个结构性的因子而回归至一个数值附近。

在其他情况下，债券的昂贵/廉价的指标值不会表现出任何特定的均值回归的变化属性。虽然在既定的具有经济含义的推论当中，我们不愿意假设相关的昂贵 / 廉价指标值是非平稳的，因为对于一个时间序列来说，无法显示明显的均值回归属性会使我们很难估计均值回归的速率——即使我们有理由且可先验地证明相应的假设指标已经回归至均值附近，也没有说服力。

1. Z- 分数与 T- 统计量

根据我们的经验：许多分析师都会计算与长期均值之间的偏差指标值（即标准差），且通过相应的强 / 弱指标来对均值回归的形式进行建模。例如：如果一种债券目前看起来有 10 美分的溢价，而如果其平均的升值幅度程为零，且如果该债券标准的升 / 降指标的标准差是 5.0，那么，该债券的 Z- 分数或 T- 统计值[3] 为 2.0，即从当前值中减去均值，并将结果除以强 / 弱指标的标准差，在本例当中为：

$$\frac{10-0}{5}=2$$

上述这种方法明显的问题是：它忽略了强 / 弱指标均值回归的速率所包含的数据信息。例如：如果在我们的例子中，债券价格强 / 弱指标值每天呈现独立的、相同的分布状态，那么，我们对下一次该债券到期时强/弱指标的预期观察值都为零，且与指标的当前值无关。

另外，如果我们债券的强/弱指标表现出缓慢的均值回归态势，例如200天的半衰期，那么，我们对债券价格未来强/弱指标的预期值与该指标于今天的数值几乎是相同的。在这个例子中，Z-分数值是2.0，如此，相对于我们所应该预期的第二天债券价格的强/弱指标值而言，这个测试结果几乎什么作用也没有。

2. 均值回归性

在大多数情况下，我们有强烈的先验性的理由相信：债券的强/弱指标往往具有均值回归性。而根据我们的经验，这些指标的均值回归性也可以通过实证的方式得以证明。

因此，我们建议：应用第2章的均值回归模型，进而在曲线拟合中对相应的强/弱指标进行测试分析。

例如：我们发现强/弱指标的"半衰期"数据是有用的，现在假设它们遵循随机微分方程且具有线性的漂移系数，即遵循OU过程。更加普通的是，我们发现：在一段时间区间内（如两周），预先计算强/弱指标和夏普比率的方法是很有用的。

相关理论的适用范围

1. 转换式和蝶式的债券交易模式

一个相对价值分析师或交易者甄别较昂贵或较便宜之证券的主要方法之一就是在交易当中寻找具有相对优势的债券。对于对冲基金交易员来说，这可能意味着：建立一个债券的空方头寸并用相近的债券的多方头寸对冲相近之债券的多方头寸；而对于养老基金相关的投资组合经理来说，这可能意味着：平掉一个现有债券的多方头寸，并使用获取的资金购买期限相近的债券，从而得到更大的收益——我们这里对前述的这些交易统称为"债券转换交易"。而当一个较便宜（或较昂贵）的债券被买入（或被卖出）之时，进而对冲两种债券的头寸（一种债券的期限较短，另一种则期限较长），我们则称之为"蝶式债券交易"[4]。

在对债券的强/弱指标进行分析时，存在一个隐含的假设条件，即目前昂贵的债券应该会被预期在将来变得便宜；而目前较便宜的债券应该被预期在将来会变得较贵。但是，情况不一定是这样的，而且，谨慎的相对价值分析师会试图找出债券升值或贬值的原因，从而对相关债券的未来情境形成合理的预期。例如，一个债券在回购市场受到抢购，那么，其现货价格看起来可能比其他债券的价格昂贵，但是，这种行情走弱之前的挤压模式可能会先行加剧，从而损害那些做空的交易者。为了防范发生类似情况，我们建议注意：交易者需要理解相对估值的变化情境，而不仅仅是假设债券会回归公允价值。我们并不总是需要推敲债券升值或贬值的原因，老实说，这并不总是必要的，但是，如果这样做了，那当然需要非常谨慎。

2. 为相关交易选择合理发行的债券

这里所描述分析的债券的升值 / 贬值情境在进行鉴别时是一个很有用的表达意见的具体工具。例如：假设一个分析人员应用如第 3 章所述的收益率曲线相关的主元分析方法（PCA），并决定利用曲线的陡峭程度在 2 年期和 10 年债券期板块之间进行交易；同时，根据第 8 章和第 9 章的内容，我们进一步假设他分析了互换的期限结构，进而得出 10 年期债券的互换率可能存在下跌的行情，那么，他决定"用脚投票"，在相应板块当中做空 10 年期债券。在这一点上，他可以使用本章中所阐述的相关债券行情之强 / 弱指标来进行分析，如果可能的话，可以结合第 2 章之中的均值回归分析方法来确定相应板块中特定的 10 年期债券进行"做空"交易。

3. 预期新发行债券的定价机制

有时在公布之前，预测新发行债券价格的方式也是有效的。例如：有些时候，新发行的德国短期债券已经被视为最廉券，且可融入短期期货合约，而这些通常会根据固定的时间表发行，所以尚未公布的债券可能会对期货合约的定价机制产生影响。

我们甚至可以在宣布新发行债券之前对期货合约的公允价值进行评估——在这种情况下，我们可以预测出债券的息票率和到期日，同时，也能预测相关债券在发行时于曲线之上显示的升值幅度。如此，相关分析师可以假设一个现货价格和债券的息票率，从这些情况来看，我们可以计算出转换因子和基点的数值。另外，通过假设新发行债券的回购利率，分析师可以为新发行的债券计算假定的远期转换价格；而且，期货合约的定价模式也可以按照第 5 章所讨论的思路进行。

4. 创建通用的概念标准

有些时候，一个相对价值分析师会跟踪名义债券的基准价格或收益率（即实际上存在的债券）。例如：我们可能想比较以面值交易的 10 年期债券的恒定的到期收益率与 10 年期互换的利率，在这种情况下，我们需要为此目的创造一种合成债券或名义债券。

含有贴现率的拟合曲线可以求解名义债券的票息规模，进而使名义债券的价格等于其平价数值，这个过程可以用数值方法来完成，但也可以这样做，即通过折现函数进行代数求解。

特别的情境是：如果 Z_{10} 是 10 年期零息债券的价格，且于到期时支付 1 美元的利息；而如果 A_{10} 是年金的价值，且在每个有问题的名义息票债券所设定的付款日期（即名义付款日期）支付一美元，那么，票息的规模为 C，而我们的名义债券之平价数值相关的公平或拟合的价格则由方程 $100=100Z_{10}+CA_{10}$ 所决定，而 C 所相关的方程为

$$C = \frac{100(1 - Z_{10})}{A_{10}}$$

结论

我们于本章的主要创新题材是：在回归的情境之下，把较昂贵和较便宜的债券放在一起进行分析，这是基于特定的一整套信息条件而选择的预期工具。近年来，在实时交易的环境下，计算机的运行速度已经足以满足非线性回归方程数值求解的需求，如此，与许多过去要依赖线性方程和 / 或简约计算模式的相关数理模型相比，我们可以使用一系列新的模型，从而提供更好的、更合适的数据。

在回归的背景下生成的实时拟合的曲线可以让我们使用回归残差值的测试结果，并将其作为实时的强 / 弱指标。在横截面之下，作为一种强 / 弱指标，这些回归残差值更有利于解析互换的点差，而我们在第 10 章也讨论了此种方法的不足之处。但是，除此之外，作为一种强 / 弱指标，回归残差值也适合于在相应的时间序列之下解析互换点差的相关问题。

例如：回归残差的均值被假设为零，因此，随着时间的推移，我们可以按均值回归的模式为每份债券的残差建模，进而把握相关债券行情回归其适合值的速率。

相比之下，特定债券相关的互换点差的公平价值可能会随着时间的推移而发生变化，出于第 8 章和第 9 章所提到的所有原因，其中包括不可观察的因素（如银行的权益资本）。因此，即使存在相应的可能性，然而，通过互换点差来识别错误估值的方法会使我们很难纠正错误的估值，进而量化相关的速率，这也是我们建议使用拟合曲线（而不是互换点差）作为债券相对价值评估指标的原因。

所以，债券行情强 / 弱程度的分析可以在测定哪些互换点差有可能扩大、哪些更有可能缩小的过程当中发挥其应有的作用，这就是我们所说的互换点差交易。现在，让我们把注意力暂时转到下一章。

注 1：在货币市场工具中，相对于长期债券而言，（包括期限少于一年的）较短期债券需要更大程度的分析精度，其中的原因很多。例如，货币市场工具对中央银行的政策尤其敏感。有时，我们观察到，在特定的央行会议之前或之后，各种处于到期日的债券之间存在着明显的不连续性。

注 2：考虑到残差以价格表现时会显示出一定程度的异方差性，而以基点表示时则此特征性不甚明显，因此，我们要在相应情境之下进一步分析加权最小二乘法（WLS）所存在的优势。

注 3：Z- 分数通常是指一个被降阶的正态随机变量，其是用一个已知的标准差来定型的，在这种情况下，变量的测试结果的分布情境也是正态的，其价值可以在标准正态分布表中进行比较；所谓 T- 统计量一词指的是被降阶的正态随机变量，其是用一个必须被估计的标准差来定型的，在这种情况下，我们假设相应的观测值是从正态分布中提取的，而且，方差的估计值服从卡方分布。另外，一个正态分布的变量与卡方变量平方根之间的比率则服从"学生 -t 分布"情境。在应用中，我们几乎总是需要估算标准差值，所以，学生 -t 分布状态可能更适合一些。

注 4：其目的是将这些转换的和蝶式的交易债券均包含在相应曲线的同一板块之中。否则，在不同到期日债券之间的转换情境会使相关曲线出现明显敞口头寸。

第12章

内嵌（插）式互换利差的相关问题浅析

近年来，相对于债券—互换的交易结构模型而言，内嵌式互换点差交易一直是遥遥领先的、最流行的模式。特别是，当我们考虑到抵押品和信贷费用时，在按平价模式进行的资产互换点差交易或全额资产互换点差交易的情境中，许多债券的交易价格远高于其票面价格。不过，尽管内嵌式互换点差交易看似相对简单明了，但仍存在一些分析师和交易员应熟知的问题。

当政府债券交易工具价格相对于互换市场行情反弹时，投资者常会做多债券，然后，以内嵌互换的形式支付固定利息，此种方式就会获利；而当政府债券交易工具的行情表现逊于互换市场行情时，该投资者就会赔钱。

但是，与资产互换交易不同的是，内嵌式互换之中的现金流并不完全匹配。当然，互换的期限与债券的期限是匹配的，同时，互换的名义规模也会使其自身的基点值（BPV）与债券的基点值相匹配。因此，相应的组合头寸对于债券和互换曲线上的微小的平行移动是不敏感的。

然而，随着市场行情的变动，互换交易的基点值和债券基点值的涨跌模式会以不同的速率进行，所以，相关组合的头寸不会保持"中性"的状态。换句话说，相关的头寸没有对冲较大规模的行情波动，它需要定期地重新加以平衡，进而恢复到中性的状态。

此外，我们不能保证曲线的变化情境是平行的。因为债券和互换的现金流不是精准匹配的，因此组合头寸对曲线的非平行变化较为敏感。缺乏现金流匹配的问题看起来很小，但其可能会引起很严重的后果，尤其是，对于大幅折价或溢价交易的债券而言，这将是一个重大问题。

为了理解上述的问题，我们考虑一个利率为 6.25% 的短期 DBR 债券相关的互换点差交易——其交易日期为 1 月 24 日，债券价格为 147.52，收益率为 1.595%，基点值为 13.01。另外，与债券到期日相等的互换交易的固定利率是 1.912%。而为了匹配债券和互换两种交易的基点值，互换交易的名义金额为 120 亿美元，与之相匹配的债券的账面价值为 100 亿美元。

债券和互换的现金流则如图 12-1 所示，而互换交易中的净现金流则如图 12-2 所示。

图 12-1　票面利率为 6.25% 的短期 DBR 债券与匹配的互换交易之 1 月 24 日现金流
资料来源：彭博社

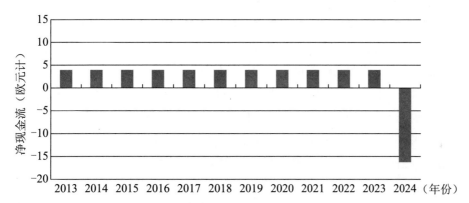

图 12-2　票面利率为 6.25% 的短期 DBR 债券相关的 1 月 24 日互换点差交易之净现金流
资料来源：彭博社

在图中，我们可以清楚地看到：于相应的情境下，现金流不匹配的程度是相当大的。本例中的现金流错配是指，某些交易者是在买入债券、用以对冲互换交易，他们通过把握相关曲线陡度的方式将相应的头寸内嵌在相关的交易中；而另一些人则是卖出债券，进而对冲互换交易的风险敞口，他们是通过辨识相关曲线平坦程度的模式将相应头寸内嵌于交易中。

上述这个例子有点极端，因为债券的票面利率率与互换交易的固定利率之差特别大。但是，这里提出的观点很重要。我们可以使用久期和 / 或基点值来计算对冲比率，从而将其他的（可能是无意的）交易风险敞口的理念引入相关交易中。如此，分析师和交易员至少应该了解这些意料之外的风险敞口，进而明确地判明这些风险是否存在以及如何管理。

第13章

不同货币间的基点互换（CCBS）

本章概论

我们在第 8 章和第 9 章所讨论的互换点差交易仅限于单一货币的特殊情况和无信用风险的情况。接下来，我们就要探讨这些问题了。在本章中，我们会介绍不同货币间基点互换（以下简称 CCBS）的相关理念；在接下来的章节中，我们将讨论如何把 CCBS 分析理念扩展到比较多种货币计价之债券的相对价值方面。

在第 15 章中，我们会讨论信用违约互换（CDS）工具的特性和潜在的缺陷；然后，在第 16 章，我们将进一步讨论 CDS 的扩展分析模式，其中包括有违约风险的债券。

第 14 章和第 16 章有两个函数：首先，其让我们把分析扩展到不同货币计价和 / 或面临违约风险的债券；其次，它们扩展了相对价值交易的范围。

例如：为了识别有吸引力的相对价值的交易契机，我们应用了主元分析方法（PCA）去判定 CCBS 交易和 CDS 交易的期限结构。然后，我们会将 CCBS 和 CDS 交易结合起来，进而在不同金融工具之间生成新的相对价值的交易模式，比如根据 CDS 曲线的陡峭度与债券曲线的陡峭度进行相关的交易。

为了和总体结构相一致，本章的任务是介绍 CCBS 产品并讨论其最近的行情走势。

相关定义

1. 货币互换

在即期外汇交易中，双方根据达成的汇率协议瞬时交换两种货币。在远期外汇交易中，双方商定未来的某个日期的汇率，并据此进行两种货币的交换。

在即期汇率与远期汇率之间的关系中，相关的汇率机制通常会排除套利的机会，其标准方程为：

$$F_{\frac{USD}{EUR}} = \frac{1+R_{USD}}{1+R_{EUR}} S_{\frac{USD}{EUR}} \tag{13.1}$$

其中：$S_{\frac{USD}{EUR}}$ 指的是现汇市场当中 1 欧元所能兑换的美元数额；

$F_{\frac{USD}{EUR}}$ 指的是远期市场三个月后 1 欧元所能兑换的美元数额；

R_{USD} 指的是银行可以放贷的、3 个月无担保的美元相关的非年化利率；

R_{EUR} 指的是银行可以借贷的、3 个月无担保的欧元相关的非年化利率。

例如：在撰写本文时，现汇市场一欧元可以购买 1.271 2 美元，而 3 个月期美元的 LIBOR 利率为 0.31%，欧元的三个月期 EURIBOR 利率为 0.193%，如此无套利远期汇率的计算结果为 1.271 6。

如果不能满足上述这个条件，那就可以进行套利，即借入欧元，在现汇市场买入美元；然后，贷出美元，在远期市场卖出美元；或者，通过观察实际远期汇率高于 / 低于按无套利方程计算的隐含的远期汇率的情境，进行反向操作。

货币互换是上述即期外汇交易和远期外汇交易的组合模式。换句话说，货币互换包括了即期和远期的交易，在方程 13.1 相关的条件不能被满足的情况下，相关交易者意在进行套利。

我们需要注意的是：货币互换和外汇远期交易是有区别的，这一点是很重要的。在外汇远期交易中，两种货币只在远期的到期日进行交换；而在货币互换交易中，货币可以在现汇日期和远期到期日进行交换。我们在本章稍后的内容中会看到：相对于理解货币互换的经济函数而言，区别其与外汇远期交易的行为方法是很重要的，而此类经济函数则可以消除外汇的敞口风险。

货币互换的概念可以分为三个部分来进行解析，即：

（1）两种货币最初进行的是本金交换；

（2）在互换结束日，于初始时刻开始互换的本金需要被返还；

（3）在互换结束日所支付的每种货币的利息，要加入本金的收益当中。

因为第（3）步支付的利息的通常价值不同，于结束时交换本金和利息的互换交易模式构成的远期有效汇率通常不同于即期汇率。

货币互换合约的期限通常不超过一年，而当本金的兑换期限超过一年时，CCBS 交易则更为典型。

事实上，CCBS 可以被认为是远期外汇交易延长至更长的期限，正如我们所想象的那样：其将资产互换点差和回购市场之间的交易所相关的期限变得更长。

2.CCBS 基点互换

CCBS 互换与货币互换非常类似，因为它涉及：

- 以两种货币进行的初始本金交换；
- 在互换结束之日返还本金；
- 以每种货币支付的利息反映了互换交易中每个对手方所借入资金时间价值。

相对于互换当中的两种货币而言，货币互换涉及的是支付单一利息流，而 CCBS 互换涉及的是支付一系列的利息流。

通常，当我们提到 CCBS 互换时，我们想到的是：互换当中支付的每一种货币的利息流都是浮动的。例如：5 年期（5Y）欧元 / 美元的 CCBS 可能涉及：每季度支付 3- 月期（3M）美元的 LIBOR 利率，进而获取每季度的 3- 月期 EURIBOR 利率；或者，它可能涉及：每季度支付 3- 月期的美元 OIS（隔夜平均利率）利率，进而获取每季度的 3- 月期 EONIA（欧元隔夜平均利率）利率。

我们还有另一种选择，即 CCBS 的利息支付流可以包括固定利率，例如 5 年期欧元 / 美元的 CCBS 互换可以每季度支付美元的固定利息，从而换取每季度的欧元固定利息。

还有另一种选择，即我们也可以构建一个混合 CCBS 互换模式，其中一种货币按浮动利息流支付，进而换取另一种货币一系列的固定利息流，例如欧元 / 美元 CCBS 互换可以每季度支付 3- 月期欧元的 EURIBOR 利息流，从而换取每季度的美元固定利息流。

要理解 CCBS 互换的关键是记住其定义的三个组成部分，即

（1）每一种货币于初始时刻进行本金交换；

（2）互换当中的每一种货币的本金在到期日返还；

（3）互换期间向对手方支付利息，其反映的是相关货币的时间价值。

在上述这些例子中，我们讨论了固定和浮动的支付方式，其中没有参考任何点差的问题；而在实践中，典型的 CCBS 互换是以附加点差进行交易的，其反映的是定价机制的变化情境。例如：一个互换交易对手可能同意支付美元的 LIBOR 利息，用以兑换 EURIBOR 利息并减去一个点差，如此则可显示足够的差价，从而为对手方参与互换交易提供相应的动因。通常，"CCBS 互换点差交易"仅指该工具的名称，其也被称为 CCBS 互换。

一个实际的问题，相关点差可以附在任何一方进行交换。例如：同一交易对手可能会

同意支付美元的 LIBOR 利息的一个点差，进而换取欧元的 EURIBOR 利息。

按照惯例，当互换交易涉及美元时，CCBS 互换点差往往被引用作为非美元一方的参考。例如，5 年期 CCBS 的报价为 -38/ -37，而这意味着：投资者可以将美元兑换成欧元，即同意支付 3- 月期欧元 -37 个基点，从而于 5 年当中获取 3- 月期美元的 LIBOR 利息；或者，投资者可以选择在 5 年之中获得 3- 月期 EURIBOR 利息 -38 个基点，支付 3- 月期美元的 LIBOR 利息。

经济函数

从教科书的角度来看，CCBS 的函数功能是可以使某些人参与非本国货币的交易，同时并不承担外汇风险。例如：一个意大利发行人可能发行美元计价的债券，并通过 CCBS 互换将其兑换成欧元，从而满足美国投资者对债券的较大的需求，这样一来，相比于发行欧元债券而言，他可能以较低的成本获得相应的贷款。

在上述这个例子中，没有什么可以阻止发行者卖出美元债券，然后将相应资金兑换成欧元，其中也不需要参与任何额外的互换交易。但是，在这种情况下，如果考虑美元的本金和利息支付的情境，发行者在操作时会面临外汇汇率的风险。而为了消除这个汇率风险，发行人可以在发行债券后立即从事 CCBS 互换交易，发行人可以在互换开始时收取欧元，然后，在互换结束时支付欧元（互换期限等于债券期限），如此，其在互换开始和结束日期之间持续地支付欧元。

通过 CCBS 互换交易，债券发行者可独立于他们的债券面值之外选择发行的货币。例如，如果一家评级为 A 的公司以 LIBOR+250 基点的价格买入美元，然后，按照 LIBOR+150 基点的利率水平买入日元，如此，该公司可以发行武士债券，并通过 CCBS 互换将日元兑换成美元。如果 CCBS 点差为 0，则该笔交易可以实现约 100 个基点的资金优势。当然，武士债券发行者寻求交易契机并从中获利的活动是可以被预期的，而这些活动则会压缩 CCBS 互换点差和 / 或扩大日元信贷利差，从而减少了相应交易契机的吸引力。

另外，从供需平衡的角度来看，债券的买家也可以通过 CCBS 互换选择他们所投资的货币。例如：如果美国国债以美元的 LIBOR 利率 -50 个基点进行交易，同时，一个德国国债按欧元的 LIBOR 利率 -20 个基点进行交易（两个发行者都被视作无风险）[1]，那么，基于美元的投资者可能想使用 CCBS 互换工具接触欧元债券市场，同时，规避汇率风险。如果德国国债相关的点差等于零，那么，相应交易的回报是，美元的 LIBOR 利率 -20 个基点，相对于美国国债而言大约上涨了 30 个基点，交易者利用这个机会推高了 CCBS 互

换的点差和 / 或扩大了相较于美国国债互换点差而言的德国国债相关的互换点差（较大的
"负值"）。

市场上观察到的 CCBS 互换交易的水平反映了全球的资本流动总和，而这些资本都在
追逐优质的货币，同时寻求投资的契机。例如：美元相对于日元的高信用利差可能会导致
武士债券发行量的增加，从而使 CCBS 点差呈现负值状态，而这反过来可能会导致日本国
债（JGBs）的基点互换交易因应美元的 LIBOR 利率点差而具有吸引力，从而生成流动性，
进而将 CCBS 互换的交易量推上去。因此，CCBS 互换的定价反映了全球资金本流动和投
资的复杂的组合，所以，它是一个有用的定量的指标，通常是隐含的，不能被直接观察到。
除此之外，CCBS 互换交易将所有的不同种货币相关的资本和投资的流量压缩至一个容易
观察的交易数据当中。

抽象地说，基点互换将全球的资本利率联系在一起，因此，投资者和借款人可以利用
全球信贷利差的差异性获利。而全球信贷利差的差异性也可以通过套利的方式影响 CCBS
互换交易的整体水平。

另外，对 CCBS 互换交易的影响因素还来自以下几个方面，即

- 不同货币收益率曲线陡度（进位，与持仓数量相关）的差异性。例如：美国国债和
  日本国债收益率曲线之间高进位项下的差值通常会推动投资者增加对外国债券的持
  有量，并应用短期（如 1 年）基点交易对冲汇率风险。而这种债券期限和 CCBS 互
  换期限的不匹配会在美国国债收益率曲线之上生成一种合成的套利头寸。因此，只
  要这些持仓头寸特别具有吸引力，那么，短期 CCBS 互换曲线上的需求端就会受到
  影响。
- 对冲资金来自结构性的产品。而许多结构性产品涉及多种货币，因此交易商需要构
  建 CCBS 互换头寸来对冲相关风险。例如：反向双重可赎回权益资产（PRDC）的
  套期保值模式将 CCBS 互换与外汇市场联系在一起。当外汇汇率发生变化时，特别
  是，这种变化是通过 PRDC 的确定水平而生成的，那么，PRDC 对冲比率就需要调整。
  因为大多数的 PRDC 交易的都是长期债券，而这种影响往往会体现在特定的 20 年
  期和 30 年期的 CCBS 互换交易之上。

CCBS 互换相关的定价函数的影响度可以由一些典型的实例说明，比如：2 年期日元
CCBS 互换工具于 2002 年和 2003 年的波动情境。如图 13-1 所示：当美国国债的息差相对
于日本国债的息差收窄时（相对于日本国债而言，投资美国债券变得更有吸引力），因之
而生成的需求使得美元的收益上涨，CCBS 互换的价值则呈现更大的负值状态；同时，2 年

期日元相关的 CCBS 互换价值与美国国债和日本国债相关的资产互换点差之间差值的回归方程当中的 R^2 值（拟合度）为 0.34，如此则表明这种效应对相应行情的影响度为 1/3，而余下的 2/3 则是由其他因素驱动的，而这与 CCBS 互换价值所反映的测试结果是一致的，即在当时，全球存在着大量不同的投资和资本流动的情境。

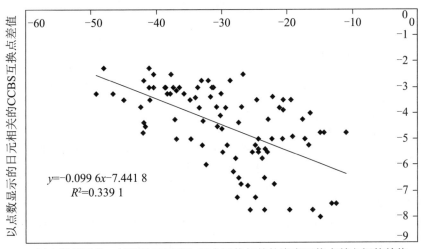

以点数显示的2-年期美国国债与日本国债相关的资产互换点差之间的差值

图 13-1　2002 年和 2003 年日元相关的 CCBS 互换点差与以不同货币计价的资产互换利差差值之间的函数关系 [2]

　　数据周期：2002 年 1 月 1 日—2003 年 10 月 7 日，周际数据

　　注：$y=-0.099\,6x-7.441\,8$——回归方程；$R^2=0.339\,1$——相关性之拟合度

　　资料来源：彭博社

　　虽然本书中的范例是说明性的，但在实践中，它只会在 CCBS 互换定价行为反映资本于全球自由流动且追逐最佳回报的情境之时方才有效。然而，在金融危机（或资本控制）的情况之下，其他方面的因素可能会对 CCBS 交易产生巨大的影响，这就是书上的范例情境并没有涉及近年来 CCBS 互换市场发展的实际动态的原因。

　　为了说明金融系统性危机对 CCBS 互换交易的影响，我们以 2010 年以来风险厌恶的情绪为背景，将日元相关的 CCBS 互换交易情境作为替代品，进而构建相应的回归模型。特别地，我们针对 CCBS 互换价值曲线应用 PCA（主元分析方法）模型中的因子 1 为因变量；至于自变量，我们使用的是 5 年期日元相关的互换利率的波动率。相应测试结果如图 13-2 所示，其中要强调的一点是：在银行业发生危机之时，全球投资和资本流动对 CCBS 互换交易的影响空间已经所剩无几，相应地，影响 CCBS 互换价值曲线的不是众多的驱动因子（例如：图 13-1 中的 R^2 值为 0.34），而是一个单一的决定变量（如图 13-2 中的 R^2 值为 0.86）。

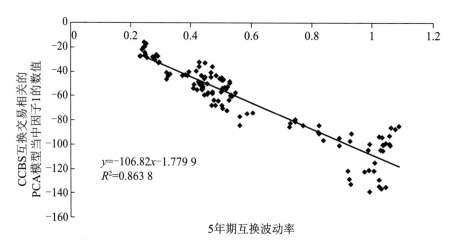

图 13-2　应用 PCA 分析模型当中的因子 1 分析 2010 年以来日元相关的 CCBS 互换价值与 5 年期互换利率
之波动率的函数关系

数据周期：2010 年 1 月 4 日—2012 年 6 月 4 日，周际数据
资料来源：彭博社

在图 13-2 中，我们还要注意相关量级上的差异。虽然全球资金流动通常会导致 CCBS
互换交易行情变动几个基点，但是，其变动幅度并不大；而金融银行业危机的影响可能要
大 10 倍。

CCBS 互换交易与次贷危机

随着 2008 年次贷危机的来临，欧洲银行在提供以美元计价资产融资方面面临越来越多
的困难，而在美国回购市场融资的抵押贷款相关的债券发行起来特别困难。

欧洲的这些银行选择出售相关的抵押资产。但是，这个选择被认为是缺乏相对的吸引力，
因为这些资产的售价相对较低。

欧洲银行的另一个选择是出售欧元、在即期外汇市场上购买美元，然后用这些美元为
美元抵押贷款相关的资产交易提供资金。但是，这个选择会涉及相当大的汇率风险[3]。

第三种选择，也是许多欧洲银行所选择的，是与美国银行进行 CCBS 互换交易，其中，
欧洲银行将进行如下操作，即：

- 在互换开始时，将美元兑换成欧元；
- 在掉期结束时返还欧元和美元本金；
- 持续地进行利息支付——在互换期限内加 / 减一个互换点差。

接下来，欧洲银行可以使用 CCBS 互换工具获得美元，然后为他们的美元抵押贷款相关的投资提供资金。

图 13-3 显示了 5 年期欧元 / 美元 CCBS 互换方式对上述操作的反应情境；同时，作为参考，图中也显示了 5 年期日元 / 美元 CCBS 互换交易的行情状况[4]。

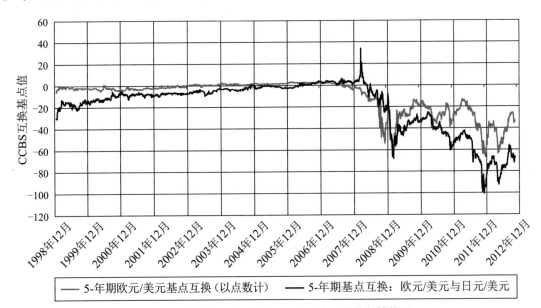

图 13-3　5 年期日元 / 美元 CCBS 互换交易的行情状况

资料来源：彭博社

图中有几点值得注意。

- 直到次贷危机暴发之前，基点互换的息差值一直处于零值附近几个点位之间，而在危机开始的时候，息差值开始增加（即负值变得越来越大，如此则有利于在互换中提供美元的交易对手方）。
- 自次贷危机开始以后，5 年期的 CCBS 互换息差在欧洲银行面临特别压力的时期一直处于扩大的规模之中，而当这些压力减轻时，息差就会缩小。

CCBS 互换的定价机制

我们首先考虑货币互换的情况，其实，它本质上是一种短期的 CCBS 互换。即期汇率与远期汇率之间无套利关系是由两种货币的借贷成本所决定的。然而，货币互换的利率可以而且确实会以某种方式变化，从而留出了套利的空间。

在一个没有资本约束和市场摩擦的环境下，套利机会应该是不存在的，至少，持续时间不会太长。而在一个有资本约束和市场摩擦并存的世界里，套利的契机可以而且确实地存在。作为一种激励因素，人们可能做多美元，然后把它们提供给那些做空美元的人。

因此，虽然严格来说，这些货币互换和 CCBS 互换可以从套利的角度来解析，但是，这并不是最有用的，因为相应的点差可以提供经济洞察力所相关的理念。

1. 美元作为"抵押品"的特殊作用

根据我们的观点，如果从抵押贷款的角度来看，对货币互换和 CCBS 互换的思考类似于政府债券的回购工具。

让我们回想一下：政府债券在回购市场交易当中有时以低于"一般抵押品"（GC）的利率来计算，从而鼓励那些做多债券的人将债券提供给那些做空债券的投资者。对债券的需求以及在贷款中具体的抵押品是驱动债券回购利率低于 GC 回购利率的因素。

类似地，在货币互换或 CCBS 互换中，我们可以想到：如果对某种货币有特别强劲的需求，那就增加了其作为特定抵押品的价值。

例如：如果 5 年期欧元 / 美元的 CCBS 互换点差是 −37 个基点，那么，相关市场就愿意每年提供 37 个基点来激励持有美元的人将美元作为抵押品来获取欧元贷款。在这种情况下，我们可以把美元看作"变得特别"的抵押品，类似于在回购市场的具有特殊之处的债券。

从上述这个角度来看，套利是可行的，即在一个固定的时期内提供美元—兑换成欧元，如此则可鼓励那些做多美元的人将其贷给那些以欧元借款做空美元的人 [①]。

相比之下，我们可以考虑一下可比的贷款的情况，即欧元不是用美元担保的，而是用更多的 GC 工具（比如黄金或一般德国国债）担保，在这种情况下，相对于由 GC 工具担保的贷款（GC 项下的回购利率）而言，那些融入欧元的借款人所支付的利息则适用于通用的欧元利率；但是，当欧元贷款以美元作担保时，对欧洲银行来说，其中的美元是供不应求的，那么，借入欧元的一方享有特殊的借款利率，以之作为提供固定期限美元的奖励。

从上述这个角度来看，基点互换点差的大小则不是由无套利原则决定的。相反，它是由简单的供求关系决定的。如果相关利差为 −35 个基点，那么，欧洲银行则需要更多的美元，而价差可能会进一步扩大至 −40、−45，甚至更高的基点，那么，我们所了解到的定价模式是不能帮助评估基点互换点差相对于其他点差之价值的。

因此，在本书中，我们是以货币互换利率和 CCBS 互换点差的模式来进行解析的。

---

① 译者注：买入欧元、卖出美元的交易者。

2. CCBS 互换点差与即期外汇汇率

当债券在回购市场上变得特殊时，我们假定它对相关所有者的价值超出了其本金和利息的内在权益价值。债券持有人还可以在有担保的借贷市场以比他按普通抵押品 GC 而融资更低的利率借款。事实上，对于 GC 抵押品而言，通过将较低的借款利率与较高的按 GC 通行模式而融资的抵押借贷利率相结合的方法，这些特殊抵押品的所有人则可以将特别有价值的抵押品货币化，且不产生利率风险。

由于回购市场中特殊的债券交易为其所有者提供了这种额外的经济价值，其在现货市场的价格往往高于回购市场中不特殊的价格。换言之，当债券在回购市场变得特殊时，其现货价格相对于其他债券往往会上升。

同样，当美元在回购市场上变得"特殊"时，CCBS 互换点差的扩大就意味着：在现汇市场上，美元相对于欧元处于升值状态，即高于其在未"特殊"时（基点互换的点差不大）的正常水平。

当然，CCBS 互换工具绝不是唯一的在外汇现汇市场影响美元/欧元即期汇率价格的预期因子，然而，一个未能观察到的对相关性的预期要素也无法拒绝我们的假设观点；另外，如果我们要观察假设的相关性，那它就应该承认回购产品特殊属性和 CCBS 互换点差之间的类比关系。

图 13-4 显示了 5 年期欧元/美元 CCBS 互换的点差以及欧元/美元现汇汇率之间的相关性自 2005 年 1 月以来随时间而变化的情境。

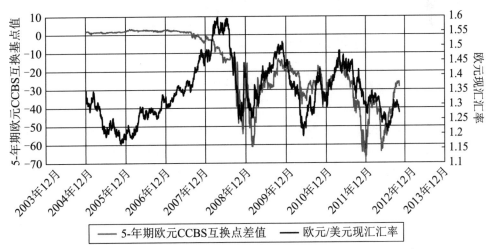

图 13-4 5 年期欧元/美元 CCBS 互换基点值与欧元/美元现汇汇率

资料来源：彭博社

图 13-4 中显示：在次贷危机开始之前，欧元基点互换的点差值与欧元 / 美元现汇汇率两者之间没有相关性，特别是，互换点差的价值一直在零点附近几个基点的区间内徘徊。

次贷危机开始后，CCBS 互换点差和外汇汇率两者之间的相关度大幅上升。例如：在 2009 年、2010 年和 2011 年，这两个系列之间的相关性分别为 0.84、0.80 和 0.78，在我们看来，CCBS 互换点差和美元相对于欧元而言的价值之间的相关性与我们得出的观点一致，即相对于以其他货币计价的贷款抵押品来说，CCBS 点差在某种程度上可以表示一种货币已经变得"有价值"。

由于美元在外汇现汇市场趋于坚挺，其他货币也随之走强。如此，相应地，在市场交易的远期外汇汇率相对于套利模式的偏离程度已经由之前的方程 13.1 所描述，其可以作为评估远期外汇市场其他货币（例如欧元）的"升值幅度"。

如果考虑到上述这一点，那么，我们的观点是：货币互换和 CCBS 互换价值行情走势相关的经济函数给人们提供了一个机会，即他们可以用另一种货币作为抵押品来借入某一种货币。因此，我们为之开发的抵押贷款相关的测试结果也可以适用于此种情境，唯一的复杂之处在于：在相关的背景下，货币作为抵押品而存在，其本身并不是被借入的资金。

结论

我们将货币互换和 CCBS 互换作为抵押贷款市场的特殊情况进行了处理，同时，应用相关的方法比较了以单一货币计价的互换、期货、无违约债券和以多种货币计价的债券之间的相对价值。

我们将在下一章继续讨论这个问题。

注 1：目前，我们忽略了在第 10 章讨论的地方资金的差异性——这些资金的差异性对资产互换差异性的影响度将在第 14 章进行分析（见图 14-12）。

注 2：在 10 年期国债的板块中，2002 年和 2003 年的美国国债相关的资产互换在很大程度上受曲线的末端显示的对美联公布的借款利率预期（减弱）的影响。因此，我们使用 2 年期，而不是 10 年期国债（或应用于 CCBS 互换价值曲线之上的 PCA 模型当中的因子 1）所相关的数据，因为，10 年期国债相关的测试结果可能会产生误导。

注 3：细心的读者可能会问，这些欧洲银行本可以在远期市场对冲这种外汇风险，那为什么还要做互换呢？因为，结合即期外汇交易和远期外汇交易的做法可以生成货币互换和 CCBS 互换交易（取决于互换期限）的测试结果；所以，从实用的角度来看，这就是为什么欧洲银行会如此操作的原因。

注 4：1998 年日本银行业的处境与此类似，它们利用 CCBS 互换交易为其在美国广泛的业务活动提供资金。

第14章

以不同货币计价之债券的相对价值

本章概论

到目前为止，我们已经讨论了相对价值的比较问题，即

- 同一种货币计价的无违约债券之间；
- 同一种货币计价的债券与债券期货合约之间；
- 同一种货币计价的无违约债券和互换之间。

接下来，我们的任务是：讨论一些分析师和交易员可以使用的方法，进而评估不同货币计价的无违约债券的相对价值。

通过结合不同货币间基点互换（CCBS）的方式，每个债券可以用美元来表示（例如：点差、美元的 LIBOR 利率或者固定利率）。在描述了导致此种情境的数学计算公式之后，我们则可以研究其应用模式和测试结果，即

- 通过将第 11 章拟合曲线技术与 CCBS 互换相结合的方式，我们对相应升值 / 贬值情境的分析范围可以从一个特定的债券市场扩大到全球所有的债券市场。如此则为评估全球债券工具之间的相对价值提供了理论基础，同时，其又与计价的货币无关。
- 通过将第 8 章和第 9 章的互换评估模式与 CCBS 互换相结合的方式，我们分析了二者相互影响的作用机制。

本章的第一部分详细地描述了不同货币计价之债券的比较方式；在第二部分中，我们研究了不同货币计价的债券之间通过 CCBS 互换工具而彼此连接的方式，进而解析其对以本币计价之债券定价机制的影响方式。

针对海外债券计算美元 LIBOR 利率互换的点差值

我们回想一下：CCBS 互换可以使持有美元的机构投资于任何独立于货币之外的产品，且可以规避外汇风险。例如：它可以构建一个日元相关的 CCBS 互换头寸，即最初获取日元的本金，然后购买日本国债，进行资产互换，从而创造一个日元的 LIBOR 利率 + 资产互换（ASW）的现金流模式。而有了这些现金流，相关机构就可以运行 CCBS 互换交易，支付互换利息、获取美元的 LIBOR 利息（加上一个点差）；如果 CCBS 互换交易的到期日等于日本国债的到期日，那它将从债券的偿付中接收日元本金；然后，在 CCBS 互换交易的最终时刻将相关本金转换成原始的美元本金。我们需要注意的是：相关交易通过投资日本国债创造了相应的现金流；最后，通过 CCBS 互换交易生成了与美元相关的现金流。当然，任何其他货币都可以作为相对价值比较的基础，持有欧元的投资者也可以通过比较点差和欧元银行间同业拆借利率（EURIBOR）的息差来对全球所有的债券进行评估[1]。

上述情境的重要性（除了它为持有美元的投资者提供的便利性除外）在于：其通过资产和基点互换的方式将所有的债券价格减少至一个单一的数字，进而可以与相同的基准进行比较。而相应表达式的数学计算过程简单明了，即外币的现金流为外币相关的 LIBOR 利率 + 外币相关的资产互换息差；因此，在 CCBS 互换中，在支付了外币相关的 LIBOR 利率 +CCBS 点差之后，交易者则可以获取美元的 LIBOR 利率（来自 CCBS 互换交易）+ 外币相关的互换息差 – 残余外币相关的 CCBS 互换点差的溢价值，而这需要调整相关基点值（BPV）的差值，然后将相关货币折算成美元。

如此，美元相关的 LIBOR 利率的点差值为[2]

$$\frac{外币相关的互换点差 - CCBS}{CF}$$

其中，CF 为转换因子，公式为

$$\frac{美元基点值（BPV_{USD}）}{外币基点值（BPV_{foreign}）}$$

（同时要考虑互换利率基点值的相关期限）

请注意：在上述这个等式中，外币相关的互换点差需要匹配 CCBS 互换交易的频率（通常为 3 个月）。如果外币相关的互换价差的报价基础不同（例如 6 个月），那么，在应用上述计算前，必须将其转换成 3 个月期限。例如：增加 3 月 / 6 月的同种货币的基点互换（ICBS）值。

例如：在撰写本文时，10 年期日本国债的 6 个月月期日元相关的基准资本的定价为 –1 个基点，那么，加入 3 个月 /6 个月的日元相关的 ICBS 值为 12 个基点，如此，3 个月的日元相关的资产互换基点值为 11。而如果 CCBS 互换基点值为 –64.5、CF 值为 0.95[3]，那么，相关方程导出的 10 年期日本国债的收益率比美元的 LIBOR 利率高出 79 个基点，相关数值也被称为"日本国债的美元相关的资产互换点差 USD ASW）"。

我们应用图形的表示方法，以相应期限的函数形式将全球债券相对于美元 LIBOR 利率的通用标准来显示债券相关的美元互换的点差。图 14-1 为美国国债、基点互换相关的德国国债和基点互换相关的日本国债的美元互换相应点差，从中可以看到：在曲线上，德国国债行情一直追随美国国债的价格走势（以美元的 LIBOR 利率为基准），其点差水平较低，且相当稳定；同时，日本国债的定价明显高于美元相关的资产互换点差，并遵循一条独立的路径。

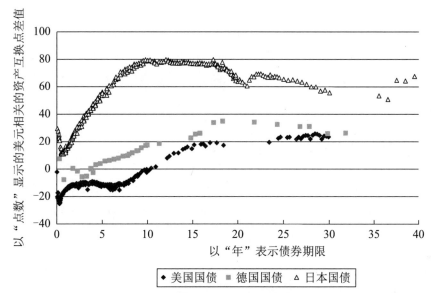

图 14-1　截止到 2012 年 9 月 23 日的美国国债、德国国债和日本国债相关的美元互换点差

资料来源：彭博社

数据周期："当期"行情数据截止到 2012 年 9 月 23 日

上面的方程式为高价的日本国债相关的美元资产互换的点差值提供了数学上的解析模式，然而，日本国债相关的日元资产互换的点差值却没有变化。这里值得注意的是：银行业的危机状况导致 3 月 /6 月的 ICBS（同种货币的基点互换）基点值有所上升；同时，日元相关的 CCBS 基点值则呈现出更低的负值。此外，虽然美国国债收益率的下降导致 10 年期日元和 10 年期美元相关的互换点差的基点值（BPV）缩小，但是，日元相关的基点值仍然更高，因此，转换因子 CF 值小于 1，从而放大了日本国债相关的美元资产互换的点差值。

虽然计算美元资产互换点差值的方法比较简单，我们应用第 10 章的理念发现：以互换息差来评估债券之间相对价值的方法是有问题的；同时，其间建议：使用拟合曲线替代之。现在，我们将第 11 章的债券拟合曲线的方法技术与基点互换的理念相结合，进而评估全球债券市场工具的相对价值。

针对不同货币计价的债券应用拟合曲线对相应的升值／贬值情境进行分析

标题相关的一般性方法很简单，其中包括 3 个主要步骤，即

1. 用固定利率的现金流表示所有同种货币的债券行情，根据需要，可以使用利率互换 IRS、同种货币基点互换 ICBS 和不同货币基点互换 CCBS 的点差值；

2. 应用符合基准的收益率曲线；

3. 计算债券相对升值／贬值的程度，以此对应符合的基准收益率拟合曲线。

在本例中，我们将评估德国国债和美国国债之间的相对价值。

相应分析的第一步是选择货币来进行相对价值的比较。在这种情况下，我们选择的是美元，然而这个案例中选择美元在本质上是武断的，因为选择美元而不选择欧元的做法并没有明显的优势。

因应不同货币绘制相应的收益率曲线

图 14-2 显示截至 2012 年 11 月 16 日（星期五）收盘时，此分析中使用的 59 种德国国债收益率与到期日的函数关系。同时，本例还显示了 86 份美国国债收益率的波动行情。

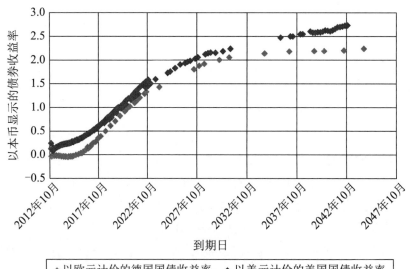

图 14-2 以本币计价的美国国债和德国国债收益率的变化情境

资料来源：彭博社

请注意：德国国债收益率始终低于美国国债收益率，特别是相对于到期期限不到 3 年的德国国债以及期限超过 20 年的德国国债而言，其收益率尤其低。

1. 将德国国债互换成美元资产

接下来，我们需要进行一系列的互换，从而将欧元计价的年化固定利率现金流转换为半年期的美元计价的固定利率的现金流。例如：我们可以直接使用固定利率—固定利率的 CCBS 互换工具将一种货币计价的固定利息的现金流转换成另一种货币计价的固定利息的现金流，但是，此种方式的流动性差于浮动利率的基点互换。大多数提供固定利率—固定利率 CCBS 互换工具的做市商会利用浮动利率—浮动利率 CCBS 互换模式相关的基础资产为相应的互换交易进行定价和对冲。为了便于说明，在本例中，我们最好使用浮动利率—浮动利率的互换情境。表 14-1 显示了一个现金流收 / 付的列表。现金流的支付列分为两个子栏，即 "一次性" 支付列表，显示的是仅发生一次的现金流；而 "经常性" 支付列表显示的是反复出现的现金流。净收入为零的现金流用 "灰色" 表示，而剩余的现金流则以 "黑色" 表示。当进行相关论述时，我们会仔细地追踪这些现金流的走向。

表 14-1　德国国债相关的 CCBS 互换交易的相关情境

步骤	支付现金流		收入现金流	
	一次性支付	重复支付	一次性收入	重复性收入
买入德国国债	结算时支付的价格为欧元 P		于到期日收到面值 100 欧元的德国国债	收入欧元票息
以欧元计价进行利率互换：固定利率—浮动利率		支付以欧元计价的票息 Ce		按 100 欧元面值的国债价格收入 6 个月 EURIBOR 利息
以欧元计价进行固定利率—浮动利率互换：前期支付	结算时支付的面值：100 欧元		结算时按国债价格 P 收入欧元	
以欧元计价进行固定利率—浮动利率互换：互换点差		支付面值 100 欧元国债相关的 6 个月 ASWe 互换交易点差		
6 月 -3 月 ICBS 互换交易		支付面值 100 欧元国债相关的 6 个月 EURIBOR 利息		收入面值 100 欧元国债相关的 3 个月 EURIBOR 利息
ICBSe 互换点差				收入面值 100 欧元国债相关的 3 个月 ICBSe 点差

续表

步骤	支付现金流		收入现金流	
	一次性支付	重复支付	一次性收入	重复性收入
ICBS 互换：将 6 个月 ASWe 边际基点值转换为 3 个月的 ASWe 点差		支付面值 100 欧元国债相关的 3 个月 ASWe 互换交易点差		收入面值 100 欧元国债相关的 6 个月 ASWe 互换交易点差
CCBS 互换交易：美元侧	结算时按美元汇率 X0 支付美元		结算时按美元汇率 X0 收入美元	结算时按汇率 X0 收入 3 个月美元的 LIBOR 利息
CCBS 互换交易：欧元侧	到期日按面值 100 支付欧元	支付面值 100 欧元国债相关的 3 个月 EURIBOR 利息	到期日按面值 100 收入欧元	
CCBS 互换交易：依据 X0 进行 3 个月 ASWu 互换交易的点差				按汇率 X0 收入 3 个月 CCBSu 互换点差
CCBS 互换：将 ASWe 边际基点值转换为 ASWu 的边际基点值		支付按美元汇率 X0 进行的 3 个月 ASWu 互换交易点差		收入面值 100 欧元国债相关的 3 个月 ASWe 互换交易点差
CCBS 互换：将 ISBSe 互换点差值转换为 ISBSu 互换的点差值		支付面值 100 欧元国债相关的 3 个月 ICBSe 互换交易点差		按美元汇率 X0 收入 3 个月 ICBSu 互换交易的点差
美元计价的固定利率—浮动利率的"利率互换"		支付依据汇率 X0 进行的 3 个月美元的 LIBOR 利息		按 X0 收入美元计价的固定利息

注：P= 以欧元计价的德国国债的票面结算价格；

Ce= 以欧元计价的德国国债的票息；

ASWe= 以欧元计价的德国国债相关的资产互换的点差；

ASWu= 以美元计价的德国国债相关的资产互换的点差；

ICBSe= 以欧元为单位的 ICBS 互换交易的点差；

ICBSu= 以美元为单位的 ICBS 互换交易的点差；

CCBSu= 以美元计价的 CCBS 互换交易的点差；

X0= 在美元和欧元之间的结算汇率。

图表解析：

第一步：买入德国国债——在本例中，2022 年 9 月 4 日到期的利率 15% 的短期 DBR 债券的净价为 101.555 000 欧元，应计利息为 0.320 548 欧元，总的票面金额为 101.875 548

欧元，多头会于 2022 年 9 月 4 日得到面值 100 欧元的本金。

第二步： 将德国国债固定收益互换成浮动利息收益，这样做市商会向浮动利息的收入方完成如下支付行为，即

- 于 2013 年 3 月 4 日支付 6 个月 EURIBOR（欧元银行间同业拆借利率）利息，随后每年 3 月 4 日和 9 月 4 日都要支付，直到债券于 2022 年 9 月 4 日到期（付息包含到期日）；结算时每张国债付息 1.875 548 欧元（国债现价空方总收入和面值之间的差值）。

互换中，浮动利息收入方向做市商完成如下支付行为，即

- 于 2013 年 9 月 4 日支付 1.5 欧元的国债票息，然后每年的 9 月 4 日都要支付，直至 2022 年 9 月 4 日（含到期日）；
- 每半年支付资产互换点差 3.18 个基点 [之后每年的 3 月 4 日和 9 月 4 日都要支付 0.159 欧元，直至到期日 2022 年 9 月 4 日（含到期日）]。

第三步： 通过 ICBS 互换工具将 6 个月现金流转换成 3 个月现金流——于此情境之下，做市商要向交易者（上述的浮动利息收入方）完成如下支付行为，即

- 于之后每年的 3 月 4 日、6 月 4 日、9 月 4 日及 12 月 4 日支付 3 个月 EURIBOR 利息，直至到期日 2022 年 9 月 4 日（含到期日）[4]；
- 每季度支付 ICBS 互换工具的点差——11.81 个基点，即今后每年的 3 月 4 日、6 月 4 日、9 月 4 日和 12 月 4 日支付 0.059 05 欧元，直至债券到期日 2022 年 9 月 4 日（含到期日）；
- 每半年支付资产互换息差——31.8 个基点 [即今后每年 3 月 4 日和 9 月 4 日支付 0.159 欧元，直到债券到期日 2022 年 9 月 4 日（含到期日）]。

作为互换之中浮动利息的支付方，交易者要向做市商完成如下支付行为，即

- 于 2013 年 3 月 4 日支付 6 个月 EURIBOR（欧元银行间同业拆借利率）利息，随后每年 3 月 4 日和 9 月 4 日都要支付，直到债券于 2022 年 9 月 4 日到期（付息包含到期日）；
- 每季度支付"可转换"的资产互换点差——31.74 个基点 [即今后每年的 3 月 4 日、6 月 4 日、9 月 4 日和 12 月 4 日支付 0.158 7 欧元，直至债券到期日 2022 年 9 月 4 日（含到期日）]。

　　图 14-3 显示了 3 个月期欧元现金流 /6 个月期欧元现金流之间 ICBS 互换工具利率的期限结构。

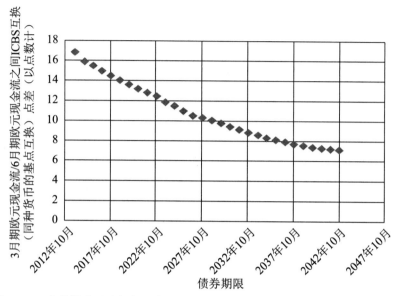

图 14-3　3 个月期欧元现金流 /6 个月期欧元现金流之间 ICBS 互换点差的期限结构

资料来源：彭博社

　　从以上这一点来看，你购买了债券，实际上，将其相关的利息收入互换成 3 个月 EURIBOR 利息（欧元银行间同业拆借利率）+ICBS 互换点差 -3 个月资产互换的息差。

　　第四步：将 3 月期欧元现金流互换成 3 月期美元现金流——在此情境之下，做市商要向相关交易者完成如下支付行为：

- 到期时支付 127.43 美元 / 每张国债；

- 结算时支付 100 欧元 / 每张国债；

- 按照 3 月期美元的 LIBOR 利率，基于面值 127.43 美元的名义利率每季度支付相应的利息 [即今后每年的 3 月 4 日、6 月 4 日、9 月 4 日和 12 月 4 日都要支付，直至债券到期日 2022 年 9 月 4 日（含到期日）]；

- 基于面值 127.43 美元名义利率每季度支付 CCBS 互换点差 38.29 个基点——每年的 3 月 4 日、6 月 4 日、9 月 4 日和 12 月 4 日都要支付，直至债券到期日 2022 年 9 月 4 日（含到期日）；

- 每季度支付可转换资产互换点差 31.74 个基点 [即今后每年的 3 月 4 日、6 月 4 日、9 月 4 日和 12 月 4 日支付 0.158 7 欧元，直至债券到期日 2022 年 9 月 4 日（含到期日）]；

- 基于面值 127.43 美元名义利率每季度支付可转换 ICBS 互换点差 12.07 个基点 [即每年的 3 月 4 日、6 月 4 日、9 月 4 日和 12 月 4 日支付 0.038 452 美元，直至债券到期日 2022 年 9 月 4 日（含到期日）]。

作为互换的另一方，相关交易者要向做市商完成如下支付行为：

- 结算时支付 127.43 美元 / 每份国债；
- 100 欧元到期时支付 100 欧元 / 每份国债；
- 每季度按 100 欧元面值支付 3 月期 EURIBOR 利息——每年的 3 月 4 日、6 月 4 日、9 月 4 日和 12 月 4 日都要支付，直至债券到期日 2022 年 9 月 4 日（含到期日）；
- 每季度支付基于美元转换的 3 月期资产互换点差 32.41 个基点，即每年 3 月 4 日、6 月 4 日、9 月 4 日及 12 月 4 日支付 0.103 25 美元，直至债券到期日 2022 年 9 月 4 日（含到期日）；
- 每季度支付 ICBS 互换点差 11.81 个基点 [即今后每年 3 月 4 日、6 月 4 日、9 月 4 日和 12 月 4 日支付 0.059 05 欧元，直至债券到期日 2022 年 9 月 4 日（含到期日）]。

图 14-4 显示了 3 个月期欧元 / 3 个月期美元 CCBS 互换点差的期限结构。

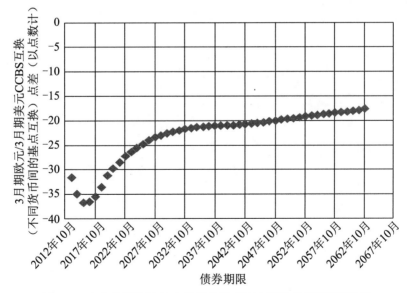

图 14-4　3 个月期欧元 /3 个月期美元 CCBS 互换点差的期限结构

资料来源：彭博社

第五步：将每季度的美元支付流互换成固定的美元支付流，在此步骤中，做市商同意

向相关交易者完成如下支付程序，即

- 每季度支付按面值 127.43 美元名义金额计算的固定利率为 1.629% 的利息流——每年 3 月 4 日、6 月 4 日、9 月 4 日、12 月 4 日都要支付，直至债券到期日 2022 年 9 月 4 日（含到期日）。

作为互换的另一方，相关交易者同意向做市商完成如下支付程序，即

- 每季度支付按面值 127.43 美元名义金额计算的 3 月期美元的 LIBOR 利息流——每年 3 月 4 日、6 月 4 日、9 月 4 日、12 月 4 日都要支付，直至债券到期日 2022 年 9 月 4 日（含到期日）。

2. 分别绘制以同种货币计价的收益率曲线

图 14-5 显示了德国国债和美国国债的收益率的波动情境，其中所有与德国国债相关的现金流都已被互换成美元。

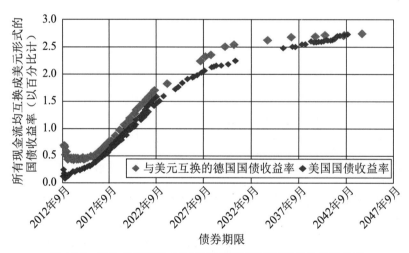

图 14-5　互换成美元形式的德国国债和美国国债的收益率曲线

资料来源：彭博社

请注意：目前，与美元互换的德国国债收益率一致性地高于美国国债收益率，尤其是期限少于 3 年的以及 15 ～ 25 年的德国国债收益率。

3. 应用拟合曲线评估相对价值

既然相关操作已经把德国国债现金流互换成美元形式，那么，我们现在就可以比较德

国国债和美国国债之间的相对价值了。正如我们在第 10 章和第 11 章所概述的那样：比较以相同货币计价的债券之间相对估值的正确方法是拟合一条基准曲线，而后据此计算出各类债券升值 / 贬值的程度——在这种情况下，我们将用美国国债相关的拟合基准曲线，然后，计算出德国国债互换成美元计价形态之后相对于基准曲线升值 / 贬值的幅度。为了评估我们的基准曲线的拟合质量，升值 / 贬值的美国国债的相关数据则如图 14-6 所示。

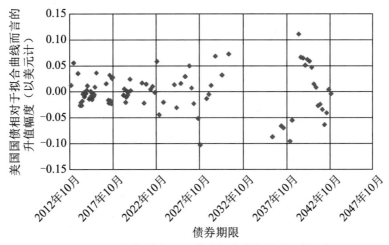

图 14-6　美国国债相对于基准拟合曲线的升 / 降幅度

资料来源：彭博社

总的来说，我们认为图中这种匹配的质量非常好，几乎所有债券的定价都在 10 美分以内，其中多数债券在 5 美分以内。

图 14-7 显示了德国国债相对于我们的拟合收益率曲线而言的升 / 降情境。

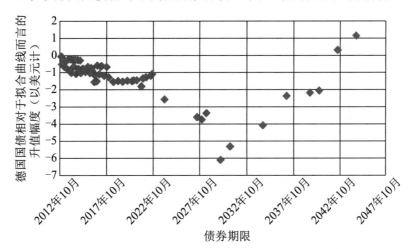

图 14-7　德国国债相对于基准拟合曲线的升 / 降幅度

资料来源：彭博社

通过比较图 14-6 和图 14-7 之中美国国债和德国国债的升 / 降数据，我们可以看到：德国国债的价格在整个曲线之上走势很低，特别是期限 15 ～ 25 年的国债价格尤其低，而唯一的例外是：30 年期的国债价格相对于拟合曲线而言呈现升值的情境。图 14-8 将德国国债价格的升 / 降幅度转化为相对于期限而言的收益率，且以基点的形式显示。

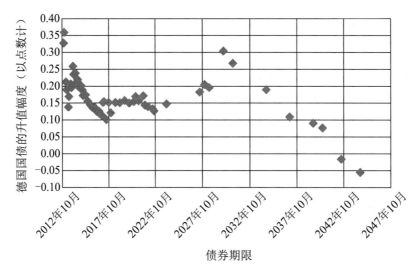

图 14-8   德国国债相对于基准拟合曲线的升 / 降幅度（以点数计）

资料来源：彭博社

在图 14-8 中有几点值得注意，即

- 在我们的拟合曲线之上，几乎所有的德国国债看起来都很便宜，而如果它们的定价完全符合我们拟合曲线所设计的预期情境，那么，其互换成美元之后的收益率要高于德国国债本身的收益率。
- 3 年期以下的德国国债尤其引人注目，其价格十分低廉，15 ～ 25 年期限的德国国债也是如此。例如：2030 年和 2031 年到期的德国国债收益率低于我们拟合的美国国债曲线近 30 个基点。
- 5 ～ 10 年期的德国国债价格似乎便宜了 11 ～ 17 个基点。
- 在我们看来，30 年期的两份德国国债相对于拟合曲线而言略显升值一些。

资产互换 ASW 与 CCBS 互换之间的均衡模式

在通过 CCBS 互换模式对不同债券市场之间的关联性进行阐述之后，我们将在本章的后半部分集中讨论其对地域性互换息差和地域性资产互换 ASW 模型的全球化的影响情境。反过来，我们也可以应用来自 ASW 模型的相关理念，进而解析图 14-8 所示的结构性的升值 / 贬值的情境。

因为 CCBS 互换模式的存在，所以出现了美元相关的资产互换 ASW 模式与局部的 ASW 互换模式，以及两者之间的相关性。而这种相关性由以下公式给出

$$USDASW = \frac{EURASW}{CF} - \frac{CCBS}{CF} \tag{14.1}$$

因此，虽然有不同的平衡方式，但是，其中一种成分因子的任何变化都会影响到其他所有的因子。例如：德国国债相关的欧元计价的 ASW 互换点差的增大会使欧元计价的 CCBS 互换点差增大（有可能是更大的"负值"），或者，其会使基于美元 ASW 互换的德国国债的价格走高。由于上述方程式并不能决定美元相关的 ASW 互换的变化方式在何种程度上受到区域性 ASW 互换和区域性 CCBS 互换之变化情境的影响，因此，我们需要离开纯数学的领域，从而考虑实际市场数据的变化。

作为一个研究上述均衡模式于实践当中的运行机制的切入点，我们描绘了基于 5 年期美国国债、5 年期德国国债和 5 年期日本国债的，且与美元相关的 ASW 互换点差的演化进程，如图 14-9 所示。其中，5 年期德国国债中的美元相关 ASW 互换点差的变化情境相当稳定地追随着基于 5 年期美国国债的美元相关 ASW 互换点差的变化模式。实际上，两个时间序列之间的相关系数为 0.73，而这意味着：对于德国国债而言，一个全球性的"标尺"（美元相关的 ASW 互换）将德国国债的定价和美国国债的定价模式联系在一起。因此，基于美国国债的美元 ASW 互换的点差水平以及 CCBS 互换点差对以欧元计价的德国国债的定价机制产生了重大的影响。

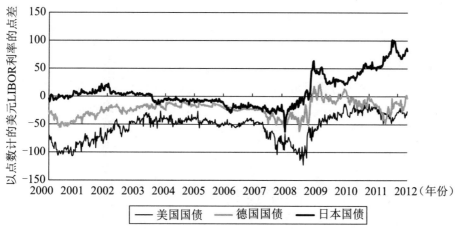

图 14-9　基于 5 年期美国国债 / 德国国债 / 日本国债的美元相关之互换点差的历史演进模式
资料来源：彭博社

另一方面，基于日本国债的美元 ASW 互换模式则显现了更多独立性，这可能反映了日本国债相对于德国国债而言风险较大，因此，对美国国债来说，日本国债不是一个具有吸引力的替代选项。如图 14.5 所示在全球性资产选择的过程中，如果相关债券的信用状况较好，那么，它的影响性就更大，所以，基于美国国债的美元相关的 ASW 互换模式对低风险债券的定价机制具有重大影响。相比之下，高风险债券有更多的空间按照它们自己的方式为美元相关的 ASW 互换交易确定相应的定价机制，而这生成了基于日本国债的美元相关的 ASW 互换交易的决定因素。由于日本国债相关的美元 ASW 互换与美国国债相关的美元 ASW 互换模式没有很强的关联性，所以，美元相关的 ASW 互换模式对日元计价的日本国债的定价机制的影响较小。

从图 14-9 中可以明显看出：同样的方程在不同的市场有不同的表现形式。因此，我们将相关的实证研究分为两部分：其一为德国国债，代表了低风险的债券，其间美元相关的 ASW 互换模式与美国国债挂钩；其二为日本国债，代表了高风险的债券，其间美元相关的 ASW 互换模式与美国国债之间没有很强的关联性。

德国国债之间的均衡模式（低风险债券）

就德国国债而言，美元相关的 ASW 互换模式似乎相对稳定一些，而这一观察结果与事实是相符的，即德国国债和美国国债相当地接近，其可以成为美国国债的替代品，二者具有同样的避险地位。因此，如果基于德国国债的美元相关的 ASW 互换点差相对于美元的 LIBOR 利率（以点数的绝对值计）或基于美国国债的美元相关的 ASW 互换点差（相对值）而言过高或过低，那么，相应的通过图 14-1 和图 14-5 所示过程配置低风险债券的投资者通常会增加或减少其自身所持的德国国债的数量。而这会使得基于德国国债的美元相关的 ASW 互换交易的行情保持在一个相对稳定的水平，同时，其相对于美国国债而言的价差也保持在相对稳定的水平。

我们用数学的方法推导了基于德国国债的美元相关的 ASW 互换行情的稳定性，其中，方程 14.1 将波动性较大的 CCBS 互换与波动性较大的区域性 ASW 互换联系起来。换句话说，方程 14.1 右端的大部分波动情境被消掉了，因此，剩下的左端值则变为常数。

图 14-10 可以很好地描述了实际的市场行情的运行机制，当时，德国国债价格在欧元区的融资市场中大幅上扬，同时，一个持续的 CCBS 互换交易则导致了德国国债的报价程序要通过基于美国国债的美元相关的 ASW 互换基点运行（见图 14-9），在这种情况下，相应的资金则从德国国债流向美国国债（以美元计算），因此，欧元相关的 CCBS 互换

点差将会扩大（呈现更大的"负值"）。换言之，投资者按照图 14-1 或图 14-5 所示的过程将资金配置在低风险债券中，从而使部分本地资金从美元相关的 ASW 互换交易转移至 CCBS 互换交易中。其结果是：在本地融资市场中，一些较昂贵的德国国债被 CCBS 互换交易所吸收。在波动性方面，因为它通过全球性投资的资金流动稀释了一些本地资金的波动率，CCBS 互换交易对美元相关的 ASW 互换点差产生了中等程度的影响。

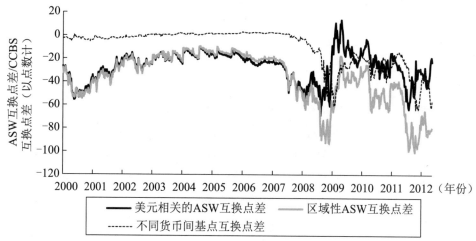

图 14-10　5 年期德国国债相对于 5 年期欧元相关的 CCBS 互换点差而生成的区域性资金流动和美元相关的 ASW 互换行情

资料来源：彭博社

ASW 互换模型再解析

图 14-10 显示了基于美国国债与 CCBS 互换交易的美元相关的 ASW 互换之行情水平与点差的波动情境，其间对基于德国国债的欧元相关之 ASW 互换交易会产生重大的影响。如果 CCBS 互换点差宽幅波动（"负值"增大），且美元相关的 ASW 互换的行情保持不变，那么，欧元相关的 ASW 互换点差就需要扩大。在第 8 章和第 9 章中，我们讨论了区域性 ASW 互换（资产互换）点差于"孤立"情境下的波动模式；而现在，我们通过观察影响区域性 ASW 互换的外部因素，进而解析 ASW 互换模型的运行机制。

实际上，ASW 互换模型将区域性 ASW 互换点差作为相关资金利差的函数，因此，如果 CCBS 互换点差扩大，那就会导致区域性 ASW 互换点差扩大；而区域性 ASW 点差相关的无套利模型则可预期较高的 5 年期 LIBOR 利率 / 回购利率间基点互换之点差，图 14-11 显示了这一点，且事实也正是如此。同时，在没有 LIBOR 利率—回购利率互换交易的情况下，我们使用 3 个月期 EURIBOR 利率（欧元区银行同业拆借利率）—回购利率的息差作为粗略的替代工具，从而观察基于德国国债的欧元计价的 ASW 互换点差相关之 CCBS 互换利差增大的情境——其与它们融资利差扩大的情境是互相吻合的。

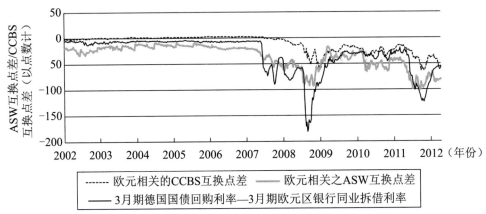

图 14-11　5 年期欧元相关的 CCBS 互换点差 / 基于 5 年期德国国债欧元计价的 ASW 互换点差与相关之 3- 月期融资利率息差的变化情境

资料来源：彭博社

此外，ASW 互换模型解释了：驱动 LIBOR 利率—回购利率间基点互换的因素有两个。

- LIBOR 利率（伦敦银行同业拆借利率）的风险因子是由 LIBOR 利率—OIS 利率（隔夜指数互换利率）的基点互换情境所衡量的。而事实上，欧元相关的 CCBS 互换点差的扩大情境与 LIBOR 利率—OIS 利率（欧元计价）间息差扩大的情境是一致的。
- 银行的权益成本（CoE）驱动了对抵押贷款的偏好。虽然我们对此没有一个作为替代品的相应变量，然而，相关的数据表明：导致欧元相关的 ASW 互换点差扩大情境的一半因素是由于 LIBOR 利率相对于 OIS 利率的上升态势，而另外一半则是由于银行 CoE 成本的增加。

图 14-11 项下的共同背景是银行业所面临的危机，其结果是导致银行的 CoE 成本、以欧元计价的 LIBOR 利率—OIS 利率间基点互换行情（因之而影响基于德国国债的以欧元计价的 ASW 互换的行情）以及欧元相关的 CCBS 互换价值同时增长。

在本例中，诸如 CCBS 互换交易之类的具有全球性影响能力的因子通过区域性 ASW

模型当中所输入的变量而相互作用，从而进一步阐明：区域性 ASW 互换模型中的套利关系在 CCBS 互换点差的变动当中得以维持。简而言之，连接（CCBS 互换和）美元相关的 ASW 互换模式并不影响模型本身（以及它的无套利原则），然而，此种模式会影响模型中的输入变量。

　　反之亦然，无套利原则确定了区域性 ASW 互换点差与筹资成本之间的函数关系，其自然会影响美元计价的 ASW 互换交易的行情。图 14-12 显示了基于 5 年期德国国债的美元计价的 ASW 互换与 5 年期美国国债之间点差情境的演变过程（即图 14-9 中的各曲线之间的差值），同时，也展示了两国国内融资成本利息的差异。

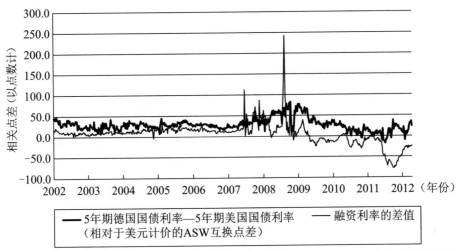

图 14-12　5 年期德国国债利率与 5 年期美国国债利率之间的息差（差值）／两国国内融资成本利率的差值

　　资料来源：彭博社

　　从图 14-12 中我们可以看出：总体来讲，美元计价的 ASW 互换的点差与融资利率息差的关系非常密切，即融资利率息差的增加（即美国国债回购利率／美元 LIBOR 利率的息差相对于德国国债回购利率／欧元 LIBOR 利率之间的息差而言呈现下跌的趋势）通常会伴随出现德国国债和美国国债之间美元计价的 ASW 互换点差增长的情境。更具体地说，在雷曼兄弟（Lehman）公司暴发危机之前，几乎所有的基于美元 LIBOR 利率的德国国债和美国国债之间持续的利差（见图 14-9）与融资利率间的持续息差是相当匹配的。这里需要注意：在图 14-12 中，3 月期融资利率的息差相对于 5 年期 LIBOR 利率回购利率基点互换而言有被低估的倾向；因此，如果 5 年期 LIBOR 利率回购利率基点互换的数据真实地存在，那么，它们在图 14-12 中形成的两条曲线会更加地接近。

上述情境为之前章节当中的两个论点提供了实证的基础，即

- 根据第 8 章和第 9 章的互换价差模型，低风险债券的互换点差是预期的融资利差（LIBOR 利率—回购利率基点互换）的主要函数。因此，基于德国国债的以美元计价的 ASW 互换利率与美国国债利率之间的点差应该取决于它们之间预期的（区域性）融资利率息差的变化——图 14-12 显示了这一点。因此，预期的融资成本不仅是单个 ASW 互换市场行情的主要驱动力（而且，这些成本因子也是美元计价的 ASW 互换交易行情升值的主要推动力。

- 此外，图 14-12 为第 10 章结尾处谈到的问题提供了实证的依据，即以本币计价的购买债券的融资利率的差值对美元计价的 ASW 互换交易之间的"相对价值"具有重大的影响。

最后，在雷曼危机之后，资本融通之利率差值的波动率明显高于美元计价的 ASW 互换点差的波动率，这和上面的表述是一致的，即低风险债券相关的区域性 ASW 互换点差（差值）的大部分波动性会被 CCBS 互换点差的波动率所稀释，而美元计价的 ASW 互换的点差则相对稳定。特别是，美元计价的 ASW 互换的差值可能为零，即在 2011 年底，德国国债相关的欧元融资利率相对于美国国债相关的美元融资利率而言大幅下跌，然而，此种情境并没有引起美元计价的 ASW 互换点差发生类似变化。

日本国债情境相关的均衡模式（高风险债券）

我们应用图 14-10 的既定模式针对德国国债／日本国债收益率进行同样的分析而生成图 14-13，其间给出了一个完全不同的图形走势，即以本币计价 ASW 互换（而不是美元计价的 ASW 互换）点差是相当稳定的，而美元相关的 ASW 互换行情的波动情境几乎是日元 CCBS 互换行情的镜像。因此，应用于区域性（以本币计价）ASW 互换交易、美元计价的 ASW 互换以及 CCBS 互换三者之间相同的数学公式（14.1）有两种不同的工作方式，即

- 就德国国债而言，美元计价的 ASW 互换点差的波动率不大，其间大部分的波动性从 CCBS 互换工具转移至区域性 ASW 互换工具之上（反之亦然）。

- 就日本国债而言，区域性 ASW 互换点差几乎没有波动和变化，其间大部分的波动性从 CCBS 互换工具转至美元计价的 ASW 互换工具（反之亦然）。

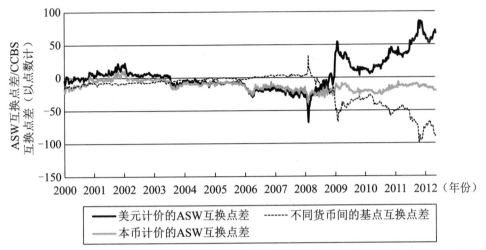

图 14-13　5 年期日本国债收益率 /5 年期日元计价的 CCBS 互换点差相关的本币和美元计价的
ASW 互换点差

资料来源：彭博社

在德国国债波动的背景下，美元计价的 ASW 互换点差的变化是由美元国债相关的美元计价的 ASW 互换点差行情所驱动的（见图 14-1 和图 14-9）。相比之下，日本国债相关的美元计价的 ASW 互换点差的波动情境则遵循不同的路径（见图 14-9）。事实证明：日本国债的美元计价的 ASW 互换点差在很大程度上是由日本的违约互换工具（CDS）决定，如图 14-14 所示：2009 年以来，5 年期日本 CDS 互换工具与 5 年期日本国债相关的美元计价的 ASW 互换工具之间的相关系数值为 0.78。因此，以欧元和日元计价的 CCBS 互换点差同步扩大的情境（见第 13 章的图 13-3）则伴随着两个不同的影响模式：

- 就德国国债而言，CCBS 互换点差的宽幅波动（呈现更大的"负值"）与区域性（本币计价）的 ASW 互换点差的宽幅波动相关（美元计价的 ASW 互换点差相对地稳定）（见图 14-10），从而提高了本币融资利率的息差（见图 14-11）。
- 就日本国债而言，CCBS 互换点差的宽幅波动（呈现更大的"负值"）与美元计价的 ASW 互换点差的宽幅波动相关（本币计价的 ASW 互换点差的波动相对稳定）（见图 14-13），因此，CDS 互换工具的溢价水平则变得较高（见图 14-14）。

图 14-14　5 年期日本国债和 5 年期日本 CDS 工具相关的 5 年期日元计价的 CCBS 互换点差 / 美元计价的
ASW 互换点差之波动情境

资料来源：彭博社

请注意：图中的相关性是对称的，其中隐含了"没有因果关系"的论断，其间的可能性是：因购买德国国债而融资的利率出现溢价的情境使得欧元计价的 CCBS 互换点差呈现宽幅波动的迹象；而日本 CDS 互换工具行情的走高也使得日元计价的 CCBS 互换的点差呈现宽幅波动的情境。

我们可以通过信用差异来解释观察到的行情模式。

- 德国国债提供的是与美国国债类似的信贷支持。因此，如图 14-8 所示，沿着相应的曲线，于德国国债和美国国债之间，存在着大量资产配置所相关的现金流，而这使得基于德国国债和美国国债的美元计价的 ASW 互换的点差相当稳定，同时，德国国债在国际市场上也受到非常强劲的"追捧"。总体而言，在美元计价的 ASW 互换的基础上，德国国债相对于美国国债的定价模式，以及应用德国国债来替代美国国债的国际投资者所占的比例很高，如此则使得相应的定价模式影响国内市场，其中也包括德国国债相关的地方性融资。
- 我们从未考虑将日本政府债券作为美国国债的替代品，因为：首先，这样会导致美元计价的 ASW 互换价值被用来反映日本 CDS 工具所表达的信用风险；其次，与此密切相关的是，其限制了国际投资者参与日本国债市场交易的规模。另外，相对于国内投资者而言，日本国债市场行情依然坚挺，所以，对他们来说，美元计价的 ASW 互换工具似乎无关紧要；同时，外部因素对日本国债的国内融资状况，以及基于地方性 ASW 互换工具的美元计价的 ASW 互换和 CCBS 互换交易并没有显著的影响 [5]。

我们利用上述两个市场工具作为低风险和高风险债券的模型案例，且提出了以下一般性的假设条件。

- 对于低风险市场工具而言，它们的以美元计价的 ASW 互换水平之间有很强的相关性，而这影响了地方性债券相关的定价和融资模式。特别是，地方性 ASW 互换工具的行情走势与 CCBS 互换工具行情的走势是相关的（而美元计价的 ASW 互换工具的行情走势相当稳定）。
- 对于高风险市场，美元计价的 ASW 互换工具的行情水平是 CDS 工具的函数，而地方性 ASW 互换市场在很大程度上是孤立的，不受全球行情的影响，如 CCBS 互换产品。特别地，CDS 工具行情中移动（以及美元计价的 ASW 互换工具的行情移动）与 CCBS 互换产品的行情就是相关的，而地方性 ASW 互换工具的行情则相当稳定。

而对于 ASW 互换工具相关的模型而言，上述情境意味着：

- 对于低风险市场工具而言，诸如 CCBS 互换工具的海外因素可以对地方性的资金状况产生重大的影响（即我们的 ASW 模型中输入的变量）。虽然该模型的无套利关系仍然有效，但它的输入变量可能在很大程度上取决于国际事件。
- 对于高风险市场工具而言，地方性 ASW 互换工具（由 ASW 互换模型解析，输入的变量几乎不受海外因素影响）和美元计价的 ASW 互换工具是相对独立的，其行情走势与 CDS 工具和 CCBS 互换工具的走势相符。

虽然本章综合的论述方法完成了对低风险债券和高风险债券相关的 ASW 互换工具的分析模式，但是，我们目前只能解决与地方性 ASW 互换工具所相关的问题。在下一章对 CDS 工具概述之后，我们将在第 16 章论述风险债券相关的 ASW 互换工具的建模问题。届时，我们会发现：对于低风险债券而言，全球性的变量和地方性的变量之间存在一个恒定的相互影响的因子，而风险债券相关的地方性 ASW 互换工具的行情仅在特定情况下取决于 CDS 产品驱动的美元计价的 ASW 互换工具市场的变化情境。

结论

在本章中，我们已经看到，当不是所有债券都以相同货币计价时，我们应该如何比较债券的相对价值：

- 将非本币的现金流互换为本国的货币；
- 为本国货币解析基准的曲线拟合；
- 计算所有以本国货币计算之债券价格相对于基准曲线而言的升值／贬值幅度。

我们进行了一个简短的实证研究，进而说明：以不同货币计价的债券之间的相关性是如何影响其定价模式的。而相应的测试结果显示了不同市场的分类情境，其中：美元的 LIBOR 利率（伦敦银行间拆放款利率）与美国国债曲线挂钩，而相关的市场行情则与 CDS 工具挂钩。

- 一个共同的尺度对低风险债券的定价有着重大的影响。由于美元相关的 ASW 互换工具的行情相当稳定，因此，地方性 ASW 互换工具的行情在一定程度上受到了 CCBS 互换工具走势的驱动。因此，ASW 互换模型的输入变量需要考虑外部因素的影响。
- 相比之下，对于有信用风险的债券来说，其地方性 ASW 互换工具孤立于全球性影响之外；另外，相关的 USD 计价的 ASW 互换工具（和 CCBS 互换工具）的行情在很大程度上是由 CDS 工具的行情驱动的。

本章的讨论还阐明了：以不同货币计价的债券在与同一货币计价的债券进行比较时可能显示出系统性的不同的相对价值。其中两个主要原因是：不同的地方性融资利率和不同的信用风险。

注 1：其他浮动或固定利率也可以作为相应的基点，例如所有债券都可以用固定的美元条款来表示（见下文），或以相应的点差对应 EONIA（欧元隔夜平均利率指数）利率。

注 2：按照惯例，当我们谈到"互换点差"或"与 LIBOR 利率息差"时，其指的是 ASW 互换（资产互换）的边际值，并包括相应的符号，例如，如果互换利率为 1.5%，债券收益率为 1%，则债券报价约为——LIBOR—50 个基点，互换息差接近—50 个基点（包括负值）。

注 3：用 10 年美元互换的 BPV 值（基点值）除以 10 年日元互换的 BPV 值。

注 4：另一种常见的结构是，3 月其欧元银行间同业拆借利率（EURIBOR）的支付可以每半年支付一次，而不是每季度支付一次。

注 5：这也可以用波动性来表示。由于对高风险债券而言没有国际性美国国债的替代品来显示相应的资金流 [导致这些债券以 CDS 工具（而非美国国债）为基准定价]，地方性融资市场在很大程度上隔绝了全球性的影响因子。因此，以美元计价的 ASW 互换工具行情波动的原因往往使地方性的融资成本相当稳定。而在地方性融资利率趋于稳定的情况下，CDS 互换工具行情驱动的美元计价的 ASW 互换工具行情的主要波动性被 CCBS 互换工具行情的波动性所吸收，这也符合图 13-1 和图 13-2 所示的日元计价的 CCBS 互换工具和美元计价的 ASW 互换工具之间的相关性（图 13-2 当中——X 轴上的变量"波动率"与 CDS 互换工具的行情水平和日本国债相关的美元计价的互换工具的变化情境高度相关）。

第15章

信用违约互换（CDS）

本章概论

到目前为止，基于无套利原则，我们主要关注推导金融工具之间的相对价值的关联性，这种方法主要基于一个假设：使用无违约风险的现金流来定义金融工具。

然而，在第14章中，我们从实证的角度讨论了美国国债、德国国债和日本国债之间的关系，数据表明：在我们的分析中，需要纳入信用风险因子（特别是对日本国债而言尤其重要）。而且，随着看似没有违约风险的发行者的数量进一步减少，将信用风险纳入相对价值分析和相关交易变得越来越重要了。将信用风险纳入本书所讨论的市场相对价值分析的一般性方法有两种：

（1）从基本面出发进行信用分析；

（2）通过信用违约互换（CDS）工具，以场外交易的方式（over the counter，OTC）来管理各种信用风险。

尽管我们建议在分析时应当同时使用上述两种方法，但本书并没有讨论信用相关的基本面分析。

CDS 利差的用处在于：它是衡量信用风险的量化且可交易的指标，同时便于调整和比较，即通过使用债券收益率减去 CDS 互换利率（而不是仅使用债券收益率）的方式来合成无风险收益率曲线，该无风险收益率曲线在出现信用风险时同样适用。通过比较美元计价的 ASW（Asset Swap Spread，资产互换息差）与 CDS（即比较反映在债券市场的信用风险与体现在 CDS 互换市场上的信用风险），我们可以发掘相对价值带来的交易机会；同时，利用不同的评估模式来解析债券和 CDS 工具所具有的相同的信用风险，进而总体地对冲相应的信用风险。

然而，不幸的是，主权 CDS 互换不是一种完美的衡量信用风险的工具，以一种有缺陷的方式表达信用质量的信息（从相对价值分析的观点出发）。虽然我们没有试图纠正这些缺陷，但是，在处理 CDS 互换工具时，我们首先是简要地概述其缺陷，而在将 CDS 工具纳入相应的分析和交易策略时，我们需要时刻注意这些缺陷。

另外，我们可以按如下的方式对 CDS 工具进行分析和定价，即

（1）通过 PCA（主成分分析）等统计模型对比其他 CDS 产品——这种方法似乎被大多数市场参与者所忽视，因此，使用这种方法似乎能相应地提高相关的回报率。在本章中，我们概述了 CDS 工具的统计定价模型及相关的收益。

（2）比较 CDS 与其所担保的债券之间的基本相关性——该方法基于常用的估值体系，确定融资调整后的资产互换点差应近似地等于 CDS 互换工具的价差。我们将在下一章讨论这种相关性以及第 6 章中出现的关于资金比率之论证方法的潜在贡献度。

CDS 互换工具的结构

CDS 互换工具包含了债券发行人的信用风险信息，但不是以净值的形式体现。相反，CDS 将有关的信用风险的信息与其他因素联系起来，而这些因素则产生于 CDS 的结构和相应的法律规范。在这里，我们简要地讨论信用违约互换的规范，因为它们与潜在的信用信息失真有关。如此，我们将以如下的方法发现 CDS 互换工具中的信用信息，即

（1）结合可交割期权（DO 期权）的信息；

（2）可能要使用一种与 CDS 所担保之债券不同的货币。

然后，我们分别讨论上述这两个问题，并研究这两个因素是否可以定价，同时，观察是否可以简单地从市场上的 CDS 报价当中提取信用风险相关的清洁信息。

对于 CDS（该 CDS 以某个债券发行人为担保对象）的持有人来说，他们需要支付相关溢价（保费）的浮动利息流（通常是每季度[1]）（我们也用"CDS"来表示），进而换取在债券发行者违约的情况下收取票面价值的权利。我们将支付保费且享有在违约的情况下收取债券本金的权利——此种行为称作"买入"或"做多"CDS。

CDS 的通常规格有以下特征，而这些特征将 CDS 中的信用信息与其他元素叠加在一起。

在大多数情况下，当债券发行者违约时，CDS 相关的债券交易终止，即使 CDS 还没有到期也不例外。比如，如果我们持有一个 10 年期债券，并用一个 10 年期的 CDS 互换工具对冲，而如果债券发行人在 5 年后违约，那么，我们可以将债券交付给 CDS 发行人，以换取债券本金，而不是等到债券到期才行使该权利。相比之下，与债券一起交易的其他工具（如资产互换和基差互换）相关的现金流在发行人违约的情况下不会被终止。在我们的例子中，

如果我们持有附带 10 年期资产互换（ASW）的债券，且以 10 年期 CDS 工具进行对冲，而如果债券发行者在五年后违约，那么，我们可以在五年后从 CDS 互换交易的对手方获取债券的本金，但是，我们将不再获得用以匹配资产互换头寸而构建的相关债券之现金流；因此，我们需要在五年后以现行利率将本金重新投资，以履行剩余的资产互换合约——显然，这在违约的情况下引入了利率风险。

CDS 互换交易通常以美元支付违约债券的本金[2]。我们将违约债券的本金支付给 CDS 合约的买方，其中使用的货币则可作为 CDS 互换工具的结算货币或面值。因此，以非美元计价的债券和以美元计价的信用违约（CDS）互换交易之间需要评估不同货币的信用风险。

在违约国货币存在贬值可能性的情况下，其间可能导致 CDS 买方获得过度的补偿。持有以美元计价的 CDS 互换工具的买方不仅能收回本金，而且，可能获得以升值货币计价的本金，而这会产生额外的利润，且反映在 CDS 的定价模型之上。事实上，如果 CDS 交易以本国货币计价，那它们对同一发行者的溢价往往比以美元计价的 CDS 工具的更低。如果将上述这一点与之前的理念结合起来，那就会出现一个特定问题，即以本币计价的附带 10 年期资产互换和基点互换的债券，需要用 10 年期美元计价的 CDS 工具对冲，而五年后的违约情境将导致——本金以美元支付，而资产互换和基点互换的合约则不会受到影响，期间的现金流均需要以本币计价。在前述这种情况下，违约的结果不仅生成利率敞口，而且也会生成外汇敞口，因为我们需要将美元兑换回成本币，从而履行 ASW 互换和 CCBS 互换交易当中的支付义务；如果发生违约时本币走弱，那我们就可以获得额外的利润，因为通过 CCBS 互换和 CDS 工具，我们对本币的走弱进行了过度的对冲。

CDS 合约通常不明确在违约时需要交付哪一种债券，而是允许发行人将其发行的任意债券交付于 CDS 合约中——这就生成了 DO 期权（可交割期权），其类似于债券的期货合约，只不过在这种情况下，CDS 互换的买家做多 DO 期权，而 CDS 的卖方做空 DO 期权。如果我们拥有一只债券，并拥有其发行人的 CDS 互换合约，那么，在违约的情况下，我们可以交付相关的债券，以换取本金；不过，我们也可以出售我们的债券，从同一发行者那里购买其发行的另一只债券，然后将该债券交付到 CDS 合约中——如果另一种债券比我们最初持有的债券便宜，那我们就会获得利润。

对 CDS 工具定价有潜在影响的其他要素包括票息率、保证金、对抵押品的要求，还有对结算过程当中时间价值的考量，以及票息支付频率和 CDS 保费支付频率之间潜在的差异性。

如果试图从市场观察到的信用违约互换报价之中剔除纯粹的信用信息，那我们至少需要获取 DO 期权的公允价值，以及 CDS 的计价货币与标的债券的计价货币不一致时的影响，接下来的两节所讨论的问题就涉及这个任务。

1. 可交割期权（DO 期权）

在为 DO 期权定价时，我们面临两大障碍：

（1）在发生违约时，缺乏足够的相关先例来估计交割品之间的价差波动率；

（2）结算程序不断变化。

关于上述第一个问题，我们假设仅考虑实物交割的情形，然后，我们可以复制第 5 章中债券期货合约的 DO 期权模型来分析 CDS 互换工具的交割情况。正如第 5 章所讨论的那样（见图 5-4）：该模型要求交割标的的价差波动率作为输入变量，而其测试结果将在很大程度上依赖这个输入的变量。

虽然关于建模的问题已经在第 5 章当中解决了，但是，我们需要在违约的情况下估计交割品的实际价差的波动率，而这面临一个基本的问题，即几乎没有相关违约的先例。虽然 6 月交割的国债期货的最便宜交割券（CTD）与 3 月交割的国债期货的最便宜交割券之间的利差波动率相近，但是，假定在德国政府违约的情况下，我们应该使用哪一个历史先例中的波动率数据来得出结论呢？

如果以拉美国家违约债券的价差波动率作为输入项，在违约的情况下，根据我们的模型，平均每 100 美元面值 CDS 合约对应到 6 美元的 DO 期权价值——这可能意味着：市场上观察到的约 6% 的 CDS 报价可能与 DO 期权有关。然而，在拉丁美洲债券违约的情况下，DO 期权价值的标准差十分显著，这表明：违约事件和它们所生成的 DO 期权值几乎没有可比性，即使是以拉丁美洲主权债券为标的也是如此。如果用阿根廷或厄瓜多尔债券之间的价差波动率来估计德国债券违约时的价差波动，这显然就更成问题了[3]。

现在，我们再来看看第二个问题：即使我们在实物交割过程中可以获取 DO 期权公允价值的可靠数据，而这个价值是否可以通过现金交割来实现呢？显然，这个问题的答案仍然是未知的。由于结算的程序不断发展，我们无法确定未来的结算模式将在何种条件下进行。

更详细地说，最早的 CDS 文件假定 CDS 合约以实物交割，违约债券被交付给 CDS 的卖方，而随着 CDS 变得越来越受欢迎，其未偿金额相对于违约债券之发行者的未偿付债券规模而言越来越大，那么，实物结算对债券价格的扭曲作用则越来越大——因为它人为地增加了对违约发行者所发行之债券的需求，而这只是为了将这些债券交付到 CDS 互换的合约当中。实际上，如果 CDS 互换合约对应的未偿金额大于相应债券的未偿金额，那么，CDS 持有人就需要交割一个债券，进而从 CDS 互换合约之中收到付款，理论上，这种情况将导致违约的发行人所发行的债券会按照债券的面值进行交易。因此，现金结算条款通常会成为 CDS 互换合约一部分内容，即债券的价格由最广泛的市场参与者在竞价过程中决定——这样做的目的是获取违约债券发行人所发行债券的公允价格，同时，这种方法也规避了因要求 CDS 互换合约进行实物交割而扰乱债券市场定价机制的情境。如此，CDS 的买方可以就票面价格与竞价之间的差额中获得补偿，而无需交付债券。

另外，交割和竞价细节的更改会影响 DO 期权的价值。在实物交割的情况下，CDS 互换的买家总是可以交付他所选择的任何债券，特别是用 CDS 进行对冲的债券，或者更便宜的债券。因此，他得到的补偿至少是他所持债券的面值，同时，他还可能从提供更便宜的债券中获利。不过，通过现金结算的方式很难复制同样的 DO 期权——与实物结算不同的是，买方有可能得不到足够的补偿，而其收到的现金金额可能低于债券面值的折现值；若竞价交易形成的价格越接近于 CTD 的价格，这种情况发生的可能性就越大。总而言之，考虑到目前已有的实例有限，且交割程序仍处于构建过程之中，我们对 CDS 互换合约中 DO 期权所进行的定量分析仍面临较多的困难。因此，我们要尝试将相关的分析建立在 DO 期权的定性描述之上，并仅在绝对需要数字的情况下应用上面的"6%"的经验法则——请记住：它的使用会引入大量的不精确性（例如，其生成的结果属于套利"走廊"，而不是套利均等）。

2. 结算货币的差异性

与上述问题类似，当我们对 CDS 互换中的汇率因素进行定价时，我们要面临两个问题：

（1）使用哪个定价模型；

（2）使用哪个参数（例如，我们应该如何假设信用风险对汇率的影响度？）

这里我们不是要对定价模型进行学术讨论，我们提出了一种原始的方法，即以期权的 delta 指标[1] 相关的套期保值理论为基础建模。我们的目标不是提出一个解决方案，而是获得一个说明问题的框架。

作为建模的起始程序，我们买入以日本国债为标的、以美元计价的 CDS，卖出以日本国债为标的、以日元计价的 CDS，两者的期限相同；然后，在违约的情况下，我们作为 CDS 空头可以获得对手方交割过来的日本国债，同时，用手中被交割过来的日本国债以预先确定的汇率兑换美元。现在假设日元在违约事件中走弱，我们则可获取因违约前和违约后的汇率变动而带来的利润。例如：如果在日本违约的情况下，日元从预先设定的 80 贬值到 160，我们的 CDS 价差头寸将是一个二元期权，即在日本违约的情况下支付 50 美元。那么，以美元结算的 CDS 工具和以日元结算的 CDS 工具之间的公允价值差额将在该二元期权公允价值的基础上以"年金价值"的形式给出。

除了二元期权定价之外，我们可以复制布莱克—斯科尔斯（Black-Scholes）期权定价

---

① 译者注：期权的敏感性指标，即期权价格相对于基础资产价格的一阶导数。

模型中的 delta 对冲模型，随着日本信用风险的增加（以 CDS 工具衡量），我们可以增加一个日元多头/美元空头的头寸。然后，在没有违约的情况下，我们没有形成汇率头寸；但是，在违约的情况下（违约概率为 1），我们的外汇对冲模型则可以通过结算 CDS 价差而得到美元多头头寸和日元空头头寸；在应用期权 delta 指标进行套期保值的情况下，其可将到期时支付的利润转移到因不断调整套期保值比率而获取的收益之中，而我们则可以在日本违约风险高的时候买入日元（因为此时日元会被预期变得便宜），在日本违约风险低的时候卖出日元（因为此时日元会被预期变得昂贵）。因此，CDS 互换点差的公允价值（即通过美元计价的 CDS 的超额补偿值）是违约概率之波动率的函数。换句话说，CDS 互换工具价格的波动性越高，美元计价的 CDS 相对于日元计价的 CDS 的溢价就应该越高[4]。

在目前 CDS 的建模阶段，据我们所知，我们很难对以美元作为结算货币所形成的过度补偿（我们也将其称为"外汇结构"）进行一致性的定价。特别是，由于 delta 对冲方法似乎没有被纳入学术讨论中，所以，我们仍然不清楚其是否，且如何能与二元期权的方法相结合。

同时，还有一个更大的问题是在模型中对输入的变量进行估值——就像在 DO 期权的例子当中那样（至少模型问题可以充分解决）：

（1）一个违约国家的货币贬值的幅度应该是多少？

（2）随着信用风险的增加，货币的贬值幅度是线性的吗？

或者，随着信用风险的增加，货币的贬值幅度可能会出现跳升吗？

（3）除了信用风险之外，如何将汇率的影响排除在分析之外呢？[5]

（4）违约概率（也就是外汇汇率）与违约概率波动率之间的相关性是什么？

另外，我们可以看看主权债务违约的历史先例，但是，考虑到各国在外汇储备等方面的差异，用阿根廷比索的贬值幅度来估计违约情况下日元的贬值幅度是没有实际意义的。事实上，如果有人认为：在日本债券违约的情况下，日元对美元是升值的，因为日本会被迫返还大量的美元储备，而我们则无法反驳这个论点。

如果我们连违约的发达国家的汇率变动方向都难以确定，那更不太可能就一种货币在违约情况下的贬值幅度达成共识。事实上，我们可以换个角度来考虑，即如果市场上有日元计价的 CDS 工具的报价，那么，在违约时，我们可以将美元计价的 CDS 互换工具和日元计价的 CDS 互换工具之间的价差转换为市场隐含的外汇结构（美元对日元的汇率）[6]。

在开始估值时，我们期望通过调整 CDS 其他相关要素的公允价值，从 CDS 互换中提取纯粹的信用信息——为了实现这一目标，我们需要对 DO 期权、以美元为结算货币的 CDS 所获得的超额补偿进行定价。但是，对上述两项中的任何一项定价都比较困难，主要原因在于：

（1）如果为 DO 期权定价，我们倒是有一个模型，但是缺乏对模型中参数的估计值（并面临更改结算条款的问题）。

（2）对"外汇结构"的定价，我们既没有模型，也没有对其参数的估计值。

因此，在目前的发展阶段，我们不可能从市场上观察到的 CDS 互换工具报价中提取纯粹的信用信息。（与基本面信用分析相比）CDS 互换的优势在于：它是一个定量的、可交易的变量。而其缺点是：它是一个将信用信息与其他元素以不可量化的方式组合在一起的变量。所以，我们面临的情况是：一个理想的 CDS 互换工具仅仅反映出信用风险是不存在的（从相对价值分析师的观点），而现实中我们无法对 CDS 的各个组成部分进行量化分解。上述的问题导致了三个结果，而这将伴随在我们于整本书中对 CDS 互换工具的分析处理当中。

（1）由于 CDS 互换点差中的信用要素无法量化，所以，我们在分析中将尽可能使用对 CDS 的定性陈述。

（2）定性的陈述常常会导致矛盾的情境。例如虽然我们不能量化 DO 期权或"外汇结构"，但是，我们可以说，两者都不应为负值，因此"纯"信用风险的价值不应高于 CDS 互换工具报价，而 CDS 的报价则包含了信用风险、DO 期权和"外汇结构"。

（3）由于可量化的变量是套期保值的条件，所以，DO 期权和"外汇结构"对相关交易而言是未知的，因此，CDS 对冲策略是无法进行的。所以，任何涉及 CDS 的交易策略都应当对一系列不同的 DO 期权和"外汇结构"的数据进行测试。

CDS 互换工具的两种定价方法：CDS 互换定价 vs 其他 CDS 工具定价，或 CDS 互换定价 vs 债券定价

从概念上讲，我们可以根据同类型的工具或其他类型的工具之情境为任何一种金融工具定价。在第一种情况下，我们可以计算内在的、具有统计属性的工具的性质；在后一种情况下，我们将使用不同的工具来表达相同的信息。

我们可以利用上述概念上的差异来对 CDS 的定价模型和相关交易进行分类（后文将以此来分类期权定价相关的模型和交易）：

因为债券收益率和 CDS 报价都受到债券发行人信用质量的影响，所以，我们可以比较两个市场所表达的信息，进而通过债券收益率导出"公允的"CDS 报价（反之亦然，以"公允的"CDS 报价导出债券的收益率），同时挖掘潜在的因债券与 CDS 价值错配而生成的交易契机。这种方法基于美元计价的 ASW（资产互换）互换点差和 CDS 互换价差之间的链接模式而实施的，我们据此将一般的概念转化为交易的策略，并在实践中发挥作用，同时

也要考虑除信用以外的影响互换点差和 CDS 互换价差的因素——本书的下一章将专注于这项工作，依据第 6 章中的互换点差的理念，并根据以美元计价的互换点差来形成 CDS 互换工具相关的一般定价机制。

在本章中，我们将独立于其他市场对 CDS 互换工具进行分析。因此，我们主要关心的是 CDS 工具各类报价之间的统计属性，例如，CDS 互换工具行情曲线的因子结构（同一债券发行者相关的 CDS 工具所对应的不同期限）和欧元主权债券 CDS 工具的因子结构（不同欧元区政府发行的相同期限的 CDS 工具）。不过，据我们所知，市场参与者很少采用这种方法。所以，在 CDS 互换交易的市场上，与应用 CDS 工具与互换点差之间相关性而进行操作的方法相比，我们通常能够根据这些被"忽视"的统计属性找到更多的相对价值生成的交易契机。

当我们不考虑 CDS 与债券的关系而单独考察 CDS 时，人们很容易忽视违约事件所涉及的问题。事实上，有时 CDS 互换市场的交易似乎忽略了这些问题。例如：CDS 交易中的多空双方并不担心无法为 DO 期权定价，因为只要没有违约事件发生，他们可以将 CDS 的价格看作一个统计性的时间序列数据而不考虑 CDS 与债券之间的关系。例如：我们可以通过 CDS 交易的统计数据来画出一条 5 ～ 10 年的 CDS 交易曲线，并且根据这个曲线来构建相应的交易头寸。如果在违约之前曲线具有均值回归的特征，这种处理方法不会有太大问题。然而，一旦发生违约，这种依据抽象性理念构建 CDS 曲线的方法就不再适用了；另外，当使用债券进行实物交割时，CDS 互换与债券市场的相关性则不容忽视。

因此，我们将在一个抽象的基础上开始讨论 CDS 工具相关的处理方法，同时，利用统计方法推导出 CDS 市场相应的交易策略，然后，我们将分析这些策略在发生违约的情况下可能会面临的情境，同时，我们将头寸限制于表现良好、预期不会发生违约的债券范围内（由它们的统计属性所定），并且，相关分析也不受违约情况下的潜在问题的影响（例如，通过禁止做空 DO 期权来实现）。

CDS 互换曲线的 PCA 分析（主成分分析 / 主元分析）方法

图 15-1、图 15-2 和图 15-3 描述了意大利国债 CDS 曲线的 PCA（主成分分析）模式生成的测试结果（基于美元计价的 2 年、5 年和 10 年期的 CDS 互换工具的报价，时间序列起始于 2006 年 1 月，数据周期以"周"为单位）。

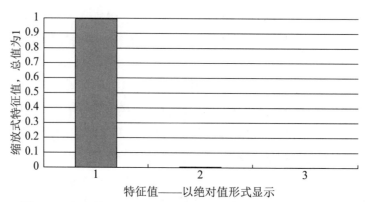

图 15-1　意大利国债 CDS 曲线的 PCA 分析模型之缩放式特征值

资料来源：彭博社

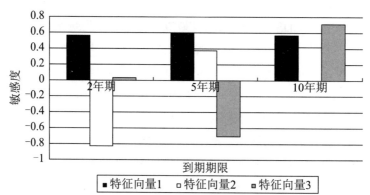

图 15-2　意大利国债 CDS 曲线的 PCA 分析模型项下的前三个特征向量

资料来源：彭博社

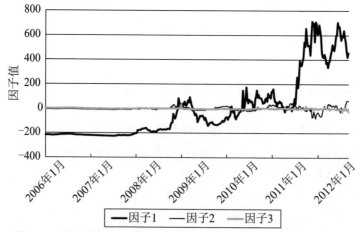

图 15-3　意大利国债 CDS 曲线的 PCA 分析模型项下的前三个因子

资料来源：彭博社

图中因子 1 解释了 CDS 曲线整体变化之 99.5% 的情境——这是对 CDS 曲线（同一个发行人，不同期限）进行 PCA 分析所得出的典型结论，其表明：CDS 曲线基本上是单因子结构，即整个 CDS 曲线实际上只包含一个信息（因子 1 属于总体的 CDS 级别），而如果在 CDS 曲线上给定一个期限信息，那就可以重新构建出一条精确度更高的曲线（通过第一特征向量的敏感度），同时，这一统计特性与传闻当中的 CDS 交易者定价的机制相符，因为他们倾向于关注最具流动性的到期期限（通常为 5 年），同时，对其他期限而言，他们会以流动性最强的期限为基础，以线性函数的形式调整相应的报价系统。

就像上面意大利债券的例子那样：CDS 曲线通常显示的是单因子结构，这与市场早期的发展阶段相符 [7]。而相应的理论性结论是：信用债券收益率中的风险因子无法解释在债券收益率曲线中观察到的三因子结构。因此，债券收益率曲线的三因子结构必须来源于无风险收益率曲线（例如：通胀预期），而不是违约风险因子。

CDS 曲线显示的实际交易结果是这样的：利用不同的曲线进行相对价值交易的空间很小。例如：依据 5 ～ 10 年的 CDS 曲线而进行的交易不受相关的方向因子的影响（即因子 2 相关的头寸），其面临的是因子 2 对于曲线的解释力度比较小的问题（因为整个 CDS 曲线 99.5% 的方差率已经可以用方向性影响因子来解析），而这意味着依据 CDS 曲线所构建的相对价值理论相关的交易策略生成的潜在利润太小，无法覆盖相对较高的买卖价差成本。因此，相对价值理念只能用于挑选最合适的期限来表达对 CDS 曲线之方向性的观点。在上面的例子中，一个投资者想要依据意大利债券 CDS 价格下降的预期构建相应的头寸（因子 1 的数值下降），那么，他可以通过做空 5 年期或 10 年期意大利债券 CDS（而不是 2 年期的意大利债券 CDS）的方法来提高相应的利润（第二个特征向量和因子 2 的形态是正向的）。

在上例当中，CDS 曲线的单因素结构是比较典型的，不过，在更多的时候，如果 CDS 曲线之上显示的主动且独立的交易不只是一个因子决定的，那就会出现一些例外的情境——在这些情况下，我们可以观察到更丰富的因子结构，并运用第 2 章和第 3 章论述的与收益率曲线相关的统计方法对 CDS 曲线进行相应分析。

相对于那些关注 CDS 工具且依据相对价值进行交易的人士而言，从 CDS 曲线中剔除隐含违约概率、扫描异常测试结果（特别是隐含违约概率为负值的情况）的过程是非常普遍的。尽管这种做法并没有错，而我们的建议是：从统计分析的角度出发来补充解释上述问题。

欧洲主权债券集合 CDS 的 PCA 分析方法

虽然同一债券发行者的不同到期日的 CDS 互换工具曲线呈现的是单因子结构，而一组同样期限的不同债券发行人的 CDS 曲线则可以表现出更丰富的因子结构，且可容纳更广泛的交易模式，特别是以相对价值对冲因子 1 的交易（即涉及 CDS 报价的整体水平），同时，也可利用有意义的较高阶的因子。接下来，我们应用 PCA 模型对欧元区内期限相同的不同主权债券发行人相关的 CDS 互换进行相应的解析，结果如图 15-4 和图 15-5 所示。

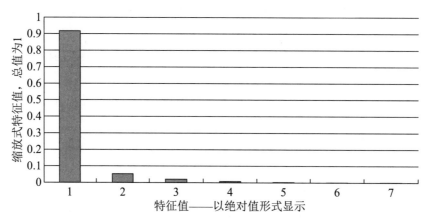

图 15-4 欧元区主权债券 CDS 报价系统当中 PCA 测试结果的特征值

资料来源：彭博社

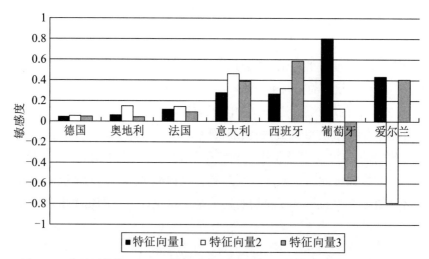

图 15-5 欧元区债券、CDS 互换曲线相关的 PCA 分析模型之前三个特征向量

资料来源：彭博社

图中的测试结果表明：因子 1 可以解释 92% 的欧洲主权债券相关的 CDS 市场行情的整体变化，其代表了欧元区的 CDS 工具市场行情的整体水平。所以，因子 1 可以作为一种度量欧元区主权债券整体信用风险的指标而存在。一般来说，因子 1 的敏感性由第一特征向量给出，其表示的是特定国家受欧元区整体危机影响的敏感度——其中定性的结果并不令人意外，德国的受影响程度比奥地利小，奥地利则比法国小，如此等等。图 15-5 则对上述状况进行了量化描述，即危机导致欧元区信用状况整体恶化，从而使得德国国债 CDS 报价扩大了 10 个基点，法国 CDS 报价增加了 26 个基点，意大利国债相关的 CDS 报价增加了 64 个基点，如此等等，而它们之间的相关性则是由敏感性相对于因子 1 的商值给出的。这里值得注意的是：在 PCA 分析当中融入非欧洲国家债券的做法不会显著地改变测试结果；特别是，没有明显的"欧元集团"（即没有特征向量能够将所有欧元区国家的正向敏感性/所有非欧元区国家的反向敏感性组合在一起）。因此，欧元区主权债务似乎已被 CDS 互换工具在相关市场以单个国家的情境定价，而不是将其视为欧元区市场的一部分。

对于所有国家而言，较高阶的特征向量都是正值，只有一个除外。所以，因子 2 和因子 3 是针对特定国家的，即通过因子 1 来衡量一个特定国家的 CDS 市场行情与整体 CDS 市场行情水平之间的差异。一个国家对应一个特定的因子（带有某种意义的特征值），当且仅当这是一个接受救助的国家（如葡萄牙和爱尔兰）。因此，PCA 分析方法将欧元区主权债券 CDS 市场进行具有普遍意义的分解，其变化取决于欧元区整体信用状况的恶化或改善（与因子 1 相关），同时考虑了接受救助的具体国家的状况（与因子 2 和因子 3 相关），所以，CDS 互换工具的市场行情的波动可以归因于通过特征向量来解释的定价机制。例如：爱尔兰国债 CDS 报价的缩窄，部分原因是欧元危机总体好转（由因子 1 反映），另一部分原因来自爱尔兰自身的发展情况（与因子 2 相关）。

虽然这是一个合理的结果，但它也意味着：在整体的欧元区 CDS 互换市场上，"纯粹"的相对价值交易几乎是不可能的。其中，因子 1 代表的是整体的危机情境，因子 2 和因子 3 代表的是特定国家危机发展状况，两者当中任何一项都受到政治因素的影响。例如：欧洲央行的支持会降低因子 1 的效应，而爱尔兰的救助计划则导致因子 2 数值的增加，而葡萄牙内乱则导致因子 3 的效应下降。如果分析师对政治环境有自己的看法，那么，PCA 模型最佳的表达方式为：单一因子的残差值可以显示某个表现最佳的国度，进而表达对欧元危机整体恶化或改善情境的预期。另外，PCA 模型分析之中的套期保值（对冲）比率也能根据因子 2 或因子 3 清楚地表达对某个具体国家发展状况的看法（例如：爱尔兰国债相对于其他欧洲主权债券而言所显示的状况"趋好"的情境）。

如果分析师没有政治方面的观点，并且想要应用"纯粹"的相对价值理念发现交易的契机，那么，他应该从 PCA 模型输入的数据之中排除纾困的国家——而这需要通过因子 2 和因子 3 来观测欧元区主权债券 CDS 市场的相对价值交易机制，且与救市国家的政治生态无关。图 15-6 和图 15-7 显示了 PCA 分析模型项下的欧元区主权债券 CDS 市场行情的测试结果，而相关的核心国家有德国、法国、荷兰和奥地利。

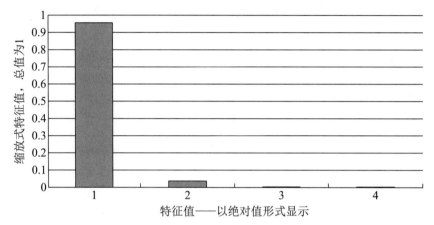

图 15-6　欧元区核心国家主权债券 CDS 报价的 PCA 分析之缩放式特征值

资料来源：彭博社

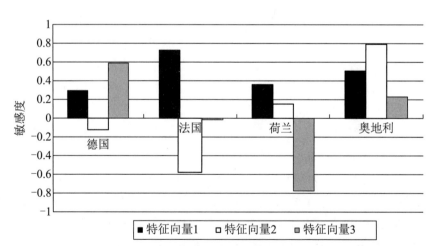

图 15-7　欧元区核心国家主权债券 CDS 的 PCA 分析之前三个特征向量

资料来源：彭博社

就像作用于整个欧元区主权债券 CDS 的 PCA 分析一样，因子 1 代表的是 CDS 工具整体的行情水平，其刻画了一个欧元危机的晴雨图表（见图 15-8）；另外，第一个特征向量给出的各个国家相关的相对敏感度与第一个 PCA 模型当中的结论是非常相似的，然而，与第一个 PCA 模型情境不同的是，本模型没有考虑特定国家的特征因子。相反，因子 2 将德国和法国（敏感值为负数）与荷兰和奥地利（敏感值为正数）进行了分组，如此，因子 2 可以作为"大核心国家 / 小核心国家"的变量。同时，缩放式的特征值（见图 15-6）表明了：大国与小国之间的差异性情境实际上是生成 CDS 核心市场行情的唯一显著的原因（除了因子 1 所显示的整体 CDS 行情水平之外）。由于一个国家的大小与政治影响无关，所以，PCA 模型的核心因子 2 可以被认为是"纯粹"相对价值交易的基础。因子 2 较快的均值回归速度也可以证明这一结论（见图 15-8）。所以，大国和小国之间相关性的差异性在统计学上似乎被称为"噪声"——这与救市和不救市国家之间的差异性是不同的，因为后者长期受制于政治决策（具体的表现是，均值回归的过程缓慢，而且，统计模型也没什么价值）。

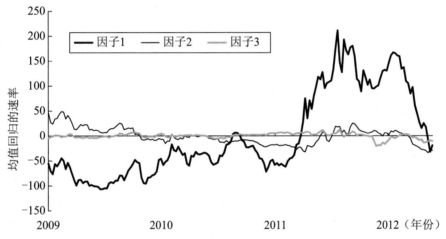

图 15-8 欧元区核心国家主权债券 CDS 报价系统相关的 PCA 模型项下的前三个因子

资料来源：彭博社

因此，基于 PCA 模型分析中核心因子 2 的交易可以被看作是"纯粹"的基于相对价值所建立的头寸，即利用诸如均值回归的统计属性且（通过 PCA 模型的套期保值比率）对冲因子 1（即由政治驱动的欧元区危机，以及危机对 CDS 市场的影响）的影响。由于当期的因子 2 的数值大大偏离了其平均水平，所以，在欧元区核心国家中，较大国主权债券 CDS 的点差要高于较小国家 CDS 的点差。同时，图 15-9 显示：卖出法国国债 CDS、买入奥地利国债 CDS 的做法可以获得 42 个基点的潜在利润，其间的对冲比率由第一特征向量给出（每卖出 1 张法国国债 CDS，则买入 0.7 份奥地利国债 CDS），另外，此笔交易应当剔除政治因素对 CDS 市场的影响，进而消除图 15-8 之中因子 1 所导致的世界性的剧烈波动情境。

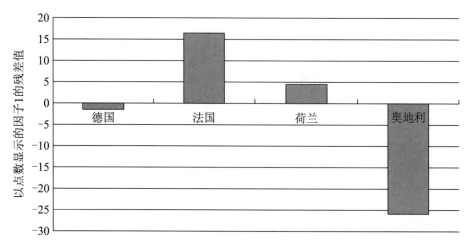

图 15-9　欧元区核心国家主权债券 CDS 报价系统相关的 PCA 模型项下因子 1 的当期残差值

资料来源：彭博社

数据周期：2009 年 5 月 6 日—2012 年 9 月 26 日，周度数据；所谓"当期"指的是 2012 年 9 月 26 日

当然，上述头寸所面临的风险是：法国从核心国家的分类中被剔除，并且成为一个纾困国家（原因在于法国的个体层面的因子与爱尔兰相似）。然而，考虑到因子 2 的均值回归速率过快，在缓慢移动的宏观经济事件使得市场重新评估法国于核心集团中的地位之前，相应交易很可能获利。同时，担心法国的投资者仍可能利用因子 2 对均值的偏离来获利，他们可以依据 2 倍均值的标准差进行相应的操作，即买入奥地利国债 CDS，卖出德国或荷兰国债 CDS，可能获得的利润为 23 或 29 个基点。

虽然上面的 PCA 分析方法可以为 CDS 市场结构提供一些借鉴，并引导投资者发掘可以获利的相对价值交易，但我们需要注意：上述操作基于抽象的假设，而这些假设条件可以规避潜在的缺陷。在本章结束时，我们将阐述解决这些问题的方法。

另外，其他的方法也值得研究，其间包括：同一行业或同一国家的一组公司债券相关的 CDS 报价体系；或者不同行业、不同国家各类公司债券相关的 CDS 报价系统。

总的来说，我们认为 CDS 互换市场是一个能够很好应用 PCA 分析方法的领域，这主要是因为：

● PCA 模型可以利用几个因子，从大量不同的债券发行人的信息中构建相应的信息结

构（不同国家、不同评级、不同板块），同时，PCA 的测试结果也可以揭示重要的
理念。

- PCA 模型可以在信用领域为相对价值交易提供基础，即利用不同发行人之间的信用
差异进行获利，同时对冲 CDS 市场整体行情波动的风险。

应用于经 CDS 费率调整的债券收益率的 PCA 分析方法

从债券收益率当中减去 CDS 报价费率（我们将其称为"经 CDS 费率调整的债券收益
率"）所得的数值可以构造一条替代无风险收益率的曲线。而债券收益率可以被认为是：
无风险收益率加上市场对信用风险的评估信息。因此，从债券收益率中减去 CDS 报价费率
可以被认为是无风险收益率水平的表达式[8]。

上述方法在理论上的好处是：我们能够分析无风险收益率曲线的因子结构。此外，我
们发现无风险收益率曲线的统计性质是优于未经过调整的收益率曲线的。特别是，在输入
数据之时，如果应用 CDS 报价费率调整后的收益率，那么，PCA 模型的各子周期内各个因
子之间的相关性问题则变得不那么明显了。

在实践方面，分析无风险收益率曲线（即收益率曲线和 CDS 曲线之间的差异）的过程
能够使相对于 CDS 曲线而言的债券收益率曲线的定价机制变得更加透明，而相应的这些理
念也可以转化为相对价值的交易机制，例如：日本国债收益率曲线相对于日本国债 CDS 曲
线更加陡峭的情境就可以说明问题。综上所述，将 PCA 分析应用于 CDS 互换市场的方法
表明：PCA 分析也适用于经 CDS 费率调整的债券收益率曲线，即使用 PCA 方法研究另一
种相对价值关系债券收益率曲线形态与 CDS 曲线形态之间的关系，洞察新型的相对价值理
念项下的各类相关性，进而创设高收益的交易策略。

我们应用 PCA 方法解析了经 CDS 费率调整的意大利政府债券（BTP）收益率曲线，同
时，将其与未经调整的债券收益率相关的 PCA 分析方法进行比较，从而生成如图 15-10、
图 15-11 和图 15-12 所示的测试结果。这里需要注意：输入的数据开始于 2006 年，也就是说，
它涵盖了两个阶段——第一阶段的 CDS 费率接近于零，且几乎没有波动率（见图 15-3）；
第二阶段的 CDS 的行情报价是生成相关债券收益率的主要驱动力。这些测试结果以类似的
形式出现在美国国债和日本国债的市场上（因此，该结果也并不仅限于欧元区的主权国家），
只不过，上述两个市场的定量调整规模有时要小于意大利政府债券的幅度。

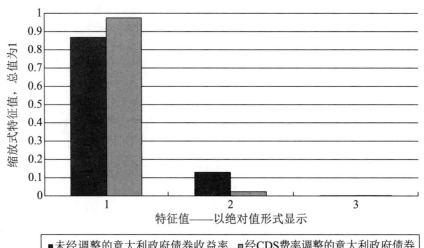

图 15-10　经 CDS 费率调整的意大利政府债券收益率曲线的 PCA 模型当中的缩放式特征值 vs 未经调整的
意大利政府债券收益率曲线的 PCA 模型之缩放式特征值

资料来源：彭博社

数据周期：2006 年 1 月 1 日—2012 年 8 月 26 日，周度数据

图 15-11　经 CDS 费率调整的意大利政府债券收益率曲线的 PCA 模型当中的因子 1vs 未经调整的意大利政
府债券收益率曲线的 PCA 模型之中的因子 1

资料来源：彭博社

数据周期：2006 年 1 月 1 日—2012 年 8 月 26 日，周度数据

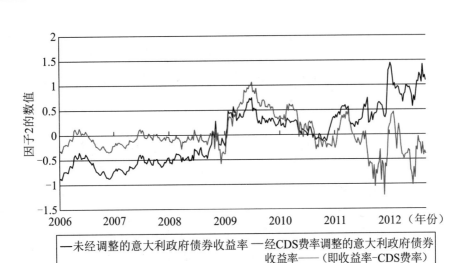

图 15-12　经 CDS 费率调整的意大利政府债券收益率曲线的 PCA 模型当中的因子 2vs 未经调整的意大利政府债券收益率曲线的 PCA 模型之中的因子 2

资料来源：彭博社

数据周期：2006 年 1 月 1 日—2012 年 8 月 26 日，周度数据

我们从理论的角度出发，对图中的测试结果进行论证，其中：相应数据周期涵盖了次贷危机之前的情境（2006 年、2007 年）——期间信用问题所涉及的考量对意大利国债收益率的影响度可以忽略不计。实际上，在危机之前，市场参与者通常会把政府债券当成是无风险的金融工具，因此，调整与否的 PCA 模型所生成的测试结果差别不大——这种情况一直持续到 2008 年（见图 15-11）。然而，2008 年，这一假设被修改了，信用质量成为政府债券收益率变化的主要推动力。因此，从 2008 年起，经 / 未经 CDS 费率调整的 PCA 模型表现出不同的测试结果（见图 15-11 和图 15-12）。

此外，经 CDS 费率调整后的债券收益率的 PCA 分析方法通常使用的是不考虑违约的数据——不管在次贷危机前还是次贷危机后。另外，如果 CDS 的报价体系不稳定，那么，通过债券收益率曲线减去 CDS 曲线的方法则可剔除信用质量的影响，且可以引入统计学意义上的噪声因子。相比之下，未调整的债券收益率的 PCA 模型分析涵盖了两个周期，即政府债券被认为是无违约风险的时期和信用因子驱动的债券收益率曲线的变动时期。如此，在信贷危机开始时，债券收益率曲线的统计属性则出现了中断的情境，而这在很多统计问题中都可以发现，即

或许最重要的是，2008 年出现的信用问题对债券收益率曲线的整体水平（与因子 1 相关）和非方向性的债券收益率曲线的斜率（与因子 2 相关）都产生了影响，而相应的信用

质量对长期债券的影响要大于短期债券[9]，同时，这是因子 1 和因子 2 在危机前 / 危机后的时期内呈现出相关性的主要原因。我们在第 3 章已经讨论过此类问题，结论为，这是基于 PCA 模型的分析结果所生成的交易当中存在的一个主要缺陷。因此，我们兴奋地发现：通过 CDS 报价费率来调整债券收益率的做法可以排除信贷因素的影响，而且，还可以将信用要素构建于 PCA 模型之中的每一个因子之上，进而解决子周期内 PCA 模型当中各因子之间存在相关性的问题[10]。为了证明这一点，我们在图 15-13 中各自应用两个 PCA 模型将子周期内自 2010 年以来意大利政府债券（BTP）的收益率和自 2006 年以来经过 CDS 费率调整的 BTP 债券收益率作为输入项，进而得出各自的因子 1 和因子 2 之间的相关系数。从中，我们观察到：原本使用未经调整的意大利政府债券收益率的 PCA 分析中呈现出来的因子 1 和因子 2 的相关性问题（图 15-13，最上面的曲线，也可以与图 3-23 进行比较），在使用经 CDS 费率调整后的意大利政府债券收益率（BTP）的 PCA 分析后，因子 1 和因子 2 之间的相关性已经没有了（见图 15-13 最下面的曲线）。

- 因此，信贷制度的转变导致了未经调整的 BTP 债券收益率的 PCA 模型当中因子 1 和因子 2 之间的相关性（在子周期内随着信用周期的转变而变化）。而随着信用质量的变化，这就使因子 2 在很大程度上受因子 1 方向性的驱动。直观地说，因子 1 的部分解释力转移到因子 2 之上，从而破坏了因子 2 作为斜率这一非方向性指标的解释力度和以其为基础的相对价值交易的业绩。

- 相应地，因子 1 的解释能力显著地降低（见图 15-10）。然而，经过调整的收益率水平保持了较高的对第一因子的解释力。事实上，PCA 模型对经过 CDS 费率调整的收益率水平的测试结果与未经调整的债券收益率相关的 PCA 模型生成的测试结果非常相似，不过，其间只使用了危机前或只使用了危机后的数据（将上面的图表与第 3 章的图表进行比较，特别是比较图 15-10 与图 3-24）。从某种意义上说，经 CDS 调整后，债券收益率曲线保持了在通常情况下的三因子结构，且与信用的影响无关。我们已经看到：信用要素并不能解释债券收益率曲线的三因子结构，所以，使用经信用要素调整后的收益率的方法可以在信用质量发生重大转变之时仍然与时俱进地保持政府债券收益率曲线的正常机制。同时，CDS 曲线的第一因子实际上似乎正好被用来纠正债券收益率曲线三因子的形状——使其在不断变化的信用周期中保持稳定。上述做法是在信用周期发生转变的时候进行分析的关键条件——其可以在构建相关交易的过程中对冲信用问题对债券收益率曲线的影响。我们可以基于危机前 PCA 模型生成的对冲比率来设定 2 年期—10 年期的 BTP 债券收益率曲线之间的交易头寸（数据中没有任何信贷因素的影响）。其中，实际的损 / 益情境将是信用质量作用于对冲比率和收益率曲线动量而生成的不可预见的影响因子的函数。

BTP债券收益率的PCA模型分析中的因子2/因子1
（PCA模型输入的数据始于2006年，而图中展示的因子值始于2010年）

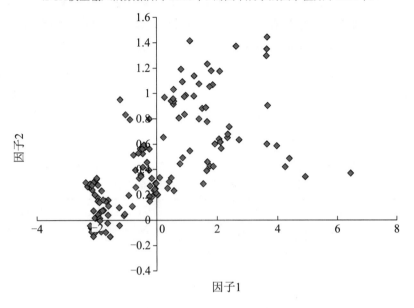

BTP债券收益率-CDS费率的PCA模型分析中的因子2/因子1
（PCA模型输入的数据始于2006年，而图中展示的因子值始于2010年）

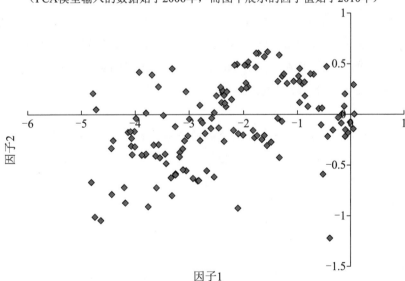

图 15-13　2010 年以来子周期内 BTP 收益率的 PCA 模型分析和经 CDS 费率调整的 BTP 收益率的 PCA 模型分析之中因子 1 和因子 2 之间的相关系数

资料来源：彭博社

数据周期：2010 年 1 月 3 日—2012 年 8 月 26 日，周度数据

- 同样，应用未经调整的收益率数据的 PCA 分析模型当中的因子 1 的解释力不仅在信用环境发生变化时普遍下降，而且，其对收益率曲线的影响也呈现出不均匀的分布状态。随着信用周期的变化，因子 1 和因子 2 之间的相关性也会发生变化。现在，因子 2 中包含了因子 1 的一部分功能，但是，第二特征向量在收益率曲线上表现是有差别的，从而导致因子 1 在曲线的特定区间中的解释能力下降。表 15-1 总结了前述这种影响模式，表格对比了未经调整的债券收益率 PCA 分析中的因子 1 与相应曲线点位的相关系数，以及经 CDS 费率调整后的债券收益率 PCA 分析中的因子 1 与相应点位的相关系数。

表 15-1　未经调整的债券收益率的 PCA 模型分析和经 CDS 费率调整的债券收益率的 PCA 模型分析当中因子 1 与相应点位之间的相关系数值

	应用 BTP 收益率的 PCA 模型分析中因子 1 与相应点位的相关系数值	应用"BTP 收益率减去 CDS 费率"的 PCA 模型分析中因子 1 与相应点位的相关系数值
2 年期债券	0.95	0.99
5 年期债券	0.98	1.00
10 年期债券	0.79	0.96

　　表中显示的数据说明：应用未经调整的债券收益率数据的 PCA 模型中的因子 1 对较长期的 BTP 债券收益率曲线的解释力有限；而应用经过 CDS 费率调整的收益率数据的 PCA 模型当中因子 1 的解释效果更好，收益也比较显著；在过去动荡的 5 年之间，应用"BTP 收益率减去 CDS 费率"的 PCA 模型中因子 1 对相关曲线的解释力超过了危机前的传统 PCA 模型的效应，且相关的解析要素也均匀地分布在相应的收益率曲线上。

- 另外，在应用经 CDS 互换费率调整后的债券收益率数据的 PCA 模型中的因子 2 的均值回归的速率也有显著提高的趋势，而这在直觉上是可以理解的，其间的事实是——在应用未经调整的数据的 PCA 模型中，当信用周期发生变化时，因子 1 所解释的行情曲线以较慢的速率回归均值这一方向性问题则可以由因子 2 部分解释，而此种情境是由信贷体制的转变造成的；相比之下，应用经 CDS 互换工具调整后的债券收益率数据的 PCA 模型当中的因子 2 不需要包含任何因子 1 的元素（反映在图 15-10 中较低缩放值的第二特征值之上），同时，其间也展示了——在信贷制度缺失的情况下因子 2 作用于债券收益率曲线之上而生成的均值回归之速率的变化情境（例如，比较图 15-12 和图 3-13）。
- 另外，CDS 互换的行情走势有时在表面上看起来是不合理或不稳定的，而良好的

　　PCA 模型的测试结果表明：其遵循的是一个相当稳定和可预测的模型。如此则减轻了我们对统计模型当中输入的经 CDS 报价费率调整后的债券收益率是否准确的疑虑。

　　债券收益率的下限通常是 0%。因此，当（短期）收益率接近 0%，其波动性也在减小，从而导致较短期的特征向量不稳定（见图 3-24），而这是一个可能影响对冲比率的问题；另外，债券收益率减去 CDS 费率的数值则不是以零为界，因此，其在较低收益率的情境当中会表现出更高的波动性——因此较短期的特征向量具有了更好的稳定性。

　　根据 CDS 互换工具的实际利用水平，且从调整债券收益率的理论性优势来看，我们观察到：在对经 CDS 费率调整后的债券收益率进行分析时，PCA 模型应用 CDS 互换工具的费率对 BTP 债券收益率进行了调整，其中的因子 2 偏离了相应的均值（见图 15-14），而这意味着 BTP 债券收益率曲线相对于意大利债券 CDS 曲线而言过于平坦了。换句话说，经 CDS 调整后的意大利 BTP 债券收益率曲线的头寸（买入短期的意大利 BTP 债券、做空相同期限的意大利 CDS 互换 / 卖出较长期的意大利 BTP 债券、做多相同期限的意大利债券CDS 互换）也是颇具吸引力的。一如既往，我们可以通过选择单因子残差的方式来观察统计学意义上 BTP 曲线相对于 CDS 曲线更陡峭的情形。

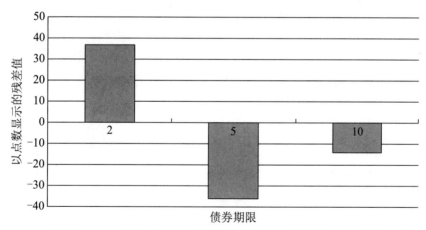

图 15-14　应用经 CDS 费率调整的 BPT 债券收益率之 PCA 模型分析当中的单因子残差值

资料来源：彭博社

数据周期：2006 年 1 月 1 日—2012 年 8 月 26 日，[11] 周度数据；所谓"当期"指的是 2012 年 8 月 26 日

　　因此，当我们考虑构建一个基于 2 年期—5 年期债券收益率曲线的陡峭程度差异而建立的交易——这其中也包括：卖出 5 年期意大利 BTP 债券和 5 年期 CDS 互换 / 买入 2 年期意大利 BTP 债券和 2 年期 CDS 互换，其间的对冲比率则是由因子 1 的敏感性给出（2 年期

债券 /5 年期债券的比率大致为 5：3）。

这里需要注意：上述这个交易契机并不显示在应用未调整的 BTP 债券收益率曲线的 PCA 模型中，因此，它产生于债券收益率曲线和 CDS 曲线之间的相关性，而这只在应用经 CDS 调整之数据的 PCA 模型之中可以见到，但是，2 年期—5 年期意大利 BTP 债券的收益率曲线相对于 CDS 曲线而言太过平坦。事实上，很少有分析师能够发现：债券收益率曲线相对于 CDS 曲线的陡峭情境有助于解析收益率曲线之上相对价值的头寸，且生成 73 个基点的潜在利润。

CDS 互换工具的缺陷

在信用环境不稳定的情况下，我们也可以使用 CDS 构建统计模型。另外，解析 CDS 互换工具的特殊功能、推荐和检验任何统计模型因应 CDS 市场行情而衍生的交易策略的过程当中存在着以下问题，即

外汇市场的问题——如果 CDS 互换工具与它保护的政府债券是以不同货币计价的，那么，CDS 多方头寸的持有者在违约的情况下会从违约政府货币贬值当中获利（反之亦然）。例如，在前面讨论的利用 2 年期和 5 年期意大利国债收益率曲线陡峭度构建的交易中，名义权重为 5（做多）：3（做空），这样我们就获得了一个意大利 CDS 互换工具的多方净头寸，因此，在这种情况下，我们似乎可以在违约时根据外汇敞口而获利；另外，如果相应交易策略生成 CDS 的净空方头寸，那么，我们就需要评估潜在的利润，同时，还要预期相应交易的持仓周期，另外，我们要在意大利违约、欧元走软的情况下对不可量化的潜在损失作出不同估计。

- DO 期权问题——同样，CDS 互换工具的多头或空头的净头寸可以在违约的情况下决定我们到底是做多还是做空 DO 期权。在前面的例子中，我们持有的是 CDS 互换工具的多方头寸，等于是做多了 DO 期权，并通过了相应的检验。作为一般性的规则，持有 CDS 多方净头寸的方式通常会在违约时对冲潜在的安全问题。
- 回购利率问题——回购市场中隐含的债券价值是多少呢？当违约风险增加时，回购市场可能会变得无效，从而使实际成本远离其估计值，而这将如何影响整体的仓位头寸呢？
- 在涉及欧元区主权债券的情况下，重定货币单位所面临的风险问题——虽然 CDS 现在仍然以美元计价，但是，意大利 BTP 债券可能以里拉偿还。因此，我们面临的问题是根据 CDS 互换工具的行情曲线而构建相应的债券头寸，即——如果持有

CDS 多方的净头寸（这里的"安全问题"涉及外汇汇率和 DO 期权），那么，在 BTP 债券重新计价的情况下，我们持有的是意大利里拉的多方净头寸（无违约）。在上面的例子中，如果意大利政府没有违约，而里拉重新计价，且比率为 5（多头）：3（空头），那交易者就要受到里拉贬值的影响——持仓金额重大的投资者可能要分散这种风险发生的概率，并应用欧元区主权债券曲线的变化情境来制定相关的交易策略，例如，他可以应用 2 ～ 10 年期的经 CDS 互换费率调整的日本国债收益率曲线进入一个较平坦的区间，其间预期的获利是 47 个基点，然后，他还要评估排除重新计价风险是否值得，因为这样做要面临 26 个基点的潜在损失（根据收益率曲线上两点之间较大的距离判断之）。

一般来说，大多数相对价值交易中的均值回归速率都比较快，而在现实中，其受到上述这些问题影响的概率不大。换句话说，如果模型生成的 CDS 的交易期限短于预期的违约即将发生的期限，那么，我们可以忽略潜在的问题，同时，分析处理这些涉及 CDS 互换工具的交易，就好像前述这些问题不存在一样。正如第 1 章中所提到的那样：对于 CDS 互换交易而言，我们可以拥有一个有用但不一定严谨的理论统计模型。尽管如此，我们在进行 CDS 的相关交易时，仍然要考虑违约的情形。因此，我们建议相关的交易要测试上述的几点内容；甚至对于一个快速均值回归的交易来说，尽管在如此短的时间内不太可能发生实际违约，我们仍然要对这种情况进行测试。

结论

1. CDS 互换工具可以根据其他 CDS 产品的报价利用统计模型进行定价；也可以根据债券的价格利用相对价值模型进行定价（这部分内容将在下一章阐述）。

2. 同期限的 CDS（信用违约互换）工具的行情曲线往往是一个单因子结构，因此，利用相对价值而进行交易的机会较少。

3. 不同发行人的 CDS 互换工具项下的 PCA 模型分析揭示了其定价的机制以及基于相对价值的交易契机。例如：将 CDS 对应的主权债券国家分为接受救助和不接受救助的国家，同时，根据债券市场的规模确定了某个国家是否属于核心国家类别。

4. 应用经 CDS 互换费率调整后的债券收益率曲线的 PCA 分析模型可以在一定程度上改善应用未经调整之收益率曲线的 PCA 统计模型的缺陷；此外，它有时可以根据相关收益率曲线和 CDS 曲线的形态，挖掘基于相对价值的交易机会。

5. 因为 CDS 互换工具相关的 DO 期权和外汇的汇率问题是无法量化的，所以，它们之间不可对冲；而每一个涉及 CDS 互换工具的交易头寸都应在违约的假设情境之下依据 DO 期权和外汇汇率相关的一组不同的价值体系来评估相应的绩效。

注 1：由于 CDS 互换工具是场外交易（OTC）的产品，所以，交易双方可以就任何条款达成一致——而我们关注的是最常见的条款。

注 2：日本金融市场上有以日元计价的 CDS 互换合约，意大利的金融市场也有以欧元计价的 CDS 互换合约，但其流动性很差——唯一的例外是针对美国国债的 CDS 互换合约，其通常以欧元计价。

注 3：美国信贷领域的数据状况要好一些；但是，公司违约会成为相关的先例吗？如果是银行违约，那就要评估预期的债券价差的波动率，而这会涉及完全不同的考量方式（例如优先债和次级债之间的问题）。

注 4：据我们所知，这个方法还没有被正式地讨论过。因此，它对 CDS 互换工具定价机制的影响依然是未知的。然而，我们的初始模型则基于此种方法——它可能成为 CDS 互换工具行情波动的主要推动力，比如葡萄牙的情境。

注 5：想象一下——日本信贷风险生成的 CDS 互换工具的行情点差没有改变，但是，美元则因一个不相关的因素而走弱（例如中国出售美国国债）。

注 6：在某些假设条件下的违约事件的概率分布情境。

注 7：PCA 模型的更多细节请参看第 3 章。

注 8：更准确地说，DO 期权是无风险收益率水平与债券回购价值的预期信息相结合的产物；因此，相应的理论需要用广义的概念来理解，而不是精确的交易策略。

注 9：这句话的意思可以用评级转换矩阵来支撑，它表明每年的违约概率是随着风险敞口的宽度而增长的——除非信用质量非常差，否则，在开始的时候，主权债券的例子于此处不是这样使用的。

注 10：当然，在子周期内，由于其他的原因，各因子之间仍可能存在既定的相关性，所以，我们建议——在应用经 CDS 费率调整之后的债券收益率的 PCA 分析模型当中，我们对其也要进行检查和测试。

注 11：注意——使用较短的数据周期不会对测试结果产生重大的影响（例如，只有危机后的数据），而这符合上面所讨论的内容，同时，它也可以和使用未经调整的意大利 BTP 债券收益率的 PCA 模型所生成的测试结果相比较。

第16章

美元资产互换利差和信用违约互换（CDS）

本章概论

在第 15 章中，我们进入了一个全新的 CDS 互换工具相关的统计分析领域，那么，本章要广泛讨论的问题是：CDS 互换工具及其所担保债券之间基本的关联机制。首先，我们将简单直观地推导出一般的无套利原则，即美元计价的 ASW 点差＝CDS 互换工具的费率。由于综合性的关联理论已经由不少学者加以描述了，所以，我们这里重点讨论无套利原则和书中其他主题的关联性。

与无套利原则相关的一个主要问题是美元计价的 ASW 点差＝CDS 互换费率——假设方程两边都是纯粹地反映信贷风险。然而，正如我们在第 15 章所展示的那样：事实上，两者都不是衡量信贷风险的完美指标。因此，我们将以第 6 章的结论为基础研究如何对该方程进行调整，使之能够成为应用于实际市场上的交易工具——这个源自资金点差分析的观点表明：在一些简化的假设条件下，无套利的均衡模式实际上应该是无套利均衡的不等式，即

美元计价的 ASW 点差 ≤ CDS 费率

在一些简化的假设条件下，我们可以将无套利不等式应用于如下的三个问题之上，即

- 在不存在无套利均衡原则的情况下，CDS 互换工具与美元计价的 ASW 互换的相对价值头寸之间依据相对价值理念而构建的头寸仅在美元计价的 ASW 互换价值超过 CDS 互换价值之时才是可取选项。我们将讨论这两个市场之间依据相对价值理念而生成的交易的测试结果。

- 从资金分析模式之中获得无套利不等式之后，我们可以据此将其集成至互换点差的模型之中。具体来说，我们将在本章中讨论与风险债券相关的美元计价的 ASW 互换与 CDS 互换之间的相关性对以本币计价的区域性 ASW 互换交易所产生的影

响——而这将为我们处理互换点差的过程解决最后一个谜团。

- 通过将资金理念与 ASW 互换和 CDS 互换之间相关性进行整合的方式，我们可以构建一个 EMU（欧洲货币联盟）模型，从而挖掘相关主权债券之间的相对价值，且发现相应的交易契机，同时，量化货币重新计价（EMU 市场退出）所相关的概率。

无套利模型的一般性理念

在第 14 章中，我们描述了资产互换和基点互换的组合情境[1]，从概念上讲，其间的互换交易是以每一种债券的价差相对于美元 LIBOR 利率之利差的递减形式呈现的，而 CDS 互换（信用违约互换）工具的评估也和上述形式完全一致。全球所有债券都是用 CDS 点差（CDS 溢价）/ 美元 LIBOR 利率的形式进行评估[2]。此外，前述这两种工具点差的来源在很大程度上都是由债券的信用质量所决定的。信用较差的发行人会产生较高的美元计价的 ASW 互换点差以及较高费率的 CDS 互换价格。

现在，让我们假设：债券相关的美元计价的 ASW 互换和 CDS 互换都是由债券的信用质量所驱动的，其影响程度不仅大而且是唯一的——当然，这是一个人为的假设，其让我们大致了解了无套利的概念，同时，简单明了地确定了 CDS 的定价模型。在假设已经实现相关功能之后，我们会描述如何在放松一般性假设后，使模型在实际工作中发挥作用，而美元计价的 ASW 互换和 CDS 互换可以按不同形式提供信用质量的信息，且覆盖其他市场要素所给出的信息。

在上述这种假设的条件下，资产和基点互换的组合模式可以被认为是一种合成的相关债券发行人的 CDS 互换交易的空方头寸，即

- 资产互换与基点互换的组合模式[3]以及 CDS 互换交易的空方所面临的风险是债券发行人的违约行为。
- 为了承担风险，在应用债券相关的美元 LIBOR 利率进行的资产和基点互换以及应用违约互换溢价进行的做空 CDS 互换工具之交易当中，投资者可以得到高于美元 LIBOR 利率的补偿点差。

债券相关的美元计价的 ASW 互换和债券发行者相关的 CDS 互换均反映了美元 LIBOR 利率点差的信用风险，所以，对此二者进行比较是很自然的——而这种比较可以发现两个市场之间存在依据相对价值理念而生成的交易契机，即调查信用风险是否以一致的方式被

反映在相互关联的债券市场和 CDS 市场之上。如果情况并非如此，那么，我们就可以利用基于两个市场对同一信用风险的不同评估模式，在美元计价的 ASW 互换和 CDS 互换之间进行套利交易，同时规避相应的信用风险敞口或违约事件。

如果日本国债相关的美元互换价差高于其 CDS 互换的价格，我们则可以在购买日本国债进行资产互换 + 基点互换的交易的同时购买日本国债违约保护产品来进行套利交易，进而从两种互换的点差相对于美元 LIBOR 利率而言的差值当中获利，以"日本国债相关的 ASW 互换点差—CDS 费率"数值为套利中的无风险收益[4]：直到违约事件发生（如果没有违约事件发生，持仓至债券到期日），我们则获得其间的差额作为利润。在违约的情况下，CDS 互换工具的支付功能可以弥补我们在债券上的损失[5]。

另外，你可以结合上述这三种互换交易（资产互换、基点互换和违约互换）[6]，进而逐步降低债券投资的风险——见表 16-1。

表 16-1 债券与不同种类互换的组合模式所面临的风险敞口

持仓头寸	风险敞口		
	收益率风险[7]	外汇风险	违约风险
债券	有	有	有
债券 + 资产互换	无	有	有
债券 + 资产互换 + 基点互换	无	无	有
债券 + 资产互换 + 基点互换 + 违约互换	无	无	无

由于上述所有互换交易的组合都会导致一个无风险的头寸，因此，此种头寸不应该得到任何补偿，即资产互换交易 + 基点互换交易 + 违约互换交易的风险因子值 =0，而来自资产互换和基点互换与相关债券之间的现金流（美元互换价差）应补偿其违约保证金（即美元计价的 ASW 互换点差应等于 CDS 费率）。而我们可以应用另一种方法得出上面的结论，那就是：利用债券相关的资产互换和基点互换与 CDS 互换之间的相关性进行套利。这里还要注意：在单独分析 ASW 互换（资产互换）、BSW 互换（基点互换）和 CDS 互换（信用违约互换）工具之时，其间存在诸多的驱动因子和复杂关系需要去考量，但是，如果把这些互换方式全部结合在一起，那就得出了一种简单的套利模式，同时，也保持了具体问题的独立性以及驱动 BSW 互换现金流的各种情境。

由此，我们直观地推导出了无套利模型项下的美元计价的 ASW 互换点差（USD ASW）= 信用违约互换报价费率（CDS）的方程——其可用于 CDS 互换定价和相关交易（CDS 互换费率与 ASW 点差之间的差额称为"基点"）。然而，实际情况是，前面这个框架只是相应分析进一步发展和深入分析的起点，由于在推导方程 USD ASW= CDS 的过程当中，其要求我们人工性地排除美元计价的 ASW 互换和 CDS 互换交易之中除信用信息以外的所有其他因素，而我们需要查验这些所谓的"其他"因素（它们天然地成为实际市场交易工具一部分）对"USD ASW= CDS"套利模式的影响度。在针对美元计价的 ASW 互换工具所进行的调查当中，我们可以应用第 6 章"资金"问题相关的测试结果——其目的是：在实际的市场中，找到一个同样有效的一般性概念的表达方式，从而避免因过于天真而掉入"陷阱"（例如：在美元计价的 ASW 互换点差略低于 CDS 费率之时，反向操作债券相关的资产互换和基点互换的交易模式，同时卖出 CDS 互换工具）。

CDS 互换工具当中的信用信息因子

我们已经在第 15 章中说明了：CDS 互换工具结合了发行人的信用风险和 DO 期权价值所相关的信息。而对于那些用 CDS 工具结算之货币（我们也称之为"面额"）不同于相关债券面额的情境，我们讨论了外汇溢价的重要性（即投资者接受美元，而不是违约国家贬值的货币，从而在违约时获取赔偿）。

为了说明外汇汇率因子对债券相关的资产互换和基点互换与 CDS 互换之间套利模式施加影响的路径，我们可以想象一下：用 5 年期日本国债相关的资产互换和基点与日本的 CDS 互换工具构建相应的头寸，不过，交易开始三年后，日本就违约了（见图 16-1），我们可以把日本国债交割至 CDS 互换工具中，然后，收回最初投资的美元本金，然而，我们仍然需要为所有未清偿的互换协议支付现金流。具体来说，在 BSW 互换（基点互换）到期时，我们需要支付日元的本金，从而使其为与日本国债相关的本金还款相匹配——因为我们现在已经失去了日本国债（之前已获得美元赔偿），所以，我们需要复制日元现金流来交换从 CDS 互换中所获得的美元，然后将其兑换成日元，并再次以日元计价的资本进行投资，进而生成日元所需的现金流来支付 ASW 互换和 BSW 互换交易之中余下款项。因此，构建一个包含日本国债相关的资产和基点互换与日本的 CDS 互换工具的仓位头寸还要包括以日本违约为条件的日元走软的风险敞口——如果在违约之后，日元走弱，美元 / 日元从 80 降至 160，那么，我们就可以利用在 CDS 互换交易当中获取的美元资金的一半，以 BSW 互换（基点互换）的形式来重现日元的现金流[8]，剩下的一半资金则可以作为额外的利润。

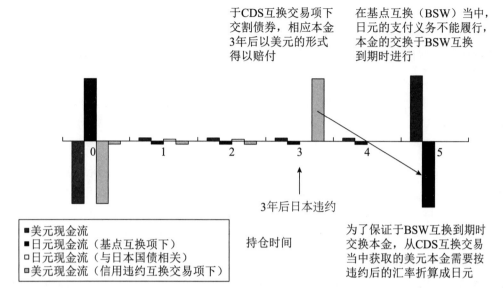

图 16-1　5 年期日本国债相关的资产互换和基点与 CDS 互换工具构建之头寸的现金流，三年后日本违约

信用相关的信息在理论上由以下公式、从市场上实际的 CDS 互换工具的报价之中得出，即

信用信息（CDS 互换交易项下）价值 CDS 报价费率 -DO 期权值 - 外汇因子占比

我们在第 15 章之中强调了获取 DO 期权定量估计值和外汇因子值的主要障碍——这样就使得因应上述方程实现获取实际数字的目标难以捉摸。然而，如果 DO 期权和外汇因子占比不小于零（除非去预期一个违约国家的货币升值），我们就可以得到一个结论，即 CDS 互换之中信用信息相关的定性价值永远不会超过实际的 CDS 互换工具的报价费率。

与债券挂钩的（美元计价的）资产互换（ASW）交易当中的信用信息价值

就像 CDS 互换工具包含了信用信息和其他因素一样，ASW 互换也表示了债券相关的信用信息和融资信息。例如：如果德国国债的报价与 EURIBOR 利率（欧元银行间同业拆借利率）之间的点差为负，其中的原因可能是德国国债相对于欧元区银行而言的信用更好，或者，德国国债有融资的优势（允许以回购利率而不是以 EURIBOR 利率进行融资）——实际上，两种表述是密切相关的，如第 6 章所述，即回购利率与 OIS 利率（隔夜指数互换利率）之间是密切挂钩的。

因此，大多数债券的融资（LIBOR 利率—回购利率间的息差）是与它的信用有着内在的联系。想象一下：如果欧元区银行信贷质量相对于德国国债而言情况恶化，那么，由于信贷的原因，我们则预期 EURIBOR 利率—回购利率之间的息差将会增加；但是，与此同时，由于信贷情境的恶化，欧元区银行的信贷质量相对于德国国债而言则会使欧元区银行的权益成本（CoE）相对于国债收益率而升高。因此，我们不妨预期 EURIBOR 利率—回购利率之间的息差会由于融资的原因而增加，同时，较高的权益成本则使得较低成本的担保贷款更受青睐（详见第 6 章）。

正如上述这个例子，我们通常观察到：信用与债券融资之间有一种牢固的关系，其中的原因主要源自债券相关的 LIBOR 利率—回购利率间基点互换交易当中的大部分驱动因子（公允价值），尤其是欧洲央行的"减记"制度——其直接与债券的信用质量挂钩（如第 6 章所述）。由于目前的任务所需，信贷质量和融资两者之间紧密的关联性使得债券相关的 ASW 互换之中的信息分解为"纯信用"和融资信息的过程变得很困难。而上面的例子表明：信用信息与融资业务当中的信息差不多，但我们不能证明这两者之间是完全对应的。因此，我们不能排除：欧元区银行信贷质量相对于德国国债而恶化的情境会导致信贷因子驱动的 EURIBOR 利率—回购利率的息差扩大 20 个基点；与此同时，权益成本也会以这样的方式增长，即融资因素会驱动 EURIBOR 利率—回购利率之间的息差增长 30 个基点。在前述这种情况下，EURIBOR 利率—回购利率之间的息差 10 个基点的增长情境将归因于——融资与信用无关。

在缺乏衡量纯信用风险（和权益成本）措施的情况下，我们没有办法量化信贷驱动因子相对于融资驱动因子的变化情境。唯一例外的是：在受融资因子驱动（与信用无关）的情况下，人们所预期的特殊性溢价，例如，债券在回购市场上的溢价是因为它有机会成为最合算的 CTD 债券期货合约，而这显然与信用质量无关。因此，我们可以将 LIBOR 利率—回购利率间的基点互换分解为：LIBOR 利率 -GC（一般抵押品）利率间基点互换和 GC 利率—回购利率基点互换，并作出如下总结。

- LIBOR 利率—GC 利率间基点互换行情是由信贷因子和融资因子驱动的，其中大部分情境是密切相关的。而作为 GC 融资抵押品的一部分情境与信贷无关，且不可能被量化。
- GC 利率—回购利率基点互换是由与之无关的融资因子驱动的，其与信贷因子无关。我们可以使用历史数据（例如：分析其特殊基准以及在回购市场成为最合算之 CTD 债券的可能性）对 GC 利率—回购利率间基点的公允价值进行量化。图 16-5 则为 EMU（欧洲货币联盟）发行的债券提供了这样的分析模式。

现在，我们把这个讨论应用到提取纯信贷的业务之上，其信息来自在市场上观察到的 ASW 互换报价系统。为了简单起见，我们假设所有债券都按面值交易，如此可避免 ASW 互换（以及 CDS 互换）交易之中票息效应的问题。从以本币计价的区域性 ASW 互换（例如日本国债相对于日元的 LBIBOR 利率）开始，ASW 互换可能会低估信贷风险，其原因是：

- 政府资助的影响（以当地货币计算）与信贷无关，我们将其称为"净融资"；
- ASW 互换交易反映了 GC 利率—回购利率间基点互换的一部分情境（即预期回购的特殊性）。

上述这两种影响模式都会导致 ASW 互换的行情报价低于其间信用风险相关的信息价值。因此，我们需要在兑换成美元之前调整区域性的 ASW 互换交易当中与信用无关的部分——表达式为：

区域性 *ASW* 互换点差 +*GC* 利率 / 回购利率间点差 + 区域性本币净融资率

上式表明：人工操作的债券相关的按照 GC 利率所进行的 ASW 互换交易可以排除回购的特殊效应，而 GC 的融资利率则完全地反映信用的状况，因此，它是一个"纯"信用相关的表达式。接下来，按照第 14 章论述的美元转换模式，我们可以应用美元计价的 ASW 互换工具来映射相应的信用状况，即

$$\frac{(ASW互换点差（本币计价）+ BSW互换相关的GC利率 / 回购利率间点差 + 融资净利率（本币计价）)- BSW互换点差}{转换因子CF值}$$

上述表达式说明：美元计价的 ASW 互换工具针对非信用的部分进行了调整，其是对债券投资相关的相应点差 / 美元 LIBOR 利率而生成的信用风险的补偿。为了从相应点差 / 无风险债券利率（假设 GC 利率是无风险的利率）当中获取信用方面的信息，我们需要添加一个 LIBOR 利率—GC 利率之间基点互换的交易工具（现在的 GC 利率是美元计价的美国国债项下的 GC 利率）。然而，我们会再次面临一个问题，即从美元自身的角度来看，GC 利率的变化可能"部分"地反映了与信贷无关的融资效应。所以，我们建议采用相同的方法即以 GC 利率相关的融资效应的变化情境（以美元计算）来调整 LIBOR 利率—GC 利率基点互换的定价机制——而这与 LIBOR 利率和 GC 利率之间的信用差距无关[9]。如此则生成了以美元计算的 ASW 互换工具项下信用风险相关的最后一个表达式，即

$$\frac{(ASW互换点差（本币计价）+ BSW互换相关的GC利率 / 回购利率间点差 + 融资净利率（本币计价）)- BSW互换点差}{转换因子CF值}$$

（LIBOR 利率 /GC 利率间基点互换价值（美元计价）-融资净利率（美元计价））

请注意：假设 GC 利率是美国国债相关的无风险利率，那么，上述表达式给出的信用信息的价值为零，且独立于 ASW 互换工具的行情水平之外。与 CDS 互换工具的情况一样，上述这个方程包含了不可量化的变量（以本币和美元计算的"融资净利率"）。然而，我们可以做出一些定性的陈述：

- 以本币计价的区域性融资利率不小于零；
- GC 利率—回购利率基点互换的价值不低于零；
- LIBOR 利率—GC 利率基点互换的点差值减去美元计价的净融资利率不小于零。

因此，债券相关的美元计价的 ASW 互换工具当中的信用信息是永远不会低于其实际的报价。

图 16-2 总结并连接了当前的论点和之前的理念——由此可见，美元计价的 ASW 互换工具的行情走势可能低估信用信息的价值，而 CDS 互换工具则往往高估信用信息的价值[10]。

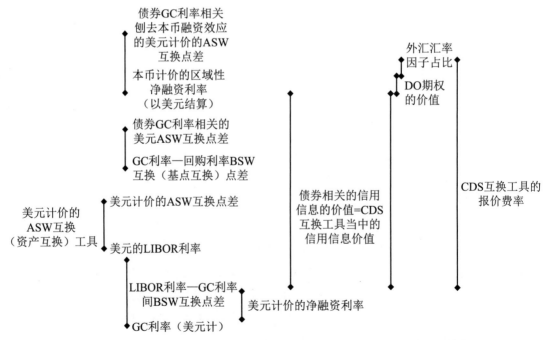

图 16-2 无套利不等式（一切以美元为基础）项下各类工具相关性的关联机制

实践环节当中无套利模型项下的相关性分析

以美元计价的 ASW 互换工具当中的信用信息价值应与 CDS 互换工具当中的信用信息价值相等。然而，由于美元计价的 ASW 互换点差与 ASW 互换工具当中信用信息的价值 / CDS 费率与 CDS 互换工具当中的信用信息价值之间存在着差异，所以，我们不能将此种情境转换成——美元计价的 ASW 互换点差 =CDS 互换费率。

相反，结合前两节的结论，我们可以推导出以下不等式，即

美元计价的 *ASW* 互换点差 ≤ 美元计价的 *ASW* 互换工具当中信用信息的价值 = *CDS* 互换工具当中信用信息价值 ≤ CDS 工具的报价费率

因此，美元计价的 ASW 互换点差 ≤ CDS 互换工具的报价费率。

我们可以根据实际市场工具的变化情境应用无套利不等式来替代无套利等式，并推出以下结论。

- 因为在上面的方程中所有不可量化的元素都是以零为界，且正负符号相同，所以，我们可以保持美元计价的 ASW 互换工具和 CDS 互换工具之间的无套利关系，至少是一种不等式。
- 如果任何不可量化的因子相对于其他元素而言的正负方向不同，那么，无套利不等式则无法维持。特别是，如果我们没有假定违约国家的货币在违约的情况下会走弱，那么，外汇因子在 CDS 互换工具报价之中的占比可能会变成负值，如此则违反了不等式 "CDS 互换工具的信用信息价值 ≤ CDS 费率" 的原则，由此推而广之——不等式 "美元计价的 ASW 互换点差 ≤ CDS 互换工具的报价费率" 也就不成立。因此，每一个美元计价的 ASW 互换工具和 CDS 互换工具之间的套利头寸的假设前提是：违约事件相关国家的货币贬值。而如果不能做出前述这样的假设，那就应该克制自己从事任何美元计价的 ASW 互换和 CDS 互换之间的点差交易。
- 上述不等式只在美元计价的 ASW 互换价值超过 CDS 互换价值时才能进行套利交易（即适用于债券相关的资产互换（ASW）＋基点互换（BSW）的多头和 CDS 互换头寸的多头）。
- 做多债券相关的资产互换和基点互换与做多 CDS 互换的做法具有一定的吸引力，这里有一些实际的原因，特别是如果发行人接近违约，那么，回购市场很可能会完全停止运转，这使得资产互换和基点互换与 CDS 互换的反向空方寸无法维持。此外，

此种交易模式使得我们不需要担心债券在回购中变得特别，也不需做空 DO 期权，或在外汇市场做空。

- 如图 16-2 所示，上述不等式是相当弱势的。因此，相当多的违反等式"美元计价的 ASW 互换工具当中信用信息价值 = CDS 互换工具信用信息价值"的情境很可能并未表现为违反不等式"计价的 ASW 互换点差 ≤ CDS 互换费率"的形式。因此，一些理论上的套利模式不能在实践中执行。

- 我们可以因应 GC 利率—回购利率间基点互换的量化模式得到一个更尖锐的不等式，然后，当美元计价的 ASW 互换点差超过"CDS 互换费率—GC 利率/回购利率间基点互换点差"时进行套利交易，在之后的 EMU（欧洲货币联盟）模型的构建过程之中，我们将会应用这个理念。

- 我们的目的是，通过第 6 章对点差问题的讨论方法展示一种融合的模式，即从另类的角度生成一种无套利的相关性，进而形成有效的实际的市场工具。同时，我们不追求对 CDS 基点（CDS 费率—美元计价的 ASW 互换点差）这个广泛覆盖的问题进行探讨。特别是，我们已经排除了债券的票息效应（我们假设债券按面值定价），甚至也没有涉及某些技术问题（如交易对手方的风险或流动性）。因此，将第 6 章中讨论过的融资问题和第 15 章讨论过的 CDS 互换问题结合在一起，我们则可以得出"相应基点的数值总是正的"的结论；不过，由于债券票息效应和其他未预料的技术效应的影响，基点数值也有可能是负的。

- 考虑到债券的持有成本，充足的套利资金是相关不等式在市场当中得以运行的一个条件。套利交易资金普遍短缺所造成的银行业危机会导致 CDS 互换工具的基点值在相对于平时较长的时间周期内持续地呈现负值状态。因此，根据第 6 章的讨论，资金问题是相关不等式运行的首要条件；同时，在资金短缺的情况下，违背不等式原则的潜在因素就出现了。

为了监测市场行情是否违背了无套利不等式的原则，我们建议用图形为每个债券发行人比较相对于美元 LIBOR（伦敦银行同业拆借利率）利率而言的与债券挂钩的资产互换 + 基点互换的点差和 CDS 费率两者之间的变化情境，进而说明相关的问题，例如：我们可以通过添加一条 CDS 报价（买入价）费率曲线，进而显示美元计价的 ASW 互换工具的行情水平，并将其视为相应期限的函数，如图 14-1 所示，同时，图 16-3 将相应情境复制到日本国债和相关 CDS 互换的工具之上。

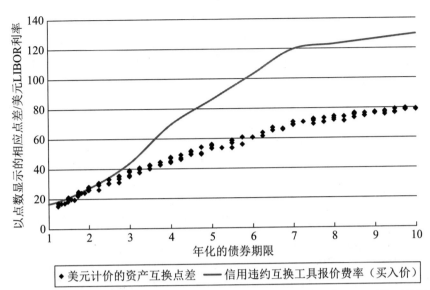

图 16-3　与日本国债挂钩的美元计价的 ASW 互换点差相较于同期限的日本 CDS 互换工具报价费率而言的
变化情境

资料来源：彭博社

数据周期："当期"市场数据截止到 2012 年 9 月 23 日

这里需要注意如何应用市场行情来观察无套利不等式的运行模式，其中：与较短期日本国债挂钩的美元计价的 ASW 互换点差的上限与 CDS 互换买入价的水平非常接近，而期限较长的日本国债利率的报价明显低于 CDS 互换工具的报价水平，而这意味着：目前，在相对于日本 CDS 互换工具而言的与日本国债挂钩的资产互换和基点互换交易当中，没有套利的契机 [11]。

根据我们的经验：在实践当中，大多数违反无套利不等式原则的 BSW 互换工具行情都具有强烈的波动性，从而使美元计价的 ASW 互换点差的变化比 CDS 互换工具的更快（也比本币计价的区域性 ASW 互换点差的反应要快）。为了根据违背无套利不等式的情境而寻找交易的契机，我们引用一些范例模式——描绘了与 10 年期韩国政府债券挂钩的美元计价的 ASW 互换工具和 10 年期韩国债券的 CDS 互换工具之买入价的点数变化的历史情境（见图 16-4）。在雷曼兄弟公司（Lehman）发生危机之后，与韩国政府债券挂钩的韩元计价的 ASW 互换点差的波幅增加，其中部分原因是：普遍缺乏风险资本，从而迫使一些投资者出售他们持有的债券。与此同时，韩元计价的 BSW 互换（基点互换）的点差呈现负值，且开始走高（负值增加），因此，韩国银行需要美元的融资；另外，尽管韩国的 CDS 互换工具的点数有所扩大，但相应的时机不同（可能是因为韩国政府的信用质量与美国银行体系的问题没有直接联系）。于是，与韩国政府债券挂钩的美元计价的 ASW 互换点差有时会大幅超过 CDS 互换工具的行情水平，从而使相应的风险资本为投资者带来 100 个基点的套利利润。这些情境表明：应用诸如图 16-3 的模式对美元计价的 ASW 互换点差的波动行情保持持续监控的方式是非常有益的。

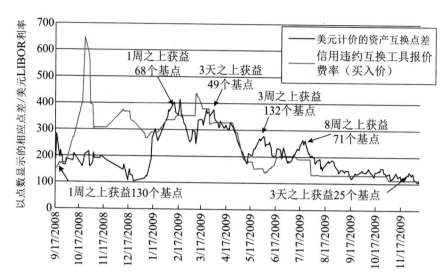

图 16-4　与 2018 年 9 月到期的韩国政府债券挂钩的美元计价的 ASW 互换点差相对于 10 年期韩国 CDS 互换工具行情而言的变化情境

资料来源：彭博社

数据周期：2008 年 9 月 17 日—2009 年 12 月 9 日，日间交易数据

图 16-4 说明了违背"不等式"原则之情境变化的频率和幅度，同时，对相应周期内生成的相对错误的估值倾向予以纠正。然而，在行情平稳的时候，交易的契机往往要少得多，而生成的利润则更少。但是，当从左向右观察图中变化之时，我们发现：随着平稳行情的转变，韩国债券相对于美元 LIBOR 利率而言的定价方式再次与韩国的 CDS 互换工具的行情水平紧密相连。

现在总结相关的经验，即通过第 15 章之中应用于 CDS 互换工具的 PCA 分析方法（主成分分析），在对大量的相对价值进行比较当中，我们发现，在无套利不等式的原则被频繁打破的时候，交易的契机就出现了。而当这些交易契机真的出现的时候，到目前为止，从未让我们失望。相比之下，如果债券挂钩的美元计价的 ASW 互换点差低于 CDS 互换费率，那么，此债券则不一定适合类似的交易。而套利一方面需要量化必要的调整，同时，应用相应的金融工具对冲违约后相关国家货币贬值的契机。我们已经讨论了所涉及的困难，出于同样的原因，我们没有建议在不同的期限内 [12] 于不同的债券 [13] 之间构建美元计价的 ASW

互换 /CDS 互换工具的点差头寸。

再次解析 ASW 互换（资产互换）模型

从概念上讲，第 6 章的资金拆分理念生成了第 8 章和第 9 章的互换点差模型，其在第 14 章当中得以扩展至以不同货币计价的固定收益债券之上。如此，以美元计价的 ASW 互换工具的定价机制则依赖于信贷质量。

- 低风险债券主要是相对于美国国债定价（见图 14-9）。
- 风险较高的债券主要是相对于 CDS 互换工具定价（见图 14-14）。

为了能够最终确定与风险较高债券挂钩的互换点差的分析方法，我们考虑了 CDS 互换工具，同时，应用第 6 章融资点差的理念对美元计价的 ASW 互换工具与 CDS 互换工具之间的相关性进行了分析。现在，我们在 CDS 互换工具定价模型当中加入第 6 章的融资模型（即无套利不等式美元计价的 ASW 互换工具价值≤CDS 互换工具价值），同时，将相应的测试结果融入基于相同融资模型而得出的互换点差模型，进而观察——无套利不等式是否可以帮助我们更好地理解与风险较高之债券挂钩的美元计价的 ASW 互换工具行情的变化情境。

在一个非常基本的层面上，仅仅存在一种相关性，即风险债券相关的美元计价的 ASW 互换点差和 CDS 互换工具费率之间的相关系数可以按照图 14-14 所示的方式得以显示。然而，由于这种相关性的不均衡模式，其作用是单方面的，因此，相关模型取决于美元计价的 ASW 互换点差与 CDS 互换工具报价上限之间的接近程度。

- 如果美元计价的 ASW 互换工具的行情接近 CDS 互换工具的行情水平，那么，"全局"的变量就会发生变化 [即密切相关的 BSW 互换（基点互换）、美元计价的 ASW 互换（资产互换）以及 CDS 互换]，进而对以本币计价的区域性 ASW 互换工具的定价机制产生影响。例如，由于与 2 年期日本国债挂钩的美元计价的 ASW 互换工具的价格与 2 年期日本 CDS 互换工具的行情水平一致，那么，投资者将密切关注诸如图 16-3 一类的图表所反映的市场行情，同时，在日元计价的 BSW 互换点差扩大的情况下，增加对与日本国债挂钩的资产互换和基点互换工具的需求。而如果 CDS 互换工具的行情没有变化（即 BSW 互换的宽幅波动的情境是日本银行信贷质量恶化的结果，而与日本国的信贷质量无关），那么，我们的预期是，日本国债相关的以本币计价的区域性 ASW 互换的点差即将扩大。而如果美元计价的 ASW 互换工具的价格接近 CDS 互换工具的套利边界，那么，全局性的变量就可以对区域性的互换点差产生影响，正如低风险债券所面临的情境。事实上，相对于高风险的债券而言，一个稳定的 CDS 互换工具的边际价格对低风险债券／美国国债的定价机制具有相同的效应，它可以稳定美元计价的 ASW 互换工具的行情，也可以将 BSW 互换点差波动率转换为本币计价的区域性互换点差的波动率。

- 相对于美元计价的 ASW 互换工具的交易点数大幅低于 CDS 互换工具行情水平的情况而言，全局性变量的变化模式可能对区域性的 ASW 互换工具的行情影响很小。例如：与 10 年期日本国债挂钩的美元计价的 ASW 互换点差（79 个基点）远低于日本国债的 CDS 互换工具的行情点位（130 个基点）[14]，那么，日元计价的 BSW 互换点差的扩展情境很可能只会导致与 10 年期日本国债挂钩的美元计价的 ASW 互换点差的增加，而对于与 10 年期日本国债挂钩的日元计价的区域性 ASW 互换点差可能不会产生什么影响。因此，无套利不等式的单边性原则解释了风险债券相关的本币计价的 ASW 互换和美元计价的 ASW 互换工具之间的彼此分离情境，即使在 CDS 互换工具行情相对稳定也不例外（见图 14-13）。

无套利不等式原则不仅帮助我们理解第 14 章的观察结果，而且可以支持如图 14-1 和图 14-8 所示的全局性资产选择的过程，即

- 相对于美元计价的 ASW 互换工具的交易点位接近 CDS 行情水平的情况而言，我们可以得出这样的结论——信用风险（在 CDS 互换工具定价方面）完全反映在美元计价的 ASW 互换工具的行情水平之上，而鉴于不等式的弱势情境，实际上，美元计价的 ASW 互换工具的点位相对于 CDS 互换工具的行情水平而言可能太高了，且很难用"多少点"来量化。因此，将图 16-3 与图 14-1 中与日本国债挂钩的美元计价的 ASW 互换工具的行情水平结合起来进行评估，如此，我们则可以得出这样的结论，即除非日本国的信用质量进一步恶化（按 CDS 互换工具的市场行情定价），否则，与 1 年期和 2 年期日本国债挂钩的美元计价的 ASW 互换工具的行情（点差）水平则不应该继续上升。

- 相对于美元计价的 ASW 互换工具的交易点位大幅低于 CDS 互换工具行情水平的情况而言，相应不等式的片面性阻碍了我们得出明确的结论。相较于 130 个基点的 10 年期 CDS 互换工具的行情水平而言，与 10 年期日本国债挂钩的美元计价的 ASW 互换工具 79 个基点的变化情境可能是合理的，也可能过高或过低。

不幸的是，在全球债券市场配置资金的关键性能投资决策不可能完全基于一个正式且定量的模型，因为这两种（对融资成本和信贷风险）的衡量指标都是不完美的。因此，我们需要依靠一种单边的、无套利的不等式原则，而不是依赖一种尖锐的"等式"原则。

尽管如此，"关键性能投资决策"（上段的）不得不做，而且非正式的评估至少可以通过纳入这些不完善因子的措施而得到加强。图 14-12 显示了如何在低风险债券相关的资产选择中考虑资本融通的差异性（在第 10 章讨论过）。对于高风险债券来说，我们可以在图 14-1 之外再考虑图 16-3 的情境。无套利不等式并没有经历一个普遍的精确量化过程，但是，它至少提供了一个支持全局性资产选择的坚挺上限。

以日本为例：图 16-3 显示与 10 年期日本国债挂钩的美元计价的 ASW 互换工具的行情仍远低于 CDS 互换工具的水平——虽然我们不能说其在 CDS 互换工具的行情水平以下多远是"公允的"，但是，我们可以说，于违反无套利不等式原则之前，美元计价的 ASW 互换工具的行情可能再上升 51 个基点。相比之下，日本的信用风险（计入 CDS 互换工具定价机制之内）至少在与 2 年期日本国债挂钩的美元计价的 ASW 互换工具之上得到了充分的反映。因此，在 CDS 互换工具的行情水平稳定的情况下，与 2 年期日本国债挂钩的 BSW 互换（基点互换）工具行情的跌势要明显小于与 10 年期日本国债挂钩的 BSW 互换工具的降幅。

将一般性的理念应用于 EMU（欧洲货币联盟相关的）模型之上

在第 15 章中，我们通过统计模型分析了欧元区主权信用违约互换工具的定价机制，现在，我们将债券和 CDS 互换工具之间基本相关性的理念应用于开发欧元区主权债券和 CDS 之间的无套利模型之上。

首先，针对 EMU 所发行债券之间点差的特殊情况，我们可以重复应用 ASW 互换工具和 CDS 互换工具之间相关性的一般概念，例如：意大利和德国的相对信用地位是通过意大利政府债券（BTP）和德国国债的收益率点差，以及意大利和德国的 CDS 互换工具报价费率的差值来评估的，因此，比较这两者的差异情境是很自然的，比如：5 年期国债 333 个基点的息差与 5 年期 CDS 互换工具 282 个基点的价差之间的"含义"是否一致，如果不是，这就意味着债券市场评估意大利相对于德国的信誉模式与 CDS 互换市场的不同，其中，两者之间的相对价值则变得非常明显，而相应交易获取的利润则源自两个市场的评估模式的差别，同时，我们可以根据意大利相对于德国而言的 CDS 互换工具的点差来确定对冲比率。例如：如果我们发现债券市场相对于 CDS 互换市场而言夸大了意大利和德国之间的信用差异情境，那么，我们可以买入意大利债券（BTP）和意大利 CDS 互换工具、卖出德国国债和德国的 CDS 互换工具，利用相对不匹配的情境获利，同时，不用考虑意大利和德国债务水平是否"公允"，进而在理论上对冲意大利或德国的违约风险。同样，一个真正的资本投资者可以应用前述这个信息来配置他欧元的持仓头寸，即用意大利国债（BTPs）替代德国债，并构建一个意大利 CDS 多头 / 德国 CDS 空头的价差头寸。这样，他的风险敞口和以前一样，但收入会更高。

当我们试图将一般概念转化为一个与实际市场工具相适应的模型时，我们会再次面临它们的缺陷问题，这会导致我们——用不等式代替无套利的等式。这种不等式足以对意大利政府债券进行单边评估（如图 16-3 所示），同时，其可以将与意大利国债挂钩的美元计价的 ASW 互换工具的行情与意大利 CDS 互换工具的行情水平进行比较。然而，现在我们想研究的是意大利国债和德国国债之间的息差，以及意大利 CDS 互换工具和德国 CDS 互换工具行情水平之间的价差，而这需要双向的无套利不等式。幸运的是，由于计价货币是相同的，所以，在处理 EMU 主权债券之间的利差时，我们可以抵消通过图 16-2 连接的方程等式之中大多数的不可量化项。另外，对于以欧元作为结算货币的 CDS 合约 [15]，我们也排除了其间的外汇因子的占比问题（不需要将所有的基点互换值转化成美元）[16]，相应等式如下 [所有的方程项（包括 ASW 互换点差）均以欧元表示]：

意大利国债之信用信息价值 - 德国国债之信用信息价值 =（与意大利国债挂钩的 ASW 互换点差 + 与意大利国债挂钩的 *BSW* 互换之 *GC* 利率 / 回购利率点差 + 与意大利国债挂钩的融资净利率）-（与德国国债挂钩的 *ASW* 互换点差 + 与德国国债挂钩的 *BSW* 互换之 *GC* 利率 / 回购利率点差 + 与德国国债挂钩的融资净利率）

第 6 章所讨论的内容，特别是关于欧洲央行"减记"问题的阐述，表明"融资净利率"（即与信贷无关的资金效应）是可以忽略不计的。因此，我们从方程中去掉该项，并将其与以欧元结算的 CDS 互换工具当中的信用信息的差异情境相结合，即

意大利 *CDS* 互换工具当中的信用信息价值 - 德国 *CDS* 互换工具当中的信用信息值 =（意大利 *CDS* 互换工具费率 - 意大利 *DO* 期权值）-（德国 *CDS* 互换工具费率 - 德国 *DO* 期权值）

由于 ASW 互换和 CDS 互换市场当中的信用信息差异情境应该是相同的，因此，我们得到如下方程，即

（与意大利国债挂钩的 *ASW* 互换点差 + 与意大利国债挂钩的 *BSW* 互换 *GC* 利率 / 回购利率息差）-（与德国国债挂钩的 *ASW* 互换点差 + 与德国国债挂钩的 BSW 互换之 *GC* 利率 / 回购利率息差）=（意大利的 *CDS* 互换工具费率 -*DO* 期权值）-（德国的 *CDS* 互换工具费率 -*DO* 期权值）

这里的好消息是：相对于 EMU 政府债券之间利差的特殊情况而言，一般性的概念只需要调整 BSW 互换工具当中的 GC 利率 - 回购利率的点差与 DO 期权的价值，即

- BSW 互换当中 GC 利率－回购利率点差的公允价值（即预期的特殊情境溢价）可以通过应用特殊回购利率的历史数据和评估一定期限内特定债券的特殊情境是否会持续始终的方式来计算。荷兰银行回购利率数据库提供了相应的研究结果——其首次发表于 2002 年 4 月 17 日的荷兰银行研究笔记"许多欧元区主权违约互换工具的价值被低估"之中，同时，经苏格兰皇家银行许可转载——如图 16-5 所示，其中，德国中期债券（Bobl）和长期债券（bund）期货合约的行情变化模式对预期之特殊情境的影响是显而易见的。

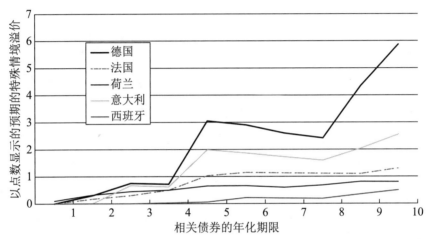

图 16-5　欧元区各个主权债券挂钩的基点互换之 GC 利率—回购利率间息差均值的历史变化情境
资料来源：荷兰银行数据库，经苏格兰皇家银行许可转载

- 在 EMU（欧洲货币联盟）成员国没有违约先例的情况下，相关 CDS 互换工具当中的 DO 期权是不可能进行等量量化的（见第 15 章）。而如果应用一个粗略近似的情境，那我们可以假设：以拉美国家违约为基准，约 6% 的 CDS 价值归功于其 DO 期权价值。为了应对潜在的误差项，我们将使用一个"无套利包络线"围绕于无套利的行情水平周围，于是，我们会看到，在 CDS 互换市场和债券市场不匹配的情况下，其间存在着一个潜在的交易契机，且规模超过了无套利包络线所覆盖的区间。

我们现在可以为各种期限的 EMU 主权债券计算调整后的 ASW 互换工具的价值 [即 ASW 互换点差 +BSW 互换（基点互换）项下 GC 利率 / 回购利率息差的公允价值] 以及调整后的（欧元计价的）CDS 互换工具的价格（即 CDS 费率—DO 期权值）。如此，我们可以将一般性的概念应用于 EMU 模型之上，同时，补充实际市场工具的不完善之处，即

经调整的 ASW 互换工具价格的差值（比如意大利国债和德国国债之间）= 相关国家 CDS 互换工具价格的差值

图 16-6 和图 16-7 则比较了与 5 年期和 10 年期 EMU 主权债券挂钩的经过调整的 ASW 互换工具相对于经过调整的 CDS 互换工具而言的行情变化模式。

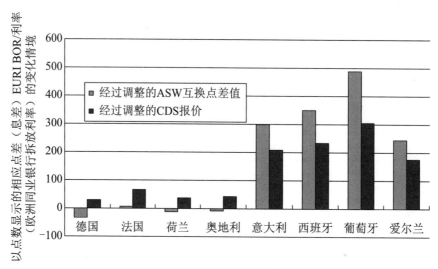

图 16-6　与 5 年期 EMU 主权债券挂钩的经过调整的 ASW 互换工具点差相对于经过调整的相关 CDS 互换工具报价而言的行情变化模式

资料来源：彭博社

数据周期："当期"市场数据截止到 2012 年 9 月 23 日

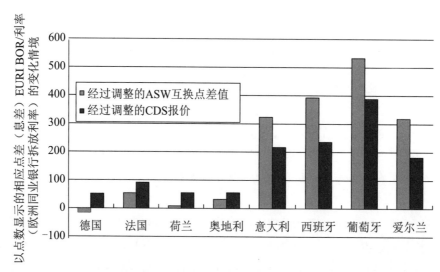

图 16-7　与 10 年期 EMU 主权债券挂钩的经过调整的 ASW 互换工具点差相对于经过调整的相关 CDS 互换工具报价而言的行情变化模式

资料来源：彭博社

数据周期："当期"市场数据截止到 2012 年 9 月 23 日

　　图中情况表明：对欧元区核心国家的国债来说，调整后的互换点差低于调整后的 CDS 互换工具的行情水平，而欧元区外围国家的主权债券相关的调整后的互换点差大于调整后的 CDS 互换工具的行情水平。因此，相对于 CDS 互换市场而言，债券市场高估了外围国家和核心国家之间的风险差异；或者，相对于债券市场而言，CDS 互换工具低估了外围国家与核心国家之间的风险差异，而这意味着：像在上面的交易范例当中，我们可以用欧元区外围国家债券取代核心国家的债券，同时，通过平掉 CDS 利差头寸的方式对冲较高的信贷风险——这看起来是有吸引力的[17]。

　　我们选择德国的状况作为参考，以欧元区"外围"国家的债券取代德国国债，再以"外围"国家 CDS 互换工具（经过调整的）的多头／德国 CDS 互换工具（经过调整的）的空头而生成的点差来计算可回收的金额[18]。由于我们对 CDS 互换工具当中的 DO 期权和以欧元计价的兼具巨大的买／卖价差的 CDS 互换工具做了一个粗略的假设，所以，相应的套利交易只能在"无套利区间"之外进行——为了实现图 16-8 的情境，我们任意设置了 25 个基点的价差，而比较透明的关于 DO 期权的信息结构以及较窄的买／卖点差将导致无套利区间缩小。同时，无套利区间外的点位则暗示着信贷中性的资产在 EMU 主权债券之间再配置的情境，例如：如果调整后的 10 年期意大利国债—德国国债之间的利差为 339 个基点，而调整后的 10 年期意大利国债—德国国债之间 CDS 互换工具的价差为 165 个基点，那么，我们得出的结论是：债券市场对意大利信贷风险（相对于德国）的评估值比 CDS 互换市场上的高出 174 个基点。虽然我们不可能判断两个市场当中哪一种是"正确的"，不过，投资者可以利用两者之间不匹配的情境转移他们构建的 EMU 项下的债券组合，即将德国国债置换为意大利国债；同时，在 CDS 互换市场上，构建反向价差头寸，进而对冲信贷质量降低的风险。在我们的范例当中：持有 10 年期德国国债的投资者可以将其卖出，同时，买入 10 年期意大利国债（BTPs）；然后，卖出德国违约保护工具，买入意大利违约保护工具，如此他的信用风险敞口是一样的（和德国一样），不过，他已经回收了 177 个基点，而其中 3 个基点是他预期的损失值，即德国国债在回购市场变得"特殊"，从而使投资者失去更多的交易契机。

　　下面，我们再考虑一下某些国家退出 EMU（欧洲货币联盟）组织，且以不同的货币对其主权债券重新计价的可能性。据我们所知，退出 EMU 后是否以其他货币计价会构成一个 CDS 中的信用事件，这种信用事件的构成取决于 CDS 中的特定条款描述，甚至是取决于某一特定国家。如果一个 EMU 退出行为触发了 CDS 互换工具，那么，EMU 模型的运行方式则如图 16-8 所示，即在这种情况下，当意大利以里拉对其自身的政府债券重新计价，而在意大利国的 CDS 互换工具当中，相应债券（BTP）可以用欧元支付，如此，做多 BTP 债券／做多意大利 CDS 互换工具相对于做空德国国债／做空德国 CDS 互换工具而言的仓位头寸

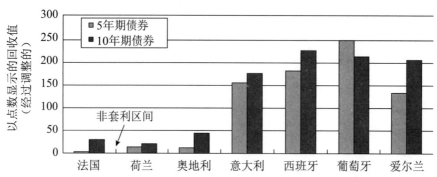

图 16-8　将德国国债置换成由外围国家债券构建的投资组合，同时，做多外围国家 CDS 互换工具、做空德国 CDS 互换工具——如此模式所回收的基点值 [以丧失回购市场特殊优势的预期损失值（和 CDS 互换工具当中的 DO 期权值）进行调整]

资料来源：彭博社

数据周期："当期"市场数据截止到 2012 年 9 月 23 日

之中不存在货币兑换的风险。另外，如果一个 EMU 的退出行动没有触发 CDS，那么，投资者所执行的图 16-8 中的套利模式可能是——相对于欧元贬值的货币为意大利政府债券计价。因此，我们需要研究相关的 EMU 模型是怎样受重新计价风险影响的；随后，如果在退出欧元区的情况下没有出现 CDS 互换（信用违约互换）工具项下的信用事件，那么，应对此种情境，我们对相关的操作要进行必要的修改。

事实上，退出 EMU 以及重新计价的"外围"国家主权债券所面临的风险在图 16-6 和图 16-7 中清晰可见——这可能是由欧元区"核心"国家和"外围"国家的差异情境所致。相对于核心国家而言，如果退出 EMU，其货币是升值的，同时，其债券相关（挂钩）的经过调整的 ASW 互换点差要比相关的经过调整的 CDS 互换工具的基点值低（从重新的计价货币中获利）；而对于欧元区外围国家来说，如果它退出 EMU，那么，其货币就有可能贬值，同时，与其债券挂钩的经过调整的 ASW 互换点差要比相关的经过调整的 CDS 互换工具的基点值高（受到货币重新计价的不利影响）。因此，作为构建 EMU 模型的最后一步，我们需要将重新选择计价货币的风险纳入相应的分析框架当中。

如果在上面的例子中（做空德国国债 / 做空德国 CDS 互换工具相对于做多意大利国债（BTPs）/ 做多意大利 CDS）意大利不会违约，但是，其会以"里拉"对债券重新计价，那么，我们会再次面临外汇相关的敞口风险，因为意大利政府债券（BTP）已经用"里拉"偿还，但是，我们需要用欧元（或马克）来回补德国国债的空头。因此，我们需要按照违约事件出现的情境，将外汇敞口风险从 CDS 互换工具中排除，进而选择流动性较好的欧元计价的 CDS 互换工具[19]；但是，这种做法要面临另一个潜在的外汇敞口风险，而这种风险不是来自 CDS 互换交易，而是源自相关的债券交易。

　　同样，就像来自以美元计价的 CDS 的外汇敞口风险一样：潜在的外汇敞口风险来自以里拉重新计价的方式会生成无套利不等式。我们假设：退出欧元区的外围国家的货币相对于德国即将使用的货币而言将会贬值，如此，我们总是希望做多德国国债，且做多德国的 CDS/ 做空外围国家的国债，且做空外围国家的 CDS——以此构建套利头寸。在图 16-8 中，我们从实际的角度考虑了以里拉重新计价的可能性，其间回收基点值为"负"之时，我们只看到一次交易的契机（即位于无套利区间之下）——正如图 16-2 导出的无套利不等式所示，其间将交易的理念限制在图 16-3 当中位于相应曲线之上的各个点位。在图 16-8 中，相应回收基点没有呈现强烈的"负值"情境，如此强烈则表明：重新选择计价货币所面临的风险确实会影响 EMU 项下主权债券和 CDS 互换工具之间的相关性[20]。

　　另外，在图 16-8 中，"回收基点值"为正的唯一正当理由是：意大利政府债券以里拉重新计价所面临的风险。如果我们假设债券和 CDS 互换工具之间遵循无套利的定价模式，那么，实际上，我们可以将图 16-8 当中回收值为"正"的情境转化为市场隐含的意大利退出欧元区的概率。如此，在无套利区间以下的各个点位违反了无套利不等式的原则，于是，它们就成为交易者青睐的点位；同时，居于其上的各个点位则可以被解释为——以里拉计价的债券所面临之风险对应的相关市场价格。在概念上，我们把无套利不等式的问题转化为一种理念，即：市场隐含的外围国家退出 EMU 的概率[21]。

　　为了进行相关的计算，第一步是调整图 16-8 中于违约风险之下所回收的基点值，仅在没有违约事件发生的情况之下，重新选择计价货币的风险方才有效[22]。如此，我们需要确定一个退出 EMU 联盟的国家之货币相对于德国货币而言可能会贬值多少，比如：衡量两国相对生产成本，进而对它们宏观经济的变化作出预期。而在一些合理的假设条件下，相应创设结果则如图 16-9 所示。

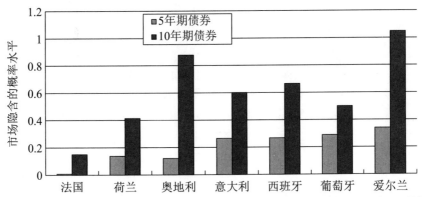

图 16-9　未来 5～10 年当中市场隐含的相关国家退出 EMU 联盟（欧洲货币联盟）的概率

资料来源：彭博社

数据周期："当期"市场数据截止到 2012 年 9 月 23 日

例如：EMU 联盟（欧洲货币联盟）项下的债券和 CDS 互换（信用违约互换）工具相关的测试结果表明，意大利在未来五年可能退出欧元区（并以里拉重新计价其债券）的概率为 26%，同时，意大利里拉相对于德国使用的货币而言会贬值 30%；而令人惊讶的是，奥地利在未来 10 年的退出 EMU 联盟的概率为 88%，如此则会映射出，在相应的投资组合之中，奥地利的 CDS 互换工具的行情超低（参考第 15 章的讨论内容，见图 15-9），同时，如果奥地利退出 EMU 联盟（欧洲货币联盟），那么，奥地利先令相对于德国使用的货币而会贬值 5%。在前述这个例子中，图 16-9 综合了欧元区债券和 CDS 互换工具中的信息，即一旦有国家退出 EMU，那么，相关市场将面临货币的风险，从而显现其自身的失衡状态。

上述这些信息本身可能很有趣，但是，其也适用于我们的交易策略。如果有人发现市场隐含的 EMU 联盟退出概率超过 1（就像爱尔兰在接下来的 10 年里所显现的情境），那么，在图 16-8 中，至少有一部分呈"正值"的回收基点不能被重新选择计价货币的风险所证明，在这种情况下，我们可以做空德国国债、做空德国 CDS 互换工具／做多爱尔兰债券、做多爱尔兰 CDS 互换工具——此种仓位退出在爱尔兰欧洲货币联盟时应该可以获利。也就是说，债券市场和 CDS 互换市场不匹配的规模如此之大，其足以覆盖爱尔兰债券重新选择计价货币情境之下预期的损失（假定爱尔兰货币相对于德国使用的货币而言贬值 20%）。因此，我们可以将市场隐含的 100% 的退出欧洲货币联盟（EMU）的概率转化成"可回收"的点位（见图 16-10）。

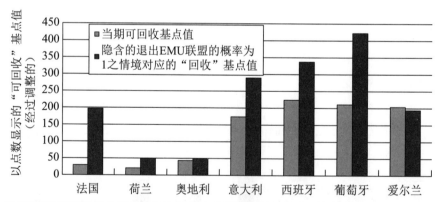

图 16-10　用外围国家债券构建的投资组合取代 10 年期德国国债，同时，做多外围国家 CDS 互换工具／做空德国的 CDS 互换工具，另外，以丧失回购特殊优势的预期损失值（和 CDS 互换工具当中的 DO 期权值）进行调整——此种情境下的"回收"基点值／隐含的退出 EMU 联盟的概率为 1 之情境对应的"回收"基点值。

资料来源：彭博社

数据周期："当期"市场数据截止到 2012 年 9 月 23 日

现在，"负"的可回收基点值（低于"无套利"区间）和"正"的回收基点值（高于"无套利"区间）均对应 100% 退出欧元区的概率 [23]——而此种情境可被认为是一个交易的契机。同时，负的回收值所面临的情境颇具吸引力，因为如果欧元解体，那么，德国使用的货币与以前其他欧元区国家所使用的任何货币相比都会升值，如此，相关投资者将从可能的货币升值情境当中获利；另外，"正"的回收基点值所对应的超出 100% 退出欧元区概率同样具有吸引力，因为如果欧元区解体，我们的预期是：相应情境将完全弥补因货币贬值而造成的损失。在图 16-10 显示的当前范例中，我们将 10 年期德国国债换成爱尔兰债券，同时，购买爱尔兰的 CDS 互换工具 / 做空德国 CDS 互换工具，如此，获取的收益率为 204 个基点（经过调整的，以下情境皆如此）——而如果爱尔兰不退出欧元区，那么，情况就会好转，这将作为利润而实现之；如果爱尔兰退出欧元区，爱尔兰镑将贬值，可回收金额会损失 194 个基点，仍剩下 10 个基点的利润。前述这些交易对"退盟"概率小的 / 货币预期贬值幅度不大的国家也是具有吸引力的，而且，100% 退盟概率边际之下各个区间所对应的"回收"基点之情境概不例外，如此，我们可以以将 10 年期德国国债换成奥地利国债，购买奥地利的 CDS 互换工具 / 卖出德国 CDS 互换工具，如此，可回收 43 个基点，如果奥地利退出欧元区，货币贬值是意料之中的事，相对于 50 个基点（即损失 7 个 bp），鉴于奥地利退出欧洲货币联盟的可能性很低，所以，在这种情况下，7 个基点的损失相较于 43 个基点的利润而言不算什么；更有可能发生的情况是，德国和奥地利在未来 10 年里仍然会"共享"一种货币。

结论

- 将融资问题的考量纳入美元计价的 ASW 互换和 CDS 互换之间相关性的研究方式之中，从而生成了无套利不等式——美元计价的 ASW 互换点差≤CDS 互换工具的报价费率（简化了某些假设条件，排除了技术的问题，同时指出：相应的套利交易需要足够的资金）。

- 因此，套利交易只有在相对罕见的情况下才能得以进行，即美元计价的 ASW 点差值超过 CDS 互换工具的报价之时。

- 无套利不等式解释了第 14 章当中观察到的风险债券的美元计价的 ASW 互换（资产互换）点差的波动情境，如果美元计价的 ASW 互换点差明显远离 CDS 互换工具报价的边际区间，那么，从美元计价的 ASW 互换 [和 BSW 互换（基点互换）] 的价差当中隔离本币计价的区域性互换点差的方式是可行的。

- 将无套利不等式纳入全球性资产选择过程之中的模式使得那些以美元计价的 ASW 互换点差接近 CDS 互换工具报价边际区间之情境所相关的债券受到青睐。

- 基于 EMU 项下各主权债券之间的价差情境，无套利原则可以推导出相关的等式，而违背等式原则的情境可以衡量市场暗示的特定国家退出欧元区的概率。

注 1：在本章中，所谓"基点互换"（BSW）是指不同货币（交叉货币）间的基点互换（CCBS）——必要时，其可以应用同种货币间基点互换（ICBS）进行调整。

注 2：选择 LIBOR 利率作为比较基准是任意的——我们在下面要进行更加详细的讨论。

注 3：符号"ASW&BSW"指的是与债券挂钩的资产互换和基点互换行情的变化模式及相应的测试结果（即以美元计价的互换点差），注意——符号"&"是"加"的意思，美元计价的互换价差由相应差值（ASW 互换点差 - BSW 点差）/ 转换因子 CF。

注 4：这种套利需要上述人为的假设。稍后，我们将讨论如何将套利概念也应用于真实的市场环境之中，从而证明这个假设并不成立，而这可能要求我们放弃严格意义上的"无风险套利"原则。

注 5：继续维持 ASW 互换和 BSW 互换协议在违约后的发行是以后考虑的问题。

注 6：为了象征性地表达互换的一致性，我们有时也把 CDS 互换称为"DSW 互换（default swap，违约互换）"。

注 7：这个表格应该从广义的概念上理解。尤其是，与债券挂钩的资产交换头寸的持续时间较短，所以，我们就会在收益率风险栏中输入"NO（否）"——严格地说，它有一定的损 / 益情境，且取决于较短期的利率水平。

注 8：当然，我们面临的风险是——无法以原始收益率的水平把握日元的现金流；然而，如果政府债券的发行方违约，那么，从货币贬值当中获取的收益可能比任何因收益率的变化而生成的潜在的损失要大得多。

注 9：与本币的情况不同，我们所使用的特定债券是以美元计价的——不需要考虑回购市场特殊情境而生成的效应。

注 10：尽管 CDS 是根据 LIBOR 利率（伦敦银行间同业拆借利率）报价的，但是，这没有影响其行情水平。也就是说，根据 GC 利率 [GC（一般抵押品）互换利率 /（GC 利率 +CDS 互换费率）] 而报出的 CDS 费率是相同的——其反映的是美元计价的 ASW 互换点差的差值，从而补偿债券的信用风险敞口相对于美元 LIBOR 利率生成之信用风险而言的差值。在图 16-2 中，我们可以将债券当中信用信息的基点值（GC 利率，经过融资净利率调整）作为 CDS 互换工具之中的基点值。

注 11：以零基点的水平做多 2 年期与日本国债挂钩的资产互换和基点互换 / 做多 2 年期日本国的 CDS 互换工具（信用违约互换）的情境可以被认为是买入 DO 期权以及于日本违约时免费对冲日元贬值的头寸，因此，这是一个好的交易理念。然而，我们无法量化免费购买的期权的价值，其可能会相当得低。还有，做空期限少于一年的日本国债的方式（图表中未显示）可能会使美元计价的 ASW 互换点差超过 CDS 的报价费率（如果交易短期限的债券，详见图 14-1）。然而，赎回模式的特殊效应有可能扭曲 ASW 互换工具的行情水平。

注 12：例如，在"交易曲线"之上，相应的头寸为——做多与 2 年期日本国债挂钩的资产互换和基点互换 / 做多 2 年期日本 CDS 互换工具相对于做空与 7 年期日本国债挂钩的资产互换和基点互换（反向）/ 做空 7 年期日本国的 CDS 互换工具（见图 16-3）。

注 13：例如，相关头寸为——做多与日本国债挂钩的资产互换和基点互换 / 做多日本国的 CDS 互换工具相对于反向做空与美国国债挂钩的资产交换 / 做空美国的 CDS 互换工具（见图 14-1）。

注 14：虽然相对价值生成的相关性理念提供的指导意见很少，我们还可以参考基本面的信用分析来解决这个问题。

注 15：目前，这些金融工具的流动性仍然很差——虽然它们可以被交易，但是，得到其可靠的数据，且进行相应历史性分析的过程是很困难的。

注 16：应用欧元计价的 CDS 互换工具不仅是相应分析的要求，同时，此模式也是为了获得一个合理的交易头寸。为了说明这一点，我们首先假设执行上述范例模式，即做空德国债 / 做空德国 CDS 互换工具相对于做多意大利政府债券（BTPs）/ 做多意大利 CDS 互换工具，同时，配以欧元计价的 CDS 互换合约；然后，在意大利违约的情况下，我们就可以把意大利国债向 CDS 互换当中交割，收到欧元本金，我们可以用这笔钱抛补做空德国国债的头寸 [这只会使我们面临相对较小的风险，不过，我们可能无法复制原始意大利国债（BTP）的票息支付情境]。现在，假设我们通常使用的是美元计价 CDS 互换合约，那么，当意大利违约时，我们得到的本金是美元——需要把它兑换回欧元，进而扎平德国国债的空方头寸；而如果欧元在"区内"任何一个国家违约后走弱，那么，我们就可获得额外的利润——这种潜在的影响是重大的。所以，外汇风险敞口会使"做空信用良好国家的 CDS 互换工具 / 做多信用较差之国家的 CDS 互换工具"的仓位头寸获益。

注 17：到目前为止，我们忽略了一些国家退出欧元区，同时重新选择其债券计价货币的风险——这种风险将随后并入我们的分析之中。

注 18：建立一种真正的套利相关性需要进行 GC（一般抵押品）利率—回购利率间基点互换的交易，但是，即使在没有此类市场工具的情况下，我们的定价能力也能够使债券市场和 CDS 市场得以连接起来，进而对它们之间不匹配的情境进行量化（例如通过 EMU 项下主权债券相关之投资组合的重新配置情境获取相应的交易契机）。

注 19：由于我们假设 EMU 联盟（欧洲货币联盟）的退出情境不会触发 CDS 互换工具，因此，我们认为，如果意大利用"里拉"作为其国债（BTPs）的计价货币，那么，意大利违约之后，人们仍然可以将债券 BTPs 交割至 CDS 互换合约当中，且接收欧元。因此，相应交易的风险在于，意大利将重新选择计价货币，但不违约。

注 20：此外，此种情况还表明，不是由退出 EMU 联盟（欧洲货币联盟）之情境所触发的 CDS 互换合约似乎决定了整个欧元区主权债券市场的定价机制。

注 21：这类似于根据第 15 章中所提到的违约为条件而计算的市场隐含的外汇汇率。

注 22：所有这些假设的前提是，退出 EMU 情境不会触发 CDS 互换合约。

注 23：我们对 DO 期权值的粗略估计以及对较高的以欧元计价的 CDS 互换工具的买 / 卖价差进行了考量，而它们可以被添加到 100% 退出概率的边际之中。

第17章

期　权

本章概论

　　布莱克（Black）和斯科尔斯（Scholes）的期权定价理论是第1章中提到的无套利原则的一个富有成效的应用模式。因为在投资组合中，期权的收益可以通过动态的自融资形式而复制，所以，期权的价格可以由投资组合的成本来决定。我们以一个简短的梗概开始这一章的内容，从而阐述相关的理念及其对期权定价的启示作用。

　　然而，就交易目的而言，当期权的伽马（gamma）值很大时，德尔塔（delta）对冲策略就显得尤其重要——如此则导致我们将波动率的层面拆分两个板块：一个是具有较高 gamma 值的区间（较短期限），其间频繁的对冲再平衡方式是非常重要交易策略；而 gamma 值较低的板块（较长期限）的情境事实并非如此。在介绍了这个拆分过程之后，我们将讨论适当的分析工具和每一个板块所适用的相对价值相关的交易策略。

期权定价理论简介

　　由于完整地描述期权定价理论和模型的框架在我们撰写的交易相关书籍的范围以外，所以，我们假设：读者对一些基本思想是熟悉的，比如看涨和看跌期权的收益回报等问题。下面，我们简要地强调这些期权定价理论的概念，其在期权市场中对发现和挖掘相关的价值具有重要的意义。

1. 德尔塔（delta）值 [1]

　　期权定价和对冲的关键是期权的价格与其标的（证券）资产价格两者之间的相关性（期权的多头有权买入或卖出相关的证券）。（在下面的例子中，这些证券通常是指依据相应

---

[1]　译者注：期权敏感性指标。

收益率曲线的互换工具），而这个相关性则由德尔塔（delta）指标的数值表示，即

$$\frac{\partial（期权价格）}{\partial（基础资产价格）}$$

作为期权价格相对于基础标的资产价值的一阶导数，德尔塔（delta）值表明的是：在所有其他输入项的数值均保持不变的情况下，基础标的资产价值的瞬时变化而引起的期权价格的变动幅度。

delta 指标的部分数值取决于期权的基础标的资产价格和执行价格的差异。图 17-1 显示了 delta 指标数值相对于标的基础资产价格和执行价格之间差值而言的变化方式，即相对于"虚值"（out-of-the-money，OTM）期权来说，其数值接近于零；相对于"实值"（in-the-money，ITM）期权来说，其数值接近于 1；而相对于"平价"（at-the-money，ATM）期权而言，其数值是 0.5[1]。同时，这里还要注意的是：在平价期权当中，delta 指标的变化值（我们称之为 gamma 值）是最大的。

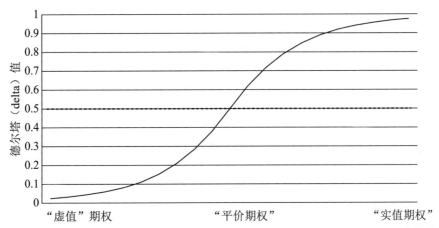

图 17-1　作为基础标的资产价格与执行价格差值之函数的期权德尔塔（delta）指标值

上述情境意味着："虚值"期权（OTM）对应的德尔塔（delta）值趋近于零的模式表明标的资产价格的变化对期权价格变化的影响很小。从直觉上讲，这是有意义的：作为一个没有机会成为"实值"的期权其报价接近于零，即便其标的资产价格发生了一些变化，相关期权的价格依然趋近于零，所以，我们想象一下：标准普尔 500 指数在 1 400 点，我们有一个 3 个月的于 5 000 点购买标普的期权，那么，即使标普指数涨到 1 500 点，我们的期权还是毫无价值的，因此，此种情况下，基础资产 100 点的变化对期权价格的影响是微不足道的，即相应增量（几乎）为零。另外，假设我们有一个 3 个月期权，在 100 点购买标准普尔指数，而目前价格为 1 400，那么，该期权的价值是 1 300 点左右（加上一个微小的溢价），而如果标准普尔指数上升到 1 500 点，那么，期权价值也会上升至

1 400 点左右。所以，基础资产 100 点的变化会使期权价格发生约 100 点的变化（即 delta 值几乎为 1）。同样，这在直观上也是有意义的，因为实值期权（ITM）的头寸与标的资产的头寸基本等同。

2. 德尔塔（delta）对冲

此外，delta 值给出了期权与基础标的资产之间的对冲比率。为了对冲一份期权，你需要根据 delta 指标买入或者卖出相关的标的资产。例如：如果要在平价点（ATM）对冲标普 500 指数看涨期权，那么，我们需要做空 0.5 份（平价期权的 delta 值）的标普指数，而如果标准普尔 500 指数从 1 400 点上涨到 1 500，那么，期权价格将增加 50 点 [100×delta 值（0.5）= 50]，即相当于我们做空 0.5 份基础资产所造成的损失。

然而，期权的执行价格并没有改变，标普 500 指数于 1 400 点的平价看涨期权现在相对于标普 1 500 点的价值而言变为实值期权（ITM）。因此，如图 17-2 所示：期权的 delta 值增加了，可能达到 0.8，这也意味着相应的对冲比率发生了变化。我们现在需要做空 0.8 份基础资产（即我们需要增加 0.3 份标普 500 指数的卖单）。事实上，因为 delta 值随着标准普尔 500 指数从 1 400 点开始上涨而增加，其间相应的对冲比率（0.5）则显得不足（即"不充足"对冲比率的数值会随着标普指数从 1 400 点上涨到 1 500 点的变化情境而增加）——如此，我们可以在牛市行情的对冲模式当中获利。

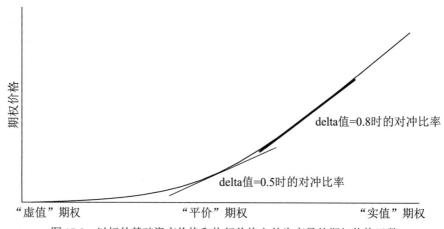

图 17-2　以标的基础资产价格和执行价格之差为变量的期权价格函数

现在假设：我们按照基础标的资产标普 500 指数 1 500 点的价位调整对冲比率，即做空 0.8 份标普指数，接下来，该股指再次下跌至 1 400 点——现在的"平价"期权的 delta 值仍然是 0.5，我们则需要买回 0.3 个单位的基础资产，进而根据 delta 值的变化调整相应的对冲比率。从我们开始做单到现在，标普指数再次回到 1 400 点，我们所持的看涨期权的价值重新居于"平价点"（但是，现在的时间价值变得小了），但是，我们手中还持有 0.5 个单位的相应股指的空单。所以，我们只需根据行情的涨跌来调整 delta 值，进而调整相应的对冲比率——随着市场行情的变化，我们在 1 500 点的价位额外地卖出了 0.3 单位的基础资产（当 delta 从 0.5 升至 0.8），然后，在标普 1 400 点的价位买回了 0.3 个单位的基础资产（delta 值从 0.8 降至 0.5）。因此，通过对冲操作，我们从高点位卖出基础资产，然后于低价位买进，这就等于说：在行情上扬之时，我们的对冲规模应该是"不充分"的；于行情下跌时，我们的对冲规模应该是"过度"的。因此，在此一轮操作结束时，我们可以通过调整期权的 delta 值来确定相应的套期比率，从而获取可观的利润（但是，损失了一些期权的时间价值）。

　　一般来说，期权的对冲比率是随着基础标的资产价格的波动而变化的。确保对冲比率总是等于期权 delta 值的模式被称为"delta 对冲"，其要求我们不断地调整对冲比率，从而适应随着基础资产行情波动而变化的 delta 值。

　　由于 delta 数值要随基础资产行情的波动而变化，所以，我们的 delta 对冲规模经常是：要么太大、要么太小，如此，基础资产的行情变动将导致 delta 对冲模式生成盈利或亏损的情境。其中的关键问题是：期权的多头会经常性地从"delta 对冲"模式当中获利；而期权的空头则总是从中受损[2]。

　　为了说明这一点，让我们考虑一下上面的范例情境，即如果投资者做空标普 500 指数的看涨期权，且执行价格为 1 400 点。为了对冲，他需要买入 0.5 份标普指数（于 1 400 点的价位）；当标普指数增加到 1 500 点时（delta 值则从 0.5 升至 0.8），那么，他需要在 1 500 点的价位再买 0.3 份标普指数；当指数回到 1 400 点后，他需要在 1 400 点再卖出 0.3 份基础资产，因此，这是期权多头的一个镜像效应，所以，期权的空单持有者则被迫高价买入并低价卖出，换句话说，delta 对冲模式迫使期权的空方交易者面临这样一个情境，即：在行情下跌中，相应的对冲规模不足；而在行情上涨的过程中，相应的对冲规模又"过度"了。

　　从理论上讲，期权价格是自我融资的投资组合的动态成本，其可复制期权的收益情境，包括 delta 对冲模式的成本或收益，就是说，布莱克—斯科尔斯模型被认为是无套利模型。

　　从交易的角度来看，期权的精确动态复制方式是不可能实现的，所以，我们可以把期权费看作：delta 对冲模式中获利一方所享之权利的市场价格，即低价买进基础资产，高价卖出之；然后，在市场行情上涨时持有"不充足"的对冲规模，在市场行情下跌时持有"过度"的对冲规模。由于 delta 对冲模式意味着期权总是要相对于基础标的资产进行对冲，所以，在期权到期时将没有什么利润和损失，即如果期权在到期时是"实值（ITM）"的，那用以对冲的基础标的资产的单位就是"1"；而如果期权到期时是"虚值（OTM）"的，那基础资产相关的对冲规模就是零。事实上，delta 指标相关的对冲模式可以被认为是：当期权倾向于"实值（ITM）"之时，相应的对冲比率则趋近于 1；而当期权倾向于"虚值（OTM）"之时，相应的对冲比率则趋近于零，就像在到期时不产生损益的情境那样。因此，期权的 delta 对冲模式将期权于到期时的损益情境（标的基础资产价格与期权执行价格之间的差值）传递至到期日之前的 delta 对冲模式操作过程当中的损益情境。因此，期权的市场价格应取决于该期权项下 delta 对冲的成本，而这是布莱克—斯科尔斯期权定价理论的关键，即能够应用自融资的投资组合之动态对冲的成本来确定期权价格。但是，我们不讨论数学意义上的量化过程，我们所要强调的问题是，从定性的角度来把握相关的理念，即

- 期权价格是由期权多头以自我融资之投资组合的动态对冲模式而生成利润所决定的。来自期权多头的 delta 对冲模式而生成之收益的规模随着基础资产行情波动率的增长而上升。在上面的例子中，如果市场行情从 1 400 点 -1 500 点移动了两次（在同一时期），那么，我们就会从 delta 对冲模式之中获利两次 [在 1 500 点卖出 0.3 份基础资产（标普 500 指数），然后，在 1 400 点买进 0.3 份基础资产（标普 500 指数）]。而如果基础资产的市场行情从 1 400 点 -1 600 点之间来回移动（比如，在 1 600 点处的 delta 值是 0.9），那么，我们可以在 1 600 点卖出 0.4 份基础资产，然后，在 1 400 点买回 0.4 份基础资产。因此，截止到期权到期日，相应的波动率（基础资产行情变化的数量和规模）越高，期权多头相关的 delta 对冲模式而生成的收益就越大。

- 从交易的角度来看，期权价格是由 delta 对冲模式的预期利润决定的，其取决于期权到期之前基础资产市场行情的预期波动率。因此，期权价格反映的是：截止于期权到期日为止的预期的基础资产行情的波动率。换句话说，期权的行情反映了市场对未来波动率之预期所达成的共识。如果整体市场参与者预期未来将会出现一段高波动性时期，那么，他们极有可能认为：期权多头会从 delta 对冲模式中获取潜在的收益，因此，他们应该愿意为居于 delta 对冲模式的获利一方而支付较高的价格（即他们将支付高额的期权费）。

- 反映在期权价格上的预期的基础资产市场行情的未来波动率被称为期权隐含的波动率。正如我们上面看到的，在 delta 对冲模式的框架 [即布莱克（Black）—斯科尔斯（Scholes）期权定价理论] 之中，隐含波动率是期权费的主要决定因素。对于一个特定的期权而言，在其他条件不变的情况下，于给定的基础资产执行价格和到期日等条件之下，其价格仅取决于隐含的波动率。因此，相对于以美元 / 每份报价的期权费而言，我们也可代之以期权费相对应的隐含波动率。

- 隐含波动率是预期的市场行情未来的波动率，而相应期权标的基础资产自始至终（从

期权开始—结束）的实际波动情境被称为已实现的波动率。隐含波动率决定了期权费；而已实现的波动率决定了期权期限内的 delta 对冲模式生成的实际损益。因此，期权 delta 对冲模式生成的损益情境是隐含波动率与"已实现"之波动率间的差值。在其他条件不变的情况下，隐含波动率反映了：在购买期权时市场关于未来波动率之预期所达成的共识，其决定了期权的价格；相比之下，实际的波动率表示的是：在期权到期之前标的基础资产行情实际的变化情境，其确定了期权 delta 对冲模式所生成的损益。如果隐含波动率和实际波动率的测试结果是相同的（即市场对未来行情波动之预期所达成的共识与实际波动率相匹配），那么，期权费和 delta 对冲模式生成的损益值是相等的。另外，如果实际波动率小于预期的波动率，那么，期权费则高于 delta 对冲模式生成的损益，如此，期权的多头（并进行 delta 对冲）就会遭受损失，而期权的空头（并进行 delta 对冲）就会盈利 [3]。

- 因此，期权交易和 delta 对冲模式的组合情境意味着：对隐含波动率和实际波动率之间的点差进行判断。如果我们相信标的基础资产的实际波动率高于隐含的波动率，那就买入相关期权，同时，按照相应的 delta 指标值进行对冲。因为期权价格取决于市场预期的波动率，其于到期日的期末价值只有在到期后才能知道，即只有在到期之后才能知道实际的波动率以及由此可知的 delta 对冲模式所生成的损益。而在期权到期之前，相关交易总是要评估市场针对未来预期之波动率所达成的共识，具体反映在期权价格推导出的隐含波动率和我们对未来波动率的看法。

- 当前期权的价值不是由相关基础资产于期权到期时的价格所决定的。在布莱克—斯科尔斯模式之中，当前期权的价值取决于标的基础资产价格的波动路径。简而言之，就期权定价而言，它不是由基础资产于期权到期日的行情水平所决定的，其是以一种波动的或平稳的方式形成的。

综上，我们可以简单地分析一个期权的 delta 指标如何自然地转换成对冲比率（delta 对冲模式），然后，制定出期权的定价（根据 Black-Scholes 模型）和交易策略（隐含波动率与实际波动率）。

3. Theta 指标 /Vega 指标 /Gamma 指标

delta 指标是以期权价格作为标的基础证券的函数来进行评估的，与之相类似：我们也可以分析期权价格随着其他决定性变量的变化情境而变化的路径，具体来说：

- Theta 指标将期权价值定义为随时间而变化的函数，即

$$Theta = \frac{\partial（期权价格）}{\partial（时间因子步长）} \quad 分母改为时间$$

- Vega 指标[4]将期权价值定义为随隐含波动率而变化的函数，即

$$Vega = \frac{\partial（期权价格）}{\partial（隐含波动率）}$$

- Gamma 指标将 Delta 指标的数值定义为随基础资产价格而变化的函数（它是期权价格相对于基础标的资产价格的二阶导数，即图 17-1 中相应直线的斜率）。因此，对于实值期权（ITM）和虚值期权（OTM）而言，gamma 值接近于零，而对于平价期权（ATM）而言，gamma 接近于最大值。

在市场既定的实际波动率相关的情境之下，如果（给定的）标的资产价格的变化生成更高的 delta 指标变化数（因此需要购买或出售更多的标的资产以确保 delta 对冲比率），那么，delta 对冲产生的损益就会更高。因此，如果给定明确的实际波动率，期权的 gamma 值越高，delta 值的变化越大，delta 对冲产生的损益也会增加。由于上述期权相关的 delta 对冲模式下的交易策略主要是利用隐含波动率和实际波动率之间的差值获益，所以，它要求期权具有足够大的 gamma 值，因此，实值期权和虚值期权都不适合这种策略；此外，对于由于不同的原因具有较长到期日的低 gamma 值平价期权，需要另一种交易策略，而不是 delta 对冲策略。因此，对期权定价问题所进行的简要、纯粹的定性检验模式得出了一种对冲策略和交易策略（delta 对冲模式）——其要求期权具有较高的 gamma 值；同时，相应的期权市场也应该被细分为：哪些期权适合前述这种方法，哪些期权不适合。随后，我们将根据上述的测试结果对期权市场进行细分，进而为其寻找各自合适的交易策略。

期权交易的分类

1. Gamma 值和 Theta 值之间的相关性

Theta 指标度量的是期权价值随时间而衰减的情境。图 17-3 显示：随着期权接近到期日，"负"的 Theta 值则越来越大。也就是说，相对于到期日而言剩余时间较长的期权有一个较小的负 Theta 值；而剩余较短时间的期权则具有较高的负 Theta 值（其他条件都相等）[5]。

从布莱克—斯科尔斯公式当中，在其他条件都相等的条件下，我们可以推导出：Theta 值的减小（即负值增大）与 Gamma 值的增加有关。更准确地说，gamma 增加 1 个单位等于 theta 减少 $\dfrac{2}{P^2\sigma^2}$ 个单位，其中 P 是标的基础资产的价格，σ 是隐含波动率（再次说明——

我们假设所有其他参数值保持不变）。

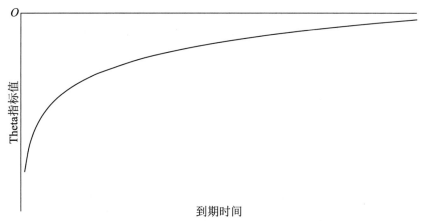

图 17-3　作为截止到期日的时间步长之函数的平价期权的 Theta 指标值

　　总的来说，上述情境将导致具有较长到期时间的期权有一个相对较高的 Theta 值（即较小的负数）以及一个相对较小的 gamma 值（较小的正数）。而随着到期时间的减少 [假设平价期权（ATM）仍然是平价期权（ATM）]，Theta 值从一个接近于 0 的数值减少到一个更大的"负数"，而 gamma 值则从一个接近于 0 的数值增加到更大的"正数"。因此，随着期权到期日的临近，delta 值的变化增大，如此，平价期权的风险敞口也随之增大——图 17-4 之中描述了这一点，它说明：随着到期时间的减少，delta 值在 0-1 的区间内于平价点周围变得越来越集中。

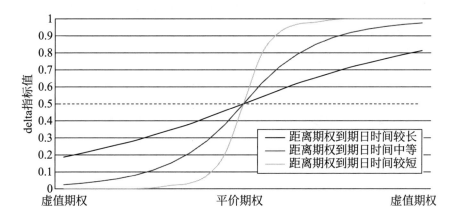

图 17-4　当期权的到期日越来越近时，作为标的资产价格与执行价格之间差值函数之期权的 delta 指标值的变化情境

　　图中的数学测试结果也具有直观意义，即根据上面的范例情境，假设我们有一个 10 年

期（而不是 3 个月期）于 5 000 点购买标准普尔 500 指数的多单，考虑到期限很长，相应期权会有一些（时间）价值，而且，其每天减少的幅度也很小（theta 的"负值"较低）；同时，如果标准普尔指数从 1 400 点升至 1 500 点，期权价格几乎不会有太大的改变（正的 gamma 值也比较低，因此在图 17-4 中形成一条平坦的 delta 指标曲线）。而另一个极端情境是：考虑一个明天就会过期的平价（ATM）期权——像任何平价期权（ATM）一样，它的 delta 值为 0.5，但是，在明天到期时，要么它变为实值期权（ITM），相应 delta 值则为 1；要么它变为虚值期权（OTM），相应 delta 值为 0，不过，第二天，该期权将失去所有的时间价值（接近于负无穷）。而指数的轻微上升或下降将决定相应 delta 值将在 1 或 0 之间徘徊。如图 17-4 所示：当到期时间缩短时，平价看涨期权（ATM）gamma 值就会增加（接近于正无穷），也就是说，delta 曲线会变得越来越陡峭——直至期权到期日为止，所以，它是一个二值曲线，相关数值在执行点位以下为 0，在执行价格点位以上则为 1。

2. 波动率层面的拆分模式

从期权的理论出发，我们选取了构建正确交易策略所需的部分内容，并将其应用到实际操作之中，其中可以总结出如下结论，即

- 平价期权（ATM）的到期时间较短，其价格主要取决于基础标的证券的价格变动，而由于到期时间较短的期权具有较高的 gamma 值，所以，当基础证券的价格波动之时，相应的 delta 值就会发生显著的变化。这意味着——基础标的证券价格的变动对期权 delta 对冲模式生成的损益值有着很大的影响，因此，也对相关的期权费产生较大的影响。

- 到期时间较长的平价期权（ATM）的价格主要取决于隐含波动率的变化。与到期时间较短的期权相比，对于较低 gamma 值的期权而言，基础标的资产的变动不会导致相应 delta 值发生有意义的变化，因此，其对 delta 对冲模式所生成的损益没有显著的影响，同时，也不会对期权价格产生影响。于较长到期日的区间之内，图 17-4 中 delta 线的斜率接近 0，这意味着：基础证券的行情波动不会生成 delta 值的变化，所以，其不影响 delta 对冲模式生成的损益，也不影响期权价格。另外，考虑到期权的长期价值，即使隐含波动率的微小变化也会对期权价格产生显著的影响——这个直觉相关的情境反映了一种数学意义上的理念（不包括极长的到期时间），即 vega 值会随着到期时间的临近而上升，而 gamma 值则会下降。Delta 对冲模式的影响因子是相对于到期时间的减函数，而对于我们应用的实际方法来说，这意味着 delta 对冲模式只对较短期的期权而言是一个适当的交易策略。对于互换期权而言，

其间通常涵盖了一系列的到期时间——直到 6 个月，有时是一年。对于到期时间为三年或三年以上的互换期权来说，其价值在很大程度上独立于基础标的资产价值的变化之外，其主要受隐含波动率之变化的影响。

因此，互换期权波动率的层面（即互换期权的二维网格层级按时间排序被分为期权的到期时间[6] 和基础互换资产的期限）应该分成两个区间，即 gamma 区间——其中，delta 对冲模式是适当的交易策略；另一个是 vega 区间——其中不适用于 delta 对冲模式（见图 17-5）；还有，到期时间大约为两年的期权处于这两个板块之间的灰色地带——其间必须根据具体情况决定适当的交易策略。每个期权市场工具 gamma 板块和 vega 板块之间边际的精确位置是不同的，通常灰色区域是向右倾斜的（见图 17-6，我们会在其间提供更多的日元互换期权相关的细节）。

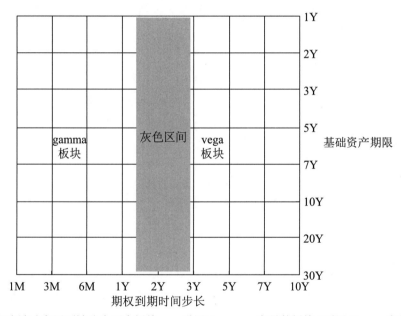

图 17-5　相应波动率层面被分为两个板块——适用于 gamma 交易的板块 / 适用于 vega 交易的板块

图 17-5 将波动率层面划分为 gamma 板块和 vegas 板块的方式为期权交易提供了最基本的分类模式。

● 较短期时间横轴所对应的期权与基础标的资产的行情具有强大的相关性，同时，其与实际波动率变化的风险敞口（即基础标的资产价格的行情变动）的关联度也非常大。

- 期限较长的期权与基础标的资产的相关性较小，因此，其主要的风险敞口在于隐含波动率的变化。

所以：

- gamma 板块当中的期权可以在布莱克—斯科尔斯模型（Black-Scholes model）框架下应用 delta 对冲模式进行交易。
- vega 板块的期权需要一个不同于 delta 对冲模式的分析和交易策略，我们将在下面说明——隐含波动率机制项下的统计分析方法可以为 vega 板块儿提供适当的交易策略，例如，PCA 分析（主成分分析）模式能够揭示隐含波动率影响波动率层面的方式，以及如何利用这一知识进行相关的操作。因此，我们将不尝试建立一个优于 Black-Scholes 模型的在 vega 板块情境之下的期权定价模型，我们主要是使用统计技术于其间寻找相应的价值。

我们将上述讨论限制在远期平价期权（ATMF）的波动率层面（即以基础标的互换资产的远期利率作为"执行价格"的互换期权）。其中包括：不同的执行价格会将波动率扩展到一个立体的波动率曲面，同时，应用附加的维度表示其陡度。另外，关于 gamma 板块陡度的讨论需要一个期权模型；而 vega 板块的相关问题则可以通过相同的统计方法来解决之（例如，扩大 PCA 模型的分析维度）[7]。

3. Gamma 板块当中期权交易的分类方法

现在，我们继续探讨 gamma 板块区间内的分类问题，其间实际波动率相关的风险敞口的类型可以自由选择，即

①如果没有 delta 对冲模式，那么，在期权到期之前，我们面临的风险敞口是基础标的资产整体的实际波动率，这就相当于——我们所选择的敞口风险的类型是期权于到期时的收益回报结构。而我们将前述这种选择性策略按期权交易类型①对待之。

②如果附带 delta 对冲模式，那么，在期权到期之前，我们面临的敞口风险就是基础标的资产连续的实际波动率，这相当于我们所选择的敞口风险就是对冲比率的持续调整过程当中生成的损/益情境（在布莱克—斯科尔斯（Black-Scholes）的期权定价模型的框架之下）。而我们把前述这种选择性策略按期权交易类型②对待之。

虽然从理论上讲，类型①和类型②只是在时间周期的长短方面有所不同，但是，其间市场行情相关的风险敞口和相应的交易条件都是不同的：

- 在类型①中，整体行情走势提供了有条件的风险敞口，同时，其基本不受持续的实际波动率的影响；
- 在类型②中，于期权到期日之前，相应的敞口风险是基础标的资产行情的实际波动率，其在很大程度上不受基础标的资产行情的整体变化及其于期权到期日之价格的影响。

相对于 gamma 板块区间内这两种类型的期权交易模式而言，隐含波动率只在开始时显得重要，因为它决定了实施相应交易策略的价格。之后，它们的表现只取决于实际的波动率，而不取决于隐含波动率的变化（直至期权被持有到期）。相比之下，在 vega 区间内，涉及隐含波动率变化的交易策略是明智的（因为期权价格很大程度上取决于隐含波动率）和可行的（因为持有期权至到期日需要很长时间）。

为了进一步减少基础资产行情波动的影响，同时，也是 delta 对冲模式的需要，我们应该在 vega 区间通过"跨式期权"的方式进行交易，即我们要在很大程度上将实际的波动率排除在驱动因素之外，进而将"纯"风险敞口对应于隐含波动率；同时，我们现在可以通过统计分析和交易工具将基础互换资产的利率融入波动率的层面当中。

我们现在需要构建期权策略类型③，其中在 vega 板块区间之内，使用跨式期权模式[①]，将主要风险敞口对应于隐含波动率的变化，并在期权到期前平仓。

4. 不同期权交易类型下的风险敞口

期权交易的抽象分类模式分为三种不同的类型，其目的是为了确保相应风险敞口的清晰度和正确的表达方式。我们需要强调一点，即因为一些分析师往往会混淆期权交易的驱动因子，所以，他们构建的风险敞口会与其推理中所列出的情境是不相符的，举个例子，我们显示三种类似的"2 年期 /10 年期"的期权交易方式，其间的敞口风险则是不同的：

①买入 6- 月期 ×2 年期互换看跌期权[8]，同时，卖出 6- 月期 ×10 年期互换看跌期权，其间不附带 delta 对冲模式，那么，以反弹为条件的仓位头寸生成的 2 年期—10 年期收益率曲线则会变得陡峭，且相关风险敞口没有对应连续的实际波动率[9]，也没有在触发相关交易之后对应隐含波动率。

②买入 6- 月期 ×2 年期互换看跌期权，同时，卖出 6- 月期 ×10 年期互换看跌期权，其间附带 delta 对冲模式，那么，投资者的仓位头寸是——2 年期实际波动率—10 年期实际波动率，而且，于期权到期日，相应敞口风险并没有对应曲线的陡度[10]，同时，触发交易之后，其也没有对应隐含的波动率。

---

① 译者注：即相同执行价格和到期日的看涨/看跌期权所构成的组合。

③买入 5 年期 /2 年期的跨式期权，卖出 5 年期 /10 年期的跨式期权，之后一个月平仓，那么，投资者的相应头寸是——5 年期 /2 年期隐含波动率—5 年期 /10 年期隐含波动率（曲线的陡度和隐含波动率对应的风险敞口很小）。

当然，我们也可以切换相关交易的类别，例如：在应用 3 个月 delta 对冲模式之后，启动类型②，然后决定是否终止 delta 对冲模式（即转移至类型①），或者平掉剩余期限为 3 个月的期权头寸（即转移到类型③）。然而，在每一类交易中，其间的风险敞口和相应的表达方式 / 执行方式都不能与其他类别相混淆。

接下来，我们将分别讨论上述这 3 种类型期权的交易方式。而考虑到它们所面临的不同的风险敞口和构造情境，其间需要对应不同的分析工具，而我们也会在下面的内容当中开发这些工具。

期权交易类型①：单一基础资产

标题项下的期权交易为：买入或卖出任意的相同基础资产相关的期权组合，同时也没有应用 delta 对冲模式应对此类期权组合的收益结构而给定相应的风险敞口。因为此种类型期权交易的收益回报取决于基础标的资产的价格是高于，还是低于期权的执行价格——而在期权到期之时会生成与基础标的资产收益率相对应的条件性敞口风险，例如：买入 6 个月期 ×2 年期互换期权，执行价格为 1%，而且，于到期日之前没有 delta 对冲模式，此种情境意味着：我们的仓位头寸是 2 年期互换期权的多头，同时，以 6 个月时间内的 2 年期基础互换资产之 1% 以下的利率为条件。

在没有 delta 对冲模式的情况下，此类交易策略的损益项下只有两种驱动因子，即交易时所收或所付的期权费以及于期权到期之时的损 / 益情境 [如到期时变为实值期权（ITM 期权）][11]。依赖期权交易开始之际的收益结构和隐含的波动率，相关交易者可以获得或支付期权费。如果一个交易者在期权交易开始之时收到一笔期权费（如卖出互换看跌期权），那么，在期权到期时，如果相关期权变为"实值"的话，他就会遭受损失。

因此，为了评估期权交易类型①的价值，我们需要比较相关损益情境下的两种驱动因子，即交易开始时的期权费和期权到期时的潜在回报。而这种模式相关的最简单的方法是：于期权到期日计算基础资产的盈亏平衡值（即以基础标的资产在到期日的价值为前提，其中，相关期权的价格等于初始的期权费）。例如：如果我们卖出远期看跌的平价互换期权（ATMF），那么，我们就能计算出基础互换资产利率的下降情境于期权到期时所造成的损失，即基础互换利率等于我们预付的保险费。如果相应收益率最终超过了盈亏平衡的水平，那么，我们的整体损益则在此之上，相关策略生成的损/值是"正"的；而如果收益率低于盈亏平衡点，则损益值就是"负"的。

通过评估相关期权交易策略的盈亏平衡水平，作为分析人员可以看到：

- 相应的期权交易模式是否表达了收益率曲线所映射的宏观理念（而不是由基础资产给出），其是否具有吸引力；
- 如果是的话，那么，我们选择哪种期权策略（例如做空看跌期权，或做空跨式期权？）会更好；
- 一旦作出决定，那么，哪个基础资产和到期日会生成最好的预期收益。

为了支持上述这种分析模式，我们应用最基本的图表工具来描绘即期收益率曲线、远期收益率曲线和相关的盈亏平衡水平。每一个到期日（1 个月、3 个月、6 个月、1 年）及相关的期权策略（看涨互换期权[①]、看跌互换期权[②]和跨式期权）均体现于相应的图表之中。图 17-6、图 17-7 和图 17-8 显示了 1 年期的日元收益率曲线相关的远期平价的跨期期权、看涨互换期权和看跌互换期权的范例情境。

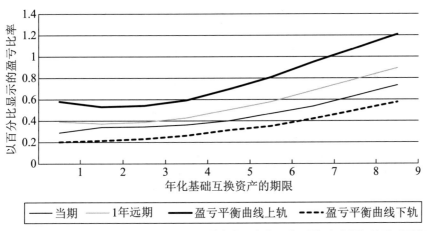

图 17-6 日元收益率相关的应对不同期限利率的 1 年期远期平价跨式期权的盈亏平衡曲线

资料来源：彭博社

数据周期："当期"数据截止到 2012 年 6 月 18 日

---

① 译者注：基础互换资产固定利率支付方的期权。
② 译者注：基础互换资产固定利率收取方的期权。

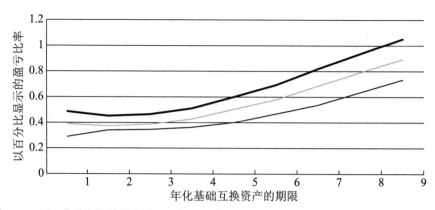

图 17-7　日元收益率相关的应对不同期限利率的 1 年期远期平价看涨互换期权的盈亏平衡曲线

资料来源：彭博社

数据周期："当期"数据截止到 2012 年 6 月 18 日

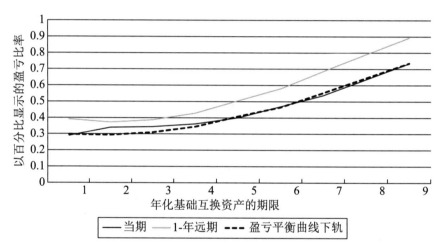

图 17-8　日元收益率相关的应对不同期限利率的 1 年期远期平价看跌互换期权的盈亏平衡曲线

资料来源：彭博社

数据周期："当期"数据截止到 2012 年 6 月 18 日

在上述范例之中，分析人士可以按如下的方式回答之前提出的问题。

- 通过观察跨式期权相关的图表（见图 17-6），我们发现，围绕于远期曲线的盈亏平衡包络区间似乎相当得窄。而这表明隐含波动率相对较低，且期权费也比较低，如此则生成一个狭窄的盈亏平衡区间。相关的结论是，通过期权多头表达一个关于收益率水平的宏观看法，大体上是具有吸引力的。
- 接下来，我们可以评估不同的期权策略（跨式期权、互换看涨期权、互换看跌期权）

彼此之间的相关情境。在当前的范例模式之中，我们可以得出这样的结论，即日本央行在未来一年加息的可能性很低，对日元利率的预期不会发生太大的变化，同时，远期收益率很可能与当前的现货收益率的水平彼此"收敛"。而这将意味着日元有一种低利率的倾向，因此，做多互换看跌期权的策略是受青睐的。前述这个结论得到了互换看跌期权相关的盈亏平衡图表（见图 17-8）的证实，其中显示，相对于远期平价互换期权的多头而言，1 年期利率以及曲线多头一方的当期收益率水平居于相应的盈亏曲线之下。因此，如果收益率曲线在未来的一年保持不变，那么，做多 1 年期 ×1 年期互换看跌期权，或 7 年期 ×7 年期互换看跌期权之交易策略所生成的总利润很小。

- 最后，在图 17-8 中，由于 1 年期和 7 年期基础互换资产对应的盈亏平衡曲线与"当期"收益率曲线之间的距离最大，所以，从盈亏平衡线上的各个点位所处的状况来看，买入 1 年期 ×1 年期互换看跌期权，或 1 年期 ×7 年期互换看跌期权的方式似乎是最好的。不过，由于较短期限所对应的情境比较清晰，所以，最佳的风险 / 回报的平衡点位应该居于在 1 年期 ×1 年期互换看跌期权所对应的情境之中。

此外，我们还要评估盈亏平衡线与相应的即期互换利率曲线的间距能否生成独特的交易契机，或者，考虑相应情境与历史平均水平是否接近——而这些问题可以通过描绘相关"间距"对应之时间序列的方式解决。在当前的范例模式当中，其间显示出：从相关基点的绝对值和历史的情境（见图 17-8）来看，做多 1 年期 ×1 年期互换看跌期权的模式所生成的潜在利润相对较小。所以，在这种情况下，如果相关投资者坚定地认为 1 年期互换利率会进一步下跌，他们才有可能进行此类交易。

我们刻画的这些盈亏平衡图表已经融入了许多交易策略相关的信息，其中包括：相应的下行区间（远期利率与即期利率的差值）、隐含波动率的绝对值（围绕于远期利率曲线之盈亏平衡包络区间的宽度）、各个互换期限范围内相对的分布形态。于上述的范例当中，我们可以综合地应用相应的信息去挖掘 1 年期 ×1 年期互换看跌期权多方头寸（相对较小）的价值，进而展示了一个完美的稍稍低于盈亏平衡区间的下行通道，其间特别反映了曲线之上空头相关的整体的较低的波动率。

另外，我们也观察到此种基本分析模式存在两个缺陷。

- 此种模式需要许多盈亏平衡图表，每个到期日以及每种交易策略（至少要有跨式期权、互换看跌期权和互换看涨期权）都要对应一张图表（例如：1 个月、3 个月、6 个月、1 年），而这样至少需要 12 个图表，且每个图表的收益率曲线都在 10 个基点左右——100 多笔潜在的交易方式对分析人士的精力来说构成了一种挑战，从而使他们难以进行非正式的评估。在上面的例子中，于图 17-8 当中，7 年期收益率曲线与 1 年期收益率之间较大的间距对应了 7 年期利率较之 1 年期利率而言敏感性高的情境，那么，当期收益率曲线彼此的间距和较低的盈亏平衡点又是如何影响"加息"预期的呢？因此，我们最好应用一个统一的定量标准来评估所有可能的交易策略。

- 每一个属于类型①的单一基础资产所相关的期权交易都是一个宏观性的头寸，因为期权是于到期日在基础资产的层面上来看待问题，所以，盈亏平衡分析方法可以比较期权费（转换成盈亏平衡项下的层面）与到期时的基础资产的行情水平，从本质上说，其是将盈亏平衡的层级与相应的宏观经济预期联系在一起，进而考量期权市场的行情水平。在图表中，以盈亏平衡的水平所显示的期权市场行情与宏观经济情况的比较方式是在分析工具（盈亏平衡图表）之外进行的，因此是非正式的。例如我们口头上认为："鉴于日本央行升息的可能性不大，因此，日元的 1 年期利率在一年内超过 0.3% 的可能性也不大（盈亏平衡图表 17-8 中较低的区间），那么，1 年期 ×1 年期互换看跌期权多方头寸损失的可能性 [即于期权期末，变为"实值（ITM）"的期权收益低于（为高于盈亏平衡点而预付的）期权费之情境所对应的概率] 也不大"。

因此，解决上述这两个缺陷的理念是：将盈亏平衡分析与统一的、可量化的宏观经济变量联系起来，而这需要将损益平衡层级的非正式宏观经济评估方式纳入相应分析框架，同时，我们也要通过不同期权策略在相关宏观经济变量方面的表现来进行比较。选择的宏观经济变量取决于分析的目标和分析人士各自的观点——如果他对日本央行的政策有看法，那他会选择分析利率政策；如果他对 CPI（消费者物价指数）有看法，那他会选择分析 CPI 指标。例如：如果 0.3% 的 1 年期收益率对应的 CPI 水平为 -0.1，那么，他可以认为为了实现更低的盈利率，即使日本的 CPI 值现在没有达到 -0.1，那它在明年就有可能上升到 -0.1 以上 [12]。

通过盈亏平衡层面的分析模式，我们将期权市场与宏观经济变量联系起来，而正式的分析模式可以从以下两个方向进行。

- 将盈亏平衡模式下的层级水平转化为相应的宏观经济变量。在上面的例子中，我们计算了"隐含期权"（即隐含的盈亏平衡水平）所相关的 CPI 数据，而这表明了当前期权市场定价所对应的宏观经济情境。既然分析师们可以从宏观经济的角度来评估期权市场的定价，那么，当他看到期权市场的定价与其做出的经济预期不匹配时，他就可以通过期权来表达他对宏观经济状况的看法。

- 或者，从相反的角度考虑（这是更可行的，因为收益率曲线的宏观模型包括不止一个变量），我们可以定义一个宏观经济情境（基线、衰退期、复苏期），然后，通过宏观模型 [如"变量自回归（VAR）"模型] 将其转换为对收益率的预期，同时，比较这些预期收益率的盈亏平衡水平。如果你找到了一个在每种情况下都能受益的期权策略，那就找到了一个很好的交易理念。这种在不同的经济情况下与盈亏平衡层面的收益率之预期值进行比较的方式是可行的，例如，我们可以计算盈亏平衡层级当中超过收益率预期值的标准差。另外，我们也可以同时显示不同期权项下的 t-统计量（例如，为每个宏观经济情境绘制相应的"热力图[①]"），如此，则有利于选择最佳的交易策略[13]。

接下来，我们根据上述第一方法提供一个范例模式，即假设我们对日本的 CPI 指标有一个看法，并且，想要比较掉期市场的定价和 CPI 的预期值——请注意：这只是为了说明问题，因为在我们看来，CPI 指标和日本利率之间的相关性太弱（0.5），其不能成为相关交易的基础。

首先，针对每个期权到期日（3 个月、6 个月，等等）和基础标的互换资产的期限（1 年、2 年，等等），我们需要计算相应互换看跌期权的盈亏平衡值。然后，盈亏平衡水平和当前收益率水平之间的差异以应用于日元互换收益率曲线上的 PCA 分析模型当中的因子 1 的相应变化值来表示[14]——如第 3 章所述：因子 1 的变化可以与 CPI 的变化相关联。因此，对于互换看跌期权相关的每一个到期日和基础标的资产的期限而言，我们根据相应头寸得到的 CPI 指标的数值预计可以达到盈亏平衡的水平，换句话说，我们已经将期权市场的价格转化为相应的 CPI 数据。由于要应对几个期权的到期日，所以，我们甚至可以获得由相关看跌期权以"隐性"方式所显示的 CPI 指标值的演变过程，而每一种期权基础互换资产期限所生成的隐含的 CPI 之演化情境都被刻画在图 17-9 当中。

因此，我们发现：较低的 CPI 值可以通过 6 个月期 ×1 年期的互换看跌期权来显示。这里需要注意的是：通过统一的宏观经济变量"盈亏平衡模式下隐含的 CPI 数值"应对所有期权交易策略而进行的正式比较模式证实了我们于参考盈亏平衡图表之时做出的口头上的非正式的判断。如果 6 个月后 CPI 低于 -0.08，那么，1 年期互换利率水平预计将低于盈

---

① 译者注：呈现二维数据的图表。

亏平衡水平 30.4 个基点，如此，6 个月期 ×1 年期互换看跌期权于到期时的预期利润将大于所需的预付的期权费。

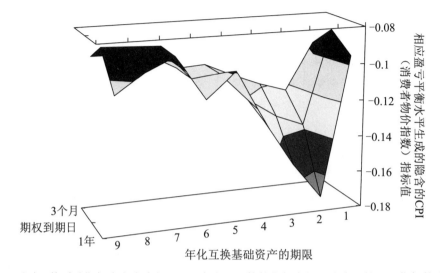

图 17-9　通过互换看跌期权多方头寸之盈亏平衡水平计算的期权市场"隐含"的 CPI 指标的演变过程

资料来源：彭博社

同样，如果 CPI 指标值较高，我们则可以通过卖空 1 年期 ×2 年期的互换看跌期权的方式来表达相应的情境。而只要一年期的 CPI 值高于 −0.17，那么，我们的预期是：先期收到的期权费将超过到期行权之时所生成的潜在损失。

此外，如果一个可交易的金融产品被选为所有盈亏平衡水平项下具有普遍意义的比较工具（例如：选择商品期货，而不是 CPI 指标），那么，相应的方法则可以使我们对可交易工具的期权行情的波动率与互换期权市场行情的波动率进行比较（比如：大宗商品期货期权）。因此，两个期权市场（及其隐含的宏观经济情境）之间就会建立起一种相对价值的联动机制，而这可能是利用二者之间不匹配情境的基础（比如：大宗商品期货期权的多头／互换期权的空头）。而这些相对价值交易可以针对现实的宏观经济情境进行对冲——其间不过是利用了两个期权市场对宏观经济情境不同的预期模式而已。

期权交易类型①：两个及两个以上的基础资产

期权交易类型①从宏观的角度为单一基础资产提供了一个条件性的表达方式（收益率水平），而与两个或多个基础资产相关的期权交易类型①则在相对价值理念的基础之上（如收益率曲线的陡度）给出了一个条件性的表达方式观点。

例如，我们可以根据一条平坦的 2 年期 /10 年期收益率曲线的变化状态从以下三种情境之中任意地选择一项：

- 支付 2 年期利率，收取 10 年期利率（无期权交易）；
- 卖出一个 2 年期看跌期权，买入一个 10 年期看跌期权（互换期权）；
- 买入一个 2 年期看涨期权，卖出 10 年期看涨期权（互换期权）。

与第一个选项相比，附带期权的表达式具有以下特点：

（1）它是有条件的 [即相对于基础标的资产收益率曲线的陡度而言，只有在到期时处于"实值（ITM）"的期权才存在风险敞口]。

（2）它涉及期权费用，且于交易开始之际由 2 年期期权和 10 年期期权的隐含波动率之差所决定。

另外，通过两种期权（看跌期权或看涨期权）显示的平坦的收益率曲线所对应的两种概率情境于（1）和（2）当中的表达方式是不同的，即

（1）互换看跌期权相关的表达式在曲线当中给出的点位对应的条件是反弹的行情，同时，互换看涨期权相关的表达式于曲线之上显示的是一个有条件的抛售情境（基础资产行情下跌）。

（2）如果 2 年期隐含波动率高于 10 年期隐含波动率（经由对冲比率调整），那么，互换看跌期权的表达式显示的是预付期权费的回收情境；而如果 2 年期隐含波动率低于 10 年期隐含波动率，那么，互换看涨期权相关的表达式显示的是预付期权费的回收情境。

条件（1）项下的模式允许选择对交易有利的环境进行相关操作。在下面的范例情境当中，我们假设：2 年期—10 年期的收益率曲线通常在抛售时趋于平坦，于行情反弹时变得陡峭。而我们则更倾向于应用互换看涨期权来显示一条平坦的收益率曲线，即只有在抛售的情况下，期权将在到期时变为"实值（ITM）"状态，因此，我们的风险敞口对应的是相应曲线的平坦情境，而相关的预期是，其仓位头寸在抛售过程中表现良好。而如果基础资产的行情出现反弹（与曲线变陡的情境相关），那么，在这种情况下，这两类期权于到期之时都会呈现"虚值（OTM）"状态，从而防止我们的（表现不佳的）风险敞口暴露在平坦的收益率曲线之上——为了说明这关键的一点，图 17-10 描述了期权交易类型①的条件状态，同时，应用这些条件选择有利的定向性的交易环境，且于曲线之上淘汰不利的行情方向所对应的风险敞口。

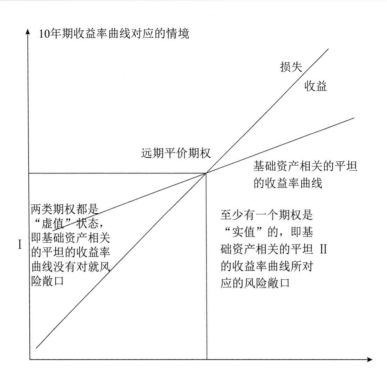

图 17-10　基础互换资产与互换期权相关的 2 年期—10 年期收益率曲线于平坦状态下的头寸所生成的损 / 益情境

　　这里需要注意的是：为了达到上述这个目的，我们希望依据曲线所进行的交易应该具有方向性。因此，我们在这里使用的是基点值（BPV 值）中性加权模式，而不是 PCA（主元 / 主成分分析）中性加权模式（见图 3-14 所讨论的内容），换句话说，相对于用互换交易来显示的曲线情境（没有期权）而言，我们想要解决的是方向性的问题（见图 3-14）；而如果应用互换期权交易来显示相应的收益率曲线，那么，我们需要剥离所谓的"方向性"。

相关知识点

　　期权基点值（BPV 值）是通过基础资产的 BPV 值乘以期权的 delta（δ）值来计算的。因此，2 年期—10 年期互换看涨期权之间点差相关的 BPV（基点值）中性对冲比率为：

$$\frac{BPV_{10}\delta_{10}}{BPV_2\delta_2}$$

　　如果两个期权都是远期平价期权（ATMF）（delta 值为 0.5），那么，与期权交易相关的条件性曲线显示的对冲比率与基础资产交易相关的收益率曲线所显示的对冲比率相同。

　　在选择了正确的条件（1）（即在两者之间作出决定）之后，现在，我们来看看条件（2）的特征，抽象的说，就是：通过期权将收益率曲线与波动率曲线结合在一起，进而显示收益率曲线所相关的仓位头寸。在我们的范例之中，如果隐含的 2 年期—10 年期波动率曲线向上倾斜（进场时），那么，2 年期互换看涨期权的多方头寸/10 年期互换看涨期权的空方头寸所构建的组合情境则显示为——可回收预付的期权费；而如果相应曲线向下倾斜，那就需要支付期权费。

　　总之，我们需要应用与期权交易相关的条件性曲线将上述情境（1）和情境（2）的优点结合起来（即拥有正确的条件，并支付预付的期权费）。如果我们回收了期权费，进而通过"行权"的方式在 2 年期—10 年期互换看涨期权的点差交易之中获益，那就可以预期，相对于任意的基础资产的行情方向而言，我们都可以盈利，即如果收益率上升，那期权就是"实值（ITM）"的，而我们则可根据基础资产相关的平坦的收益率曲线进行交易，相应头寸会在"抛售"的过程中具有很好的表现；而如果收益率下降，那期权就是"虚值"的，我们则可以将最初预付的期权费作为利润（当然，如果收益率增加，我们也可以这样做）。

　　作为一个有条件的"蝶式交易"的范例模式，我们假设：在抛售的情况下，5 年期收益率曲线的表现往往不如 2 年期和 10 年期收益率曲线的情境。因此，我们可以通过做多 5 年期互换看涨期权/做空 2 年期和 10 年期互换看涨期权与做多 5 年期互换看跌期权/做空 2 年期和 10 年期互换看跌期权（或者通过做多 5 年期跨式期权/做空 2 年期和 10 年期跨式期权的方式将前两种情境结合在一起）的方式来剥离相应的方向性因子。在前述每种模式当中，只有在基础资产相关的"蝶式"头寸能够生成有利之行情方向的情况下，相应的期权才能变为"实值"状态。下一步，我们需要计算进行这些交易是否可以得到相应的回报（即 2 年期/5 年期/10 年期隐含波动率曲线的曲率是否为"负值"）。

　　不幸的是，作为期权市场效率的标志，上述这些交易的契机是很少的。2 年期—10 年期收益率曲线在抛售过程中趋于平坦的情境意味着 2 年期的实际波动率高于 10 年期，而如果此种情境反映在隐含波动率（由期权价格导出）之上，那就意味着：2 年期互换看涨期权的价格要高于 10 年期互换看涨期权的价格。"蝶式"组合的范例情境也是如此，即在抛售过程中，5 年期期权的绩效是低于 2 年期和 10 年期期权的，也就是说，5 年期的实际波动率是高于 2 年期和 10 年期实际波动率的，在大多数情况下，这些情况均反映在期权价格之上（即 2 年期—5 年期—10 年期隐含波动率曲线的曲率是"正值"）。因此，我们的交易此类通常要附带适当的条件（1），且支付相应的期权费（2）。

　　然而，有时，上述交易契机也会出现，并为相应的交易理念提供良好的选项。为了搜寻市场行情生成的交易契机，我们建议针对每一个曲线的陡度和"蝶式交易"的情境进行相应的计算：

（1）计算相关的方向性因子和相关性的强度 [例如，通过回归方程求得 R^2 值（如图 3-14 所示）]；

（2）就"适当"条件而言（即互换看涨或看跌期权），应用期权交易相关的曲线显示收取 / 支付期权费的情境。

根据上述情境，优秀的选项应该是：（1）与行情方向之间具有强烈的相关性（如果方向因子发生变化，依据条件曲线所进行的交易就会亏损）；（2）至少是零成本李玉年（Nhan Ngoc Le）先生根据前述的两个特征将所有的交易选项以散点图（见图 17-11）的形式刻画出来，并在右上角寻找相应点位——这是一个很有用的筛选工具，其应用条件性的基础互换资产的收益率曲线为期权市场寻找相应的交易契机。在图表当中，我们发现：在所有可能的策略当中，只有条件性的 7 年期 /10 年期 /20 年期的"蝶式"互换期权的交易模式能够提供稳定的方向性因子，同时，可以在"合理"的条件下收取（小额）期权费。

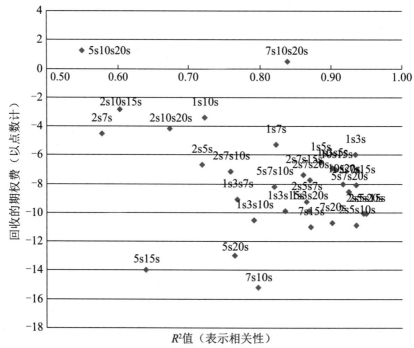

图 17-11　期权费的收取与支付情境 / 期权交易相关的条件性曲线生成的方向性因子的稳定度

图中文字：2s10s15s——2 年期 /10 年期 /15 年期互换期权的组合模式——余者同

资料来源：李玉年

同样，我们也可以通过债券期权和互换期权的组合模式来构建条件性互换点差头寸。在第 9 章中，我们已经知道：于雷曼兄弟公司发生危机之前，相应的互换点差在"抛售"

的过程当中就已经显现出扩大的趋势（生成更大的"负值"），因此，如果我们相信这一行情方向在未来会持续，那么，在"抛售"的情境条件之下，我们希望相关头寸对应的互换点差处于增大的状态；而在行情反弹之时，相应头寸对应的互换点差则应该处于收窄的状态。

- 做多互换看涨期权 / 做空债券的看跌期权；
- 做多互换看跌期权 / 做空债券的看涨期权。

还有，在抛售的情况下，互换点差的扩大情境意味着互换的实际波动率大于债券的实际波动率。因此，"正确"的条件（1）是：始终做多互换期权 / 做空债券期权。那么，实际波动率的相关性是如何反映在期权市场上的呢？特别是，互换期权是根据条件（2），且按照相应期权费与债券期权的水平交易的吗？我们是否需要为了合理正确的条件因子支付期权费呢吗？图 17-12 针对美国金融市场回答了这些问题。同时，出于流动性和可比性的原因，我们使用的是期货期权，而不是债券（现货）期权。由于期货具有特定的流动性，所以，期货期权隐含的波动率有时会高于互换期权或债券期权隐含的波动率（在图表中被显示为峰值）。

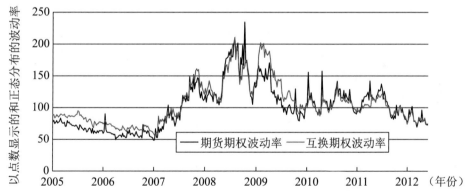

图 17-12　美国债券期货期权隐含的波动率/美元互换期权隐含波动率的演变历史（3 个月期限，呈正态分布）

资料来源：彭博社

数据周期：2005 年 5 月 11 日—2012 年 10 月 3 日，周际数据

从图中的情境来看：映射在互换期权隐含波动率与期货期权隐含波动率之间相关性之上的互换点差的方向性表现得很好。在雷曼兄弟公司发生危机之前，随着收益率的增长，相应的互换点差也在扩大，同时，互换期权在"正态分布"的状态下依据期权费 / 债券期权的水平进行交易。然而，随着雷曼兄弟公司危机的暴发，银行的权益成本和互换点差也

随之增长（见第 6 章），而收益率水平则呈现下降的趋势，如此，互换点差的方向性也就被打破了。相应地，在雷曼危机当中，由互换期权波动率生成的期权费则消失了，如此，互换期权则根据隐含的期货波动率进行交易了。

如果投资者相信互换点差的行情方向会回到金融危机之前的水平，那么，他们可能会把当前情境视为一个进入市场交易的契机，进而构建做多互换期权 / 做空债券期权的仓位头寸。

期权交易类型②：单一基础资产

在自始至终的期权交易期限内，delta 对冲模式并没有针对整体的实际波动率以及基础标的证券的整体行情之波动情境留下相应的风险敞口。

其实，（尽可能连续的）期权之 delta 对冲模式主要是恢复在本章开始时论述的布莱克—斯科尔斯定价模型的框架（假设 delta 对冲模式是连续的），并针对期权交易类型①生成如下的变化情境。

- 截止于期权到期之时，相应的风险敞口从期权的收益结构（整体的实际波动率：整个时间周期）转变为基础标的资产之连续波动率。
- 如果期权多单持有者根据 delta 值对冲其自身的头寸，那么，在市场行情下跌时，相关头寸往往会出现过度对冲的状态，而在行情上涨之时，其又会呈现"对冲幅度不足"的情境。因此，市场行情波动的规模（实际波动率）将决定 delta 对冲模式所生成的利润。
- 上述情境消除了条件性的因素，即只有行情波动的幅度（行情波动的频率和规模）是有效的，而行情的方向性因子是没有的。即使只有单独一个基础资产，其也不存在方向性的风险敞口，至少没有对应基础资产的行情方向（不过，相应的风险敞口对应的是实际波动率的"波动方向"）。
- 期权费（隐含波动率）可以被认为是，delta 对冲模式下获利一方所拥有的权利的市场价格。

因此，期权交易类型②的损 / 益值是期权初始时刻的隐含波动率和整个期权期限内相关基础资产行情的实际波动率两者之间的差值，换句话说，它是 delta 对冲模式当中获利一方拥有权利的市场价格与利用这一权利而生成的实际利润之间的差值。如果实际波动率超过当前的隐含波动率，那么，从 delta 对冲模式当中的获利将超过初始期权费（即从 delta

对冲模式之中生成相应利润之权利的价格）。

期权交易类型②的基本分析方法是，比较损益相关的两个驱动因子，即

- 当前隐含的波动率，这是一个已知的变量；
- 期货行情的实际波动率（在交易初始时刻和到期日之间），这是一个未知的变量。

由于当前的隐含波动率反映了市场对未来实际波动率所达成的共识，所以，只有在下列情境之下我们才能发现期权交易类型②的价值：

- 分析人士对期货行情实际波动率的预期与市场所达成的共识不同；或者
- 期权市场的现金流阻止了隐含波动率——使其不能反映市场已经达成共识的"真实"的期货行情之实际波动率。

我们可以应用图表作为工具来支持上述这种基本分析的理念，进而在不同的情况下比较当期的隐含波动率与实际的"历史波动率"之间的变化情境。图 17-13 应用日元提供了一个范例情境，从而进行相应的比较。

图 17-13　5 年期日元互换期权波动率（呈正态分布）：实际的"历史波动率"/当期隐含波动率

资料来源：彭博社

数据周期：2007 年 12 月 24 日—2012 年 6 月 18 日，周际数据，"当期"数据截止到 2012 年 6 月 18 日

当然，过去几个月的实际历史波动率可能与未来几个月基础资产行情的波动率非常的不同，而这将生成相应的损/益情境。尽管如此，我们还是可以从历史的角度根据图 17-13

的情境对过去的宏观经济环境进行评估，从而生成与当前隐含波动率相似的实际波动率的变化情境。以图 17-13 为例，我们得出的结论是：当前隐含波动率的水平是在 2010 年得以实现的——当时（预期的）量化宽松模式消除了所有日银政策的不确定性（＝波动率）。任何的冲击事件，无论是自然的，还是人为引起的，都会导致实际波动率超过"当期"的隐含波动率水平，而且，有时是相当显著的。

在当前的图中：隐含波动率（19 个基点）略高于最近期的实际波动率（16 个基点）。然而，图 17-13 之中实际的历史波动率不仅远远高于当期的实际波动率，也远远高于当期的隐含波动率。

基于上述这个工具，进行分析的人士现在可以判断市场相对于行情所达成的"共识"是否与他们的预期相一致。如果他们能预见到在接下来的几个月，相关的情境与 2010 年相似，那么，单一基础资产项下的期权交易类型②则不会生成相应的交易契机。另外，如果他们看到了另一次"黑天鹅"事件发生的可能性（比如：欧洲银行业危机可以"复制"雷曼兄弟公司破产事件对波动率的影响模式），那么，他们将发现在 19 个基点对应的隐含波动率处，期权的多单具有价值。实际上，目前 19 点水平的隐含波动率似乎接近了实际历史波动率的最小值，我们甚至可以把附带 delta 对冲模式的期权"多单"看作是低成本的、低风险的、应对潜在冲击事件的一种策略，即如果接下来的几个月市场行情比较平稳，那么，2010 年的情境即将重演，如此，期权多头的 delta 对冲模式所产生的利润应该与期权费相同；另外，任何金融市场相关的冲击事件都会生成显著提高的实际波动率，如此，多头则可以获取利润。

知识要点：呈对数正态分布和正态分布状态的波动率、年化波动率以及实际波动率相关的时间序列的计算方法

为了提供一个实际波动率的分析方法，我们需要考虑两个知识要点，即

首先，布莱克—斯科尔斯公式给出了一个（常数型的）呈对数正态分布的收益率之变化情境，我们这里不想从理论上对此种假设进行探讨[15]，但是，我们要从实践的角度来分析一下它的缺陷。由于对数正态分布情境假设相应常数的百分比变化幅度独立于基础资产的行情水平之外（因为资产价格的变化不服从正态分布，译者注）；但是，当收益率不同之时，相同的对数正态分布情境的变化（百分比变化）情境则代表着不同行情变化（点数变化）的绝对值。而在对数正态分布基础上构建的波动率相关的比较方式在收益率水平发生变化之时是没有意义的，例如，当比较收益率曲线不同区间对应的波动率（在不同的收益率水平之下），

或者显示波动率的历史演变过程之时，相应问题就会出现（因为收益率水平通常也会随着时间而波动）。此外，如果收益率接近零，那么，相同的收益率变化模式在基点条件下会导致对数正态分布的变化情境呈现增长的态势——这个理念在当前全球低利率的环境之下特别有意义。

因为对数正态分布模式不能恰当地处理低利率（和收益率为"负"）的情境，所以，我们更倾向于使用服从正态分布的波动率。而服从正态分布的实际波动率可以很容易地通过计算日间基点变化[1]之标准差的方式来导出（这里没有应用百分比变化的模式）。前述方法的测试结果依据相应时间序列项下的输入数据显示了相关的实际波动率（例如：如果输入的数据序列由每日交易的数据所组成，那么，其所显示的就是日间交易相关的实际天波动率）。在通常情况下，波动率是以年为单位表示的，其也可以通过一定时期内的波动率乘以一年内所对应的时间单位之平方根的方式导出。例如，日间交易相关的波动率可以乘以252[2]的平方根，从而转化为年波动率；而周波动率可以乘以52[3]的平方根，从而转化为年波动率。当然，反过来也一样，即年化波动率也可以转化为周波动率和天波动率。

如果我们倾向于计算服从正态分布的实际波动率，那也需要显示服从正态分布的隐含波动率（如图 17-13 之中的比较模式）。然而，隐含波动率通常是通过布莱克—斯科尔斯期权定价公式（即以对数正态分布的形式）导出的。因此，最好的"正态化"的方式是通过布莱克—斯科尔斯公式将服从对数正态分布的隐含波动率转换成一个期权价格（以美元和美分计价），然后，将其纳入服从正态分布的期权模型，从而将服从正态分布的波动率输入服从正态分布的模型当中，进而复制相应的期权价格。这是一种更快的但是不太可靠的方法（特别是当收益率很低，且有可能出现负值之时），它需要以服从对数正态分布的隐含波动率乘以基础证券的远期利率（根据期权到期期限给出的未来时间序列计算）。

其次，如何计算实际历史波动率的时间窗口可能会成为一个问题。通常，分析人士会使用一个固定的时间步长以"滚算"的方式来设置相应的"时间窗口"（例如 3 或 6 个月）。那么，某一确定日期的实际波动率则是根据之前 3 个月或 6 个月时间窗口内收益率变化的标准差来计算的，但是，其间的问题是，相应测试结果取

---

[1]　译者注：基点差值。
[2]　译者注：一年内有252个交易日。
[3]　译者注：一年有52周。

决于任意选择的滚动的时间窗口。我们想象一个：均值相关的时间序列的日间变化是 1 个基点（bp），其中最具波动性的是 10 个基点。而当波动性较大的点位进入滚算的时间窗口时，那么，整个的实际波动率序列就会上升，其间的情境是，于当时，实际波动率会变得很高；然而，当这个波动点滑出滚算的时间窗口时，相应的实际波动序列就会突然回落到平均的水平。如此，就会产生一个问题，即实际波动率突然下降的情境所对应的时间序列内没有什么特别的事件发生；唯一发生的事件是，波动率突然下降状况所导致的异常高的 10 个基点的波动情境恰好发生在 3 个月或 6 个月之前。而根据任意选择的时间窗口，波动率也可能在 3 个月或 6 个月之后发生突然下降的变化，而前述的这种效应可以在图 17-14 中看到，那么：2009 年 3 月的实际波动率是 24 个基点，还是 45 个基点呢？实际上，在使用滚算的时间时窗口时，相关的答案取决于任意选择的 3 个月或 6 个月时间窗口的宽度。

图 17-14 以"滚算"方式计算的 3 个月和 6 个月时间窗口之下 10 年期日元互换工具之行情的实际波动率

资料来源：彭博社

数据周期：2007 年 7 月 2 日—2012 年 6 月 18 日，周际数据

因此，在应用滚算方式计算的时间窗口之中，由较高波动率之峰值所生成的波动序列能够正确地反映市场行情的变化模式；但是，波动率峰值较低的情境则是由任意定义的时间窗口之跨度而生成的结果，这些状况可能发生在不同的时间点，且几乎与某一天生成的实际波动率没有什么关系。相应的问题被图 17-15 显示出来，其间展示了：以滚算方式计算的 3 个月时间窗口之内的 10 年期日元互换利率的实际波动率；图中的箭头表示的是时间序列急剧下降的情境，而期间的市场行情并没有发生什么特殊的状况，其实，原因很简单，就是 3 个月前生成波动

率飙升情境的时间点已经"滑到"了以滚算方式计算的时间窗口之外。

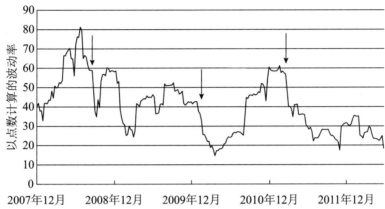

图 17-15 以"滚算"方式计算的 3 个月时间窗口之下 10 年期日元互换工具之行情的实际波动率

资料来源：彭博社

数据周期：2007 年 12 月 24 日—2012 年 6 月 18 日，周际数据

为了缓解上述这个问题，我们建议应用指数递减函数以加权数据点替代固定的时间窗口。例如：最近数据点的权重可以是 1，之前数据点的权重是 0.97，再之前数据点的权重是 0.95，如此等等，即指数加权函数为最新的数据点指定最大的权重。因此，如果这个点是波动率，那么，就像滚算的时间窗口的情况一样：在相应的时间点，波动率将会有一个更高的峰值；另外，易变数据点不会在特定的日期当中滑落出来，而是随着权重值的降低而慢慢地减弱，如此日复一日。换句话说，如果一个 3 个月滚算的时间窗口分配给三个月之内的所有数据点的加权值为 1，而分配给 3 个月前的所有数据点的加权值为 0，那就会在波动性较高的数据点对应的时间序列超过 3 个月的时候生成波动率突然下跌的情境。相比之下，指数加权递减的方式只是降低了一点儿易变数据点的重要性，如此，数据点对实际波动率的影响是在逐渐地消失——而这符合直觉上的感知，即：较远期的数据点对当前的实际波动率的重要性是在逐渐地下降。当然，这里仍然需要做出一些武断的决定，比如：如何使用指数递减加权函数（而不是线性函数或二次函数），同时，如何选择相应函数的衰减参数。然而，前述这些选择方式对最终测试结果的影响远远弱于滚算的时间窗口内实际波动率序列突然下降之情境所造成的局面。为了证明相关的优势，我们应用指数加权递减的方式计算了与图 17-14 和图 17-15 相同的 10 年期日元互换工具行情的实际历史波动率，同时，在图 17-16 中描述了

该波动率系列的变化情境。于其中，我们看到：因为处于同样的时间窗口之内，所以，实际波动率的峰值还是被指数平滑的方法捕捉到了——但是，通过使用指数递减的权重因子，我们能够消除由"滚算"的时间窗口而生成的尖锐的，且无意义的行情下跌情境，同时，可以用更准确、更平稳的下降情境来替代之。

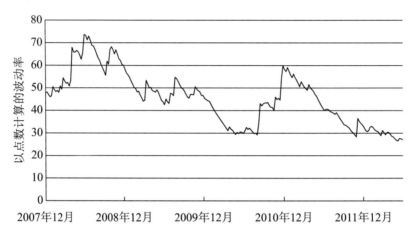

图 17-16　以"指数加权递减"方式计算的 10 年期日元互换工具之行情的实际波动率

资料来源：彭博社

数据周期：2007 年 12 月 24 日—2012 年 6 月 18 日，周际数据

期权交易类型②：两个及两个以上的基础资产

实际上，前述交易的风险是：实际波动率可能比预期的更大，或者更小。所以，我们可以看到：单一基础资产相关的期权交易类型②基本上是在进行一场赌博，即特定的宏观经济情境能否实现。如表 3-1 所示：宏观经济事件往往会影响基础资产"互换利率"的方向以及实际波动率的水平，进而生成它们二者之间显著的相关性。虽然由 delta 对冲模式的存在，期权交易类型②的风险敞口没有直接对应基础标的资产，但是，实际波动率对应的风险敞口将其与相关的宏观经济环境不确定性的高低联系在一起了（由中央银行的行动或银行危机事件引起，如此等等）。

为了减少宏观经济风险，我们的想法是：把这两种交易结合起来，即一个做多期权、一个做空期权（都附带 delta 对冲模式），进而对冲未来实际波动率的整体水平，同时，通过收益率曲线将风险敞口留于相对实际的波动率的分布区间之上。如此，我们就会利用结构性错配的情境在隐含波动率和实际波动率曲线之上生成具有相对价值的仓位头寸。

例如：买入 2 年期跨式期权、卖出 10 年期跨式期权，同时，两者附带的 delta 对冲模式在当期隐含波动率曲线和未来实际波动率曲线之间可以生成一个"箱型交易"模型——如果未来基础资产的实际波动率曲线比当期隐含波动率曲线更为平坦，那么，此类模型就会获利；而如果对冲比率构建得当，那么，未来实际波动率的总体水平则对相关的仓位头寸没有影响。

为了筛选上述市场行情之下相关的交易契机，分析人员可以通过图表来比较当期隐含波动率曲线和实际波动率曲线之间的变化情境（见图 17-17）。

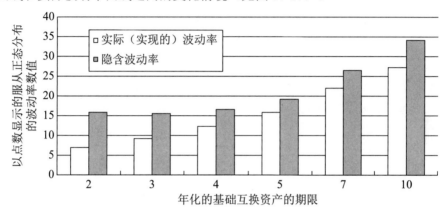

图 17-17 日元行情曲线显示的当期实际波动率曲线和当期隐含波动率曲线

资料来源：彭博社

数据周期："当期"数据截止于 2012 年 6 月 18 日

在上述范例中，我们首先可以观察到：于所有的基础资产相关的期限之内，当期隐含波动率均高于近期的实际波动率，但是，最小差异情境对应的期限是 5 年。而这意味着：对应单一基础资产的交易类型②在 5 年期的时间段表现得最好（即在此区间，当期隐含波动率和实际波动率的平均水平之间的差异较小，交易成本相对较低（比较便宜），如此，期权多头的 delta 对冲模式则可以利用此种优势[16]）。当然，前述这些头寸的风险在于，截止于期权到期日之前，实际（已实现的）波动率将进一步屈居当期隐含波动率之下，而图 17-13 表明，这种情况不太可能出现，因为它会使期权交易类型②的多方头寸相对于宏观经济环境而言出现敞口的风险，进而生成极低的实际波动率，比如：日本央行的声明就会移除所有相关利率期货的不确定性。所以，我们据此开发了评估相应头寸的风险 / 回报情境的工具。

现在，我们看图 17-17，其中以不同的方式显示了相同的信息，即用一个分析师的眼光来看待相对价值的问题，从而尽可能公平地对冲宏观经济的影响，同时，利用期权市场相对错配的情境获利。因此，我们的焦点从隐含波动率 / 实际波动率的相应水平转移到它们应对不同期限而生成的分布状态，即隐含波动率曲线相对于实际波动率曲线而言的图形形状。而在"相对价值理念"之下，我们立即发现：于 2 年期限和 5 年期限之间，实际波动率曲线比隐含波动率曲线要陡峭得多。如果我们有理由相信实际波动率曲线在未来也将保持陡峭的态势，那么，我们就可以利用隐含波动率曲线的陡峭度相对于实际波动率曲线陡度而言的错配情境构建相关的头寸，即买入 3 个月期 /5 年期跨式期权，同时卖出 3 个月期 /2 年期跨式期权——二者均附带 delta 对冲模式。如此，实际波动率总体水平的增长情境将会使跨式期权 delta 对冲模式下的多方头寸之获利值与跨式期权对冲模式下的空方头寸的损失值相等（如果对冲比率合适的话）——如此，我们就规避了实际波动率总体水平的变化模式。相反，我们所面临的风险敞口则变为：5年期实际波动率与隐含波动率的差异 /2 年期实际波动率与隐含波动率的差异。

为了评估敞口风险的程度，我们建议调整图 17-13，即应用两种基础资产，进而描绘 5 年期和 2 年期实际的历史波动率之间的差值 /5 年期和 2 年期隐含波动率之差值的演变历史。图 17-18 则显示了 2 年期—5 年期实际的历史波动率曲线陡度 / 当期 2 年期—5 年期隐含波动率曲线陡度的演变过程。

图 17-18　2 年期—5 年期日元行情实际的历史波动率曲线陡度 / 当期的日元行情之 2 年期—5 年期隐含波动率曲线陡度的演变过程

资料来源：彭博社

数据周期：2007 年 12 月 24 日—2012 年 6 月 18 日，周际数据；"当期"数据截止到 2012 年 6 月 18 日

在图 17-18 展示的情况下，于过去 5 年里，当期隐含波动率的曲线陡度与实际波动率曲线的陡度从未匹配过。因此，如果我们在过去五年的任意时刻于期权到期之前根据当期隐含波动率的水平做多 5 年期跨式期权、做空 2 年期跨式期权，同时，因应 delta 数值进行对冲，那么，我们所构建的头寸则总是会赚钱的（平均 10 个基点）。当然，也有可能，未来 5 年期 /2 年期实际波动率之间的点差会低于当期隐含波动率的点差，然而，图 17-18 让

我们相信：此种情境是不可能的——鉴于在过去动荡的 5 年里，5 年期 /2 年期实际波动率的点差基本稳定在 6 点～ 27 点之间，那么，此区间的下限仍离 3 个基点的当期隐含波动率间的点差较远。此外，考虑到日本央行最近的公告，我们没有理由预期：较短期收益率曲线对应的实际波动率相对于 5 年期的实际波动率而言的增长幅度会被隐含波动率曲线所消化。因此，我们不仅有一个统计的原因（参考图 17-18 的演化历史），而且也有一个基本面的理由相信：实际波动率曲线的陡峭情境会在未来持续，所以，目前隐含波动率曲线平缓的情境会被认为可以生成一种交易契机。

与往常一样，相对价值的考量方式也可以用于资产的选择，从而表达基本面的观点。在上述这个案例中，如果一个分析师想根据未来实际波动率的整体水平高于当期隐含波动率之水平的情境构建相关头寸（见图 17-13），那么，他可以选择做多 5 年期跨式期权，进而找到最佳的价值，从而以此来表达他的观点（通过查看图 17-17）。

通过比较图 17-13 和图 17-18，我们观察到：实际波动率的水平与 2 年期 /5 年期实际波动率曲线的斜率具有显著的相关性（相关系数值为 0，71），即当总体波动率水平增长之时，波动率曲线会趋于陡峭。而根据相应的交易目的，我们可以通过两种方式对观察的结果做出反应，即

- 如果想表达一个"未来实际波动率较高"的基本观点，那我们可以通过 2 年期 /5 年期跨式期权的点差来实现之，如此，我们不需要做多 5 年期跨式期权 [与两个以上基础资产（而不是单一基础资产）相关的期权交易类型②]。如果我们的基本观点是正确的，那么，5 年期跨式期权和 2 年期 /5 年期跨式期权点差之交易模式的表现都会是良好的，因为这两个仓位头寸是高度相关的。但是，2 年期 / 5 年期的跨式期权点差相关的交易模式则更受青睐，因为此种头寸有一个好得多的风险 / 回报的结构，即依据 2 年期 /5 年期跨式期权的点差而构建的头寸可以根据平坦的波动率曲线相对于较低的波动率整体水平而言的情境生成 5 个基点的收益（见图 17-18）；而做多 5 年期跨式期权的交易策略只有在实际波动率从当前水平增加至少 3 个基点时才会赢利（见图 17-13）。因此，为了实现前述这个目标，我们可以利用"基本面行情"和"相对价值"交易之间的相关性从同一宏观经济事件当中改善相应的损 / 益结构。

- 另一方面，如果我们的目标是对冲总体实际波动率水平的影响度，那么，我们可以调整 2 年期 /5 年期跨式期权点差之间的对冲比例，从而对冲暴露于实际波动率"方向性因子"之下的敞口风险，即卖出 1.23 份 2 年期跨式期权以对冲 1 份 5 年期跨式

期权的买单，进而将实际波动率的整体水平置于"中性"的状态之下。图 17-19 展示了非定向性的 2 年期 /5 年期实际历史波动率曲线的陡度，同时，阐明了纯粹相对价值交易的吸引力。

图 17-19　2 年期—5 年期"无方向性"的日元行情实际的历史波动率曲线陡度 / 当期的日元行情之 2 年期—5 年期隐含波动率曲线的"当期的"陡度

资料来源：彭博社

数据周期：2007 年 12 月 24 日—2012 年 6 月 18 日，周际数据；"当期"数据截止到 2012 年 6 月 18 日

这里需要注意的是：期权交易类型①和②两者均取决于当前隐含波动率和未来实际波动率之间的差值，因此，这两种方式都在当前的市场定价机制（隐含波动率）与预期的实际波动率不符的情境当中寻找交易的契机。不过，这两种期权交易类型利用不匹配情境进行交易的模式是不同的，在所显示的相同的信息（隐含波动率 / 实际波动率）当中，我们有两种不同的应对方式，即期权交易类型①着重强调的是期权费和方向性因子（见图 17-11）；而期权交易类型②研究的是隐含波动率曲线 /（相对于）实际波动率曲线而言的变化情境（见图 17-17）。

期权交易类型③：Vega（板块）区间的因子模型

相比之下，居于波动率层级（图形曲面）vega（板块）区间的跨式期权几乎不受基础资产行情实际波动率的影响，其纯粹的敞口风险则暴露于隐含波动率水平的变化当中，而这可以通过隐含波动率与外部变量的联系方式来对其进行抽象的分析，同时，我们可以根据隐含波动率层面不同点位的内部相关性通过纯粹的统计意义上的时间序列对其进行重点分析（其间并不使用时间序列的知识来表示期权波动率，而是应用市场针对未来实际波动率所达成的共识进行解析）。简言之，依据期权交易类型③所相关的策略而构建的期权头寸并不是单纯地针对期权进行交易，而是要依据抽象的时间序列，其间也不是简单地通过 delta 对冲模式与外部的变量相关联。

因此，期权交易类型①和类型②的分析工具是基于期权（即作为期权的一种）与相关基础资产之间结构性的链接模式而构建的（即根据隐含波动率和实际波动率之间的相关性而构建的）；但是，期权交易类型③的分析工具则需要从抽象的角度来考虑期权的问题，同时，将注意力集中在隐含波动率层面各个点位间具有统计意义的相关性之上。另外，还有一个等价的表述形式是：期权交易类型②的分析模式处于布莱克—斯科尔斯期权定价模型的框架之内 [17]，而期权交易类型③的分析模式所应用的概念是不同的，其通过与基础标的资产挂钩的 delta 对冲模式从抽象的角度来处理期权问题的。在第 15 章中，我们从抽象的违约情况出发分析了信用违约互换工具（CDS）的统计属性。现在，我们从抽象的角度出发，根据图形上的波动率曲面当中 vega（板块）区间与实际波动率的关联情境（通过 delta 对冲模式），进一步考量相应的运行机制。

实际上，波动率曲面上的 vega（板块）区间比较适合于应用一个诸如 PCA 分析方法（主元 / 主成分分析）当中因子模型之类的统计工具。反过来说，应用于波动率曲面的 PCA 分析模型从实证的角度将其分化为 gamma（板块）区间和 vega（板块）区间。针对整个波动率曲面运行 PCA 模型所反映的情境是：gamma 板块和 vega 板块之间的间隙处以不同的敏感性对应模型之中的因子 1。如图 17-20 所示：其间的敏感度随着期权到期时间的增加而降低，而相对于较长的期权到期日而言，相应敏感度甚至会变为负数。事实上，第一特征向量用不同的符号来明确地指定、区分和细化那些被输入的变量，同时，从实证的角度对我们应用于 vega 区间之统计分析工具的制约因素加以修正。

我们将输入的数据限制为：距期权到期日至少是 2 年，如此，则能够切实解决一些问题，并使程序返回至被输入的呈"负值"状态的第一特征向量区间（见图 17-21）。也就是说，因子 1 可以被解读为隐含波动率的整体水平，其在相同的方向上影响所有的工具，只是，影响程度是不同的。图 17-21 展示了日元互换期权工具之行情相关的 gamma 板块和 vega 板块的间隙位置，其中：相对于 2 年的期权到期日来说，只有在其基础资产的期限超过 5 年的情况下，它才明显地处于 vega 区间之上；而对于一个 5 年的到期日而言，所有的期权项均可以居于 vega（板块）区间之内，且独立于基础互换资产的期限之外。从图 17-5 来看，其间的情境意味着：就日本的状况来说，相关的两个（板块）区间的边界线有点右偏的倾向，也就是说基础标的互换资产的期限越长，想被纳入 vega（板块）区间之内的期权所对应的到期日就可以稍短一些（例如：1 年期的互换可配以 4 年期的互换期权、2 年期互换配以 3 年期互换期权，而 5 年期互换则只需配以 2 年期互换期权）。

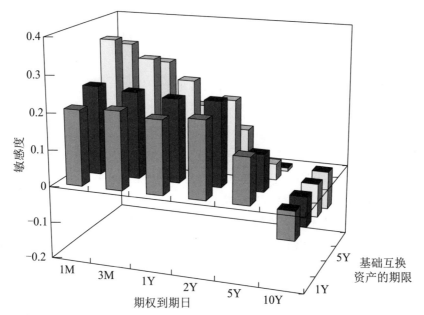

图 17-20 应用于日元整体波动率层面的 PCA 分析模型（主元 / 主成分分析模型）当中第一特征向量的数值

资料来源：彭博社

数据周期：2009 年 1 月 5 日—2011 年 9 月 19 日

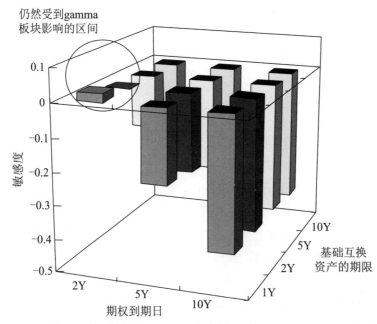

图 17-21 应用于日元行情波动率曲面之 vega（板块）区间的 PCA 模型当中的第一特征向量的变化情境

资料来源：彭博社

数据周期：2009 年 1 月 5 日—2011 年 9 月 19 日，周际数据

既然 PCA 模型已经揭示了波动率曲面所适用的板块儿区间，那么，接下来，我们就可以通过正常的分析方法运行相应的程序——其测试结果则如图 17-22、图 17-23、图 17-24 所示。

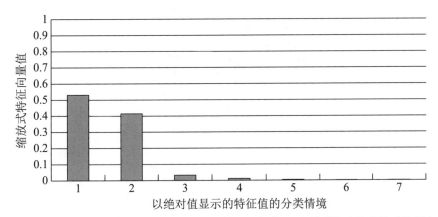

图 17-22　应用于日元行情波动率曲面 vega（板块）区间的 PCA 模型当中的缩放式特征向量值

资料来源：彭博社

数据周期：2009 年 1 月 5 日—2011 年 9 月 19 日，周际数据

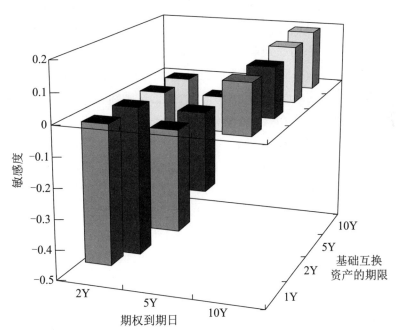

图 17-23　应用于日元行情波动率曲面 vega（板块）区间的 PCA 模型当中的第二特征向量值

资料来源：彭博社

数据周期：2009 年 1 月 5 日—2011 年 9 月 19 日，周际数据

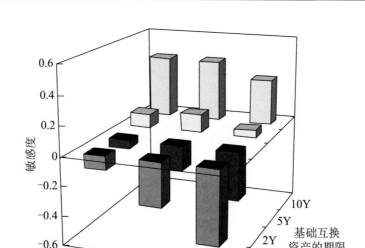

图 17-24　应用于日元行情波动率曲面 vega（板块）区间的 PCA 模型当中的第三特征向量值
资料来源：彭博社
数据周期：2009 年 1 月 5 日—2011 年 9 月 19 日，周际数据

　　图中的状态表明：因子 1 可以被视作隐含波动率整体的水平——其以第一个特征向量的形状来表示波动率的总体变化模式对相应曲面的影响；因子 2 所显示的是波动率曲线的陡度（相同的基础资产，不同的到期日）——如果因子 2 增加，那么，到期时间较长之期权的敏感度就会高于较短期期权的敏感度，且几乎独立于基础互换资产的期限之外；因子 3 显示的同样是波动率曲线的陡度（相同到期日，不同的基础标的资产）——如果因子 3 增加，较长期限基础互换资产相关之期权的敏感度就会高于较短期限基础互换资产相关之期权的敏感度，且几乎与期权到期日无关。

　　因此，PCA 可以被认为是将波动率的曲面分解为二维的区间，而在特定的维度当中，因子 2 和因子 3 的变化情境则可以被量化处理。由于因素 1 表示的是隐含波动率的总体水平，所以，它会相应地影响这两个维度；而因子 2 和因子 3 所在的部分解析的是位于波动率曲面上的特定维度区间内隐含波动率的变化状况，另外，不属于某个特定维度的波动率的总体水平是不能解析因子 2 和因子 3 所在区间的变化模式的。我们将众多期权的价格运行过程分解为三个因子、二个维度，如此则可生成颇具吸引力的测试结果，即相对于两个维度而言，我们有一个代表整体水平的因子 1，还有一个特定的维度因子（因子 2 或因子 3）。所以，根据测试的结果，我们可以依据两个隐含波动率曲线（围绕期权到期日而变化的曲线和围绕基础互换资产期限而变化的曲线）所进行的交易提供相应的理论基础。然而，如前所述：因子 2 所相关的交易（即对应不同的期权到期日）只在波动率曲面的 vega（板块）

区间内是合理的 [18]，但是，具有较高缩放值的第二特征向量（见图 17-22）的变化情境表明：它们对形状对波动率的曲面有很大的影响。所以，PCA 模型为那些重要的交易策略提供了正确的方法框架——我们随后会给出一个范例模式。

上述的这些测试结果对于其他期权市场来说可能有所不同，而且因子 2 和因子 3 在图中的位置也可能改变，也就是说，围绕于相同到期日的期权波动率曲线维度而变化的情境（具有更高缩放值的特征向量）比围绕于相同期限的基础互换资产行情波动率曲线维度而变化的情境更为重要。如果第二和第三特征值很接近（与日本相关的情况不同），那么，甚至在同一个期权市场上也可能出现转换的情境（即两个维度在不同的时间点具有相对不同的重要性）——而这对于基于波动率曲面相关之 PCA 模型的交易来说是个问题，对此，我们将在下一节进行讨论。

图 17-24 当中显示的前三个因子的统计属性将因子 1 和因子 2 的交易归类为长期的、宏观经济相关的交易策略（较慢的均值回归速率之下）。同时，我们也注意到：在子周期内，因子 1 和因子 2 之间具有显著的相关性，而这对相对价值交易项下的因子 2 来说是个问题（见第 3 章）。因此，相对于日本证券的情境而言，因子 3 是依据波动率曲面而进行的相对价值交易获利的唯一源泉，其表现形式为较快的均值回归之速率，而且，在子周期内，它与因子 1 或因子 2 的相关性较小。另外，依据因子 3 而进行的交易所构建的头寸可以被显示在波动率曲线之上（期权到期日相同，基础互换资产的期限则是不同的），其间需要三种工具 [①]——开始的时候，这似乎有点让人困惑。还有，在其他金融市场上，相应的情况会有所不同，即因子 2 和因子 3 也可以依据波动率以较高的均值回归速率提供相对价值交易的契机。

我们可以一如既往地将 PCA 模型当中的因子与外部解释变量联系在一起（见表 17-1）。其中，期权交易类型①和②可以将基础资产作为外部解释变量直接与期权联系起来，而期权交易类型③首先分析内部因子之间相关性，然后，有可能也另外考虑外部变量的变化情境——而这些外部解释变量当然可以包括基础资产，不过，在日本市场相关的情况下，相应的收益率水平实际上与因子 2 有显著的相关性（从统计学的角度可以证实——这是一种相当宏观的交易策略）。同时，因子 1 显示的是"风险"变量之间高度的相关性，比如：股票和大宗商品的价格。总的来说，前述情境意味着：对风险资产的需求决定总体的波动水平，影响着两个维度的波动曲面（属于因子 1）；而基础互换资产利率的整体水平则会影响不同到期日相关的期权之间的差异情境（属于因子 2 的维度）；另外，基础互换资产不同期限相关的差异情境（即因子 3 的维度）似乎与外部宏观经济变量基本上是不相关的，这符合其作为"纯粹"的相对价值因子而言的统计属性。

---

① 译者注：位于两个维度。

表 17-1　作用于日元行情波动率曲面之上的 PCA 模型当中前三个因子 / 解释变量选项之间的相关系数值

	标准普尔指数期货	波动率指数期货	原油期货	基点互换	5 年期互换利率	波动率的方差
因子 1	-0.73	0.52	-0.70	0.06	0.39	0.07
因子 2	0.37	-0.34	0.34	-0.16	-0.75	-0.44
因子 3	-0.11	-0.14	-0.02	0.15	0.21	-0.36

不过，其他货币的图形状况就不一样了。例如：因子 2 相关的时间序列可以与波动率的方差挂钩（"因子 2"被视为可交易和可对冲的变量），其测试结果可以用来替代变量"波动率曲线的波动率"；另外，波动率的方差在许多定价模式之中是非常重要的（特别是 SABR 模型 [①]），但是，相关交易不会应用此项指标。

鉴于统计结果及其相应的经济解析模式，我们在相关时刻的日元行情波动率曲面的 vega 区间内并没有发现令人信服的相对价值交易之契机。其间：因子 3 的相对价值接近均值，而因子 1 和因子 2 代表了宏观经济事件。然而，为了说明针对波动率曲面之 vega（板块）区间应用 PCA 模型构建相应交易的方法，我们需要假设：因子 2 的数值过高（见图 17-25），且将来会呈现下降趋势，其中的理由可能是因为我们预期利率会上升。另外，这里还要假设：我们有很好的理由预期因子 2 与因子 1 的相关性将不再持续。

图 17-25　应用于日元行情波动率曲面的 vega（板块）区间的 PCA 模型当中前三个因子的变化模式
资料来源：彭博社

数据周期：2009 年 1 月 5 日—2011 年 9 月 19 日，周际数据

在上述这种情况下，我们可以应用图形（图 17-26）显示因子 1 的残差值，其间我们的结论是：做空 2 年期 /5 年期跨式期权、做多 10 年期 /5 年期跨式期权的方式能够提供最多的（尽管仍然相当小）的潜在利润；同时，对冲比率可以根据 PCA 分析模式的一般概念进行

---

① 译者注：随机波动率模型——是随机（stochastic）、阿尔法（alpha）、贝塔（beta）和 ρ 的合称。

计算，而相应头寸的测试结果被显示在隐含波动率曲线之上的一个位置（于不同的期权到期时间的维度之上），其对冲了隐含波动率总体水平的变化情境及其对波动率曲面的影响度（第一个特征向量的值已被给出）。如果我们想要对冲因子3（例如，在第三特征值相对较高的情况下），那么，根据因子2而构建的头寸的表达方式需要三种工具。

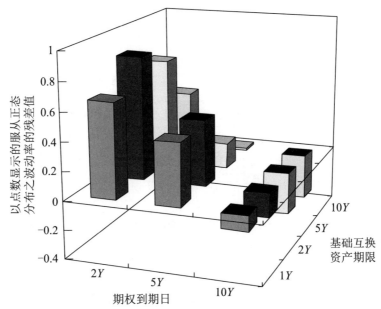

图 17-26　应用于日元行情波动率曲面的 vega 板块区间的 PCA 模型当中因子 1 的残差值

资料来源：彭博社

数据周期："当期"市场行情数据截止于 2011 年 9 月 19 日

在概念上，期权交易的类型③是被因子1对冲的（即对冲隐含波动率整体水平的变化情境及其对波动率面的影响度）。相比之下，期权交易类型①和类型②是用基础标的资产来对冲相关期权的（取而代之的是 delta 对冲模式，而不是 vega 对冲模式）。因此，期权交易类型③的一般性的方法是将隐含波动率作为抽象的具有统计属性的时间序列来对待的，其需要正确地反映相应的分析工具和进行交易所需之对冲比率的选择方式。这里需要再次引起注意的是：在 vega 区间内的跨式期权之较低的风险敞口应对基础资产的变化模式是我们从概念上应用 PCA（主成分分析）统计工具处理波动率曲面问题并对冲隐含波动率水平（而非 delta 对冲模式）的基础。

考虑到因子2与宏观经济变量的关联性，一个依据相对价值理念进行分析的人士在应对互换利率的时候可能会倾向于选择因子2进行相关交易，从而解决了许多问题。而依据相对价值理念所构建的仓位头寸可以对冲"互换利率"这一宏观变量的变化情境（并对冲宏观变量"因子2"的变化情境），其间均值回归的速率要比因子2自身所属的情境快得多——而相关的交易基础可参看图 17-27。

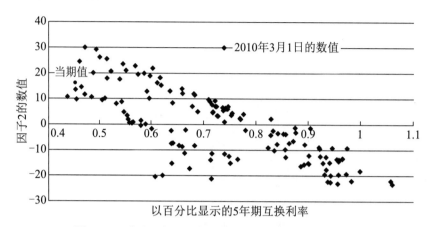

图 17-27 作为 5 年期互换利率函数的因子 2 的变化情境

资料来源：彭博社

数据周期：2009 年 1 月 5 日—2011 年 9 月 19 日，周际数据；"当期"数据截止于 2011 年 9 月 19 日

不幸的是，当前点位接近回归线，所以，依据因子2和5年互换利率之间的相对价值所进行的交易的潜在利润很小（仿佛图 17-25 当中的"相对价值因子3"的情境）。此外，前述这一相关性似乎出现了断裂，图 17-27 中的点位居于两条单独的回归线之上。总而言之，我们使用了正确的工具并做了努力，但是，日元期权市场工具的 vega（板块）区间于"当期"不能提供一个较好的相对价值相关的交易契机。正如贯穿于本书的主要范例情境依据相对价值分析模式而阐述的有利可图的交易策略所述：我们认为前述的测试结果是公平的，即在一个范例之中，适当的相对价值分析模式会生成正确的结论，而这个"结论"是当前没有好的相对价值理念相关的交易契机。前述情境也是执着于相对价值理念的分析师比较频繁遭遇的经历，但是，这反过来会让他们保持警惕，即金融市场上很少有真正特殊的交易契机。想象一下：一位分析师开发构建了相关交易的模型，并每天运行，而在经历了许多令人失望的日子后，于 2010 年 3 月 1 日，如果他瞥了一眼图 17-27 的数据，那就会发现一个极好的相对价值理念下的交易契机——于不到一周的时间里就可以获取很高的利润。

期权交易类型③的缺陷

如上所述：通过诸如 PCA（主成分分析）一类的统计模型来处理 vega 区间之期权问题的模式在概念上是可以被合理修正的。但是，这里涉及一系列潜在的问题。

- 一维收益率曲线通常都有一个清晰的因子结构，其中，第二特征值远远大于第三特征值（见图 3-4 和图 3-24），而二维波动率曲面通常会导致第二特征值和第三特征值的大小是相似的（不像描述日本证券具体情况的图 17-22 所示的那样）。其中的原因是：作用于波动率曲面的 PCA 模型当中的因子 1 和因子 2 所表示的是曲线的陡峭度——只是在两个不同的维度之上。相比之下，作用于一维的收益率曲线上的 PCA 分析模型当中所有与陡度相关的信息仅存于因子 2 中，因子 3（影响小得多）代表的是相同维度之信息的曲率。因此，高阶特征向量于波动率曲面之上的表现不如在收益率曲线上的稳定。此外，因子 2 和因子 3 都可以改变它们的相对重要性——而这对 PCA 模型项下依据波动率曲线进行的对冲交易来说是一个问题。
- 因子 1（即隐含波动率水平，而不是相对于基础资产而言的 delta 对冲模式）的对冲能力不是以 delta 对冲模式为前提的，其中的原因是相对于基础资产行情变化而言的 vega 区间内的跨式期权的风险敞口很低。然而，如果经过很长一段时间，那么，基础资产行情大幅波动的情境可能会违反前述这一前提条件，并引入一个额外的、未经对冲的损 / 益结构。
- 当 vega（板块）区间的 theta（θ）值变得很低的时候，如果我们持仓的周期很长，那么，此种情境就开始产生影响力了。其间的特殊情境是：所涉及的各类期权（例如依据波动率曲线所进行的交易相关的基础资产是相同的，但相应期权的到期日则是不同的）的 theta 值都是显著不同的。

　　一般来说，相对于任何基于统计工具的交易而言，比较预期的生成均值回归情境的时间序列及其与统计属性关联度之稳定性的方式是非常重要的。就像依据 CDS（信用违约互换工具）曲线应用统计工具所进行的交易范例一样：如果相应均值回归的速率明显快于假设的具有统计属性之"相关性破裂"的时间序列，那么，忽略潜在问题的做法是可以接受的。同时，我们可以运用这些技巧减轻期权交易类型③所应用的统计分析模型之中涉及的潜在问题（例如：在依据因子 2 而进行的交易之中，theta 值呈现多种不同的数值）。另外，因为上述的三个缺陷都是相当长期的问题，故而它们不太可能影响短线持仓的交易。所以，我们建议限制期权交易类型③的仓位头寸，而根据其间均值回归速率的理念：相应的交易绩效应该早在上述问题被预期"成真"之前就已经成为"相关"的事实！

结论：期权交易类型及其各自不同风险敞口问题的总结

　　总之，我们可以总结一下不同期权交易类型的风险敞口。相对于单一基础资产而言，所有的三种期权交易类型所构建的头寸都是易于理解的，尽管它们的风险敞口对应不同的基本变量也无关紧要。

- 对应单一基础资产的期权交易类型①的风险敞口暴露于基础资产行情（方向）的绝对（值）水平之下。
- 对应单一基础资产的期权交易类型②的风险敞口暴露于实际波动率（方向）的绝对（值）水平之下。
- 对应单一基础资产的期权交易类型③的风险敞口暴露于隐含波动率（方向）的绝对（值）水平之下。

如果增加至少一种"二级"的基础资产，那就需要对冲暴露于深受宏观经济事件影响之变量的绝对（值）水平（方向）项下的敞口风险，进而构建相对价值的仓位头寸，特别是：

- 附带（至少）两种基础资产的期权交易类型②对冲的是实际波动率的绝对（值）水平（并且，其风险敞口没有暴露于隐含波动率自然水平的变化之下）。
- 附带（至少）两种基础资产的期权交易类型③对冲的是隐含波动率的绝对（值）水平（其风险敞口基本上没有对应实际波动率的水平）。

因此：

- 附带（至少）两种基础资产的期权交易类型②可以依据实际波动率曲线，且应用相对价值理念进行相关的交易。
- 附带（至少）两种基础资产的期权交易类型③可以依据隐含波动率曲线，且应用相对价值理念进行相关的交易。

注1：更准确地说，相对于布莱克—斯科尔斯（Black-Scholes）期权定价公式而言，$N(d_2) = 0.5$，而 $N(d_1)$ 的数值可能略有不同[①]。

注2：现在，我们假设其他变量没有变化，比如期权的隐含波动率。

注3：这里需要注意——delta 值的计算应该基于预期的远期波动率，现在考虑一下：两个交易者预期的远期的实际波动率为 20%，而当前的隐含波动率为 30%。如此，两者都可以因应隐含波动率和他们预期的波动率之间的差异应用 gamma 指标进行相关交易（即做空期权并附带 delta 对冲模式）。而如果 A 交易者使用 20% 的波

---

① 译者注：$N(d_1)$ 和 $N(d_2)$ 是标准正态分布累积概率函数值。

动率来计算相应的对冲比率（即他预期的波动率），而 B 交易者使用 30% 的波动率计算其对冲比率（即通过期权定价模型逆推的"当期"的隐含波动率）。我们现在假设：实际波动率的测试结果是 20%，而此种情境与此二位交易者所预期的相同。如此，A 交易者则可依据布莱克—斯科尔斯期权定价模型而获利；同时，应用 delta 数值的 B 交易者之损/益情境与布莱克—斯科尔斯模型所生成的不同（相应收益会高于或低于 A 交易者的利润）。

注 4：出于计算机系统和语言学的原因，我们想要用"sigma（σ）"来代替"vega"，但是，下面的方法还是使用了传统的符号。

注 5：虽然对于实值期权（ITM）来说，theta 值可能是正的，但是，相关图表描述的是平价期权（ATM）的通常情况。

注 6：严格地说，vega 数值取决于期权的到期日 t，其符合相关公式

$$\frac{\sqrt{t}}{\sigma^2}$$

因此，vega 数值首先是随着 t 值的延长而增加；另外，相对于较高的 t 值而言，指数函数的增长速度比平方根函数的快，同时，vega 值也会随着 t 值的变化而减小。如此，vega 数值的特定点位会从时间的递增函数变为时间的递减函数，其间也依赖附加的参数，也包括隐含波动率。然而，对于隐含波动率和期权到期时间的共同价值来说，相对安全的假设是，vega 数值随着时间的变化而增加。

注 7：事实上，在 vega 区间的多维波动率数据库之中运行 PCA 模型时，我们可以识别出一个"倾斜因子"。然而，鉴于在虚值期权（OTM）系列之中的流动性比较有限，所以，输入的数据经常代表的不是实际的价格变动，而是被构造的变量。相应地，PCA（主成分分析）模型输出的"偏态因子"也没有揭示真正的市场行情的运行机制，其只是一个交易者以假设的方式构建人工数据系列的模型。因此，我们的分析需要从波动率曲面扩展至波动率多维数据集，进而扩大 PCA 模型的研究范围；另外，只有在波动率多维数据集相关的流动性有所增长，且所提供的输入项是真实的市场数据之时，相关的研究才有意义。

注 8：这个符号指的是互换看跌期权——基础互换资产的期限为 2 年，期权到期日为 6 个月。

注 9：排除在到期日反映于基础资产头寸之上的持续实际波动率区间之外（即"1 个周期的实际波动率"）。然而，就像标普 500 指数的范例情境那样：在期权开始交易和到期日的时间周期之内，较高的（连续）波动率并没有引起标的基础资产行情的变化。

注 10：排除在反映于连续实际波动率之上的整体曲线变化的情境之外。另外，单边行情的大幅波动情境一般都伴随着一些（连续的）波动率。

注 11：我们将这种分析局限于欧式期权交易之内。然而，类似的分析工具也可以用于美式期权。

注 12：这只是为了说明而已，其间并不打算说明利率与消费者物价指数（CPI）的关联度。实际上，最近期日元互换利率和宏观经济变量（如 CPI）或经季节性调整之 GDP 的增长速度一直是相当缓慢的。

注 13：这第二种方法的一个范例模式可以在一篇著作"互换看涨期权近月合约：空头提供价值"中找到，由荷兰银行（ABN）出版，2005 年 2 月 25 日。

注 14：除以某一期限的收益率的差值，同时，输入这个期限相关的第一特征向量的数值。

注 15：无论是恒定地服从对数正态分布的波动率，还是服从对数正态分布之波动率的常数形式都有可能受

到批评。这里，我们稍后会处理这个问题。

注 16：尽管当前的隐含波动率比当前的实际波动率略高（见图 17-13）。

注 17：在这个框架当中，期权交易类型①所相关的交易可以被认为是单周期的（而非连续的）delta 对冲策略。

注 18：相应地，gamma（板块）区间的交易也一直在应用相同到期日的期权，其是根据对应于基础互换资产不同期限的波动率曲线来考虑"相对价值"问题的。

第18章

从更宏观的视角看待相对价值的理念

本章概述

在着重地从技术方面对相对价值理念和相关交易进行分析之后，现在，我们以更宏观的视角，且站在社会的层面来分析相对价值理念所具备的解析宏观经济现象的功能，从而对所探讨的问题得出相应的结论。我们认为：相对于金融服务业的专业人士而言，他们越来越需要辩证地认清自己在社会当中的角色；同时，我们也相信某些关于"套利"的想法和理念对整个社会来说是很有用的。

宏观经济在相对价值分析和交易中的作用

"生活水平"这个词对不同的人有不同的含义：宏观经济学家听到这个词可能会想到人均 GDP；为人父母者可能会想到婴儿死亡率；退休人员可能会考虑预期的寿命；教师可能会想到识字率；而医生可能会想到发病率，比如肺结核、霍乱和疟疾等疾病的发病率。

但是，当人们听到这个词的时候，不管想到什么，有一种情况显得比较突出，即通过比较社会的发展状况以及通过时间周期比较不同国家的生活水平时，依赖自由市场有组织地安排经济活动的社会相较于依赖中央计划来分配稀缺资源的社会而言往往具有更高的生活水平。

市场经济往往能够带来更高的生活水平，因为在自由市场里，价格作为可靠的决定信号，市场参与者可以从中发现最好的交易契机，同时，此种模式可以利用稀缺的资本来提高生产力，进而最终提高相应的生活水平。

要让价格充当可靠的信号，那它们必须是高效的，从某种意义上讲，它们需要反映现有的且相关的信息——特别是商品的供给和需求所关联的情境。而关于"金融市场的信息是否有效"这个问题，已经有很多著作予以阐述，但是如果我们需要一个有效的资本配置的经济环境，那么，在"金融市场相对于信息是有效的"这一论点上就不应该存在分歧。如果一个金融市场的信息是无效的，那么我们就会认为：以此种方式配置的资本几乎不会提高生产力。

对市场效率的需求使我们认识到：通过识别和应用金融交易工具之间错误估值的情境获取收益的套利者是具有一定价值的。正如我们在概述当中所描述的那样：如果某个金融市场的特征是套利资本太少，而且，套利者也不多，那么，这个市场很可能会受到"无效性"以及错误的定价工具的困扰，如此，最终的资本配置对改善整体社会的生活水平几乎是没有帮助的。

虽然"套利者直接改善人们生活水平"的说法可能有点夸张，但是，套利者在改善金融市场效率和减少证券被错误定价的概率方面确实发挥着重要的作用，即如果要高效地配置社会资本，那么，前述这些功能则是至关重要的。

批评者认为：许多套利者对提高所谓的生活水平不感兴趣，他们只为了自己的利益而行事。对此，我们有两种反驳意见：第一，对冲基金经理盛行的慈善捐赠这一行为使我们质疑前面批评者的说法是否准确。

第二，亚当·斯密曾经说过："我们所期待的晚餐不是来自屠夫、酿酒师和面包师的仁慈——这不过是出于他们对自己利益的关心而已"[1]。理想主义者也许希望现实的世界并不像斯密在 1776 年所观察到的那样，但是我们应该认为自己很幸运，因为我们有一个将自身利益聚集起来以实现相关目标的经济体系，从而为他人提供肉、面包、啤酒以及更有效的食物——资本市场。

在资本主义社会，个人的经济利益是与个人行为所带来的社会经济利益相联系的。因此，套利者的利润可以被认为是：以提高社会生产力为目的，最终为创造最优资本配置情境而获取的服务费用。

套利者与政治家

在确保自由市场的正常运作方面（例如：防止市场机制失效或对自然资源的垄断行为），我们承认政府干预的作用；而这里只是讨论一下因追求特定的政治目标而实施的过度干预政策。

政府过度干预的结果之一是很可能使市场出现错误的定价机制，甚至可能生成套利的机会，而这种错误定价机制的经济代价是，可能会降低资本配置的最优化程度，进而对生产力、经济增长和生活水平产生不利的影响。

政府过度干预造成的错误市场定价机制就像市场上所有的错误定价模式一样，很可能被套利者识别和利用。如果套利者的数量足够多且套利资本充足，那么，错误的定价机制是可能被弱化甚至有可能被消除的。如此，价格被扭曲的情境就会得以改善，资本配置的形式也会趋于合理，进而最终实现更高的生活水平。

相对于上述这种情况而言，其中好的方面是：整个社会能够永久性地避免低效率的资本市场所带来的较高的制度成本；但是，它也有坏的一面，即政府在市场上所造成的错误定价机制会为套利者带来更大的利润。当然，这里所说的"利润"来源是政府，而且，在大多数的社会当中，此种情境意味着，套利者的利润源自纳税人。如此，相应的结果是：政府将资本从一般性的社会群体转移到特定的套利者身上。事实上，以相对价值的关系显示的错误定价（即政治上渴望的市场均衡模式和市场的自然均衡模式之间的差异）是在既存的套利情况下干预主义策略最终成本的衡量。

套利模式改变了过度干预的经济成本，即从一个永久性影响整个社会的低效的资本配置模式转化为从套利交易亏损方角度出发的且由纳税人承担的一次性成本。因此，在现存的国家干预模式之下，套利行为对社会的好处在于：它能够维持以相对较低的成本运转资本市场的局面。

现在，让我们更加详细地考虑一下政府的过度干预行为所造成的一些影响。

（1）错误定价模式得到了纳税人和中央银行的支持，因此，其规模比平常的更大，持续期限也更长。

（2）套利者对社会的有益贡献表现的与政治目标相反。

（3）政客们有理由将他们造成的损失归罪于套利者，从而隐藏了他们对社会的有益贡献。

关于上述的论点（1），米塞斯的理论对我们有所帮助，其中政治因素对市场的一部分影响模式其实是无效的（比如：人为地将收益率保持在其自然的水平之下，或者直接抑制价格）[2]。而如果"螺旋式"的干预模式不能完全地废除自由的市场机制，那么，所谓的"干预模式"迟早会走到尽头。而这意味着：在某一时刻，政府对市场行情的影响将会消失（如果市场没有消失的话）。因此，就像处理统计噪声因子一样：相对价值分析理念可以修正政治干预的负面影响，即通过不能永远持续地对市场行情自然均衡情境的破坏方式创造相应的交易契机。然而，考虑到政府干预的力度之强，同时，参考政府螺旋式上升的政治意愿，我们认为：政治加之于市场行情的错误的定价机制的影响可能会是异常巨大和持久的。换句话说，政府有能力在市场上制造很多噪声因子。而从实用的角度来看，如果将政府视作交易的"对手方"，那么，我们就必须向上调整构建套利之仓位头寸所需的阈值[3]；反之，从纠正失衡的过程当中最终获取的潜在利润也是特别大。

对于上述论点（2）而言，当政府干预市场之时，套利交易生成的高额利润是一个明确地改善资本配置，从而提高生活水平的信号；同时，套利者的行为模式所生成的结果也具有相当重要的社会价值。在我们看来，其中一个隐含意义是：政府干预行为也包括向套利者支付不必要的高额费用。

仅以第 16 章所述的最后一笔交易为例，创建欧元区的政治决定已经对欧洲各经济体之资本配置的平衡模式造成了重大影响（使之陷入了"不平衡"的状态），从而使最近期的资本大都集中在德国国债相关的市场工具之上。而德国可能会为此付出经济代价，因为其向欧盟别国投入了过多的资本，而现在，德国的可以用作投资的资金又太少了。前述这种不平衡的情境被显示在图 16-10 当中，其间提示我们：套利者所要构建的仓位头寸应该是做空德国国债、做多爱尔兰国债 / 做空德国 CDS（信用违约互换）工具、做多爱尔兰 CDS 工具。实际上，此类交易有助于纠正欧元区债券市场之间资本配置不当的窘境，从而将资金从德国国债市场转移到爱尔兰的经济体之中。而如果政客们的反应是进一步降低干预的力度，且禁止使用 CDS 工具，那么，我们就不可能应用前述这种套利模式，整个社会也将不得不承担其经济代价，同时，欧元区各经济体的资本也将长期处于配置不当的境地。

总之，如果一个资本主义社会选择过度地干预市场，那将是自相矛盾的。所以，政府的干预会导致生活水平的降低，从而使流于表面的政治目标威胁整个社会的资本主义基础。而如果选择干预市场，那就是选择了向套利者支付不必要的高额费用；然而，尽管存在着干预的政策，相应的配置资本的程序还是能够正常地运行。另外，从纳税人向套利者提供资金的做法是政客们的一种自由意志的行为。

但是，社会内部的矛盾表现为套利者和政客之间的对立关系，它会使政客们意识到：套利者的行为与他们的目标是不相符的；如此，这些政客们就会忽视套利行为对社会的重要贡献。而一个资本主义社会越不了解自己的经济基础，它和它的政客们就会更加不了解套利行为的益处。

政客们对套利行为的错误表述

在遭受政治干预的情况下，套利者营造公平市场行情的功能就会受到冲击。由于政府的决定制造出了市场行情的不平衡状态，所以，套利者予以纠正，而在为社会营造自由市场机制的过程当中，这些套利者除了提供服务之外，还要从修正"不平衡"市场行情的行为之中获利。然而，奉行"干涉主义"的政客们只关注他们的目标，如此则很容易忽视套利者行为有利的一面，所以，这些政客们只是简单地将套利者的获利行为视作"意在反对国家和政府"。

依据狭隘的政府干预主义的观点，其对套利功能的常见误解是："套利者是在反对国家政府的意图当中获取利益的"，但是：

- 此种观点将费用与服务分离开来：实际上，套利者之所以获取利润是因为他们重建了市场效率。尽管政府的干预扰乱了资本的合理配置模式，然而，套利者可以将次优的资本配置所产生的巨大成本转化为因套利行为而获利的小成本——其间只需要很少的费用，但是，这些套利者会为整个社会维护了自由市场的宝贵利益。
- 此种观点混淆了相应的因果关系：政府的自由决定扰乱了市场的均衡模式，进而产生相应的社会成本。同时，套利者与政客们的对立关系只是资本主义社会核心矛盾的表现形式，而资本主义政府干预的正是它所需要的自由市场。不过，造成这种矛盾局面的原因来自政府，而不是套利者。

套利者为社会提供了服务，但是，不幸的是，他们还要为那些因经济危机而灰心丧气的政府充当替罪羊。在这种情况下，各国政府对其中的因果关系感到困惑，他们将社会承担的成本归咎于套利者，而后，进一步激励政府干预市场。因为各国的政府方面认为套利者获取的利润是不合理的成本，所以，他们没有将套利者赚取的利润与其在提供更有效市场机制方面所作的贡献联系起来，然而，我们不得不承认：套利者的行为使得资本配置的模式更加合理，生产效率变得更高，整个社会的生活水平也会因之有所提升。

对于上述问题，那些依据相对价值理念进行分析的专业人士能回答什么呢？上述所有这些"争议"把套利模式描绘成与社会对立的行为，不过，这是很容易被驳斥的：因为套利者的行为符合人们理解的资本主义社会的利益；而追求过度干涉主义的政客们则缺乏这种理解。套利者能够从政府干预之中，且以之为代价而获利的事实与他们保护资本主义基本要素的信念是一致的，只是这些基本要素会被政府干预所破坏，进而对整个社会造成伤害。

结论：相对价值理念的政治含义

相对价值分析理念的前提假设是建立在自由的、由理性行为者组成的市场之上的。因此，根据相对价值理念构建仓位头寸所需的条件是：政府干预是正确的、短暂的，而不是滑坡式地一步一步走向"废除自由市场"的深渊。

然而，近年来，这种信念受到了考验，奉行干预主义的政治理念已经成为当今市场较为突出的特征——它与有效资本配置的理念背道而驰。相比之下，相对价值分析的经济功能可以继续支持资本的有效配置，同时，套利者通过"自利"的方式识别并利用资本市场中异常定价的现象，从而获取收益，进而提高信息的效率。

为了证明加大市场干预力度的合理性，政府及其辩护者发现将投机者妖魔化的方式是有用的，于是就给他们贴上"蝗虫"的标签，并将其定性为新古典经济学理论当中的"市场原教旨主义者"，而这是一种用来指责那些鼓吹"依据市场机制配置资源"理念之动议者的轻蔑用语。但是，绝大多数的投机者也恰好是资本主义国家的公民，他们理解自己在相关法律法规实施过程中所扮演的角色，其中也包括那些可能限制自由市场空间之法规所产生的后果。

然而，政府似乎不再仅仅满足于限制可能产生的经济后果；相反，他们用越来越多的力量和频率进行干预，试图设计特定的经济成果，而其结果是：资本的配置进程越来越多地被政治因素所干扰；同时，相应的行为基础是由政府干预所决定的，而不是因应生产力的变化和以增强经济效益为目的的。我们一致认为：即使是自由的市场也会受制于一波又一波非理性繁荣的干扰，从而导致资本枯竭，有时也会产生不良的资本配置模式。但是，我们不相信历史上那些支持"增加政府干预可以提高资本配置效率"的观点；事实上，我们相信：如果对以上历史的观点进行公平的解读，那恰恰得出了相反的观点——随着时间的推移，生活水平的改善往往与政府对市场的干预程度是反相关的。

如果将投机者妖魔化和煽动舆情的做法没有得到回应，那么，其间的风险在于：社会将投机活动限制在一定的程度，如此，则降低了市场信息的效率，也降低了资本配置知情权的有效性。因此，这里重要的问题是：我们要提醒自己了解套利者所扮演的重要角色。

套利者满足个人利益的动机并不比亚当·斯密在1776年提到的屠夫、酿酒商和面包师们的更强烈，同时，套利者对信息效率的提高也没有任何的贡献——他们提供的服务不如亚当·斯密提到的肉、啤酒和面包值钱。然而，所谓的市场效率是一个更加抽象的概念；同时，由于套利者的行为有时会产生巨额的收益，所以对于套利者和投机者来说，在发生金融危机时，他们似乎成了当权政客们非常理想的替罪羊。但是，寻找替罪羊是一种很可怜的做法，它不过是失败的公共政策的替代品。而我们会自豪地提倡有力的、有效的套利模式，从而确保市场的效率，生成合理的资本配置情境，进而提高整个社会的生活水平。

注1：见于《国富论》第2章，亚当·斯密著，1776年出版。

注2：路德维希·冯·米塞斯《货币与信用理论》，第2版，第232页。

注3：或者专注于那些不受政治干预影响的市场工具当中相对价值的相关性，例如那些显示于 PCA 分析（主成分分析）模型当中较高阶因子所相关的范例情境。

参 考 文 献

Arrow, K. J., Debreu, G. (July 1954) Existence of an equilibrium for a competitive economy. *Econometrica*, 22 (3): 265-290.

Black, F., Scholes, M. (May/June 1973) The pricing of options and corporate liabilities. *Journal of Political Economy*, 81 (3): 637-654.

Burghardt, G., Belton, T. (2005) *The Treasury Bond Basis: An In-Depth Analysis for Hedgers, Speculators, and Arbitrageurs.* New York: McGraw-Hill.

Burghardt, G. (2003) *The Eurodollar Futures and Options Handbook.* New York: McGraw-Hill.

Choudhry, M. (2006) *The Credit Default Swap Basis.* New York: Bloomberg Press.

Duffie, D. (June 1996) Special repo rates. *Journal of Finance*, 51 (2): 493-526.

Einstein, A. (April 1934) On the method of theoretical physics. *Philosophy of Science*, 1 (2): 163-169.

Friedman, M. (1953) "The methodology of positive economics." In: *Essays in Positive Economics.* Chicago: University of Chicago Press.

Huberman, G. (October 1982) Arbitrage pricing theory: A simple approach. *Journal of Economic Theory* 28 (1): 183-198.

Huggins, D. (April 2000) "Convexity and the upcoming 2032 gilt." *Deutsche Bank Fixed Income Weekly.*

Huggins, D. (1997) *Estimation of a Diffusion Process for the U.S. Short Interest Rate Using a Semigroup Pseudo Likelihood.* Unpublished doctoral dissertation. University of Chicago Graduate School of Business.

Ilmanen, A. (September 1996) Market rate expectations and forward rates. *Journal of Fixed Income*, 6 (2): 8-22.

Ilmanen, A. (2011) *Expected Returns: An Investor's Guide to Harvesting Market Rewards.* Chichester: John Wiley & Sons, Ltd.

Ilmanen, A. (April 2011). *Expected Returns: An Investor's Guide to Harvesting Market Rewards* (Wiley Finance). Kindle edition (Kindle Locations 12474–12475). John Wiley & Sons, Ltd.

Merton, R. C. (1973) Theory or rational option pricing. *Bell Journal of Economics and Management*

Science，4（1）：141-183.

Moulton，P. C.（June 2004）Relative repo specialness in U.S. Treasuries. *Journal of Fixed Income*，14（1）：40-47.

Ross，S. A.（December 1976）The arbitrage theory of capital asset pricing. *Journal of Economic Theory* 13（3）：341-360.

Schaller，C.（February 2002）Exploiting the ignored delivery option in JGB contracts. *ABN Amro Research note*.

Stanton，R. H.（September 1995）*A Nonparametric Model of Term Structure Dynamics and the Market Price of Interest Rate Risk*. Available at SSRN：http：//ssrn.com/abstract=6751.

Stigum，M.，Crescenzi，A.（2007）*Stigum's Money Market*. New York：McGraw-Hill.

Tuckman，B.，Serrat，A.（2011）*Fixed Income Securities：Tools for Today's Markets*. Chichester：John Wiley & Sons，Ltd.